U0540173

苦痛現象學：我在苦痛中成學

吳汝鈞著

臺灣 學生書局 印行

一、謹以此書獻給所有在生命歷程中矢志向上、在意志上不肯認輸的青年朋友。

二、謹以此書的功德迴向先母李淑儀女士，一個終生受盡病痛折磨的善良女性。

再刷序

　　前些時，臺灣學生書局通知要再刷此書，我因此加上多年前在香港浸會大學任教的學生陳德偉君對此書的讀後來函，和臺灣《人生》雜誌 225 期記者黃文玲女士推舉此書的〈生命的眞情告白〉，作為附錄，這有助對此書的理解，請讀者留意。另外，陳德偉君又對此書在文字上作了一些修正，我已酌情採納，在此也表示對他的謝忱。

自 序

　　這是一本探討人生的苦痛的現象學的書，因此稱為「苦痛現象學」（Phänomenologie des Leidens）。人生的苦痛（Leiden）有很多種，在書中也有提到，我在這裏是聚焦於病苦來說的，這也是人生最常經驗到的苦痛。至於「現象學」（Phänomenologie）一詞，如書中所述，指不光是對現象的描述，而且含有轉化的意味，有理想主義的情調，一如現象學大師胡塞爾（E. Husserl）所用的。書中很注重對苦痛的對治的方法，如何超越和克服苦痛，進一步以苦痛為契機，以提升自己的心性涵養。我更提出「苦痛和」一觀念，提議要包容苦痛，和它建立諧和關係，轉化的意味非常濃厚，故書名也用「現象學」的字眼。

　　苦痛常連著死亡來說，死亡可以說是苦痛的極限。一個人苦痛過度，生命最後以死亡了結。探討死亡的書很多，探討苦痛的書則比較少。即使有，也多是以抽象的方式來寫，有系統地甚至理論地分析苦痛的情況、它的成因、它的影響，與它的結局。間中也談論到對付苦痛的方法。如前所述，這種探討的方式是抽象的，缺乏實存的感受，讀者看了，並不感到親切。實際上，苦痛是生命存在的一種直前的經驗，不管是身體的、心理的，或精神的，它是拿來感受的，不是拿來以概念與理論來研究的。當然我們可以以種種苦痛經驗作為資料或範例，對苦痛作一種歸納性的研究，而成就一種苦

痛的學問。這種工作比較繁複，要用很多篇幅才能寫得周延。目前我沒有意圖要這樣做。我是以寫自傳的方式，把自己生命歷程中的成長、學習、研究、建立自己的思想，以至情感、戀愛與健康各方面所遭遇的挫折與苦痛敍述出來，解釋自己如何面對這些挫折與苦痛，最後克服和超化它們。在這些方面，我走的路是很崎嶇的，但在意志上，我是不肯認輸的，每次跌倒，我總是要掙扎站起來，繼續向前行。這在勵志方面，對青年朋友可能有些參考和啓發的作用。

我試舉一些例子說一說。在學習方面，在大學及以前的階段，我走的路已很曲折。大學以後，我曾三度出國留學，三個地方都用不同的語文，在日本用日文，在德國用德文，在加拿大用英文。最後我在加拿大拿博士學位。另外，爲了自己的佛學研究的需要，又要苦讀梵文與藏文。佛學中文當然是免不得了。在哲學分析、思想訓練與學術路向方面，我受到四個國際學派的直接影響：當代新儒學、京都學派、維也納學派和漢堡學派。在研究領域方面，我跨越六個範域：儒、耶、道、釋、京都哲學和德國觀念論，而以佛學（釋）爲主。近年我更提出自己的純粹力動現象學（Phänomenologie der reinen Vitalität）的形而上學體系。這體系的基本觀念與思考方式近於佛學，歸宗則爲道家的莊子的和：天和與人和，自己又加提苦痛和，由此可發展出一種諧和的人生哲學。這種學思歷程，可謂險阻重重，我一次又一次的倒下，最嚴重的一次是在德國心力瘁傷，幾乎死掉。這一重一重的困難與苦痛，我都克服了。而且每次我都吸取了教訓。

在健康方面，我的問題尤其繁多，而且有越來越嚴重的趨勢。在中文大學時每讀康德（I. Kant）的《批判》，讀久了便感頭痛。

· 自　序 ·

在日本時讀梵文、藏文，情形也是一樣，而且情況更為嚴重。以後我一直都在做研究工作，頭痛總是免不了的。初時只是用腦讀書研究時才頭痛，由最近兩三年起，即使不用腦讀書或寫東西，都頭痛起來。頭痛變成生活的一部份了。痛起來只有吃藥壓止它，但那些藥都有副作用，對身體不好。十五年前又開始罹患腰病，關於這點，書中都有很清楚而詳盡的交代。十年前開始又發現有高血壓症，於是開始看醫生，每天吃藥抑止血壓。兩年前又有糖尿病。去年又發現有腮腺癌。關於這種惡疾的發現與治療，書中也有很周詳的敘述。癌病對一般人來說，雖不必謂之絕症，但總是頭等的大病。但對我來說，它只坐第三把交椅而已，上面還有頭痛（偏頭痛）和腰痛哩。腰痛是最要命的，每分每秒都在痛。而以上所列的病痛，只是那些較嚴重的而已。其他較輕的，還有不少。例如，我的幾十隻牙齒幾乎沒有一隻是健全的。忍受病痛，成了我生活中挺重要的一項節目。我有時想，諾貝爾獎中有醫學獎，倘若設承受病痛這一獎項的話，我肯定有資格被提名為這一獎項的候選人。

　　對於這如許的病痛，除了依正常途徑，找醫生治療外，也需要培養或醞釀一種在心理上、精神上對待病痛以至於其他苦痛的想法，或嚴格來說的哲學，或更嚴格來說的現象學，才能應付過來。必須要能有這樣一種學問，人在心理上、精神上才能定得住，才有堅定的信念與堅強的意志面對這些病痛和苦痛，尋求治療之道，並如常過日子、如常工作，並且做有意義的事。我便是在這樣的想法下，構思自己的苦痛現象學，並以自己特別崎嶇的人生旅程作實例或線索，把這種哲學展示出來。它的基本理念，便是上面提到的「和」，更具體地是「苦痛和」。再加上佛教的緣起性空的義理。

這表示苦痛是緣起的,沒有常住不變的自性,故是可以改變的。即是說,對待苦痛,不要敵視它,和它對立、對峙,而是要和它協調,和它交個朋友,建立諧和關係,從而點化它、改變它,使它變得輕微,並以它作為培養自己的忍耐力、承受力、包容性(寬容性)的煉獄,以充實自己的心性涵養與提升自己的生命、精神境界。由此體會「煩惱即菩提」的深微意義與表現「煩惱即菩提」的生活智慧。這本書的所述,便是我在這方面的構思與體驗。由於我自己的學問,基本上也是在這種苦痛特別是病痛的生活下成就的,故以「我在苦痛中成學」作為本書的副題。

　　讀者或許會留意到,我在書中並未有討論愛情問題,沒有提到愛情所可能帶來的苦痛(當然愛情也會帶來幸福),也沒有交代自己的戀愛經驗。關於這點,我想作以下的解釋。首先,像羅蜜歐與茱麗葉的那種生死相許的癡情,我是沒有的。這種愛情,往往是盲目的,缺乏理性的基礎,故很多時以悲劇收場。其次,我對愛情的看法,或我的愛情觀,已在本書第十章〈哲學王國之旅與第二次瀕死經驗〉後面附錄的〈浮士德之魂:關於生命及其哲學〉一文中表示出來,我主要是談論愛情的真實性與虛幻性的問題,是從佛教的觀點出發的。我現在仍是持這種觀點。至於我自己的戀愛經驗,雖然不是沒有可談之處,但絕不是多姿多采的那一種。在這方面,我的經驗總是這樣:我喜歡的人不喜歡我,喜歡我的人我又不喜歡她。這是沒有緣份。有些情況是,我們的感情發展到某一階段,對方發現我不是她想終身要相伴的人選,於是雙方的關係便疏離了。大概這又與我在這個問題上不能生死相許有關,對方覺得我不能充足地付出她所需要的。記得有一次,我和一個志趣相投的同學很要好,那是在

・自 序・

大學的年代。別人以為我們是很相稱的一對。那位同學像我一樣，理性與激情時常纏繞在一起。最後還是理性主導她了，讓她和我分手。她寫了一封很長的信給我，說明不能接受我的感情的理由，最後竟說：「無論如何，我對你的感情的債會償還的。」我最初對這句話很注意，以為還有希望。後來一想錯了，我的真摯的感情已付出了，那不是可以用金錢或其他價值可以替代的，她如何償還呢？她是還不起的。她可能由於情緒激動，又有點內疚，才這樣說。還好我也相當理性，沒有把這句話認真放在心上，這段表面看是愛情故事便這樣完了。還有一些類似的經驗，都是在這種平和而又讓人惆悵的氣氛下收場。最後，我遇到現在的妻子，她人很隨和，思想也單純，對我有好感，也有點崇拜的心理。我覺得她挺不錯，便來往起來。到我在日本留學，讀完日語，趁中間有假期，便回港和她結婚了。她是賢妻良母的那一類型，對家事處理得很好，很負責任養育孩子，自己又在中學任教職，讓我能專心做學問，沒有後顧之憂。我在學問上有成就，除了我自己努力不懈外，她是應記首功的。這使我非常感念。尤其在生活上，她付出多，我付出少。

自此以後，我在愛情或感情生活上幾乎是無風無浪的。只是有一次，我甫到浸會大學教書，音樂系一個女同事常來找我，請教有關佛教和禪的問題。她是單身貴族，在巴黎大學拿博士，修習中國音樂，又擅古琴，外貌甜美，有吸人的風采，而且悟性很高，寫得一手好散文。她熱心研究佛教音樂，又探討琴與禪的關係，自然常過來我這邊找我討論聊天了。她又有豪氣，不拘小節，看到我桌上有一瓶葡萄酒，拿起揭開樽蓋便喝，也不用杯子。她又稱呼我作大師兄（我不知她為何這樣叫我，難道我們有過同一個老師麼），我也只得如

曹達華那樣,叫她師妹。這樣的人,我自然樂於和她來往;那些往還,主要還是環繞著學問而展開的。那時我的內心有點矛盾,也有點擔心,會不會有這麼一天,我們離開學問,發展一些感情出來呢?會不會無風起浪呢?幸好在我有這個憂慮不久,一天在飯桌上,她突然說要結婚了。結婚麼,好啊!跟誰呢?她說要嫁到美國去,跟一個美國醫生結婚。我聽後自然祝福她,內心也輕鬆下來,我不必有那種擔心了。翌年她便辭了浸會大學的教職,到美國去了。我們一直都維持很好的朋友關係,或「師兄師妹」的關係。

這本《苦痛現象學:我在苦痛中成學》,可以說是在血淚交織下寫成的。去年接受了癌瘤割除手術後的幾日,我留在醫院,都在思索人生的深微問題,主要在構思自己的苦痛現象學,以對付眼前和將來的病苦,那時傷口還淌著血。想到自己的健康問題,今後將時時與病苦作伴,又想到母親一生受盡苦痛折磨,最後無聲無臭地死去,不免淚流如注。同時又把想到的東西匆匆記下。後來又常想起在電療中受到的極度的痛楚與關於無我的淒烈的覺悟,覺得上天還是對自己眷顧,不免感極而泣。這些想法,都在書中有記述。

最後,我想簡單地敘述一下這本書的撰作方式。這基本上是一本思想性與生命體驗的書,不能算是學術著作。因此,在附註方面,我只在第一章論述胡塞爾的現象學和其他有引文的地方,交待詳盡的出處,其他地方則免了。我不想把這本書弄得太學術化,增加讀者的壓力。不過,有些章節所談的問題,還是相當嚴肅的,需要思考的,例如論苦痛現象學、論我自己的文獻學與哲學分析雙軌研究的方法論、論我自己的中道佛性詮釋學和純粹力動現象學。由於本書是從現象學的角度來論人生的苦痛問題,而這現象學又是指有代

自　序

表性的胡塞爾的現象學，故我們首先很認真地論述了胡塞爾的現象學。或者可以說，我是要以胡塞爾的現象學的理念與方法，敘述和分析人生的苦痛特別是病苦的問題，探討處理這些苦痛的有效途徑，最後把苦痛轉化，使它有助於我們的生活智慧的培養，甚至提升我們的精神境界，開拓更廣大的生命空間。

　　書中有些東西是重複說的，我是故意這樣做的，因為我覺得那是特別重要的，敬祈讀者垂注。

Abbreviations（略字表）

Ideen I E. Husserl, *Ideen zu einer Phänomenologie und phänomenologischen Philosophie*, Erstes Buch: *Allgemeine Einführung in die reine Phänomenologie*. Neu herausgegeben von Karl Schuhmann, Den Haag: Martinus Nijhoff, 1976.

Ideas II E. Husserl, *Ideas pertaining to a Pure Phenomenology and to a Phenomenological Philosophy*. Second Book: *Studies in the Phenomenology of Constitution*. Tr. Richard Rojcewicz and André Schuwer, Dordrecht, Boston, London: Kluwer Academic Publishers, 1989.

Meditationen E. Husserl, *Cartesianische Meditationen und Pariser Vorträge*. Den Haag: Martinus Nijhoff, 1973.

Idee E. Husserl, *Die Idee der Phänomenologie*. Den Haag: Martinus Nijhoff, 1973.

苦痛現象學：我在苦痛中成學

目　錄

再刷序	I
自序	III
Abbreviations（略字表）	XI

一、現象學的哲學方向 ································· 1
 1.現象學的各種稱呼及其價值義 ················· 1
 2.現象學的構成要素與明證的出發點 ············· 5
 3.從經驗心理學到超越現象學 ··················· 10
 4.現象學的目的：把握作為真理看的現象 ········· 15
 5.現象學的轉化意義 ··························· 22
 6.現象學的思想史意義 ························· 25

二、苦痛現象學 ·· 31
 1.苦痛現象學 ································· 31
 2.罪、死、苦 ································· 35
 3.苦痛現象學的形而上原理 ····················· 38
 4.苦痛中有向上的生機 ························· 42

5.與苦痛交朋友⋯⋯⋯⋯⋯⋯⋯⋯⋯⋯⋯⋯⋯⋯⋯⋯⋯45

三、我的生命情調、學問歷程與感受⋯⋯⋯⋯⋯⋯⋯⋯49
 1.生命情調⋯⋯⋯⋯⋯⋯⋯⋯⋯⋯⋯⋯⋯⋯⋯⋯⋯⋯49
 2.學問歷程與感受⋯⋯⋯⋯⋯⋯⋯⋯⋯⋯⋯⋯⋯⋯⋯54

四、鄉愁：第一次瀕死經驗⋯⋯⋯⋯⋯⋯⋯⋯⋯⋯⋯⋯65
 1.《金剛經》、禪對生命問題的啓示與第一次瀕死經驗⋯65
 2.貧窮、渾渾噩噩⋯⋯⋯⋯⋯⋯⋯⋯⋯⋯⋯⋯⋯⋯⋯70
 3.鄉愁⋯⋯⋯⋯⋯⋯⋯⋯⋯⋯⋯⋯⋯⋯⋯⋯⋯⋯⋯⋯74

五、生命的橫逆：名的迷執與怨憎會苦⋯⋯⋯⋯⋯⋯⋯77
 1.名的迷執⋯⋯⋯⋯⋯⋯⋯⋯⋯⋯⋯⋯⋯⋯⋯⋯⋯⋯77
 2.怨憎會苦⋯⋯⋯⋯⋯⋯⋯⋯⋯⋯⋯⋯⋯⋯⋯⋯⋯⋯82
 3.我的父親⋯⋯⋯⋯⋯⋯⋯⋯⋯⋯⋯⋯⋯⋯⋯⋯⋯⋯85

六、勞、唐、牟三先生的啓發與教導⋯⋯⋯⋯⋯⋯⋯⋯89
 1.從名的迷夢中驚醒⋯⋯⋯⋯⋯⋯⋯⋯⋯⋯⋯⋯⋯⋯89
 2.我與勞思光先生⋯⋯⋯⋯⋯⋯⋯⋯⋯⋯⋯⋯⋯⋯⋯92
 3.我與唐君毅先生⋯⋯⋯⋯⋯⋯⋯⋯⋯⋯⋯⋯⋯⋯103
 4.我與牟宗三先生⋯⋯⋯⋯⋯⋯⋯⋯⋯⋯⋯⋯⋯⋯113

七、佛學：生命的學問⋯⋯⋯⋯⋯⋯⋯⋯⋯⋯⋯⋯⋯123
 1.助教的生活⋯⋯⋯⋯⋯⋯⋯⋯⋯⋯⋯⋯⋯⋯⋯⋯123
 2.佛學：生死相許的學問⋯⋯⋯⋯⋯⋯⋯⋯⋯⋯⋯127

八、櫻花之旅與對學問的生死相許⋯⋯⋯⋯⋯⋯⋯⋯135
 1.生死相許的學術研究⋯⋯⋯⋯⋯⋯⋯⋯⋯⋯⋯⋯135

2.京都大學的學風與我的教授 ················ 139
3.日文、梵文、藏文的艱苦學習 ················ 143

九、阿部、西谷二先生的訪談、對話與京都學派的宗教遇合 153
1.關於宗教對話問題 ······················ 153
2.我與阿部正雄先生 ······················ 156
3.我與西谷啓治先生 ······················ 162
4.我對京都學派哲學的印象與評價 ·············· 165

十、哲學王國之旅與第二次瀕死經驗 ············ 171
1.對德國的憧憬 ························ 171
2.極度疲倦與死亡的危機 ··················· 175
3.最美麗的回憶 ························ 181
4.南德的風光 ························· 183

附錄:浮士德之魂:關於生命及其哲學 ············ 188
一、生命與哲學 ························ 189
二、存在的感受 ························ 190
三、東方人的存在的感受——中國與日本 ·········· 192
四、東方人的存在的感受——印度的佛教 ·········· 196
五、關于孤獨 ························· 201
六、嬰兒世界與生命的弔詭 ·················· 202
七、生命的轉進——從破裂到圓滿 ·············· 204
八、《約翰·克里斯朵夫》的暗示 ·············· 206
九、愛情的真實與虛幻 ···················· 209
十、從生命到哲學 ······················ 211

十一、文獻學與哲學分析雙軌研究法 …… 217
1. 在漢堡大學的研究 …… 217
2. 現代佛學研究方法論：文獻學與哲學分析雙軌研究法 …… 219
3. 文獻學與哲學分析雙軌研究法與當代詮釋學 …… 227
4. 持續不斷的病痛 …… 229
附錄：文獻學與哲學分析雙軌研究法圖表 …… 232

十二、楓葉之旅與第三次瀕死經驗 …… 233
1. 東歸與佛學研究教育理想的挫敗 …… 233
2. 麥克馬斯德大學與柏格森哲學的啓發 …… 238
3. 腰病的降臨與第三次瀕死經驗 …… 243
4. 大手術與對苦痛的反思 …… 247
5. 化敵為友：苦痛的轉化 …… 251
6. 要視太空金屬塊為自己身體的一部份，視承受腰痛為生活的一部份 …… 253

十三、對天臺宗的創造性詮釋：中道佛性詮釋學 …… 257
1. 對真理概念的理解與實踐方法 …… 257
2. 中道佛性與龍樹中道 …… 261
3. 實踐或體證真理以得解脫 …… 266
4. 中道佛性與純粹力動 …… 269

十四、在苦痛中遊戲三昧 …… 275
1. 香港浸會大學和我的孤獨感 …… 275
2. 在苦痛中遊戲三昧：即工夫即本體 …… 281
3. 我的學問 …… 288

4.我的禪學研究與體會 ……………………………………… 292
5.對苦痛與遊戲三昧的再省思 ……………………………… 295

十五、癌病的第四次瀕死經驗與在電療中證無我 ………… 299
1.癌病的發現 ………………………………………………… 299
2.大手術後在醫院中的思索 ………………………………… 302
3.在電療中斷我執 …………………………………………… 309
4.覺悟的自力與他力問題 …………………………………… 315
5.病後的深沈省思 …………………………………………… 318

十六、純粹力動現象學 ………………………………………… 323
1.問題的提出 ………………………………………………… 323
2.對問題的認真思索 ………………………………………… 328
3.純粹力動觀念的發現 ……………………………………… 330
4.純粹力動現象學 …………………………………………… 333
5.純粹力動現象學的意義與我的感懷 ……………………… 339
附錄：純粹力動現象學的構思 …………………………… 344
補記 ………………………………………………………… 345

十七、死亡現象學 ……………………………………………… 347
1.在我們現實中的死亡 ……………………………………… 347
2.死的恐懼 …………………………………………………… 350
3.死的超越 …………………………………………………… 353
4.大死與我的生死三重破 …………………………………… 355
5.死亡之樂與尊嚴 …………………………………………… 362

十八、音樂實體中的愛與盼望 …………………………… 367
  1.音樂實體 …………………………………………………… 367
  2.愛與盼望 …………………………………………………… 372
  附錄：巴哈與貝多芬 ………………………………………… 377

十九、終極圓滿的諧和 …………………………………… 381
  1.音樂中的諧和 ……………………………………………… 381
  2.諧和的理想性、苦痛和、甘地的啓示 …………………… 385
  3.日常生活中的諧和 ………………………………………… 389

附　　錄 …………………………………………………… 393

一、現象學的哲學方向

1.現象學的各種稱呼及其價值義

關於「現象學」（Phänomenologie, phenomenology）一詞，最易使人想起黑格爾（G. W. F. Hegel）的鉅著《精神現象學》（*Phänomenologie des Geistes*）。這可能是「現象學」一詞最先出現於哲學著作中的例子。在這裏，黑格爾把現象學視為對精神（Geist）實體發展的整個歷程的反省。胡塞爾的現象學則不是就精神實體言，而是就意識言，視現象學為對意識的性格、作用作深入與廣面的反省與探究，他亦有視意識為一種終極原理的意味，甚至有唯意識主義的想法。❶

一般的說法，多謂胡塞爾現象學的主要部份是超越的（transzendental）現象學❷。他又常常把現象學稱為「描述心理學」、

---

❶ 在這點來說，「唯意識」是可與佛學中的「唯識」相比較的，二者有初步的相同點，便是視意識和識為實在，在存有論上對於物質方面的東西有先在性。當然這只是很表面的看法。胡塞爾的意識有勝義諦的意味，唯識的識一般來說則是世俗諦義的心識，有虛妄的執著作用。不過，若把識說到「淨識」方面去，情況便不同，後者亦是有勝義諦意味的，淨識是轉識後所得的智。

❷ 關於transzendent, transcendent與transzendental, transcendental, 我國學者的譯法，很不一致。如對transzendent, 李幼蒸譯為「超驗」，勞思光譯為「先驗」，

・1・

「本質心理學」、「理性心理學」。這都是對比著流行的「經驗心理學」而言的。

如要替現象學找一個恰當的稱呼，需要從基礎義、原理義與本質義著手。胡塞爾在其名著《純粹現象學和現象學哲學的觀念》（*Ideen zu einer reinen Phänomenologie und phänomenologischen Philosophie*）第一卷的《純粹現象學通論》（*Allgemeine Einführung in die reine Phänomenologie*）❸中，表示現象學，或更確切地說，本質心理學（eidetische Psychologie），是關乎經驗心理學的方法論上的基本科學（methodologisch grundlegende Wissenschaft），其意義等同於物理學的基礎是實質性的數學學科。❹即是說，現象學的內容是原則性的、原理性的、基礎的，以至本質的，這是對於經驗性的學科如心理學而言。胡塞爾在他的《純粹現象學通論》（按

牟宗三譯為「超離」、「超絕」。對transzendental，李幼蒸譯為「先驗」，勞思光譯為「超驗」，牟宗三和張慶熊譯為「超越」，我自己則曾譯為「超馭」。另外還有a' priori，有人譯為「先天」，也有人譯為「先驗」。依康德，transzendental較transzendent有更積極的、更進一步的內容，即除了有超離經驗，不受後者所決定之外，還有決定經驗的意味。但這決定，主要是就認識論一面言，存有論的意味是較輕的。其實對於transzendental一詞，歐陸哲學家的用法常不一致。關於這點，當筆者還在加拿大的麥克馬斯德大學（McMaster University）宗教系作研究時，歐陸神學教授羅拔臣（J. C. Robertson）已提過，要我小心使用這個字眼。在這裏，我以「超越」來譯transzendental或transcendental。

❸ E. Husserl, *Ideen zu einer Phänomenologie und phänomenologischen Philosophie*. Erstes Buch: *Allgemeine Einführung in die reine Phänomenologie*. Neu herausgegeben von Karl Schuhmann, Den Haag: Martinus Nijhoff, 1976. 此書以下省作*Ideen I*。

❹ *Ideen I*, S. 178.

即上述的《純粹現象學和現象學哲學的觀念》的第一卷)的〈後記〉(Epilogue)中又提出「本質現象學」(eidetic phenomenology)一詞,表示這種現象學所涉及的,只限於純粹的本質、超越主體性所即時洞見到的「本質結構」(essential structures)。❺從「本質」這一字眼,我們可以初步推定胡塞爾的現象學具有勝義諦意味,與經驗性的心理學殊為不同,雖然他說本質與一般的說法並不完全相同。「現象學」可以是一價值語言(axiological language),這種學問不是描述現象的現象論(phenomenalism),而是具有轉化的導向(transformational orientation),指向一理想,一個可以安身立命的價值境界。這種價值的意味,由後面會提到的他的「懸置」(Epoché)一概念可見。它表示人要暫停一切對外界存在的實在性的設定,有勸人不要執著外界存在為實在而歸於觀念論特別是超越觀念論的意向。這與唯識學教人明瞭外境為識所變現因而不要執著外境的實在性一點有相通處。❻

---

❺ E. Husserl, *Ideas pertaining to a Pure Phenomenology and to a Phenomenological Philosophy. Second Book: Studies in the Phenomenology of Constitution.* Tr. Richard Rojcewicz and André Schuwer, Dordrecht, Boston, London: Kluwer Academic Publishers, 1989. 此書以下省作 *Ideas II*. 按此書是胡塞爾之 *Ideen zu einer Phänomenologie und phänomenologischen Philosophie* 第二卷的英譯,由於找不到德文原本,故只能用此英譯本。又 *Ideen I* 的〈後記〉是刊於 *Ideas II* 中的。

❻ 日本學者上田閑照、柳田聖山合著《十牛圖》(東京:筑摩書房,1990.)便以《自己的現象學》來說修行者對自己的心性的涵養的十個階段,此中有述執之義、懸置之義,亦有對終極歸宿的追尋的理想、價值的義蘊。這裏所提的「現象學」,顯然具有轉化的意味。

除了「本質現象學」外,胡塞爾又有「意識現象學」(Phänomenologie des Bewuβtseins)❼和「理性現象學」(Phänomenologie der Vernunft)❽的提法。這有以意識(Bewuβtsein)和理性(Vernunft)對於經驗存在有先在性之意。如上面所說,這在結構上與唯識有相似之處。不過,在這裏,胡塞爾強調所謂意向作用學(Noetik, noetics),特別是在理性現象學方面,強調意向性(Intentionalität)的作用和對「理性意識」(Vernunftbewuβtsein)的直觀性的探討。這種現象學和意向作用以普遍現象學(allgemeine Phänomenologie)為前提,強調準則或法則的支配力量,這準則或法則,又與胡塞爾一向重視的本質密切相連。❾這準則或法則是超越的,具有普遍性,故能形成普遍現象學。

當然要一提的是胡塞爾很強調他的超越現象學(transzendentale Phänomenologie),他把自己的現象學稱為《超越的現象學觀念論》(transcendental-phenomenological idealism),對比於他所反對的心理學的觀念論(psychologistic idealism)。❿後者其實是經驗現象學的另一說法。他晚年的一部專書《歐洲科學危機和超越現象學》

---

❼ *Ideen I*, S. 298.

❽ 《純粹現象學通論》第四部份第二章即以此名作為標題。(*Ideen I*, S. 314.)

❾ *Ideen I*, S. 333.在這裏,胡塞爾提出「理性意識」(Vernunftbewuβtsein)一複合概念,很堪注意。就此概念的構造言,他似乎有把理性(Vernunft)與意識(Bewuβtsein)等同起來的意味。若依一般的理解,理性應是高於知性(Verstand)的一種超越機能;意識和它等同,則意識亦應是一種超越意識,亦即胡塞爾在另處所說的絕對意識(absolutes Bewuβtsein)。這樣,意識便應是勝義諦層次,與唯識的心識(vijñāna)不同,亦與它的第六意識(manas-vijñāna)不同,後者是有執的、世俗諦的。

❿ *Ideas II*, p.417.

(*Die Krisis der europäischen Wissenschaften und die transzendentale Phänomenologie：Eine Einleitung in die phänomenologische Philosophie*)，即在書名中突出超越現象學，表示他對世界的關心，而提出「生活世界」（Lebenswelt）一概念。⓫這是他批判當代的實證主義和存在主義思想的書。這超越現象學當然是強調現象學的超越性與超越根源，這應是直前註❾說的絕對意識。

2.現象學的構成要素與明證的出發點

胡塞爾的哲學或現象學主要由以下幾個概念構成：意識的意向性和它的對象，這是在《純粹現象學通論》中發揮的；自我與自然世界，發揮於《笛卡兒式沈思錄》（*Cartesianische Meditationen*）⓬；生活世界，發揮於《歐洲科學危機和超越現象學》。這裏列出的幾本書，也是胡塞爾著作中挺重要的。其中的《純粹現象學通論》應該是最重要的，胡塞爾要在這書中建立他的超越現象學，追求理念的具有普遍性的原則。另外一部也是相當重要的，是兩卷本的《邏輯研究》（*Logische Untersuchungen*）⓭，它論證了心理主義的謬

⓫ E. Husserl, *Die Krisis der europäischen Wissenschaften und die transzendentale Phänomenologie: Eine Einleitung in die phänomenologische Philosophie.* Den Haag: Martinus Nijhoff, 1962.

⓬ E. Husserl, *Cartesianische Meditationen und Pariser Vorträge.* Den Haag: Martinus Nijhoff, 1973.此書以下省作*Meditationen*。

⓭ 《邏輯研究》（*Logische Untersuchungen.* Tübingen: Max Niemeyer, 1980.）第一卷為《純粹邏輯導引》（*Prolegomena zur reinen Logik*），第二卷為《現象學與認識論研究》（*Untersuchungen zur Phänomenologie und Theorie der Erkenntnis*）。

誤,提出現象學的基本原理。

胡塞爾的現象學的意圖,是要超越經驗的心理學主義的限制,建立超越的哲學,發揚普遍的理念與律則,以絕對意識或超越主體性為根基,透過它的意向性作用,對存在世界作全新的構架。此中的理想義、價值義是很明顯的。這項工作可以分為兩個階段,前一段是《邏輯研究》的工夫,討論和破解心理學的我思問題;後一段則是《純粹現象學通論》和《笛卡兒式沈思錄》的工夫,討論和建構超越的我思⑭。這種歷程,很類似唯識學的由識(vijñāna)以進於智(jñāna)的做法。心理學主義是以經驗義的心理活動為實在,在這方面,唯識學歸結為識心、情識的活動,視之為妄執,要轉化的。絕對意識的意向性則相當於唯識學的智,是理想的、無執的層次。由作為心理學主義的經驗的現象學進於超越的現象學,實是一種轉識成智的歷程:由識的現象學以進於智的現象學。

現在的問題是,這樣一種心路歷程,如何開始呢?我們應先注意哪些東西呢?胡塞爾提出具有明晰性格的明證(Evidenz),認為應由這裏開始。他先強調現象學的基礎性格,認為一切徹底科學

---

⑭ 這裏提到的我思,令人想起康德在其《純粹理性批判》(*Kritik der reinen Vernunft*)中對笛卡兒(R. Descartes)的「我思故我在」的名言的批評。他說笛卡兒的我思(Ich denke),由於其中的「我」只是一個純智思的主體,我們對它不能有直覺(Anschauung),故我思不能得出我在,後者的我是具有對於這我的直覺的。(I. Kant, *Kritik der reinen Vernunft*, I. Frankfurt am Main: Suhrkamp, 1977, S. 151.)胡塞爾要建構的超越的我思,這個我應該不是笛卡兒所說的那種我,而應該是具有直覺意義的我,而這直覺又不應是感性直覺(sinnliche Anschauung),而應是睿智的直覺(intellektuelle Anschauung)。胡塞爾是有這種直覺的概念的,這其實相當於他所說的絕對意識。

的哲學都以現象學為根基,後者是一種超越主體的本質性科學(a science of the eidetic essence of transcendental subjectivity)。❶這是由於現象學具有作為明晰的起點的明證,這其實是主體性的超越的本質,它超越了主客對立的自然的、經驗的範域,卻又是後者的基礎。❶對於這種超越性或純粹性與經驗性或事實性之間的關係,胡塞爾說:

> 純粹可能性的科學必定先行於事實性現實科學,並必須為後者提供指導與具體的邏輯。❶

這種先行的關係應是理論義、邏輯義的,而不是時間義的。

這明證到底是甚麼東西呢?關於這點,胡塞爾批判經驗主義者,認為他們依賴未經說明、未加論證的意見,表示應該依賴本身被直覺地給出的和先於一切理論思考的整個範域(von dem Gesamtbereich des anschaulich und noch vor allem theoretisierenden Denken selbst Gegebenen),而由此開始作哲學探索;即是說,要從一切人們可以直接地見到和把握到的東西(von alledem, was man

---

❶ Ideen I之〈後記〉,Ideas II, p.410.
❶ 這種主體性的超越的本質,就其超越主客的對立性而又為後者的基礎而言,極為類似日本當代哲學家西田幾多郎所提出的所謂「純粹經驗」,後者是一切自然經驗、一切對立性(duality)的根基。(參看西田幾多郎著《善の研究》,《西田幾多郎全集》,第一卷,東京:岩波書店,1978, pp.9-18.又關於純粹經驗的哲學性的詮釋,參看拙著《絕對無的哲學:京都學派哲學導論》,臺北:臺灣商務印書館,1998, pp.5-10.)
❶ Ideen I之〈後記〉,Ideas II, p.410.

unmittelbar sehen und erfassen kann）著手去做。⓭他並稱自家爲眞正的實證主義者（die echten Positivisten）。這裏我們應注意明證的幾種性格：

1.被直覺地給予而爲人直接地見到和把握到；
2.先於一切理論思考。

合乎這種標準的，顯然只有在直覺中呈現的東西；而這直覺，依一直下來的說法，只有兩種：感性直覺與睿智的直覺。就在感性直覺中呈現的東西言，這應該是外部世界的存在。但這外部世界的存在只能是一種假定，一種設定，在感性直覺中呈現的東西能否反映它們，是可存疑的。胡塞爾不是外界實在論者，他是觀念論的立場，在這一點上，他是接近佛教唯識論者的。故這在直覺呈現的東西的直覺，不大可能是感性直覺，剩下便是睿智的直覺。這是超越時間、空間形式與因果等範疇或概念的一種直覺。這種直覺，由於是睿智的，應該有意識的意味，但不應是經驗意識，因後者是受制於時間的。它應該是超越意識或絕對意識。故這種明證應該是對於超越意識而言的，它可被建立爲明證性眞理（evidente Wahrheit）。這便涉及超越意識的意向活動。我們似乎可以初步說，意向活動若能正確地進行，便是眞理。而這樣的意識，即超越意識，以佛教的語言來說，應該是勝義諦的層次，不是世俗諦的層次。後者是相應於經驗意識的。

⓭ *Ideen I*, S.45.這裏提到「被直覺地給出」和「先於一切理論思考」的性格，更令人想到胡塞爾所謂的明證和西田幾多郎的純粹經驗的相似性。

對於超越意識或睿智的直覺中被給予的東西,具有明證的東西,胡塞爾亦有述及。他認為明證展示於對某種事物的掌握,即是,能夠全部確定地掌握事物本身(es selbst)的存在,沒有任何可疑之處[19]。這所謂「事物本身」,似乎應有物自身(Ding-an-sich)的意味,但胡塞爾未有明說。一般的現象,其性質無窮,很難說能全部掌握。對於物自身則可以。進一步,胡塞爾表示,確切的明證有這樣的特性,它不光是實際事物在其中有「存有上的確定性」(Seinsgewiβheit),其「非存在」(Nichtsein)是不可想像的。[20] 這種明證不是認識論的,而是存有論的,因這是存有的確定性。只有物自身具有這樣的確定性。物自身屬本體界、睿智界,不是生滅法,故不會消失;現象是生滅法,會隨心識的消失而消失。物自身的「非存在」是不可想像的。胡塞爾要找的明證的起點,似是這存有論意義的物自身。不過,胡塞爾說到物自身,總是語焉不詳。故在這點上,我們仍不能毫無保留地肯定。或許他要從現象中說物自身,故他說的物自身,常為現象所圍繞,故眉目總不清楚。

故就上面提到的明證的兩種性格而言,睿智的直覺或絕對意識與物自身或物自身層次的東西似能符順這兩種性格,故應可作為胡塞爾視為起點的明證的東西。

大陸學者張慶熊說到自明的東西或直接被給予的東西時,提到內知覺問題,他認為內知覺的體驗是自明的。意識可以有反觀自照的(reflexive)活動,直接體驗到認識的行為和內在的意識

---

[19] *Meditationen*, S. 56.
[20] Idem.

內容。㉑倘若這所謂內知覺是超越意識的作用的話,則明證亦可指這內知覺的作用。而這裏所說的反觀自照的意識活動,亦可以說是相應於唯識學的自證分活動,在內部證取見分對相分的認識也。故反觀自照的意識相當於自證分。但在唯識的體系裏,自證分是心識的一種作用方式,在轉依前,是有執的。而胡塞爾的超越意識則是勝義諦的,是無執的。這點則不同。

3.從經驗心理學到超越現象學

上面提到所謂明證是對於超越意識而言的,由於超越意識是超越現象學的基礎,故明證亦應是超越現象學的明證,超越現象學是由明證開始的。胡塞爾所說的現象學,實是指超越現象學而言。

不過,胡塞爾在開始其哲學思考時,並不是馬上便提出超越現象學的體系的。他有一段從經驗心理學(empirische Psychologie)到超越現象學(transzendentale Phänomenologie)的歷程。恰當地說,他的哲學活動是從反心理主義開始的。在《邏輯研究》第一卷中,他反對那種強調經驗因果性的心理學,反對經驗性格的心理主義。這種心理主義以觀察、實驗、歸納等方法作為依據,把心理活動時空化,視之為發生於時空中的生物現象。他把這種心理學方向貶為自然主義的。㉒現象學則不同,它不是心理學的基礎。胡塞爾

㉑ 張慶熊著《熊十力的新唯識論與胡塞爾的現象學》,上海:上海人民出版社,1995, p.87.

㉒ 就經驗因果性而言,唯識學在一定程度上亦有此種色彩,即使是阿賴耶識

甚至視現象學為心理學在方法論基本問題上的法院（Instanz für die methodologischen Grundfragen），㉓這表示心理學在方法學方面的建立與應用，都需以現象學的基本論斷為依據。這點在存有論的角度而言，是很自然的事。因為心理學只指涉事物的經驗性層面，只能解釋事物在表象、現象方面的變化，現象學則直達事物的超越的本質內涵。本質在存有論上是決定現象的，反之則不然。

這種分別，實是經驗性與超越性的分別。心理學是經驗性的，現象學則是超越性的。從心理學走向現象學，是由經驗層面提升至超越層面，這不單是存有層次的提升，而且是知見上、體驗（Erlebnis）上的提升，也可說是主體性的提升，由經驗主體性提升或轉化為超越主體性。胡塞爾在其《純粹現象學通論》的〈後記〉中，便極力強調超越現象學完全不同於經驗心理學，這種不同，主要在於超越主體和心理學主體（按即經驗主體）的不同。㉔他更進一步強調，近代心理學在內在本質的分析（immanente Wesensanalyse）方面，是非常陌生的。㉕這即是說，近代心理學仍是經驗性質的，不能與於超越的內在本質的分析。

（ālaya-vijñāna），仍是一經驗主體，不是一超越主體。它轉依後所成的大圓鏡智（ādarśa-jñāna），才是一超越主體。胡塞爾由心理學而轉進超越現象學，以超越意識或絕對意識為基礎，與唯識學的轉依或轉識成智極為相似。

㉓ *Ideen I*, S.177.
㉔ *Ideen I*之〈後記〉，*Ideas II*, p.425.就唯識學而言，前六識是經驗主體，是沒有問題的。第七、八識本質上仍是經驗主體，但二者都牽涉到下意識的問題，是否全無超越義呢？這是一個較為複雜的問題，值得深思。其關鍵在於，下意識是否完全是經驗的，是否有超越的意味呢？
㉕ *Ideen I*, S.177.

若就這個問題作進一步考察,則可以說,胡塞爾早年所說的現象學,其實是一種經驗主義性格的描述性的心理學,他自己也是這樣看。其後他通過「本質直覺」(Wesensanschauung)來修改這種現象學,把這種直覺注入於其中,為它建立超越的給予性,及後乃邁向超越現象學之路。平心而言,要建立現象學,本質直覺或對於本質(Wesen)的探究是不可少的,因為現象學所要闡明的,正是事物的本質的結構,經驗性的現象(phenomenon)的層面反而是不重要的。胡塞爾自己便說過,一般的經驗性格的心理學是外部的心理學,是自然主義的。他的現象學,若要說為心理學,則要在最內在的原初直覺的本質(originally intuitive essence)中體得心靈的生命,而這直覺的本質是以存有論的有效性的方式存在於意向性的成果的系統中。❷這裏說心靈的生命要在原初直覺的本質中體認,很值得注意,這種心靈的生命,由於要在直覺的本質層面中體認,它不可能是經驗性的,而應是一超越的心靈生命,應是一超越的主體性。而這直覺的本質又與意向性相連,則這意向性應該是超越主體的意向性,是勝義諦義的意向性,而不是經驗主體的、世俗諦義的意向性。❷胡塞爾最後說,這意向性的成果(intentional accomplishments)的系統是各種層級的對象(包括一個客觀的世界

---

❷ *Ideen I* 之〈後記〉,*Ideas II*, p.426.
❷ 這裏說原初直覺的本質和直覺本質,使人想到西田幾多郎的「動作直觀」觀念。西田以其純粹經驗的世界為動作直觀的世界,而這動作直觀應是強調動感(dynamism)的直觀,在直觀中有創造的作用。在胡塞爾來說,直覺的本質與意向性相連,則這直覺的本質亦非無動感義。關於這個問題,這裏不作深究。(關於西田的動作直觀觀念,參看拙著《絕對無的哲學:京都學派哲學導論》,pp.196-200.)

（objective world）的對象）所存在的地方，胡氏又說，這是對於自我而言的。㉘這意向性的成果，其來源應是超越意識，或超越主體。說這意向性的成果的系統能貯存一切對象，頗有唯識學所說的阿賴耶識的藏的作用的意味；它內藏世界上一切存在的種子，在適當條件的配合下，種子會現行起來，成為現實的事物。

胡塞爾的老師是布倫塔諾（F. Brentano）。後者是以經驗主義的立場來說意向性或意識活動的，胡塞爾受到他一定的影響，其後則轉到超越意識方面去。張慶熊曾研究兩人的意向性學說，以下面三點把他們區別開來。

Ⅰ）布倫塔納的意識活動主體是經驗的自我。胡塞爾的意識活動主體是超越的自我（張氏以「先驗」說「超越」，這裏我們改動過來，在下面也作同樣改動）。

Ⅱ）布倫塔諾的意識活動是生理心理的活動，是在時空中進行的。故他的心理學是經驗的心理學。胡塞爾的意識活動則是純粹的意識活動。他的超越現象學是對這種純粹的意識活動的分析和描述。

Ⅲ）布倫塔諾的心理的對象是內存在的，是意向行為的一個相關的環節，在某種意義上可以說是被意向行為構成的。但他的物理的對象則不是存在於意識之中，不是被意向行為構成的。胡塞爾則認為實在的世界只是一種主體際的設定，世界的客觀性和實在性是被主體際的意向

㉘ *Ideen I* 之〈後記〉，*Ideas II*, p.426.

行為構成的。㉙

這裏有幾點需要注意。首先,若意識活動主體有經驗的自我與超越的自我的區分,則可以說,前者是世俗諦義,後者是勝義諦義。故意識活動主體有兩層次,因而由其意向性所生起的對象也應分為兩個層次:世俗諦的對象與勝義諦的對象。就佛教的義理與語言來說,前者是被執取的,後者則是不被執取的。㉚其次,胡塞爾的意識活動來自超越主體,他的現象學源於超越的純粹意識,因而有價值義、理想義。這不同於唯識學所說一切以虛妄的、負價值義的心識特別是阿賴耶識為本。不過,胡塞爾亦有經驗意識概念,那是他區分意識為絕對意識與經驗意識時說的,但經驗意識不是他所重視的。最後布倫塔諾認為,心理對象為意向行為所建構,胡塞爾認為實在的世界是被意向行為所建構,由於意向行為源於意識,故這都有唯識學的境不離識甚至是識轉變(vijñāna-pariṇāma)的意味。這在形而上學來說,是觀念論(idealism)的立場。胡塞爾是超越的觀念論(transcendental idealism),他早期重視心理學,則是經驗的觀念論(empirical idealism)。布倫塔諾與唯識學亦是經驗的觀念論。唯識到後期講轉識成智,把智建立為一超越的主體。若就智亦能有轉變作用,變現存在世界而言,亦可開出超越的觀念論。這便與胡塞爾的主流的意識哲學或意識現象學相近了。

㉙ 張慶熊著《熊十力的新唯識論與胡塞爾的現象學》,pp.36-37。
㉚ 關於意向性的問題,我們只簡單交代謂意向性表示意識活動的那種傾向,或意識本身有著某種方位活動的趨向。「方位」只是借說,並沒有嚴格的空間意義。

最後,有一點是很重要的,必須說明。在胡塞爾的想法中,經驗心理學與超越現象學的分水嶺是還原(Reduktion),那是超越現象學的還原。所謂還原,這裏可先交代的是,它是要剝落一切人為的自然設想,以為外在世界是客觀存在,而回歸到超越意識或絕對意識本身,視它為出發點,以展開一切現象學的思考。胡塞爾甚至以還原來界定超越現象學。他表示純粹意識心理學(reine Bewuβstseinspsychologie)表面上類似超越意識現象學(transzendentale Bewuβtseinsphänomenologie),但對兩者必須嚴格區分開來,即是:超越現象學的探究必須不偏不倚地依循超越的還原(transzendentale Reduktion)。純粹意識心理學是不需這一步驟的。他並提醒說,當人們持有現象學探討的態度時,這個世界不應被視為「現實性」(Wirklichkeit),而應被視為「現實的現象」(Wirklichkeitsphänomen)。㉛這是強調現象學不同於心理學之處,現象學有否定外界實在的還原程序,心理學則一開始便接受外界實在的說法。「現實性」是直前的被視為實在的外在世界;「現實的現象」則是現前的現象,並無外界實在之意,它的現實是由意識支持的,一如唯識學中的外境是依心識而成立的。

4.現象學的目的:把握作為真理看的現象

跟著我們要討論一下現象學的目的。由上面的探討,我們大致

㉛ *Meditationen*, S.70-71.

可以確定現象學是在勝義諦層次上建立起來的一種哲學。進一步可以說它是要就眞理一面看現象。即是說，它是要探討一般意義的對象的眞理性格，或對象作爲眞理看的可能性。

首先，胡塞爾很強調現象學所探究的，是所謂「理性明證」（vernünftiger Ausweisung）和「本質」（Wesen）。讓我們先從現實的事物或對象開始。唯識學視這些東西都是心識的變現，自身是沒有自性（svabhāva）、實在性的，是虛幻的。或者說，這些東西沒有理性上的眞實性。胡塞爾則持正面的、樂觀的態度，以爲我們一般所說的對象有可能具有眞實義，是勝義諦層面的，具有理性明證的可能性，是本質義，不是表象義。這便顯出現象學的意味。他說：

> 當人們直接地說到對象時，通常指某一特別的存在範疇中的實際的、眞正地存在著的對象。……（它們）必會是有依據的（begründen）、明證的（ausweisen）、直接地見到的（direkt sehen），或者間接地洞見的（mittelbar einsehen）。……眞正的存在（Wahrhaft-sein）或實際的存在（Wirklich-sein），與理性地可明證的存在（Vernünftig ausweisbar-sein），必是在相互關聯中。……理性明證的可能性，不應被視爲是經驗的，而應被視爲是觀念的，是本質的可能性（Wesensmöglichkeit）。㉜

很明顯，胡塞爾的現象學視一般的現實的事物，由於它們是有依據

㉜ *Ideen I*, S.314.

的、明證的、直接地見到和間接地洞見（倘若它們能夠被提升到這個諧段的話），故不應是通常的現象性質。但是否現象的另一面的物自身（Ding-an-sich）性質呢？只憑「有依據的」等幾個字眼還是不能確定的。但跟著說的「理性地可明證的可能性」，特別是這種可能性不是經驗性的，而是本質性的，似乎顯示一種超離的（transcendent）物自身的意味，「本質」很可能是指向物自身而言，但它又是不遠離現實事物的。這個「本質」概念會有很重要的影響。胡塞爾在這裏已明確表示出，現實的存在的眞理性是立足於理性明證之中，而這種明證並不是一般的經驗性明證，而應是有理性的、智慧的基礎，則現實存在的勝義諦意味已是呼之欲出了。

跟著，我們看現象學指涉本質的問題。就目前我們所探討的脈絡與深廣度來說，胡塞爾很敏感地意識到本質和事實的差異，視兩者爲屬於不同領域、不同層次的東西。他強調純粹的或超越的現象學不是作爲事實的科學（Tatsachenwissenschaft）而被建立，卻是作爲本質的科學（Wesenswissenschaft）亦即是作爲「艾多斯的」科學（eidetische Wissenschaft）而被建立起來[33]。艾多斯「Eidetick」即是本質學，探究本質的學問。胡塞爾又指出，現象學所關心的，不是事物的現實存在的論斷（Daseinsfeststellungen），而是事物的本質存在的論斷（Wesensfeststellungen）。[34]但本質是甚麼呢，是不是物自身呢？在這裏我們還未能確定下來。不過，胡塞爾把偶然的事（Zufälle）與事實性（Faktizitäten）提出來說，謂它們與本質

---

[33] Ibid., S. 6.
[34] Ibid., S.172.

決定(wesensmäβig bestimmt）是對反的，起碼是不同的❸。在此點上，我們可以這樣理解，偶然的事的相對面是必然性，事實性的相對面是理想性，二者與本質決定不同或對反，則本質應指涉一些必然性與理想性的規律，或者是超越的規律，像康德（I. Kant）的範疇（Kategorie）那種。關於本質，我們就探討到這裏。

接著現象學又強調超越性與純粹直覺，特別是後者。胡塞爾的哲學目標，可以說是要在理性的基礎上追求一種有絕對意義的確定性，這只有在超越的領域中才能得到。經驗的東西是相對的，而且常在流變之中，故不能有絕對的確定性。只有超越的領域才能說絕對，才能說確定；因為它正是對相對性與流變性的超越。而對於超越性的東西的理解，必須依靠純粹直覺（reine Anschauung），那是剝落一切經驗成分的認識方式，是越過現象層面而直探事物的本質的一種認識方式。它不是感性直覺（sinnliche Anschauung），而應是睿智的直覺（intellektuelle Auschauung）。這其實是一種體驗（Erlebnis），是超越的純粹體驗。❻

接著的是現象學所涉及的認識問題。胡塞爾提出，立根基於純粹現象學的真正的哲學觀念，是絕對認識觀念（die Idee absoluter Erkenntnis）。他視現象學為第一哲學（erste Philosophie），為一種形而上學（Metaphysik）。他認為立根基於現象學即是對這第一哲

---

❸ Ibid., S.321.

❻ 這是與西田幾多郎的純粹經驗在同一層次的認識方式。它比純粹經驗應該有更積極的意義，因純粹經驗有超離（transcendent）意味，而胡塞爾的超越的純粹體驗則並不完全超離事物，它只是不受制於事物的因果性的限制而已。

學進行系統性的嚴格論證和闡釋,這便需要絕對認識。㊲這種絕對認識,應是一種本質性的認識。而進行這種本質的認識的,必是一種超越的主體,或超越的意識,這即是上面提到的絕對意識。現象學實即是對這種絕對意識及其對事物的認識的研究,這也關連到對事物的構架問題。我們亦可以說,現象學是一種意識哲學,而意識主要是指絕對意識。這絕對意識對事物的本質的認識,展示了現象學的勝義諦的層次。這種認識涉及意向性與能意(Noesis,意向作用)、所意(Noema,意向對象)所成的整一結構,有很濃厚的價值義與理想義,也關連到存有論的問題,真理便在其中得到充分的闡明。㊳

㊲ *Ideen I*, S. 8.

㊳ 對於胡塞爾現象學對存在事物的真理性、勝義諦性的看法,牟宗三先生持不同見解。他由存有論的角度說下來,以為西方的存有論由動字「是」或「在」來闡釋事物存在的道理。阿里斯多德以範疇來標識存在的事物的構成樣式,如特性、樣相、徵象之屬,以表出事物之何所是。這種講事物的存在性的即是存有論。他特別以「內在的存有論」來說這種以範疇來作規定的存有論。因它是內在於事物的存在而分析其存有性。他認為,康德其後把這種存有論轉為知性的分解,因此,這內在的存有論便只限於現象,專論現象的存有性;即就現象的存在而論其可能性的條件。對於這種存有論,他又參照佛家的名相稱之為「執的存有論」。關於胡塞爾的現象學,他認為是由意指的分析入,無假定,是內在存有論的變形。(牟宗三著《圓善論》,臺北:臺灣學生書局,1985, pp.337-340.)這是以胡塞爾的現象學仍是一種內在的存有論,或執的存有論,不是勝義諦的層次,只是世俗諦層次。但如上面所指出,胡塞爾的現象學是指涉事物的本質的形而上學,它以超越的純粹直覺為認識方式,這是一種絕對認識,是由絕對意識發出的。故現象學的認識應是勝義諦的,所成立的存有論亦應是勝義諦的存有論,是無執的。我們的看法,和牟先生的看法很不相同。不知他是依據哪些文獻和資料來理解胡塞爾的。

實際上，胡塞爾本人曾明確地指出，現象學是關乎真實的事情科學（Tatsachenwissenschaften）的根基，同時亦是笛卡兒義的真實的哲學，它無所不包，指涉真實的存在者（tatsächlich Seienden），它有絕對的基礎。㉟它是勝義諦層面的真理一點，應該是很清楚了。而這裏所說的真實的存在者，也關連到現象與本質的連合問題。

胡塞爾索性以存有論來說現象學，視超越現象學是真正的普遍的存有論（或本體論，echte universale Ontologie）。㊵他鄭重強調，這不是空洞的、形式的理論；在作為存有論的現象學中，涵有涉及所有領域的存在的可能性（Seinsmöglichkeiten）。㊶對於這種說法，我們可作這樣的理解，超越現象學所面對的主題，還是存在世界的東西，它是要以還原的方式，把人的對存在的東西視為外界實在的前提懸擱起來，而以意向性與自我作為根源來解釋和交代存在的事物。它們是其來有自，不是空洞的、形式的，其存在的可能性是敞開的。意向性有無窮的指向，因而它們的存在的可能性也是無限的。這好像唯識學的阿賴耶識攝藏存著的種子，這些種子也是無限的，只要條件具足，任何事物都可由種子變為現行，而成具體的存在。

㉟ *Meditationen*, S. 181.

㊵ 關於Ontologie或ontology，有人譯作本體論，亦有人譯作存有論。本體論的譯法，較偏重事物的形而上的、終極的根源那一面。存有論的譯法，則直就存在世界的萬物而言，這存有是小寫的beings。但亦可偏指那一切存在的根源，這存有則是大寫的Being。我們這裏取存有論的譯法。不管如何，在胡塞爾的現象學中，beings與Being應有密切的關聯。

㊶ *Meditationen*, S. 181.這令人想起黑格爾哲學中以「具體的普遍」來說精神現象。胡塞爾接著德國觀念論下來，自然會受黑格爾的影響。

胡塞爾更以「普遍」與「具體」結合起來說存有論,稱為「普遍的、具體的存有論」(universale konkrete Ontologie),視之為奠基在一個絕對的基礎(absoluter Begründung)上。❷這絕對的基礎,應是指絕對意識或超越意識無疑。若現象學是這樣的存有論,則它的勝義諦義便不容置疑了。他又強調現象學的先驗性(Apriori),認為作為先驗性的科學(apriorische Wissenschaft)的現象學是關涉原理(Prinzipien)的,是凌駕於事實的科學之上的。❸這原理應是先驗原理,具有絕對的普遍性與必然性。這本是康德的意思,他是以普遍性與必然性來說範疇(Kategorie)的性格,表示從認識論的角度說,超越的範疇對感性中的雜多(Mannigfaltige)的有效性是絕對地普遍的和必然的。範疇自然是作原理看。胡塞爾在這裏以超越的原理亦即是絕對意識或超越意識來說對於事物在存有論上的有效性,自是可以的。這有效性是普遍的和必然的。

至於以「普遍」與「具體」來說存有論或現象學,這是由於胡塞爾所說的現象並不單是一般所說的具體的現象,而是關連著本質和意義結構來說,由於本質指涉必然性與理想性的規律,故現象亦有普遍的意味。

---

❷ *Meditationen*, S. 181.
❸ 此處的德文本*Meditationen*用的是「原理」(Prinzipien)一字眼,英譯本作「徹底的普遍性與必然性」(radical universalities and necessities)。(E. Husserl, *Cartesian Meditations: An Introduction to Phenomenology*. Tr. Dorion Cairns, Dordrecht, Boston, London: Kluwer Academic Publishers, 1991, p.155.)張憲的中譯本《笛卡兒的沈思》是據英譯本譯出的,也作「徹底的普遍性和必然性」。(胡塞爾著、張憲譯《笛卡兒的沈思》,臺北:桂冠圖書股份有限公司,1994, p.194.)兩個譯本都錯了。

5.現象學的轉化意義

由現象學的勝義諦義即可說它的轉化意義。按胡塞爾的現象學由心理學開始,但心理學只是對於人的心理現象的研究,進行描述,而成所謂「描述心理學」(descriptive psychology)。這只是經驗研究的層面,不能解決人的精神的提升特別是轉化(transformation)的問題。故胡塞爾要提出現象學,特別是超越現象學,要從勝義諦的層次解決人的心理、精神上的問題,使人轉化氣質,覺悟真理。這種轉化,在唯識學來說,便是「轉依」(āśraya-parāvṛtti),或轉識成智。[44]

說轉化,勢必牽涉自我的問題,因轉化活動中的主體,便是自我。胡塞爾的成熟的自我思想,要到他寫《笛卡兒式沈思錄》(*Cartesianische Meditationen*)才成立。不過,在《純粹現象學通論》中,胡塞爾已清楚表明,超越現象學中的自我,已不被看成是這個世界內的實在客體(real object),而是被置定為對於這世界的主體(subject for this world),而世界本身又被置定為被我這樣地意識的,對我這樣地呈現的。[45] 這便很有唯識學的境為識所變現的意思,問題是這「置定」(position)是存有論意義,是認識論意義,抑是心理論意義呢?不管怎樣,要注意的是,這自我不是如唯識學所說第

---

[44] 唯識學的阿賴耶識說,如只限於流轉一面,便是心理學層次,即使有深層心理學(Tiefenpsychologie)意味,基本上也只是經驗的、現象論的。它是透過轉依而得提升至現象學的層面。

[45] *Ideen I*之〈後記〉,*Ideas II*, p.413.

六、七識是虛妄的,它不是情執的心識,而是超越的自我(transcendental Ego),它具有絕對性格,自由無礙,在一切世界存在之先。㊻這所謂「先」,當然是理論義、邏輯義,而不是時間義。而這樣的自我,也自然是勝義諦義的真我,是由轉化而來的。

對於現象學的這種轉化意義,胡塞爾又用「還原」(Reduktion, reduction)來說,他表示他自己曾努力要超越生命和科學的自然實證性,以求得超越的轉化(transcendental conversion),而這超越的轉化實即現象學還原。㊼這種做法,實即是唯識學的轉識成智的路向。生命和科學的自然實證性是識上的事,是有執的世俗諦層面;現象學轉化或現象學還原的結果應是智的成立,這是無執的勝義諦層面。

對於這種轉化的涵義,我們亦可以較淺易的文字來說明。在日常的生活中,人們總是趨向以現實的眼光和隨順自然的態度看事物或外在世界,以為外在世界是存在著的,以為自己是在時間與空間中活動的,又認為所認識的事物,是獨立於自己的認識機能如感識與意識而存在的。胡塞爾自己有較為深刻的看法,以為外在世界包括生活的事物和自然界的事物都不是獨立的存在,而是由我們的意識所構架而成的。為了使人們了解這點,他提出要實行「懸置」(Epoché),或「中止判斷」,㊽把一切未能得到證實而只是基於假設而成立的看法或判斷暫時擱置起來,以具有明證性的東西為起

㊻ Idem.
㊼ Ibid., p.416.「現象學還原」是現象學的方法,這是一種非常重要的思想與實踐。
㊽ 「懸置」或「中止判斷」是胡塞爾現象學的一個極其重要的方法論概念。

點,由此作哲學的思考。這具有明證性的東西,即是我們的超越的意識或超越的主體性。

這便有轉化意味:把自然的認識,特別是以外界事物為實際存在,可以獨立於我們的意識而存在,這種錯誤的想法,加以懸擱,中止這種未經證實的判斷,把外界對象放置於能意(意向作用,Noesis)與所意(意向對象,Noema)的關係中來理解,以求對外界事物有正確的認識。這很符順唯識學強調外境不離於心識而存在,卻是成立於見分與相分的關係中,的唯識真理。而能意～所意的關係,在胡塞爾的體系中,並不是自然的營構,而應具有價值義、理想義、真理義。㊾

關於現象學的轉化意義,法國現象學家利科(P. Ricouer)在他的《純粹現象學通論》的法釋本的〈導言〉(Introduction)中有很扼要的和具有啓發性的論述。他說:

> 《觀念I》(按即《純粹現象學通論》)描繪了一條上升的道路,它應當通向胡塞爾所說的有關對世界的自然設定的還原,或最好說是它的「中止」,而且它仍然只是被稱作先驗構成作用的意識所形成的,甚至是所創造的一種活動的對立面或反面。世界設定是甚麼呢?還原又是甚麼呢?甚麼是構成呢?甚麼是被構成者呢?這個先驗(按其意思是超越)主體是甚麼呢?它既然擺脫了自然現實,又介入了構成活動?人們不可能「憑空」議論,而只能通過現象學方法的艱苦

㊾ 能意與所意由意向性(Intentionalität)開出,後者是源於意識本身。這種三角(triad)關係,在胡塞爾的略微有宇宙論傾向的存有論中,非常重要。

工作本身來獲得對這些問題的解答。㊿

這裏說《純粹現象學通論》描繪了一條上升的道路，它是通過對自然地、未經批判反省地設定外界存在是實在這種做法的還原以至中止而成立的，這種「上升」的意思，實是認識上、精神上的轉化，它顯示於對世界的由錯誤認識到正確認識之中，而這種對外界存在的自然設定是意識構成的，意識又可構架還原或中斷後的世界，因而意識具有創造的作用。利科這樣說意識的創造作用，非常值得關注。意識能形成對世界的錯誤的自然設定，又能構架甚至創造還原後的世界。這兩種工作是相互對立的，而都發自意識。對世界的錯誤的設定是世俗諦的做法，構架與創造還原後的世界則是勝義諦的做法。這兩種做法先後由意識發出來，由意識來，這不是轉化（conversion, transformation）是甚麼？從這裏思考下去，意識顯然可分兩層：經驗意識與超越意識。若用唯識學的語言來說，意識（超越義的）或超越主體擺脫了自然現實，即是轉識，轉去虛妄的心識所成的世界；它又介入構成活動，即是成智，變現出清淨的智慧所對的世界。前一世界是有執的，後一世界是無執的。在這裏，轉化的意義不是很清楚麼？

6.現象學的思想史意義

由上面的探討，我們對於胡塞爾現象學的方向，可以得到一個

㊿ 李幼蒸譯、胡塞爾著《純粹現象學通論》中所附的法譯本導言，臺北：桂冠圖書股份有限公司，1994, pp.577-578。

大致的輪廓。他是要人止息那種流俗的、素樸的、自然的想法：以為外在世界是客觀的存在，而要由具有明證性的東西開始展開我們的認識與思考，這便是我們的超越的主體，或超越的意識。這意識是一切存在、一切意義的根源；它可以構架世界，安立事物的存在性和它們的意義，確認它們的本質。故意識同時具有存有論、價值論與認識論的意義，是他的整套現象學哲學的核心觀念。倘若以唯識學與牟宗三先生哲學的語言來說，現象學的哲學方向，是一種轉識成智的導向。人若能從外界實在的概念或心識的妄構中解放開來，明白到一切存在都是源於意識或心識，便不會對存在起執著，反而能了悟它的本質、本性。這樣，便能成就理想的、價值的生活，成就一套無執的存有論。

倘若能這樣看現象學，則不難推導出它的獨立性格和對其他哲學學科的優越性、先在性（priority）。胡塞爾曾以下面的說法來評價自己所創立的現象學：

> 超越現象學……是一門具有自身的基礎和是絕對地自足的科學。……它可導致「建構性的問題」和理論；後者概括了我們所可能面對著的一切可想得出的對象～因此也是帶著對象的全部範疇的整個先前被給予的現實世界，和一切「理想的」世界，使它們作為超越的相關項被理解。這顯出超越現象學的觀念論並不單純是一特殊的哲學議題，是多個理論中的一個理論，而是，作為一種具體的科學，超越現象學自身便是作為科學而被建立成的普遍的觀念論，

即使其中沒有一個字是談及觀念論的。(51)

現象學以自身爲基礎，因而是自足的，不必依待其他學問。在這點上，便可說它的先在性。這不是時間義的先在性，而是邏輯義、理論義的先在性。這種先在性，特別是在存有論上更爲明顯。胡塞爾跟著的說法，正好表明這點。意識的建構性，可以交代一切可能的對象的來源，不管是現實世界或理想世界的對象。這點與唯識宗言阿賴耶識攝藏一切存在的種子，這些種子在適當機緣下便能現行成現實存在這一根本論斷尤其相應。現實的存在是種子已現起的結果，將來的或理想的存在則在種子遇到足夠外緣時便能落實。而在方法上，現象學以如上面所說的懸置或中止判斷排除一切不確定的因素，亦是一種非常正確而合乎理性的哲學方法。這亦與唯識學的否認外界實在的說法相應。這自然會導致形而上學上的觀念論，而且是普遍的觀念論，一切存在都需在觀念或意識之下得到適當的安立。(52)

就思想史一面言，我們可以說，西方的哲學思想，特別是就近

---

(51) *Ideen I*之〈後記〉，*Ideas II*, pp.419-420.

(52) 利科在他的《純粹現象學通論》的法譯本的〈導言〉中便提到胡塞爾的這部《通論》（按應同時包括其他兩卷，即《純粹現象學和現象學哲學觀念》第二卷與第三卷，不過這兩卷在胡塞爾死後才出版，《通論》則是在胡塞爾生前出版的）所呈現的現象學無可爭議地是一種唯心主義，甚至是超越唯心主義，雖然這個字眼未有在《通論》中出現過。（李幼蒸譯、胡塞爾著《純粹現象學通論》的法譯本〈導言〉，p.585.）利科這樣說，是偏重現象學的形而上學或存有論方面的意義。如上面所云，現象學在價值論與認識論方面，都有根源性的重要性。

現代階段而言，實證主義（Positivism）佔有很重要的位置。這是以外在的物質世界爲主位，人的心靈和精神爲從位的一種哲學態度，又特別著重外在的世界的實在性。胡塞爾的現象學一反這種態度，它把人拘限於外在世界、受制於外在世界的困境扭轉過來，以人的絕對意識作爲一切存在世界事物的意義論與存有論的依據，以意識的意向性導出能意與所意的三角架構建立人的絕對的或超越的主體性。在他的體系中，人文性、心靈性對外在世界的跨越性是很明顯的。人文性的跨越性是就價值論說，心靈性的跨越性則是就存有論說。此中同時具有理想主義與觀念論的意味。人的主動性大大地提高了，它對世界具有一種指向和決定的主體性作用，而世界則換了位置，變成被指引、被決定的客體。這種情況，很像佛教中唯識學取代了說一切有部（Sarvāstivādin）的三世實有、法體恆有說和經量部（Sautrāntika）的外界實在說，而以識這一主體作爲世界和自我的根源。意向性與能意、所意所成的三角關係與識轉變開出見分與相分的情狀有相當深廣的類比意義。

另外一點重要的思想史意義是，西方哲學傳統很多時是以存有論的角度來看作爲萬物根源的實體（Substance）的，以之爲一靜態的（static）存有（Sein），對於萬物，亦傾向於視之爲存有論的質體（entity）。胡塞爾的現象學有突破這種傳統思想的意味，他通過意識（Bewuβtsein）來說萬物的依據，不管是經驗意識也好，絕對意識也好，他都視之爲活動（Akt, Aktivität），而通過它的意向性（Intentionalität）作用，開出能意與所意來安立自我與世界。此中活動或動感（dynamism）的意味也是很強烈的。這可說是由存有論轉向力動論（theory of Vital Impetus）的形而上學

的發展。(53)這對將來西方哲學的發展，肯定會有深遠的影響。就唯識學來說，情況也有相似之處。唯識學以諸法（不管是心法抑色法）的根源在識，通過識的轉變（pariṇāma）而開出見分與相分，由此交代自我與世界的形成。轉識成智後所得的智，其作用形態應該也是一樣，不同的是，識是虛妄的，有執著的，智則是清淨的，無執著的。但識與智都是以活動說，不以存有說，而所開出的見分與相分，以至自我與世界的成立，活動義都是很濃烈的。

(53) 力動論有特殊的意味，表示一切存在的根源在一種純粹力動（reine Vitalität, Pure Vitality），這是在實體主義（Substantialism）與非實體主義（Non-substantialism）之外的一個終極原則，可同時融合而又超越這兩種主義。它本身是純粹的動感，既是用，也是體。這是筆者近年正在思索與建構的一套新形上學的一個核心觀念，我暫時把以這觀念爲基礎而開展出的形而上學體系稱爲「純粹力動的現象學」（Phänomenologie der reinen Vitalität）。我曾應邀在2000年6月28日在臺北中央研究院中國文哲研究所作過專題演講，主題便是有關這種現象學的佛教新思維。同年12月3日我也曾在臺北鵝湖雜誌社作過同樣的演說。

二、苦痛現象學

1. 苦痛與現象學

　　以上我們闡述了現象學的要點,特別是它的哲學取向,並聚焦在它具有轉化的功能一面。我們也關連著唯識學的義理來說。以下我們要就苦痛一問題,看看它與現象學可以有些甚麼關連。我們的目的,是要以現象學作為背景或基礎,為苦痛建立一種新的思維、新的哲學,或者乾脆說:苦痛現象學(Phänomenologie des Leidens)。

　　首先,我們要就苦痛與現象的連繫,提出以下幾個要點:

　　一、現象學由具有明晰性的明證(Evidenz)開始。這在胡塞爾來說,即是絕對意識,或超越的主體性。他的意思是,哲學的思索,應從一切人們可以直接地見到和把握到的東西著手。這捨超越的主體性外,別無其他東西。就苦痛來說,苦痛本身便是明證,那種苦痛的感受,便是最直接的、最切實的事物。進一步來說,胡塞爾以為我們有兩種直覺:感性直覺與睿智的直覺。他是比較重視後者的,那是超越的主體性或絕對意識所發動的。在其中被給予的,是事物的物自身;在感性直覺中被給予的,則是現象。不過,胡塞爾對物自身,並未展示一種明晰而確定的說法。就苦痛而言,它是很難分解為現象與物自身兩個層次的,它只是當前的直接的、存在

的、主體的感受。我們只能說自己完全融入苦痛之中，或者完全掌握苦痛。這亦符合胡塞爾所說明證展示於對事物的全部掌握的意思。不過，有一點是可以肯定的，苦痛是生滅法，它可以像現象那樣消失掉。物自身則不是生滅法，它沒有消失的問題。故我們可就此點說苦痛不是物自身。

二、就意識的知覺而言，可分內知覺與外知覺。苦痛是一個整一體，是難有內知覺與外知覺之分的，若說肉體上的苦痛為外知覺，則它馬上會引致心理上、精神上的反應而生起內知覺的苦痛。同時，苦痛亦難以明確區分是經驗的與是超越的。倘若我們以現象學能直達事物的超越的本質的內涵，心理學則只涉及事物的經驗層面，則苦痛似乎可以同時跨越現象學與心理學兩個領域。這裏沒有經驗的（心理學的）與超越的（現象學的）差別，也沒有經驗主體與超越主體的差別，整個主體都是在苦痛中受折磨的。苦痛本身是一種實在的（realistic）、當前的（immediate）感受，它不是觀念性的，或是理論上的一個設定。苦痛便是苦痛，它總是擺放在、存在著那裏。說它有經驗的與超越的區分，是不切實際的。若一定要作一區分，便只能勉強說整個超越主體從整個苦痛現象中解放開來，在精神上得到一種全面的鬆弛感覺。但這已涉及對苦痛的超克，不是純粹地說苦痛自身了。因此，苦痛不能如胡塞爾所謂的理性明證（vernünftiger Ausweisung）。胡氏以理性明證的可能性是觀念的，是本質的可能性（Wesensmöglichkeit）。苦痛不可能是這樣的東西。

三、倘若一定要依經驗性格與超越性格來區分苦痛，則可以說，肉體上的苦痛，包括由疾病引來的苦痛，是經驗的苦痛；而由責任感、良知的譴責而來的苦痛，則是超越的苦痛，或心靈上的苦痛。

但兩者能否截然區分開來,頗成問題。肉體的苦痛能導致心理的、心靈的、精神上的苦痛。例如,肉體的苦痛可讓你不能安心睡覺,終日坐立不安,這不能不影響心靈的、精神的狀態;而心靈的、精神上的苦楚,亦會影響情緒,再而影響肉體,令食慾不振,因而有饑餓之苦。

不過,有一點可以確定的是,對於苦痛的最終承擔者,應是超越的主體,因為它是經驗主體以至整個身軀的主宰。對於一切行為,包括對苦痛所採取的種種應付方法,甚至是求自殺、求安樂死以結束生命,以徹底消除苦痛,它都應負上最後的責任。

對於這個問題,倘若再深一層從本質一面看,我們可以說,胡塞爾論本質,總是指涉一些具有必然性與理想性的規律,或者是超越的規律。苦痛的本質,則仍應從它是生滅法一點說;它是生滅法,則必是緣起的。緣起是苦痛的本質;便是由於它是緣起,沒有常住不變的自性,因此它是可改變的,可轉化的。承受這種緣起性格的苦痛,表面上是經驗的主體,但對於苦痛的對治與轉化,則不能由經驗主體來達致,必須最後指涉超越的主體。只有後者才是生命中的真正的主宰,前者還不是。

四、這裏我們集中在現象學的最重要的轉化意義的闡釋方面。現象學本是一價值的語詞(axiological term),具有轉化導向(transformational orientation)的涵義,它指向一個理想,一個可以讓人安身立命的價值境界。它的方法,便是所謂「懸置」(Epoché),擱置一切未經證實的有關外在世界存在的命題,而提出「生活世界」(Lebenswelt)一概念,表示對現實世界的關心。這若關連到苦痛一點來說,則轉化導向可以在對苦痛加以點化、化解中說,而成就

生活上的大智慧。而對世界的關心,則正是要去除種種苦痛,因世界自身即是為種種苦痛所圍繞。

按現象學是由心理學開始的,但心理學只是描述性質,不能有轉化的作用。故單靠心理學的經驗主體是不足的,必須建立超越的主體性,作為轉化力量的根源。此中的關鍵便是與上面提到的懸置有密切關係的現象學還原。即是,不以現實眼光和隨順自然的態度看事物或外在世界,以為它們有獨立的存在性。卻是要認識它們都是由我們的意識所建構,而只有這意識具有明證性,它是超越的主體、真我。這便有轉化意味:把外界實在的命題懸擱起來,把它們放在能意(Noesis意向作用)與所意(Noema意向對象)的關係中來理解,以求得對外界事物的正確的認識。這有「上升」的意味,顯示由錯誤地認識世界到正確地認識世界。錯誤地認識世界是世俗諦的做法,正確地認識世界則是勝義諦的做法。這樣,便能明白世界是由意識所建構成,不是獨立存在,因而不去執取它。

五、最後,胡塞爾的現象學有一重大的意義,它突破西方傳統哲學以靜態的眼光看作為萬物根源的實體(Substance),不視之為一靜止不動的本體,卻是以意識來說萬物的依據。這意識,不管是經驗的,抑是絕對的,都被視為一活動性格的主體。這種活動(Akt, Aktivität)義,對苦痛主體本身的力動性(dynamism)有很大的啟發作用。苦痛主體必須是一活動的主體,才能談轉化,講變化,才能如莊子所說的化腐朽為神奇,如智顗大師所說的煩惱即菩提,生死即涅槃。若它是靜態的話,則由「即」而引生出的轉化義便不可能了。

2.罪、死、苦

　　日本的宗教哲學家,同時也是京都學派的重要成員的久松真一論及宗教的契機(religious moment),提出罪與死。他的意思是,人生的罪與死,是引領人進入宗教的殿堂的關鍵性的契機。他的意思是對的,不過不夠深入。我以為,罪與死都可放在苦痛中說,苦痛才是人的真正的宗教的契機。首先看罪與苦的關係。罪當然是一種苦痛,人犯了罪,受良心的譴責,他的內心不會好過,他會感到苦痛。故苦痛是罪的謂詞,罪要以苦痛來詮釋,這在語法學來說,苦痛比罪更為根本。反之則不然,即我們不好說苦是一種罪,或苦痛是一種罪。苦痛是生命特別是生理上的感受,而罪則或多或少與道德牽連起來。一個人可以不犯罪,但他仍會有苦痛,例如生病。故說苦痛是罪,並不恰當。至於死,則我們可以說,死是一種苦痛,是苦痛的一種極致的現象。故《維摩經》有云「病幾至於死」。但倒轉來說便不妥:苦痛是死。苦痛可以有多種結果,死是其中的一種,或可說是極致的狀況。故死不足以涵蓋苦痛的整體,不能充分作為苦痛的謂詞。

　　另外,人們喜歡把苦與樂或苦痛與快樂對比來說,以為兩者的意義是對等的,是相對地成立的。其實不然。苦痛是常數(constant),快樂是變數(variable)。人恆常生活在苦痛中,快樂只是人在某種活動中達到適中的程度而來的感受而已。未到這個限度,或超過這個限度,都是苦痛,而不是快樂。例如吃飯。各人的飯量自然不

同,這與他自己的生理有關。但每人總有一個限度,吃飯吃到這個限度,例如兩碗飯,便覺溫飽,有舒暢的感覺,便快樂了。不夠兩碗會仍覺肚餓,超過兩碗會覺得飽滯,都不感覺快樂,而感覺苦痛。吃飯是如此,其他活動都是一樣。故我們可以說,苦痛是人生的基本性格,快樂則不是。或者說,苦痛是人生的本質。海德格曾說人是向死的存在;我認為,說人是苦痛的存在更為恰當,因為如上所說,死只是苦痛的一種極端的狀況而已。❶

關於苦痛,佛教說得很多。釋迦牟尼四門出遊,便是由於看到人生的幾種苦況,而矢志出家修道,求出離苦痛大海的。後來的經論,對於種種苦痛,有很詳盡的闡述。❷對於這種種苦痛,我自己感受最深刻的,也是最深受其害的,便是下面要說的愛別離與怨憎會兩種苦痛。我便是因此,而不能散發少年時代的那種華采與璀璨,到了四十多歲,還是在一種闇淡與乖戾的氣氛中渡日子。

對於生命的苦痛,我也有自己的分法。其一是冤屈之苦。這是由於誤會而引致的,它可以令人一夜成仇,以致恩斷義絕,有苦無

---

❶ 莊子則以人生是憂的存在。其書〈至樂〉篇謂:「人之生也,與憂俱生。」這憂是憂慮、憂患、憂心,可以說是苦痛的一種,仍不能概括苦痛的全部。

❷ 關於這些苦痛,傅偉勳說得很多,參考他的《從西方哲學到禪佛教》,臺北:東大圖書公司,1991, pp.372-373;《從創造的詮釋學到大乘佛學》,臺北:東大圖書公司,1990, pp.196-197。又可參考拙著《佛教思想大辭典》,臺北:臺灣商務印書館,1992, p.338a~bff.。另外,傅氏又強調釋迦當年強調的是個人苦,我們今天可以擴充至各種的人際苦與社會苦。參看氏著《生命的學問》,臺北:生智文化事業有限公司,1997, p.243。另外,天臺智顗大師在其《摩訶止觀》中用了很多篇幅來闡述病患的種種情況,說來親切,令人看後感同身受,極有參考價值。(大46・106aff.)

法訴。例如主僕的交往（不一定和職業有關），僕方有冤屈，說出來易得人同情。主方有冤屈，說出來，人們總以為你是佔了僕方的便宜，不會信你。其二是精神上的苦痛，例如做錯了事，受到良知的責備，或失去自由，失去尊嚴。其三是心理上、情緒上的苦痛，例如失戀、喪親等。其四是肉體上的苦痛，如由疾病引致的，或由一些意外導致的身體上的傷殘。

苦痛的極限是死亡。很多時在極度的苦痛中，你根本分不出自己是在生存呢，在死亡呢，抑是在苦痛本身呢？這三者的界線很難劃清，簡直是混作一團，這便是我所體驗到的「三位一體」，例如在電療中，便有這種感受。「生不如死」云云，可以在極度苦痛的狀況中說，它不是完全沒有道理。有時當事人會覺得，死亡簡直是苦痛的最徹底解決的方法，甚至可以說是解脫。這便是有那麼多人要尋求安樂死的原因。面對苦痛與死亡，你需要具備一定的意志力與體力，去應付這兩者帶來的巨大的精神與肉體上的衝擊，去支撐自己，讓自己能挺立。倘若支撐不來，你便會倒下，跨了，整個生命崩潰下來。即使是死，能挺立而死，與頹喪而死，感受都不同。

關於苦痛與死亡的混在一起，我的母親的死是一個明顯的見證。她下身癱瘓了將近五十年，不能行動，每天只能躲在家裏。我父親又不在身邊，反而在外邊娶了一個女人來服侍自己。她內心的難受，恐怕難以想像。最後的十五年，她更只能在床上活動，連下床的力量都沒有了。一切起居飲食，屙屎拉尿的事，都要由傭人照顧。虧她這種生活方式都忍受得了。到了最後階段，苦痛極了。她又不想看醫生，因要讓人揹她下樓坐車，才能成行。最後，她大概忍受不了，在電話中低聲對我說一聲：「鈞兒，我好

辛苦啊！」我於是催促她趕快看醫生，她好歹應允了，由三弟扶她下床，下樓梯去叫車子，怎知竟捱不下去，在半路中途斷了氣，就這樣去了。她的苦痛與死亡，是那樣無聲無臭，兩者是那麼接近，讓人不勝欷歔。❸

3.苦痛現象學的形而上原理

在這一節中，我們要正式探討苦痛現象學的形而上的原理（metaphysical principle），由此建立苦痛現象學。所謂形而上的原理，有康德（I. Kant）在《純粹理性批判》（*Kritik der reinen Vernunft*）中的意味，它是駕馭、超越一切現象的運作的一些根本原則,它不為一切經驗現象所決定,卻能反過來決定一切經驗事象。在這方面，我們要提出兩點，或兩條原理。其一是關乎苦痛本身的本質，這即是上面提到的緣起的性格。這裏我們是從佛教的根本義

---

❸ 關於苦痛，有些人試圖從生理學的角度來加以分析。美國的醫生布蘭德（P. Brand）和楊西（P. Yancey）在他們合著的《疼痛：無人想要的禮物》（*Pain: The Gift Nobody Wants*）一書中把疼痛的發展分成三個時期或階段。第一階段是疼痛的信號，即分布於皮膚表面的神經末梢感覺到危險而發出一種警訊。第二階段是在脊髓和大腦基部中過百萬的信號中挑選出具有傳送價值的信息。最後階段是大腦對被篩選過的信息加以整理，並且作出反應。我覺得這種做法，就解決苦痛問題來說，毫無意義。苦痛已經在那裏發生了，你左分析右分析有甚麼用呢？最重要的是你要對苦痛的本質有根本的認識，對它要有一套哲學或現象學，去化解它、點化它，讓它不會成為你的障礙、困擾。即是，毒箭已入骨了，分析是沒有用的，必須馬上進行治療。

理來立論。苦痛和一般的事物或法一樣,都是緣起(pratītya-samutpāda)的性格,因而是生滅法。它既是緣起,或依一組條件掇合而成,因此它不可能具有常住不變的自性。自性(svabhāva)是不可改易的。具有自性的東西是不可改變的。沒有自性的東西,緣起的東西,則是可改易的、變化的,甚至消失的。它有所謂生起,亦有所謂滅去。它是依「成、住、壞、滅」這一歷程而進展的。因此,苦痛是可改變的、被轉化的,甚至是被消解的。這點非常重要。這是苦痛的具有現象學意義的關鍵所在。現象學不單是對現象進行一種平面的描述的理論,而且它具有理想的導向(ideal orientation),如上章闡述胡塞爾的現象學那樣,它可引導經驗事象走向一個具有價值意義的目標。因而苦痛現象學是一套現象學理論,能提供一種轉化、點化以至消解苦痛的方法或途徑,甚至可運用苦痛,使它在生活上具有正面的功能,促發生活的智慧。

另外一點是關於對於苦痛的態度問題,那也具有形而上的意味。一般人對於苦痛煩惱與死亡等生命的負面方面的東西,總是傾向於以對抗的態度來處理,要消滅苦痛,克服死亡。即是,要以快樂、永生來克制苦痛與死亡。這種態度,或多或少與形而上的二元對立的心態有點關係。這種心態是西方式的,它的基礎是二元論(dualism)的思想。這種二元的對立性,在弗洛依德(S. Freud)的心理分析(psycho-analysis)中表現得很明顯,例如欲望與本能自我防衛的對立,自戀本能與愛他本能的對立,生命本能(life-instinct)與死亡本能(death-instinct)的對立。就目下的題材來說,我是一邊,苦痛與死亡是另一邊,兩者不能並立,一般的想法是,我們要以堅毅的鬥志去消滅苦痛、克服苦痛。人生的智慧與勇氣便

在這種對抗、抗爭（confrontation）的歷程中表現出來。

　　現在的問題是，是否必須要採取這樣的態度呢？就佛教的立場來說，便有兩種說法。中觀學（Mādhyamika）的龍樹（Nāgārjuna）認為要滅除業煩惱或苦痛，才能得解脫。《維摩經》與天臺佛學則持另一說法，認為不必一定要消滅苦痛。它的思想基礎是，苦痛亦如其他事物一樣，是緣起的，是空無實體的。因此它是可被轉化的，由負面價值轉化成正面價值。故我們不一定要消滅它。唯識宗即言「轉依」或「轉識成智」。另外，佛教強調方便思想，由此開出方便法門。即是說，對於負面價值的東西，我們不但不去消滅它，反而去善巧地運用它以成就某一種解脫目標。這樣，負面價值的東西便可具有教育的意義，成為促發我們的解脫歷程的一種精神資糧。

　　其次，就死亡來說，它是與生存對說的，在生命中，兩者成一個背反（Antinomie），它們的性質相反，但總是糾纏在一起，不能分開。它們是同一事體的不同面相，佛教謂為「生死一如」，莊子則謂「以生死為一條」，這是生命的本質。生與死是對等的，在存有論上，生存並不比死亡有先在性（priority）。我們不能把它們強行斬開為兩截，而只要生存一截，不要死亡那一截，因而以生來克服死。真正解決死亡的辦法，是要從生存與死亡所成的二元格局（duality）中超越上來，在精神上達到無生無死的境界。生與死是相對的、有限的；無生無死則是絕對的、無限的。只有超越生死的相對關係，從這關係中翻騰上來，才能免除對死亡的恐懼，徹底解決生死的問題。

　　這種處理苦痛與死亡等生命的負面價值東西的態度，是要從二元的對立格局中翻轉出來，以耐心與愛心去融化苦痛與死亡，提升

我們的精神境界與充實我們的心性涵養，表現另一面的生活智慧。這種態度的背景是東方式的一元論（monism）思想，是圓融無礙的。天臺宗智顗大師所說的「煩惱即菩提，生死即涅槃」的極端思想或修行方法是這方面的鮮明例子。

進一步言，苦痛的轉化為具有正面價值的東西，或煩惱與菩提相即，不止在實踐上具有深刻的意義，也有本體論（ontology）與價值論（axiology）的基礎。就本體論方面言，說到事物的根源方面，有一元論，有二元論，以至多元論。就理性所追求的目標言，多元論與二元論難以滿足理性的要求，難以被確立為終極的目標。因為這些論法需要假定事物的對抗性，而理性具有消除多元與二元的對抗性，尋求圓融的一元論的終極目標的傾向。它是認最高真實應是一元的，多元與二元的東西，最後應被還原為一元的最高真實。就價值論言，煩惱是惡，菩提是善，因此我們可以善惡來說。這兩者是相對的，其價值亦只限於相對的價值。惡難以言價值，或竟是負價值，善相對於惡而言，故只能說相對價值。就存有論來說，善價值並不比負價值有先在性，故我們亦不能以善價值來克服負價值，我們只能從善價值與負價值所成的相對性超越上來，而達於絕對價值，那是超越一切相對價值的。這種絕對價值超越善與惡，而又綜合善與惡，這是由於善與惡的意義是由絕對價值或絕對善下放、分裂，辯證地發展而來。我們亦可以說，絕對價值或絕對善是一切相對價值或一切相對善的根源。一切價值，不管是正面的，抑是負面的，都綜合於絕對價值之中，這是圓融的相即。

最後，關於苦痛的轉化，或苦痛現象學的建立，作為一種生活的智慧，還有一個更深遠的理由，那是與開拓無限的世界、無限的

空間有關的。我們應該把心性的涵養不斷擴充,把它提升至至高的境界,讓它有著至廣至大的寬容性,廣被萬物,才能眞與天地萬物合爲一體。天地萬物有善的東西,也有惡的東西,必須同時包容善與惡,才能眞正達到程明道的「渾然與物同體」的仁的境界。而在這境界中,善固然被推廣,而惡亦勢必受轉化,向著與天地萬物爲一體的至善的目標轉進。

4.苦痛中有向上的生機

上面我們從原理特別是形而上的原理方面,闡述苦痛的現象學的意義,即是說,如果我們能夠善巧地處理苦痛的問題,則苦痛不單不會對我們的生活構成障礙,反而能發揮它的潛在的功能、價值,培養我們的耐心與愛心,提升我們的心性涵養,增加我們的寬容與充實我們的生活智慧。這便是現象學的轉化的意義。這種轉化,自然關連於苦痛的生滅性的、緣起無自性的本質。因此,人的苦痛問題,是不能依弗洛依德的心理分析來解決的,他深信與佛教的無明(avidyā)相應的潛意識的黑暗面是永遠存在的,不會消去的。

關於苦痛的現象學功能,很多學者、哲學家特別是宗教家都就其身體力行一面,印證了這點,或從道理一面,把這點說得很清楚。孟子在他的書中便這樣說過:

> 天將降大任於是人也,必先苦其心志,勞其筋骨,餓其體膚,空乏其身,行拂亂其所爲,所以動心忍性,增益其所

不能。人恆過,然後能改;困於心,衡於慮,而後作;徵於色,發於聲,而後喻。❹

上天的意思也是這樣,要以一切苦痛煩惱去刺激人的生命,讓他培養出堅強的鬥志。「困於心,衡於慮,而後作」,讓人在心志思慮方面都受到折磨,才能使他憤發翻騰。最後孟子說:「生於憂患而死於安樂。」❺人在憂患中才能挺立,才能有生機。此中的現象學的意味,不是很明顯麼?

在這方面最能以身作則的,莫過於中古的聖人法蘭西斯(Francesco d'Assisi),他被人生的苦痛煩惱所困擾,卻與痲瘋病患者為友,亦即是與痲瘋病為友,使生命遭受最徹底的洗煉,克服病痛,然後翻騰上來,而卓然獨立。這簡直是深入虎穴以得虎子的釜底抽薪的做法。這是煩惱即菩提這一弔詭的真理的活生生的例證。破釜沉舟,不成功便成仁。

關於痲瘋病的事例,上面提過的布蘭德和楊西醫生在他們的《疼痛:無人想要的禮物》書中也敘述到一個病人的神奇遭遇,他對痲瘋滿懷感激,因為有了這種病,他才意識到世間上還有很多不幸的人,才學會關心那些不幸的人;不然的話,他就會傾其全力在社會中向上爬了。因此布蘭德和楊西醫生說,苦痛能使人在精神資源中得到安慰,能使人服務於一個高尚的目的。

當然,我們說苦痛有現象學意義,能轉出生命向上的生機,並

---

❹ 《孟子・告子章句下》12・15。參看楊伯峻譯注《孟子譯注》,北京:中華書局,1984,p.298.

❺ 同上。

不表示我們便要刻意找些苦痛來折磨自己,好像陶侃每日把磚頭搬出搬入那樣。我們的意思無寧是,苦痛總是我們不想遇上的,誰會要苦痛而不要快樂呢?不過,世事如棋,人生的際遇很難說。一朝我們遇上苦痛,我們也不必被它嚇怕得喪了膽,好像甚麼都完了那樣。我們要強調的是,苦痛不一定表示災難,反之,倘若善於處理的話,苦痛也可以成為有價值的東西,它可以磨練我們的鬥志,讓我們變得更堅強,讓我們感覺到人生還是充滿生機。在這一點上,西藏的高僧索甲仁波切(Sogyal Rinpoche)說了一段很有意思的話:

> 人生無所不在的苦,可以激勵我們從事精神上的轉化。每一種痛苦、悲傷、損失和無止境的挫折,都有它真實而戲劇性的目的;喚醒我們,促使我們衝破輪迴,從而釋放被禁錮的光芒。❻

索甲仁波切提到苦痛能讓我們在精神上轉化,這與筆者的意思非常吻合,這也是我這裏說「苦痛中有向上的生機」的旨意所在。向上即是向著一個健康的目標、理想進發的意思,不管它是宗教的、道德的,抑是形而上的性格。特別是,這裏說到苦痛可以釋放我們的被禁錮的光芒,是很有生命智慧的話語。我們的生命,如莊子所說,是一個靈台明覺的寶藏,它內裏有著無限華采與璀璨。這些生命的光采,常常不是自然流出的,你要刺激它,甚至挑釁它,把它逼出來,釋放出來,讓它發出巨大的創造力。人性的光輝,常常是如此的。

---

❻ 索甲仁波切(Sogyal Rinpoche)著,鄭振煌譯《西藏生死書》(*The Tibetan Book of Living and Dying*),臺北:張老師文化事業公司,1997,p.155.

在下面第六節我會談及我與唐君毅先生的關係，我會提到同情共感一問題。這所謂「同情共感」，是讓自己設身處地地投入他人的生命世界裏，和他共同分享一切苦痛與歡愉。美國的一個臨終關懷運動的倡導者凱斯勒（D. Kessler）在他的《臨終者的權益》（*The Rights of the Dying*）一書中，便深刻地說到苦痛是一種平衡的工具，它可讓我們變得更溫柔，更具有同情心。它可以令我們洞察他人的恐懼，感同身受，願意關心和幫助他人，而捨棄對自己的執著。這便是同情共感的意思。苦痛可以令人忘掉自己的憂傷，甚至忘掉自己的尊嚴，很謙卑地為他人服務，甚至做很下賤的工作，因為自己已把自己代入到他人的生命中，與後者成為一體了。德蘭修女（Mother Teresa）的事業與行跡，不是一個很鮮明的見證麼？耶穌不是更明顯麼？

5. 與苦痛交朋友

關於苦痛，倘若從病痛來說，當然有很多種，而且程度上有輕有重。大抵年輕人患的病痛，是比較輕的，可以徹底痊癒，因此人們便有著一種要消滅病痛的心理。不過，大多數的病痛，特別是上了年紀的人患的，都是長手尾的，很難說有完全痊癒的可能；而且隨著歲月的增長，身體的老化，這些病痛也會相應地拖下去，不會消失的，直至生命結束的時刻，都陪伴著你。對於這種病痛，你便要以另外的態度去應付，不能把它視同敵人，要把它徹底消滅而後快。你要有一個心理準備，是要和這些病痛一齊告終的。因此，你最好不要把它看成敵人，和它決裂，形成一種對抗（confrontation）

的關係。你最好能寬容一些,以善意對待病痛,把它看作是自己的一個長期相伴的朋友,和它長期打交道,甚至向它傴僂順服(submission),在這樣與它周旋,與它糾纏之間,你會自然地培養出一種耐心,一種關心與愛心。耐心是與病痛周旋的耐心,關心與愛心是對同樣患有病痛的人的關心與愛心。這樣,你便能不斷提升自己的心性涵養,擴闊自己心靈的寬容性,以一種廣大的心懷來關切人類,擁抱世界。這樣,你便可以說點化了、轉化了病痛,病痛反而成了你的試煉心性、提升鬥志的朋友。這樣,你便實踐了莊子所謂「化腐朽為神奇」、智顗大師的「煩惱即菩提,生死即涅槃」的生活智慧。❼

還有一點很重要的是,倘若與病痛形成一種對抗的關係,要與它正面爭持,如臨大敵那樣,這不但不會有積極的結果,而且會很傷元氣,很耗失生命力。我們倒不如承認現實,接受現實,以無比的耐心來承受和安撫病痛,不讓它發作,最後和它協調,把它逐漸轉化。這種看法的靈感,我是得自禪宗廓庵禪師的〈十牛圖頌〉的第十頌「不用神仙真秘訣,直教枯木放花開」一句的。枯木本來已凋謝,不會生長開花了,但憑著無比的耐心與愛心,可產生殊勝的效果,即使是枯木最後也會開花。對於苦痛,如能善於處理,它也可以散發果實,有積極的效用。

在日本的精神治療界流行一種自然的治療法,鼓吹所謂自我實

---

❼ 日本的一個患癌病的天倫老和尚也有相類似的看法,也認為與病痛交個朋友,是一個可行的方法。他說:「既然生病了,就徹底地接受自己是病人,與疾病共存亡,除此之外別無他法。因此不要和病魔對抗,應該要盡心盡力去生病,與病成為好朋友即可。」(鈴木出版編輯部編,徐明達、黃國清譯《禪僧與癌共生》,臺北:東大圖書公司,1997,pp.33-34.)

現。即是說,病痛和伴隨著病痛而來的不安穩的心理,本來便是一種自然現象,它們既是自然現象,則我們便要順應自然,不要妄加種種不必要的人為動作,不要硬來、抗拒,這樣,患者的生命內部自動地會自然調整,自然流動,結果是患者如能心平氣和,以平常心作平常事,則本來在人的意識中流行著的生死、善惡、苦樂、憂悅等二元對立的價值觀也隨著平常心作平常事而慢慢沈降,最後會自動流失,而患者的生命機制會慢慢恢復活力,躍動起來,表現某種程度的創造性,這是精神方面或宗教方面的創造。結果是病患的程度會減弱,而痊癒的機會也會相應地增高。這種治療法,很有老子那種回歸自然、無為的素樸的人生態度。這的確是值得我們注意的。它有一種形而上學的思想背景,要人遠離一切相對性,包括對立、抗爭,而回向那一元的終極真實。

對於病痛是如此,對於其他一切苦痛也應作如是觀。還有一種可以幫助舒緩苦痛的方法是,我們不要老是把苦痛與自己關連起來,老是以為它只是自己的苦痛,與別人無關。其實,苦痛並不是只限於自己所有,它是眾生所不能免的。這樣,苦痛便由一個個別的問題,化成一個普遍的問題,為眾生共同承擔。這樣,由苦痛加在自己身心上的壓力,便得以舒緩下來。❽

---

❽ 這裏有一點要注意的是,苦痛若由一個個別的問題化為一個普遍的問題,固然有助於減輕它所施予人在身心上的壓力。而朋友與家人的關心,所謂同情共感,也是有幫助的,起碼在心理上、精神上可以這樣說。但從現實的經驗存在的角度來看,每個生命存在,作為一個生命個體,都是獨立的,而且是孤立的,不能有溝通,所謂「如人飲水,冷暖自知」。因而對於苦痛,也只能由生命個體自身全力去承受,去承擔,別人實質上幫不了甚麼忙。這真是各人苦痛各人的,各人死各人的。關於這種生命的孤立性、孤獨性,海德格(M. Heidegger)在他的實存哲學中有深切的反省。

上面提過，處理苦痛的方式，並不一定要視之為敵人，要消滅它。我們要表現一種生命的智慧，以最大的忍耐與寬容來面對苦痛，把它承受過來，而加以點化、轉化，使它從負面價值變成正面價值，從而充實我們的心性涵養，擴闊我們的知識視野，提升我們的生命境界。中國文化對印度佛教的理解、消化、吸收以至轉化，在這方面提供一種很好的心性與文化啓示。印度佛教強調空理空事，是性寂文化；中國文化特別是以儒家為主的文化，強調實理實事，是性覺文化。中國人最初對於陌生的印度佛教的傳入，覺得困惑與痛苦，難以接受。但憑著中國文化本有的寬容性與中國人的耐心，透過種種曲折方式（其中格義方式最為明顯），慢慢地理解和消化印度佛教，並予以一種創造性的詮釋（例如天臺學對中觀學的詮釋，華嚴學對唯識學的詮釋），最後發展出具有自身的思想特色的中國佛教，例如禪宗。這種發展充實了中國心性哲學的內涵，使中國文化在表現上更趨多樣性與多元性。試想倘若沒有了中國佛教，特別是禪的思想、實踐與基於它而來的種種文化藝術上的具有原創性的表現，中國文化必定大為減色；它能否孕育出具有濃厚的形而上與實踐意味的宋明的心性儒學，也成疑問。對於生命中的種種苦痛煩惱，我們不也可以參照中國文化吸收印度佛教的啓示與經驗，而開出一條具有深度與遠見的恰當的處理方式麼？我們吸收、包容苦痛，視之為生活的一部份，不是能使生活有更多的波瀾與蕩漾，讓生命接受更多的挑戰，承受更多的試煉，而最後變得更成熟、更有豐富的經驗與內容麼？這真是值得深思的一個嚴肅的人生問題。

三、我的生命情調、學問歷程與感受

1.生命情調

　　所謂生命情調,是指生命的才資,或生命的資質、資具,這基本上是就自然生命說,不是就理性生命說。這其中也有例外,這即是道德理性所成就的聖賢的生命。故生命情調主要是落在才性方面說的。這是自然的、先天的,你生來是哪一種資具,是自然而然的,沒有很多辯駁,也很難改變。一般所謂變化氣質,那是試圖以道德理法來影響人的資具,以至改變它。這是有限制的,到了某一限度便改變不了。要使一個好思想的人變為一個好抒發情感的人,是很難的。這生命情調有時也可以人格模型說。這人格不一定是道德性的人格,而是指哪一種人品,哪一種風格,這都主要是與生俱來的,後天改變不了許多。

　　關於人格模型,通常可分聖賢型、宗教家型、豪傑型、事業家型、學者型、哲學家型、藝術家型、文學家型、務農實幹型、從商投機型,等等,不一而足。各人可以有自己的分法,但差別不會很大。就人格模型的品鑒來說,我當然不是聖賢君子一類人物,除為人師外,我在其他身份方面都做得很差,是不及格的。我想自己若說得好些,是宗教形態,而帶點豪傑氣概。這是很撞高自己了。不

過,不管怎樣,我是悲劇式的,這點我很清楚。這悲劇性原於我在生命上的兩極化:我是極端理智與極端激情的結合。這兩者常將我的生命撕裂開來,使我常陷於矛盾和苦痛中。當我要作理智的思考與研究時,我需要按住那如火山爆發般的激情。當我要任情奔放於感性活動時,我的理智又在背後牽扯,不讓自己盡情發放。兩者時常得不到調和以達平衡狀態,讓我時常感覺兩不著邊,生命難以安頓下來而有平安歡愉的感覺。在現實生活中,我是時常處於苦惱狀態的。當然也有快樂的時刻,例如完全融入西方古典音樂的愛與盼望的境界中。關於這點,我會在下面〈音樂實體中的愛與盼望〉章中詳細解說。

可以說,我的生命是一個由激情與理智合成的一個背反(Antinomie)。所謂背反,是兩件性格相對反的東西,時常爭鬥,但又總是糾結在一起,不能從對方脫離開來的矛盾狀態。例如,有無、生死、善惡、理性非理性,以至生滅等等,都是處於背反狀態。背反表示破裂、不圓融。我的生命便常在破裂狀態中。京都學派特別是久松真一時常提到背反問題,也提供消解背反的方法,便是讓精神從背反的雙方突破出來,從相對性的背反解放開來,提升至絕對的、終極的層面。但在我來說,在實踐上我一直未能克服這個理智與激情的背反。在主觀上,我覺得要克服這背反,比克服生死的背反還要困難。

1978年我從德國回來,到臺灣佛光山轉了一下,住在他們在臺北設的別院。其時楊惠南教授(那時他是講師)率領臺大晨曦社(一個佛教學會)的同學來看我。一個女同學問我為甚麼在我的著述中,有柔情浪漫的文字,也有艱澀乾枯的翻譯與研究的文字呢?我回答

三、我的生命情調、學問歷程與感受

在自己的生命中便具有這兩個極化的元素:溫熱的柔情與光板的理智,它們的結果便是這兩種文字。這其實不是好事,它們常構成一種張力,拉扯著、撕裂著我的生命。生命最好能處於平和安穩狀態,像後面要提到的終極諧和的境界,才能調適上遂。這種兩極相互牽扯的現象常在我的生活中造成悲劇。

我是不喜歡應酬的,故常被視為不合群,中學時代同學喜歡玩橋牌,大學時代同學則喜歡下圍棋,我都沒有興趣。我寧願獨自出外散散步,或關起門來聽古典音樂。故談得來的同學與朋友很少,因而常感孤獨。這種感覺一直到現在,還是存在。即使對著家人,也感到孤獨。我在五十四歲生辰那天,這種孤獨感尤其濃烈。於是寫下以下兩句,以表示心境:

為學五方徧,寂寞在浸會。

「五方」指五方面的學問:佛學、儒學、道家、京都學派哲學和西方哲學。我的學問是包涵這五方面的,當然以佛學為主。「五方」也可指五個地方:香港、臺灣、日本、德國和加拿大。我在這五個地方讀過書和做過研究。不管是哪一方面,我都有孤獨的感覺,最後在香港浸會大學教書,寂寞之感還是不變。孤獨、寂寞也好,可以想些人生最深微的問題,例如,甘地(M. K. Gandhi)為甚麼那樣寬恕,勸一個兒子被回教徒所殺的印度教徒,收養一個回教徒的孤兒,把他當作自己的兒子來愛,來撫養?這個印度聖雄要帶給我們甚麼訊息呢?其後我覺得這兩句不免消極,又寫下以下幾句自勉:

・苦痛現象學：我在苦痛中成學・

> 我昔少艾時，羸弱困病苦。
> 母殘照料疏，厄厣隨時起。
> 猛志固常在，精誠日日新，
> 巨岩阻不斷，江河滾滾流。

這便是我的〈少年遊〉。❶「猛志固常在」是陶淵明的詩句，正好搬來這裏應用。

我尤其討厭俗氣的事。我跟流俗完全接不上。在生活上幾乎沒有朋友，只有幾個在學問上可以交談的知己。我與學生所成的師生關係也不長久，大部份學生在畢業後與我都沒有來往，雖然他們在內心上對我還是很尊敬。有些學生竟然以「事忙」、「大家都忙」為理由，解釋為甚麼在我癌病和治療期間沒有慰問，甚至連電話也不打來問問，卻在外面把這件事傳來傳去，輾轉誇張，最後的訊息是我很快便要進殯儀館了。我直斥這種理由為庸俗，為虛偽，並表示我並不珍惜沒有誠懇的情感。這樣，和我來往的學生便越來越少。

最為人注目而被視為脫俗的，是有關結婚擺酒宴客的事。我是很不喜歡參加這種節目的。你常常要和從不相識的人同席吃飯，飯菜來得又慢，因而勉強找一些無聊的話題來應酬同席的人，這種飯吃得辛苦得很。到我自己結婚了，外母堅持擺酒宴客，我則不想這

---

❶ 我其實是沒有少年時代的。若1歲至9歲是童年，10歲至18歲是少年，19歲至27歲是青年，28歲至40歲是壯年，41歲年至55歲是中年，56歲及以後是老年的話，則我的青年時代，應是10歲至27歲。因我在9、10歲之間離開故鄉，來到香港，已遠離母親，需要自我照顧，而且生命起橫逆，藉著功課上的成就來安頓自己，一切為了求名，失卻少年時代應有的光采與璀璨。

・三、我的生命情調、學問歷程與感受・

樣做,而寧願旅行結婚。結果是妻子那邊擺酒宴客,費用由我負責,但我自己作為新郎,卻不出席。這讓外母生氣得很,覺得我完全不給她面子;她也責女兒太懦弱,太遷就我。結果我們自然得罪了她,當我們在生活上有需要援助時,特別是一雙兒女出生前後那段日子,外母不來幫忙,我的父親也不管。自己夫婦倆獨自應付這些事,辛苦得很。最後我們還是很矜貴地把兒女養大。關於這件事,我初時感到自豪,朋友也讚我脫俗難得。後來則有點懊悔。為甚麼要這樣堅持原則(不從俗的原則),不懂變通,讓長輩們開心一下呢?在他們心目中,子女結婚是挺重要的事,無論如何是要依照傳統的規矩習俗來辦理的。這可算是我在與他人交往方面失敗的事,但我自己有時想來沾沾自喜,覺得自己果然與人不同。所以,在這個問題上,我的心情有點矛盾。

我的家庭緣是比較淡薄的,也不是一個能享受家庭樂的人。妻子、兒女不大了解我,也不很關心和尊敬,他們有自己的想法和價值觀,以為我的想法過了時,女兒更以為我不是生活在這一世紀的人,而是一個遠古的人物。我自己的父子兄弟之情,更是淡薄。我於1987年進了三次醫院,其中兩次是做手術,包括脊骨融合的大手術。父親、兄長連看都沒有來看看,好像不關他們的事。平日亦極少言談。人間涼薄之情,莫此為甚。

家庭緣雖然是如此,我也不會花天酒地去風流。浸會大學一個同事曾取笑我,說我若不是長期患腰病,早已去風流了。我順口答會啊,怎麼不會呢?但我不會花太多時間在女人身上。我只是想找些知音,學生也好,朋友也好,在思想和情感上交流,是男性是女性,亦在所不計。我的生命情調不純是德性的,不是最接近儒家。

也不是情慾的,更不是體能的(如表現為傑出的運動員)。我是近於美學與宗教的,這是道家與佛教的世界。故我很能欣賞禪宗〈十牛圖〉的遊戲三昧的風格。即是以三昧的工夫為基礎,自在無礙地運用種種不同的方法,去改變、轉化世界,其活動的純熟自然,仿如小孩子在遊戲。

　　我的生命中有才、情、氣,在理性上也有道德自覺。故我能欣賞文學和藝術作品,也很仰慕古代聖賢的道德風範。但都不及對終極真實的熱切追求的願欲,與實現這終極真實於世間的意圖。我畢竟是宗教形態的。但這種宗教是以理性為重的,不是以信仰為重的。

　　我最感自豪的,不是學問上的成就,而是鬥志的堅持。我在學習、研究、情感、愛情和事業方面,都時常失敗,或不如意,倒下了多次。但倒下以後,我總是掙扎要站起來,而且總是能站起來,繼續向前行。這由我在下面要詳述的幾次瀕死經驗中可以看到。我曾多次在死亡邊緣徘徊,但都能撐持下去,康復後又是一條好漢。在意志上,我是不認輸的。

2.學問歷程與感受

　　程明道表示,他的學問都有所承受,唯獨天理,則是自家親證體會而得。他並讚許顏淵(孔顏)樂趣,表示工夫應是怡然自得,不費力的。這種不費力的工夫,恐怕有很濃厚的境界意味。道德實踐,例如克己復禮,都是很艱苦的,必須克服一己的自然生命的狂馳的情欲,而歸於道德準繩,才能有所成就。這怎能不費力呢?

三、我的生命情調、學問歷程與感受

我在學問上的增長與成立，都是費力，而且非常費力，可以說是「強探力索」。在選定了佛學作為終身的研究對象後，為了做好佛學的文獻學研究，我在梵文、藏文、日文、德文、英文，以至古典的佛學中文，都下過工夫，而且做得相當吃力。我是沒有語文天分的，記憶力也不好。在學習這些語文方面，都費去很多時間與精力，而且總是事倍功半。但不學又不成，這便是我為學的一個難處。有些朋友不相信，以為我學這些語文的本領很高，我只是謙虛而已。實際情況不是這樣，我學習語文，的確是步步維艱的。另外，為了建立好哲學理論的基礎，以利於對佛教義理進行哲學的特別是比較哲學的研究，我也曾花費了不少時間與精力來搞西方哲學，如亞里斯多德（Aristotle）、多瑪斯（Thomas Aquinas）、康德、黑格爾（G. W. F. Hegel）、胡塞爾（E. Husserl）、柏格森（H. Bergson）與釋勒爾（M. Scheler）的體系，研讀得頗為辛苦。特別是早年讀康德的第一、第二批判，非常吃力；讀第一批判簡直有寸步難行之感，每天只能讀通幾頁書。這兩部力作讀過了，便跳過第三批判，讀他討論宗教問題的所謂第四批判，才稍覺得輕鬆些。

我的佛學研究或探索歷程，可以分為以下幾個階段：

第一階段：由1968至1974年，我基本上是順著傳統中國佛學的舊式的研究方法來進行的，只在義理層次上探索。亦有限度地運用西方哲學的理論與觀念來做，特別是運用康德的那一套超越哲學來處理唯識學的問題；我又意識到唯識學的識（vijñāna）一概念與黑格爾的精神（der Geist）概念的類似性。

第二階段：由1974到1984年，我先到日本留學，眼界大開，接觸到日本與歐美的佛學研究，它有如汪洋大海，難見涯岸，又是多

采多姿,目不暇給。特別是在梵文文獻學的研究方面,表現紮實而可靠的根基。其後到德國留學,確立自己的文獻學與哲學分析雙軌並進的研究方法。自此便以這種方法來研究佛學。

　　第三階段:由1984到1999年,我先在加拿大留學,受到柏格森的「動感的宗教」(dynamic religion)觀念的啓發,徹底反省佛教的思想體系,感到一根本問題:佛教特別是大乘佛教非常強調「用」一觀念,表示要在世間生起種種功用,以轉化眾生。但佛教是非實體主義(non-substantialism)立場,不能認可精神實體。而用應由體發,沒有精神實體,用便沒有源頭,即使以佛性、慈悲心來發用,也顯得很薄弱,不能積極地影響世界與歷史。另外,我又確認學術性(scholarship)概念,其重點為新知識、新理解(new understanding)的累積(accumulation)。在這個階段,我一直都是以文獻學哲學分析雙軌並進的研究方法,本著學術性觀念來搞佛學,出版論著十多冊,包括艱巨的《佛教思想大辭典》。❷

　　第四階段:1999年以後,由於胰腺癌病的發現,進行腫瘤切除手術與電療,休假養病。在養病期間,廣研胡塞爾現象學,無意中悟到純粹力動(reine Vitalität)一觀念,以為此力動可作為絕對有與絕對無兩終極原理之外的第三終極原理。佛教的空可轉化為此純粹力動,以綜合實體主義與非實體主義的正面內涵,又超越二者所

---

❷ 一般的佛學辭典多是編譯的,實際執筆的也未必是專弄佛學的人。我的這本辭典則不同,它由頭到尾都是我自己執筆,而且義理闡述的地方很多。它不單可以拿來查,而且可以拿來讀。關於這後一點,是很多朋友告訴我他們的觀感。

三、我的生命情調、學問歷程與感受

可能引致的流弊及其二元性。而純粹力動本身便是用,不需要在用之外為它求體。這樣便可解決苦思十多年的佛教的用的問題。此後多年,我將會循此方向繼續探索,開展出一套佛教新思維:純粹力動現象學(Die Phänomenologie der reinen Vitalität)。

關於為學的感受與經驗,我頗有一些意見。以前看書,不明便更發奮看,認為問題在己方,自己未到家。第一次看不明白,便看第二次,第三次。今日看書,頗有不明便不看,其問題在著者,他不能透徹明了所論,因而未能清晰地表達所論。如有關海德格的哲學,能說出一個意思已是不錯,此意思是否與海氏自身的意思相符,是另一回事。唐君毅先生在其《哲學概論》論海氏,能說出一些意思,但未必符海氏原意。其他人論海氏,往往連一個清晰的意思也說不出,更不必談是否符海氏原意了。又如成中英提出本體詮釋學,我看來看去,都看不出這種詮釋學的要義,為甚麼要用「本體」這個概念呢?潘德榮在其《詮釋學概論》中也詳細地闡釋過這種詮釋學,但我還是看不清楚這到底是一種甚麼詮釋學。可能這種詮釋學在構思上有點問題。

上面所說的那種感覺,很明顯地表示自己在學習中進步了,思考較前清晰,見解在廣度與深度方面也加強了。這種感覺,需要長時間的努力,才能得到。我三十多年前看熊十力先生的書,覺得非常精采,處處都有啟發性。我顯然是以學習與欣賞的心情來看的。三十多年後的今日,我再看熊先生的書,覺得可爭議的地方不少,特別是他對大乘空有二宗的批評,如沉空滯寂,缺乏動感,這其實在天臺、華嚴方面已不如是,但他還是以此點質疑整個大乘佛教,可見他對天臺、華嚴的圓實義理,未有留意。我自己覺得可以批判

的角度看熊先生了。可見爲學進步的影響。

　　就爲學的方法來說，可以有多種，起碼可以提兩個方向：緊跟著一個良師或大師，和擇善而從，沒有固定的大師。若取前者，是比較保險的，也易見效果。你緊跟一個人，可以學到好的東西，而且可專心來學。不過，你也易受他的限制，不能虛心吸納其他名家的好處。例如我從勞思光先生那裏學到很多好的東西，他是一個挺好的哲學和哲學史導師，長於解析和回應問題。但他有自己的偏好。他不喜歡杜威（J. Dewey）、占姆斯（W. James）的實用主義、實證主義，以爲他們浮淺。我於是（初時）也不看他們的書。他看不起徐復觀先生，以爲他只懂歷史、經學，哲學太弱。於是初時我也不看徐先生的書。其後他從臺灣來香港講學和定居，我試聽他的課，覺得他很有份量，說理也清晰。看他的書，特別是《中國人性論史‧先秦篇》和《中國藝術精神》，覺得非常好，特別是前者，他對先秦思想有自己獨特的看法，也有歷史考據基礎。在一些問題上，他說得比唐君毅先生和牟宗三先生還要好。又如我受牟先生的影響很深，對他很尊敬。他喜歡康德，我便聽他講康德，而且花很多時間看康德的書。他不喜歡尼采（F. W. Nietzsche）、柏格森、胡塞爾、海德格。特別地，他說胡塞爾只到超越的統覺（transcendental apperception）的層次，還是知識的範圍；又說海德格的存有論是無本的，因爲他根於感性，感性不能作本。我受了影響，初時也不看他們的書，很遲才留意他們。我覺得他們說的，有他們的道理，對生命與存在有他們獨特的看法，很有啓發性。海德格固不是無本，胡塞爾也決不囿限於超越的統覺。只是他們不大談道德問題，不重視道德主體，而牟先生是道德的理想主義者，取向不同而已。胡塞

爾現象學的核心觀念,分明是絕對意識(absolutes Bewuβtsein),那是超越的主體性,是絕對超出知識範圍,而為存有的基礎、本源。可惜牟先生未有留意。

我又注意到新亞研究所很多朋友讀書很用功,很崇拜唐先生,有時幾乎到了偶像崇拜的地步。在學問上受唐先生的影響,甚至為他的那套價值觀與思考方式所困,跳不出來,因而難以欣賞其他學者的好處。唐先生固然有他的大學問、大智慧,並有很濃烈的文化意識。但若只是跟他學,只接受他的那一套,也不是很好。他有他的限制,例如講學未能正對核心問題,時常東扯西扯,牽涉一些不是關要的東西。有時太著重思辯與理論,例如,他把孔子的思想理論化,變得很複雜,讓人看不到孔子的簡易與平實。孔子其實不是一個哲學家,而是一個開創文化精神方向的人,他的思想是很有生活意味的,這在《論語》中可以看得很清楚。唐先生在他的《中國哲學原論》中,把它哲理化,好像遠離我們的生活了。另外,唐先生也不注重表達方式,他的一些很精采、很深刻的意思,往往用很艱深而冗長的文字表達出來,使人不易明白。例如他在《中國哲學原論》中論老子,便有這種情況。你要很用心看,才能理解與吸收他的(唐先生的)精義。因此,在弄學問方面,我常常警惕、提醒自己,要遵循「學無常師,擇善而從」的原則。這樣才能兼收並蓄,把他人的好處都吸收進來,在學問上快速增益。

說到學問的增長與成立,我的經驗是,學問很多時是激發出來的。臺灣方面有兩個朋友,一個弄儒學,一個弄佛學。弄儒學的,一切都依牟先生。凡是牟先生所說的,他幾乎沒有異議,全部依從。他還寫書把牟生先的《心體與性體》通俗化。弄佛學的,只限於天

臺學;而在這方面,也基本上只依牟先生的說法。牟先生在佛學,特別是天臺學方面,當然有很深的造詣,有很多獨到的見解,他的《佛性與般若》,成一家言。但他也有不足的地方,他全不講文獻學,對於作品的作者問題,依足傳統的說法。如把《觀音玄義》歸到智者大師方面去。其中有很特殊的性惡思想,因此他也以性惡來說智者大師。若以性惡歸智者,則智者的佛教思想,可以有一種獨特的講法。這在哲學史的角度來說,並不恰當。《觀音玄義》作者的疑點很重,不能歸於智者。但牟先生這樣說,你也跟著他這樣說,便跟著他錯了。故在學問上只依一兩個名家的說法,不接觸其他人的講法,其他人的思想,缺乏衝擊,當然可以很容易做。不參考其他人的研究,特別是外國學者的研究,連學習外國語文都可以省了。不過,這樣做,學問是難以展開的,只會日益萎縮。❸

在這一點上,我是很敏感的,**警覺性很強**。單在日本,我便受到梶山雄一、小林信彥、長尾雅人等學者所激發,憤而進學,結果很有所得。我到京都大學研究中觀學,初見梶山教授,他即不客氣地謂我不懂梵文藏文,如何能研究中觀學呢?我內心很氣,想著這個日本教授怎麼恁地驕傲,看不起中國人。他的學問到底有甚麼獨特之處呢?於是找他論中觀學的著作來看,覺得他果然有份量,在處理龍樹的空之論證方面,尤其特出。我於是吸收了他的長處。我又追踪他的師承,發覺他是受宇井伯壽與羅濱遜(R. H. Robinson)

---

❸ 我常應臺灣方面最高的學術機構審查研究案和著作,發覺其中一個學者的研究,由碩士論文、博士論文以至幾篇論文與學術報告,都是有關一個古代不太重要的佛教學僧的生平與思想的。弄學問弄到這樣狹窄,真令人無話可說。

影響，於是又找這兩人論中觀學的書來看，也學到很多東西。特別是羅濱遜喜以西方哲學理論和符號邏輯來處理龍樹的論證，很有啓發性。由此我便慢慢建立中觀學的根柢，這一直影響我對中觀學的詮釋與發揮，包括自己的《龍樹中論的哲學解讀》一書。當然其中也有不少是我自己提出的見解。

　　小林教授則問我若不懂梵文，單靠漢譯，能否掌握到世親（Vasubandhu）《唯識三十頌》的義理。我答若專就哲學思想而言，是可以的。他搖頭不信。我有點氣，加上上面所說梶山教授的傲慢，心想日本人以通梵藏資料而自炫耀，他們能通梵藏語文，中國人便不能麼？於是決心學習梵文與藏文。跟著的時間，我都用在這方面了。事隔多年，我拿《唯識三十頌》的梵本與玄奘的漢譯對比，又研究護法（Dharmpāla）與安慧（Sthiramati）的解釋，結果很有收穫。透過《唯識三十頌》的梵本，可以看到漢譯所未能表達世親原意的地方，安慧的梵本解釋較護法的漢譯解釋較接近世親原意。這對我的唯識學的學養，有很大的增益；這可以在我正在撰著的《唯識現象學》一書中看到。

　　至於長尾教授，有一次他問我，你們中國學術界好像沒有人研究自己的中國佛學吧。我答不是的，湯用彤先生以哲學史的方式來研究，我的老師唐君毅先生等則以哲學理論的方式來研究，都有一定的成績。我並舉《漢魏兩晉南北朝佛教史》和《中國哲學原論》爲例。他有點疑惑，我知他是不以爲然的。我當時心裏想，你長尾教授滿頭銀絲白髮，眼角很高，好像很有學問的信心的樣子，難道學問真的很棒麼？我知他是我的指導教授梶山雄一和服部正明的老師，因此算是我的太老師了。事隔多年，我找他的著作來看，特別

是有關唯識學的識轉變（vijñāna-pariṇāma）觀念的，也細看他的鉅著《攝大乘論：和譯と注解》，覺得文獻學的功力果然非常深厚，也有很流暢、清晰和深刻的哲學的闡釋，令人擊節讚賞。他與另一位學者上田義文，可說是唯識學研究方面的頂級學者。結果我在他的著作中學到很多東西，對唯識學有更深刻和更廣闊的理解，這理解直接影響我正在進行著的唯識學第八阿賴耶識的研究計劃。

　　近年頑疾在我身體中瀕起，把我折磨得很痛苦，但在思考方面，我反而有更大的進展與突破。自1968年起，那是大學的年代，我已決定以哲學作為自己終身努力的對象。1974年到日本留學，更確定自己的學思的重點是佛學。1978年在德國確立自己的文獻學與哲學分析雙軌並進的研究法。由1968年至最近（1999年），我是一個哲學研究者，特別是佛學研究者，總之都是學者。這即是說，這幾十年，我都在研究哲學，研究他人的哲學，雖然間中有自己的見解在內。「研究」云云，始終是學者的工作，不是哲學家的工作。哲學家是自己要有一套哲學，而能成「家」的。

　　1999年我發現有癌病，在治療和養病期間，我在思想上有很多方面的突破，主要是突破體用對比的公式化的關係，突破實體與非實體的機械化的、自然性的直接求融合的思路。前者是當代新儒學中某些人的想法，後者則是京都學派特別是阿部正雄先生的想法。又在實踐上有所收穫，在電療中體會無我。由此時起，我便脫離了學者的身份，走哲學家的道路，試圖建立自己的一套哲學。這在後面特別是闡釋純粹力動現象學中會有詳細的說明。

　　基於學術性（scholarship）觀念而作學術研究的是學者。這學術性的重點在原典研究與承取（pick up）已有的研究成果，俾能提

出新的理解（new understanding）。有自己的一套哲學體系（對宇宙、人生提出根本命題與對這些命題的證立）的是哲學家。有確定信念和大覺的是宗教家。有確定信念和大覺，而又能在生活中體現自己的信念（應是理念，如孔子的「仁」，佛教的「慈悲」和基督教的「愛」）的是聖人。宇井伯壽、徹爾巴特斯基（Th. Stcherbatsky）是學者。熊十力與牟宗三二先生是哲學家，唐君毅先生則是哲學家之外，又從事文化運動，他是「文化意識宇宙的巨人」。法蘭西斯（Francesco d'Assisi）是宗教家。甘地是聖人，又具有顯赫的政治運動成果；史懷哲（A. Schweitzer）是學者、哲學家，也是聖人；德蘭修女（Mother Teresa）是宗教家，也是聖人。這三個人都很了不起。對於他們我只有仰慕、欽敬，自己卻不能到他們的境界，也不敢存有這種想法。

四、鄉愁:第一次瀕死經驗

1.《金剛經》、禪對生命問題的啟示與第一次瀕死經驗

《金剛經》有「世界非世界,是為世界」的說法,表示對世界的三段看法。禪門也流行「見山是山,見水是水;見山不是山,見水不是水;見山還是山,見水還是水」的說法,表示對事物觀法的修行的三個歷程。其中的「非世界」、「見山不是山,見水不是水」可以說是對世界、山、水的自性的否定,不執著它們的自性。經過這一階段的否定,才能提高對它們的認識,對它們有圓滿如實的認識。生命問題也是一樣,苦痛煩惱是它的否定面或負面面相。要對生命有圓滿如實的認識,使生命臻於歡愉充實,也需要經歷苦痛煩惱這一負面的跳板,才能使生命從原初的天真、蒙昧的狀態翻騰上來,而趨於成熟,達到真正的歡愉充實。人在生命的初期,總是會本著一種原始的、素樸的浪漫情懷,以樂觀的眼光來看自己,以為世界美好,自己年輕,對於前途充滿憧憬。但這樣了解生命,只是它的表面的、片面的狀況,未能從深度與廣度滲透入生命之內,發掘其內蘊,必須經歷苦痛煩惱這種生命的本質❶,受過身心上的折

---

❶ 關於苦痛煩惱是生命的本質,參看本書第二章〈苦痛現象學〉的所說。

磨,才能以嚴肅的態度面對生命問題,從深度與廣度體會生命的內蘊,對於苦痛煩惱一類生命的負面東西,以至世間的一切,培養出一種忍耐、寬恕、關懷與愛忱,領悟生命的莊嚴性,充實與提升自己的心性涵養,真正感到生命的歡愉充實。

因此我們可以模倣《金剛經》與禪的說法,提出對生命的體會的三個歷程:

a.生命是歡愉充實（生命是生命）
b.生命是苦痛煩惱（生命是非生命）
c.生命是歡愉充實（生命還是生命）

第一階段所體會的生命的歡愉充實,只是對生命的浮光掠影的理解,如蜻蜓點水,是靠不住的。必須經歷第二階段的苦痛煩惱,才能切入生命的內蘊,明白它的真相三昧,最後有對第三階段的生命歡愉充實的體會,因而能愛護生命,珍惜生命。這第二階段的苦痛煩惱,可以說是生命的矛盾、弔詭（paradox）,它是使生命實存地、主體性地❷從第一階段翻騰上來,而達於第三階段的不可或缺的跳板。黑格爾以精神的發展中有自我否定或對其自己一環,牟宗三先生說良知需要作自我坎陷,與生命的這種弔詭性格有相類似之處。另外,牟先生在他的自傳《五十自述》中提到的生命的「離其自己」也有這個意思。❸

---

❷ 「實存在、主體性地」是京都學派常用的語詞,表示一種存在性的、時空性的、主體的、親身參與的狀況。

❸ 精神醫學與死亡學專家庫布勒‧羅斯（E. Kubler-Ross）說過外在生命即身體

・四、鄉愁：第一次瀕死經驗・

　對於苦痛煩惱，在生命的成長過程中，如能善於處理，吸取教訓，則苦痛煩惱不單不會成為我們涵養心性的障礙，它反而能發揮一種殊勝作用，擴充我們的視野，培養我們的耐心、愛心與世俗關心，最後充實和提升我們的心性涵養。關於這種弔詭性格，一時實在難以說得清楚。我想舉自己童年時代的兩次經驗來例示一下。

　第一次是瀕死經驗。那時我只有五、六歲，在農村生活。由於母親下半身癱瘓，我又野性難馴，她根本管不了我，因此我時常終日到外邊浪蕩，有時不免惹事生非，跟別的孩子打架。我對人生的看法很單純，認為它不過是吃、喝、拉屎、睡眠，主要還是嬉戲玩耍，覺得這樣很過癮，而農村正是嬉戲玩耍的好地方。有一次，祖母帶我們兄弟二人到村外一條溪澗遊玩。我的弟弟比較好靜，事事都很小心。他坐在溪澗一邊的石級上潑水，把雙腳伸進水中耍樂。我則想也不想一下，「噗通」一聲便跳進水裏。我當時是那樣天真、幼稚，是那樣愚癡，只因以前很多次看過不少人在澗中游泳，也常常看到鴨子排成一行一行，在池塘的水面上游來游去，是那麼暢快。我竟以為自己在水中也是這樣的。結果怎樣呢？我只記得自己在水中拼命掙扎，也漸漸失去視覺，甚至知覺，眼看支撐不住，水淹上頭來，要沒頂了。祖母不懂游泳，徬徨無主，忽然看見一個老農夫荷著長長的鋤頭走過來。他大概是幹完活，要回家了。祖母大聲喊他救人，他即把鋤頭的木柄伸向澗中，讓我緊緊握著，拖我回岸。

逐漸萎縮，可以促發與深化內在生命即精神的成長。這個意思可與上面說的生命的弔詭性格相比觀。不過，這是指涉生命的兩個層面，即身體與精神，我們所說的，是生命心靈一面。這便不同。

事後母親把我哭罵一頓,說我頑劣,淹死正好是報應。我死,她也不想活了。在母親的哭罵聲中,我才恍然知道人是要學習游泳的,與鴨子不同,牠們天生便會。❹我又感到人是有苦痛的,會死的。所謂「死」,我當時的理解是自己離開親人,離開這個光明的世界,為黑暗所吞噬,永不回轉。經過這次幾乎溺死的遭遇,我對人生的看法顯然變得成熟一些,知道人生是複雜的和嚴肅的,生命是寶貴的,也感到母親對自己的著緊,她越是罵我,越是因為愛我。我也懂得嘗試以耐心來聆聽家人和鄉中父老的話,對這個世界多了一份眷顧與熱愛。我覺得自己是成長了,進步了。

另外一次是發高燒的苦痛。上面說過我是野性難馴的,這種野性在日常生活中常表現為橫逆,事事走極端,不甘心居他人之下,要勝過他人,要做一個強者。為了達到這個目的,即使要硬闖,要橫來,亦在所不計。有一次,家裏煲糖水,母親因我患了輕微感冒,不讓我吃。我見兄弟們吃得暢快,自己偏沒得吃,覺得很不過癮,不自在,不甘心,便橫逆起來,大吵大鬧,非吃不可,根本不管甚麼感冒不感冒。我吵鬧起來兇得很,很狂野,沒人能管得住。母親拿我沒法,只得讓我吃了。我一時覺得自己勝利了,舒暢得很。過了一段時間,不見母親出來(她雖然下半身癱瘓,但那時仍能扶著牆邊一些雜物,慢慢走動),便覺得奇怪,於是閃在母親的房門側間,從縫隙向房中窺看,見到母親在飲泣,很悲傷的樣子。她大概是覺得自

---

❹ 自此以後,我便非常強調學習的重要。不單知識、技術要學習,尤其要學習做人,做一個好人。這種極度重視為學的態度,顯然與童年發生的這宗意外有密切關連。

四、鄉愁：第一次瀕死經驗

己軟弱，身體又傷殘，管不了我，恐怕我長大後出亂子，做出壞事來。我當時很難過，半截下身冷了下來，覺得做錯了事。母親已經這樣脆弱勞苦，只能終日躲在屋裏，自己再讓她傷心，真是不孝之極。但我心腸總是很硬，總是橫逆，始終沒有向她認錯，說聲「對不起」。吃糖水的結果，是一連幾天發高燒，躺在床上，每天吃苦藥，覺得難受極了。

每當我想起這件事，便內疚起來，總會對自己生命中的野性與橫逆，提高警覺，提醒自己要凡事忍讓，多培養耐心、愛心與寬恕心，與人和睦相處，特別是對年邁的長者為然。在這方面，我覺得自己的心性修養是有了些進步，對人比較容易出之以歡愉之心。但總是做得不夠，而且野性火氣一來，便又忘了。孔子說自己到了七十歲，便能「從心所欲，不逾矩」。這「矩」是道德準繩，是良知自動地、樂意地持守的。起心動念都不違背道德準繩，都能克己復禮，真是太難了。這是極高的精神境界。我雖然過了知命之年，但在意念上、行為上總是免不了橫逆，總是逾矩，說來真是慚愧。難怪朱子臨終時仍有人生艱難之歎。現在，母親已逝去多年，她的墓石旁邊已生滿亂草。在這件兒時舊事上，我知道她已原諒了我，或早已忘了。但我總是不能原諒自己。

以上提到的兩回經驗，雖是我童年時代在故鄉發生的，但可作為我的生活的寫照，即是，挫敗了，掙扎站起來，吸收教訓，繼續向前行。

・苦痛現象學：我在苦痛中成學・

2.貧窮、渾渾噩噩

我的童年的故鄉生活，可以「貧窮」與「渾渾噩噩」這兩個語詞表示出來。首先是貧窮。九年的故鄉生活，可以說是被貧窮所籠罩。我父親於1949年解放前夕逃難到香港，與祖父生活在一起。他是教書的，由於沒有官方認可的香港大學的畢業證書，只能在私立中學教書，也做些私家補習，故賺錢不多。每月只寄一百港元到鄉中，給我們三兄弟、母親和祖母使用。那時一百港元只兌得四十二元人民幣，每人只得八元，在一個月使用。我們一家五個人，沒有人有工作能力，沒有田，沒有地，只住在半間祖屋內，怎麼不貧窮呢？在生活上，米最重要，沒有米便開不成飯。有時真的沒錢買米，便向鄰家賒；米不夠，便煮粥吃。很多時沒有餸吃，便吃所謂的「油鹽飯」。有時買得一片半隻手掌大的魷魚，把它切為五小條，剛好是手指的大小，這樣便不錯了。家中養了一隻母雞，靠牠生蛋下飯。一隻蛋五個人分，每人只得一點點。記得有一次我把蛋黃留下，最後才吃，一不小心，把那片蛋黃丟在地上，母雞趕過來，搶去吃了，我氣得大哭一場。有時飯粒掉在地上，祖母還是拾起來吃，不想浪費。生病麼，哪裏來錢看醫生呢？通常母親只煮一些生草藥給我們吃。記得有一次我生病，總是不好起來，祖母不知從哪裏聽回來的，竟把一片豬肝混進雞糞中，燉給我吃，後來好歹好了。我喜歡看大戲，但沒錢買票，往往要打聽得哪個親戚會去看戲，於是跟著她進場，通常一個大人是可以免費帶一個小孩進場的，但沒有座位，只能坐在她的膝上。最頭痛是讀書，要繳學費，又要錢買書簿，每到

・四、鄉愁：第一次瀕死經驗・

開學時間，總是要到處張羅，才勉強籌到錢。

　農村的童年生活，很多時沒有理性可言，沒有人性可言，只是愚癡一片，有時也雜有母親的愛和眼淚在裏面，用「渾渾噩噩」這種字眼，差可形容。❺我每天甫起床，也不漱口，不洗臉，胡亂吃點東西，便衝出外面玩耍。到了吃午飯的時候，也不懂得回來，害得母親要在門口通巷叫，有時我在巷外的階前玩得興緻正濃，根本聽不到，要鄰居接口傳聲，叫了幾下，才聽得到，知道要回家吃飯了。有時與鄰家的孩子談天，絮絮不休，沒完沒了，一個孩子忽然指著天上的月亮說：「你看月亮有多高呢？要多少根衣裳竹接駁起來，才能接觸到呢？」有說要五十根，我說要一百根，另一個說二百根也不足夠。這樣你一句，我一句，辯個飽。現在想起來，真是無聊得很。

　打架是我的重要的生活內容，差不多每天都打。有兩次終於出事了。其中一次，我與伯父的兒子起了爭執，打將起來，由於我年

---

❺ 這個字眼，在我後來的大學年代，印象尤其深刻。有一天，在報章一個不顯眼的角落，看到一段自殺的新聞，說某大學一個四年級學生跳樓死了，他就是雷震昌。這原來是我的中學同學，比我高兩屆，平日不好講話，好玩乒乓球，在一次比賽中，我曾輸了給他。他的書法也很好，他的死，不知為了甚麼，但對我來說，是一個極大的震撼。我總覺得人有任務要完成，不應該輕易尋死的。後來在一家書局看到有他的書法擺賣，那是他的家人印出來的，大概有悼念的意味。其中有一本印有他的書法的小冊子，封面分明是他自己寫的兩行字：「渾渾噩噩，心如白紙，除執善外，一無所知」。這個朋友顯然覺得自己生長於一片迷亂之中，生存只有痛苦、無知、沒有意義，於是求死解脫。但他還知道要「執善」，這總是一種價值，倫理上的價值。我的童年，則真是渾渾噩噩，連這個價值也沒有。

紀大些,也高些,故佔了便宜。突然看見伯父一個箭步衝過來,舉起右掌,摑將過來,我即時應聲倒地,暈了過去。伯父拖著兒子走了,別的孩子也扶我回家。到底暈倒多久,也不知道。我母親氣得大哭,喊個不休,但始終不敢找伯父問話。在父親這一輩中,伯父讀書最少,也最兇殘,人人都怕他,我父親始終懼他三分,祖母更管他不來。這只是孩子們的爭執,何必大人來管,而且出手那樣狠毒呢?在我心目中,伯父不單沒有理性(我當時實不知甚麼是理性,只是覺得他不講理),甚至沒有人性。此後我便不再惹他,與他成了陌路人。我大半生患頭痛,痛起來很難捱,好像頭顱被斧頭從上面劈下成兩塊那樣,你縮瑟在一角,喊天地,喊上帝,喊父母,或竟喊救命,一點辦法也沒有。這個病患恐怕與伯父的那一下毒掌有點關連。

另一次,我又和鄰村的小孩爭吵起來,要打架了。他只管扭著我的左臂不放手,我惱將起來,出手很狠,一拳打在他鼻樑上,讓他血淚迸流。他大哭大叫,趕回家去。我知道闖禍了,慌張起來,急忙回家告訴母親。母親以事不尋常,估計那孩子的父母會過來找我晦氣,叫我躲在睡房門後,說她自會應付。等了一會,小孩的父母果然來了,叫著吵著,要母親把我交出來,他們要打我一頓,算是懲罰。母親回應,罵我忤逆,總是在外鬧事,又說自己傷殘,管不到兒子。最後說我不知溜到哪裏去了,我若回來,必親自把我痛打,不必勞煩他們動手。小孩的父母真的以為我不在家,便坐著不走,等我回來。等了半天,還不見人回來,只得罵了母親一輪走了。事後母親自然把我教訓一頓。我內心挺舒服,覺得她雖罵我,還是愛我,維護我。平心而論,母親當然不是甚麼偉大的女性,她是很

四、鄉愁：第一次瀕死經驗

懦弱的，有自卑感，沒有甚麼文化水平，但她對我的慈愛，總是使我感念不已。在這件事上，她包庇兒子，是理虧的。她自己後來也覺得自己有問題，自己很糊塗。

另外還有一件事，不單是渾噩，簡直是荒謬。那是讀書的問題。我們住的是荔莊村，是小村落，沒有學校，小孩上學讀書，便得到鄰近叫「江夏」的地方去，那裏有一家小學。至於中學，則設在較遠的大瀝墟。我很年幼便上學讀書，就在江夏那家小學讀。在那個時候，學生讀書，是要自備書桌的，學校並不提供書桌。由於我家貧窮，買不起書桌，便要找同班有書桌的同學「搭檯」。有些書桌是一個人用的，有些則是兩個人用。我終於找到擁有兩個人用的書桌的同學，他讓我共用他的書桌。那時我有點難為情，覺得低人一等。但家裏實在窮，連繳學費買書簿都成問題，因此也沒有辦法。幸好那個同學不計較。他真慷慨。那個時候是沒有幼稚園的，我一開始便讀小學一年級，跟著便升上二年級。而我的惡運也來了。學校來了一個女同志做主任，她與上層領導方面有密切關係，故很有權力，可以決定學生的升級問題，人人都怕了她。這個女同志不是我們荔莊村的人，而且對我村的人有偏見，這偏見釀成一種怨憤，發洩在我們小孩子身上。二年級完了，考過了試，便要決定升級的問題。這個女同志把我們二年級的同學分成三類，第一類是她自己村的同學，升上三年級；第二類是非荔莊村也非她自己村的同學，都留級。第三類是我們荔莊村的同學，大部份降級，即降為一年級，所謂「撻班」。可憐我被歸入這一類，要由二年級降為一年級。我們讀書，學年完了，通常會升上高一級，成績不好的，頂多是留級而已，哪有降級這回事呢？但我被降級，卻是事實。尤其令我難堪

的是,那個讓我分享他的書桌的同學獲得升級。結果我要從一年級讀起,而他則是三年級生了。這使我每次遇到他,便感到難受,也憤憤不平。這是我童年時代最感屈辱的事。

3.鄉愁

這便是童年時代的我。很明顯,我不是在溫室裏長大的人。我好像來自野外,來自宇宙的原始洪荒,自小便踩著泥土與牛糞長大,沒有雙親的照料。幼年時母親體弱缺乳,也沒有奶粉,我是在東拋西擲地被投向肯施捨乳房的女人的懷中,啜乳長大的。有些時候有得啜,有些時候是沒有的。這造成我在身體上的虛弱與多病,在個性上的粗野與橫逆,裏面也充滿著人生的矛盾、悲哀與莊嚴。

在故鄉住了九年。每想到它,便感到盼掛、憂悶與惆悵。它是那麼親近,又是那麼遙遠。這個地方現在已變成完全另外一個樣子,認不得了。池塘被填塞,溪澗沒有流水。舊時遊玩的地方,拆的拆了,新建的樓房,紅牆綠瓦,顯得很不相襯。舊時熟悉的面孔,死的死了,餘下的不知跑到哪裏去;出現的新的一批,不知是從甚麼地方來的。一切都要向回憶中去找尋,這便是我的鄉愁。

德國文豪赫塞(H. Hesse)對於自己南德的故鄉有很多懷想,他的很多部小說也是描劃故鄉的美麗風貌與對故鄉的深厚情誼的。其中一本 *Peter Carmenzind*,中文譯本書名正是《鄉愁》。書中鋪敘一個青年對於故鄉的緬懷與憧憬,對於童年時代時常流連過的一花一草,小橋細石,都感到親切,生起許多聯想,讀來細緻感人。

四、鄉愁：第一次瀕死經驗

他是以故鄉為母親的。赫塞的其他文學著作，如《湖畔之夢》（*Rosshalde*）、《藝術家的故事》（*Getrud*，又作《藝術家的命運》）、《心靈的歸宿》（*Unterm Rad*，或作《在車輪下》）和《徬徨少年時》（*Demian*），都是以濃厚的鄉情為背景而寫的。赫塞的描劃，和在書中反映出來的作者的感受與心境，我很有同情共感。他的故鄉是在南德卡城（Calw），我也在南德的小鎮巴倫背流（Blaubeuren）待過一段頗長的時期，很熟悉那邊的鄉土人情。街道清爽潔淨，行人不多，鎮外則是如茵的綠草，清風吹來，配搭著溫暖的陽光，舒服極了。你隨時可躺在樹蔭下的草地上，睡一個午覺，發一場好夢。沒人會來干擾的。赫塞是一個內向的、深沉的、好默思的人，又有血濃於水的鄉土感情，作風簡樸明淨，筆鋒帶著情思，由他來寫對鄉土的懷想，再適合不過了。❻

由物理的故鄉可向上提升至精神的故鄉，這便是生命的本根、心靈的歸宿。這便是海德格所說的「家」（Heimatland）。海德格晚年曾在他的故鄉默思堂（Meszkirch）作了一次演說，喟嘆現代人都忘失了自己的家，而成為無家的狀態（Heimatlosigkeit）。他提醒人們不要醉心於科技文明，而要重拾自己生命所自來的家：心靈的故鄉。他顯然是一個具有深厚懷鄉之情或鄉愁的人。

對於故鄉，我亦只有鄉愁而已，內中有著無限的懷想與回憶。以下是我套取他人的一些詩句胡亂拼湊成的一首〈鄉愁〉：

---

❻ 我女兒看過一些赫塞的小說，竟說他有自閉症！這實在委屈了赫塞。她是在大都市的溫室中長大的，在感受與心境方面，與赫塞完全不相應，完全不能融入他的小說中去，很是可惜。

背著破爛的布袋,乘著輕快的步履,
只知甚麼是天涯,不知甚麼是鄉愁,
路途遙遠難窮盡,多少寒窗記不清。
夢中老母依稀淚,舊時遊伴煙雲飄。
哼起古老的山歌,想起池塘的水牛,有無朦朧思無著,
才知甚麼是鄉愁。鄉愁鄉愁啊鄉愁,
老是讓我添惆悵。

五、生命的橫逆：
名的迷執與怨憎會苦

1.名的迷執

　　1955年，我父親申請兄長來香港。本來只申請他一人，不過，當時我說：「我都去，」於是把我的名字也寫上去。這三個字便決了我童年以後的命運。這直接影響我的成就，也給我帶來重重的苦痛煩惱。

　　由於離開了母親，父親在香港又忙於教書，沒有時間照顧我（其實他也不懂如何照顧和開導孩子），這讓我事事必須自己想辦法，自己處理，慢慢地便養成獨立而帶有強橫性的性格。由於要獨立，要站得住，不受別人屈辱，我便不得不用種種辦法鞏固自己，讓自己在他人面前具有優越性，受到尊重。其中最切近的，也是最能掌握到的，便是在學業成績方面要強，要在考試中取得高位置，要考第一。這樣，別人便不敢輕視、欺侮自己了。不過，自己的資質並不是那麼高，很多方面都不如人，要取得最高位置，便不得不硬來，不得不橫逆，強迫自己下苦功，做一些在自己能力範圍外的事。結果我真的做得不錯，在學校的考試中常能取得第一，而且在分科考試中

也常取得首位,如中文第一、史地第一、理科第一之類。漸漸地,這第一變成我在學習與生活上的目標,也慢慢養成自己好名之心,最後竟迷執於名中,時常要勉力做一些自己本來做不來的事,沒有留意身體上的健康問題,而自己要亟亟爭取的那個目標,實際上是毫無價值的。由於要勉力去做,便要不停地催迫自己,給自己很大的壓力,最後竟陷於生命上的橫逆,做事情每每往極端處去,耗盡自己的精力。這樣不單不近人情,也為自己帶來無盡的苦痛,特別是由生病而來的苦痛。自己陷入嚴重的名的迷執中,不能自拔。

橫逆最明顯的表現是硬來。為了達到目標,維持第一名,便不擇手段,不理後果,不眠不休地用功。既上去了,便不能下來,考第二名也不成,這是面子問題,除非你不要面子。這面子便是名。於是我的生活變得不正常,只顧讀書,不與人溝通,不參與群體活動,幾乎沒有運動,生了病也一邊吃藥,一邊用功。甚至考試時因過度虛耗精力,腦袋緊張,不能成眠,便靠吃安眠藥,讓自己能勉強睡覺,硬要撐持下去。結果是身體日漸衰弱,病痛日漸增加,感冒、發燒、傷風、咳嗽、喉痛、眼痛,全都來了。整個人變得無精打采,脾氣暴躁,年輕人的那種生命上的華采與璀璨,不知跑到哪裏去了。

最讓自己感到煩惱的,是中學畢業升大學那段時間。到底應選哪一科來讀呢?我陷於完全迷失的狀態,老是受別人的意見所左右,所影響,其中主要問題,還是名的迷執。在那段時間,我在物理、醫科、歷史、中國文學、中國文化之間兜兜轉轉,奔走於香港中文大學與臺灣大學之間,最後竟在中文大學的哲學科安定下來,而且以佛學為生死相許的學問,那是在迷執於名的中學時代所完全

・五、生命的橫逆：名的迷執與怨憎會苦・

想像不到的。人生如奕棋，真是難料。

我的興趣本來是在議論問題、思考問題方面。中學時老師上作文堂，總是出三條題目，其一是記敘的，一是描寫的，一是議論的，由我們自己選擇，我總是選議論性質的題目來寫的。但由於當時流行一種價值觀，以為讀數理是好的，是有聰明才智的人做的。讀文科是低一等的，資質不足的人，才去讀文科。這又是名的問題。讀數理有好的名聲，為人讚譽；讀文科是不成器的，人家會笑你。於是我便偏重數理科，把大部份時間都放在這裏面。父親和學校的老師都不能開導，不能啟發我們要有正確的人生觀，不能提醒我們要重視興趣，因為這會對我們有終身性的影響。他們基本上只強調實際的面相，強調名聲與學位的性質。有些老師說在中文大學特別是崇基學院讀理科，例如我所考取得的物理，畢業後容易到美國去發展，名譽好，前程無可限量。有些老師說在臺灣大學讀醫科最實際，這又是我所考取得的。他說醫科畢業生最為人所尊敬、仰慕，也最能賺錢，甚至在畢業前，已有大醫院預先請定你當醫師了，有人選定你作女婿了。有同學問他要不要考慮自己的興趣問題，他竟說：「興趣麼，興趣多少錢一斤呀？」這樣只能看到實效利益的老師，怎能在生活、職業、事業，以至整個身心方面輔導學生呢？怎能引領學生正確地抉擇自己的生命方向呢？我當時便受這種好名的心理與功利的眼光所影響，所拖累，先後選讀了物理與醫科，結果還是由於興趣不合，停了下來，浪費了不少精力與時間。回想那段時間，終日徘徊於得失之間，左計較右計較，在精神上迷妄得很。最讓人氣喪的是，我當時已入了中文大學物理系就讀，卻念念不忘臺灣大學的醫學院，仍然難作抉擇。有一晚左思右想，不得安寧，無法入

睡，把心一橫，竟起來把臺大的入學許可書燒掉，以為問題便解決了。結果還是放棄了中文大學，去了臺灣。一年之後，還是回轉到香港來。當時幾乎對自己完全失去了信心，精神要崩潰下來。迷戀功名之害，莫此為甚。

　　三年後，我在哲學思考上有了點基礎，曾經認真反思名和對名的迷執的問題。我認為名是存在的代詞，即是說，它顯示自己在別人心中有存在性，別人在覺察到自己的存在，而且對這存在有欣賞、羨慕的心情。好名是希望自己在別人心中有存在性，或者，讓他人心中有自己的存在，而對自己加以欣羨。其目的不外是透過自己存在於他人心中，他人在其心中意識到自己的存在，因而可免除孤獨的感覺。歸根究柢，從物理的層次來說，人的本質便是孤獨，你是一個孤獨，我是一個孤獨，他也是一個孤獨。人的心不安於這種孤獨，它總是希望在他人的心中有自己的存在，因而有他人相伴於左右，這種孤獨感便得以消融，人的心才安定下來。不過，這樣子解決孤獨感的問題，始終是有限制的。若我吳汝鈞有名，則吳汝鈞便存在於他人的心中。但這種作動詞看的存在，需要當事人與相關的他人在時空中有物理的接觸，或者說，相關的他人需要親身以感官碰觸到當事人的物理形軀，不管是見到樣貌，或是聽到聲音，這樣作動詞看的存在，才有意義，才能使當事人具體地、立體地存在於他人的心中，才能真正解決孤獨感的問題，因為孤獨總是物理性的、形軀性的。不然的話，當事人的名，不管是吳汝鈞也好，甚麼其他人也好，都只是一個抽象的概念，它存在於他人心中，亦只能以一種抽象的名相存在而已，仍不能真正地、存在地解決孤獨的問題。但這種以感官為基礎的碰觸是很有限制的。人只能生存一百年，只

・五、生命的橫逆：名的迷執與怨憎會苦・

能在有限的地方活動，故時空方面都有限制。人只能在這一百年和有限的地方與他人有感官上的碰觸，因而只能在這個限度內以揚名來讓自己存在於他人心中，解決孤獨感的問題。過此以往，便是人的生存時間與活動地域之外的事了，那是抽象概念的世界，以揚名來讓自己存在於他人心中以解決孤獨感的問題，是沒有意義的，做不到的。例如孔子，他很有名。他在很多人的心中有存在性。但這種存在性，只是一些抽象的概念或普遍的德性，如仁、恕、禮，或道德操守，如克己復禮、己立立人己達達人等等的組合而已。我們說起孔子，基本上是指涉這些東西的組合，而以一個人格概念「孔子」把這組合呈顯出來而已。至於孔子本人的物理軀體、主體形象，則只有春秋時期在一些孔子出現過、活動過的地方的人碰觸到，這些人是很有限的。若說孔子有名、於人的心中有其存在性，而這存在性又涉及孔子本人的物理軀體、立體形象，因而讓孔子不感到孤獨，則這些人便很少，這種有名的意義便很狹窄，實在沒有多大作用。故所謂有名云云，基本上是虛幻的，難以取得實質的、具體的意義。迷執於這種有名，為求名而不顧一切橫逆自己，甚至以生死相許，是不值得的。它會招來無盡的苦痛煩惱。有些人為了求名，以為不能留芳百世，也要遺臭萬年，眞是愚不可及。❶

---

❶ 印度近現代哲人克里希那穆提（Krishnamurti）常勸人不要執著於所謂尊嚴，要做個甚麼都不是的人，這樣便能從尊嚴的羈絆中解放開來，而得自由與快樂。這所謂「甚麼都不是的人」，很類似禪宗臨濟禪師所說的「無位眞人」。位即是名位。無位即是不為自己定名位，不因此而限制了自己。為自己定名位，是名執的結果。名位是相對的，是在關係網絡中決定的，因此是虛的，沒有眞實性。迷執於名位，到頭來只會自尋煩惱，甚麼也得不到。

2.怨憎會苦

另外一件讓我感到極度苦惱的事，便是怨憎會苦。這種苦惱是對比著愛別離苦說的。後者是，自己最親愛的人與自己分離，不能相聚在一起。前者是自己最憎厭的人，卻偏會和自己碰在一起，偏要和他相處。兩者都是挺苦痛的事。人生常常是如此，很荒謬的。真是造物弄人。

由於母親身體傷殘，父親沒有申請她來香港。我們只有回鄉，才能見到她。父親教書很忙，健康狀態不好，故需要找一個女人來料理家務，也可照顧他的飲食。通過別人的介紹，終於找到了，父親讓我們叫她「二嬸」（我們是以「叔嬸」稱呼父母的，不知為甚麼）。不過，父親娶她過門，卻沒有和她註冊結婚。大概由於他覺得對母親還有一種責任，正式在香港與別的女人結婚，會讓她傷心和不安吧。

「二嬸」很年輕，她來我們吳家時，只有二十來歲，比我大十年，比父親則小二十年。她做事很有幹勁，處理家務也爽快妥當，又很會做飯菜，對父親照顧得頗為周到。父親對她顯然很感滿意。不過，她的文化水平很低，只讀到中學二年級，便出來做事了。她很重視金錢，現實感強，喜歡打麻雀消磨時間。這些都不成問題。她的問題是心地狠毒，心胸狹窄，又多疑，愛搬弄是非，離間我們父子的關係。我的脾氣也躁，時常和她吵起來，很不愉快。有時我也想跟她和好，很多次表示善意，但她總是疑這疑那，我的願望總是不能實現。她在1961年已進來了，到1990年我和妻子兒女搬出去，

・五、生命的橫逆：名的迷執與怨憎會苦・

中間有三十年，除了有七、八年我在國外，在臺灣、日本、德國和加拿大，中間和她相處超過二十年。在這二十多年間，對著她，只有苦痛和橫逆而已。

苦痛是由於和她完全不相應，完全不能溝通。大家所想的和所做的完全不同；在價值觀方面，彼此相去甚遠。面對著她，你只有忿怒而已。忿怒的結果，是在行為上往往做得過火，走極端，有時會無緣無故發作起來，拍檯踢椅，橫逆自己，表示不滿。事後又常常覺得這種行為毫無意義，有時也不免自己責怪自己，覺得自己讀那麼多的書，還是沒有修養，不能與人和睦相處，對別人不能起感化的作用。

我的橫逆行為，在兒女出生後一段相當長的時間，達到了高峰。由於「二孀」存心不良，自己無所出，又不領養孩子，見到我們的慧、德二兒女出世，便想起自己孤獨，無兒無女，因而生起怨憎之心❷。我時常想到她會報復、害人來發洩，要在慧、德二兒女身上出氣，故往往要提高警覺，防範她對兒女的侵擾與暗算，因而舉止失常，在很多事情上做得過份，父親見到也不高興，覺得我的脾氣越來越壞。我有時更為了向「二孀」顯顏色，故意向妻兒發怒出氣，大聲喝罵，好像自己不能控制自己了。其實她們是無辜的。事後我

---

❷ 佛學中有所謂「隨喜」，即隨順他人的歡喜而自己也歡喜之意。別人有開心的事，自己也替他開心，因而別人更感開心。這是一種很高的精神涵養，它的底子是寬容。真正的隨喜是很難得的。一般人總易有嫉妒的心理，看見別人幸福，便會相對地想到自己會變得不幸福，因而感到不自在，不高興。有些人因此更生起怨憎之心，要破壞別人的幸福。怨憎的人多，隨喜的人少，現實便是如此。

總是難過，內心不安，覺得不應對她們動肝火。妻兒有時又未能即時知道我的用心，特別是女兒，以為我很兇，對我起著恐懼，有時也表示她的不滿。整個家庭陷於陰暗破裂的氣氛之中。

有一回我到中國大陸旅行，在北戴河的沙灘上漫步沉思，忽然抬起頭來，看見前面祖孫女二人在嬉水，非常輕鬆愉快。過了一陣，祖父拖著孫女的手，高高興興地向前疾走，他要買冰淇淋給孫女吃哩。我突然站著呆了，感觸得哭起來。我想與自己的女兒應該也是這個樣子的，而且應該時常是這個樣子。但我很少能這樣做。一方面由於自己忙於做學問，疏忽了她；另方面是由於家裏的那種慘淡氣氛。我本來已經少柔情，少溫情，即使有，在光板的父親和陰險的「二嬤」面前，怎能自然自在地表現出來呢？女兒一定在想，怎麼爸爸老是那樣冷漠，那樣令人畏懼呢？為甚麼他對媽媽不能體貼些呢？為甚麼他總是那樣沉默，不對自己和弟弟講故事呢？她大概不知道，在那種僵化的、幽暗的環境，我連自然地笑一聲的機會也沒有。

現在，女兒已經長大。她有自己的一套想法，一套價值觀，有她自己的世界圖像與憧憬，卻和我同樣固執，有時也對我兇起來。我知道這是自己招來的報應，無話可說。要追回她的童年歲月，看著她天真無邪地歡笑，跑跑跳跳，已不可能。在這裏，我只有表達對她無限的祝福，祝願她有一個光明的、健康的前程，不要像我那樣為了做學問而淪於遍身是病痛，天天靠吃藥來撐持下去便好。

3. 我的父親

　　我的父親吳天任先生是文人的生命情調,他愛寫舊詩,而且寫得很好,在同行中有很高的聲譽。他主要是學杜甫與元遺山的。晚年他很勤於寫別人的年譜來消磨時間。另外,他也是章實齋的史學與酈道元的《水經注》的專家。他有國學的基礎,我的中文水平不低,一半是他引致的。他來香港後的職業,便是教書,沒有做其他的事了。

　　父親很嚴肅,不苟言笑。在我和他的關係中,有拘緊、矜持、緊張、肅穆、靜默和沉悶,只是沒有歡笑,這是我覺得最遺憾的。我和他很少交談,大家之間沒有共同的話題。要談,便是那些非談不可的家事。他喜歡中國的東西,而且是舊東西;不喜歡中國的新東西,如新詩、新文學,也不喜歡外國的東西。我陶醉於西方的古典音樂中,得到很大的滿足感,他在這方面毫無反應。而且當我在房中播放這些東西,大聲一點,他往往會敲門干涉,要我降低音量,以免他受到騷擾。只這點便可反映出我們父子在喜好上如何不同了。我和兒女是不同時代的人,和父親也是不同時代的人。三代之間,相當隔閡。

　　父親不喜應酬,不好交談。雖與兒孫女同住,但他總是顯得很冷淡,不關心,很少與他們嬉戲,也從無說笑話、講故事的事。也從未買些玩具、糖果、衣物給他們,逗他們歡喜。白天他總是好像一尊石膏像那樣,一動不動看電視,孫兒女在一旁玩耍,他也很少

留意,也從不參予。這主要與他的孤僻的個性有關,也連繫到他怕觸到「二嬸」的傷痛之處,讓她更感無兒無女孤寂之苦。大概父親自己的內心也難過。本來含飴弄孫是人生一大樂事,但對於父親來說,好像不相干似的。父親對於我在生命上的橫逆一事,顯得無能為力,不能提供適當的開導,更不能指引我,讓我走正確的路向。在關連到怨憎會苦方面,當我與「二嬸」有爭吵時,他總是把我叫進他的房裏,教訓一頓。每次我總是不服氣地離開。他是服我之口而不能服我之心。他服我之口,是以父親的、家長的尊嚴壓下來的。而且他的說話常帶威脅性,說他身體不好,娶「二嬸」過來,主要為了照顧他健康上的問題;他尤其不能受刺激,因有高血壓症,會容易中風、爆血管,這樣便不能工作,那便沒有人賺錢養家,全家都要捱苦,我們也不能把書讀下去,等等。他的結論總是這樣:要服從,不要反抗。一切要忍受,不要生起不愉快的事,致讓他激氣、發怒,而生意外,如此而已。他似乎沒有重視到家庭中的愛別離、怨憎會的現象帶給我們心靈上、精神上的傷痛,與由這傷痛而生起的種種叛離的、橫逆的行為,也未意識到對於這種人間大不幸的現象的發生,他們大人是應負主要責任的。

　　對於我在名方面的迷執,父親也不能有及時的、相應的點化。他時常埋怨我脾氣暴躁、個性固執、想法多變化,特別是在心情上不能隨遇而安。我在臺灣大學醫學院讀了大半年,發覺醫科不是自己終身所繫的學問,向他提出轉系的事,他便勸我要隨遇而安,不要想得那麼多。他大概也是從現實的角度著眼,說醫科出路好,將來當了醫生,再追尋和實現自己的理想也不遲。我是想到職業要能配合事業和理想,做醫生那麼忙,哪有足夠的空餘時間照顧理想呢?

・五、生命的橫逆：名的迷執與怨憎會苦・

不過，自己的理想是甚麼，當時亦沒有頭緒，只是覺得醫科不對勁而已。我當時的處境，要追溯到中學的年代。在那個時候，我的問題，是觀念性的，具體地說，是價值觀問題。我非常短視，只看到名的價值，為了求名，幾乎甚麼事情都可以做，簡直是生死相許。不過，我仍未到釋勒爾（M. Scheler）在其《妒恨》（*Ressentiment*）一書中所說的「價值顛倒」的地步。我的讀醫科，主要還是為這種錯誤的價值觀所驅使的。讀了大半年，才覺察到路向不對。但我不知道前路應該如何走。

我們有兄弟三人，父親常說我的成就比較好。但越到後來，他對我越疏冷。他是否想到我的成就會超過他，而生妒忌之心，因而這樣對我呢？我不相信這個可能性。父母都是希望子女好的，這是人的天性。朋友間還能隨喜，父親又怎會嫉妒我的成就呢？我始終不明白父親為甚麼總是那樣冷漠，那樣涼薄。有時甚至因為我的關係，他對我的妻兒也疏遠起來。對於這種情境，想起來真是讓人心酸。他和我異學異見成那個樣子，好像各屬不同種類的動物，為甚麼偏又是父子關係呢？這是我一生很大的傷痛。不過，父親品性善良，沒有加害他人之心，從不佔他人便宜。在這點上，我是很為他驕傲的。

父親去世那段時間，我們已搬出渣甸山的祖屋。臨終前幾日，我們才知道有事，急忙趕去醫院看他。他睡在床上，鼻孔和嘴巴都插滿喉管，沒法說話，雙眼半開，淌著淚水，好像有話要說，卻總是說不出。他要說甚麼呢？那必是很重要的事，是關乎我們父子關係的。可惜太遲了。最後我們父子還是無法溝通，他無聲無臭地去了，和母親一樣。

・苦痛現象學：我在苦痛中成學・

我寫給父親的輓聯是：

困厄苦吟頌千古，幾代空緣置若閒。

父親的最大成就是寫古體詩，特別是有關抗日逃難的經驗的詩作，是不朽的，會傳頌千古。他的《荔莊詩編》在臺灣很流行，他曾因此獲得國家文學獎。不過，就我看來，他在生活上有很大的遺憾，這便是他與祖父這上一代，與我這一代，和與慧、德孫兒女那一代，都沒能有好的溝通，與這幾代都沒有緣份（空緣）。但他好像不放在心上，置若等閒。他是不是如我那樣，在生命上也有橫逆呢？我有點模糊了。

六、勞、唐、牟三先生的啓發與教導

1.從名的迷夢中驚醒

我在臺灣大學讀了一年醫科,覺得不對勁,醫學不能作為自己終身的學問,行醫不能作為自己終身的事業,因此想到轉系。若轉系,則沒有必要留在臺灣大學,返回中文大學較為恰當,後者與其他英聯邦的大學有同等地位,都得到香港政府的認可,臺灣的大學則反而不被認可。回中文大學進甚麼系呢?那時自己也沒有甚麼主意。有些朋友勸我重返讀過一個月的物理系。父親則提出社會系,要我考慮,不知他何故會這樣提出。有些朋友則提議中文系。後來我想自己的興趣好像與中國文化有關,這則接近中文系,而且我在臺灣大學所修的通識科目,也是中文系開設的課程,這些科目可被認可而免修讀,因此我不必從大一讀起,可以從大二讀起,補修一些科目便成了。因此我入了中文系,以歷史為副修。

那個時候,我頗有解脫的感覺,從名的迷執中解放出來,明白到名的虛幻不實的性格。那是由於我在臺灣讀書時,與中學的老師、同學有些聯繫,覺得自己已漸漸失去中學時代那種由考第一而得來

的優越性,他們並沒有把這甚麼第一當作一回事。原來自己在他們心目中,並沒有甚麼如上面說到的存在性,他們隨時可以把你忘掉,你會變得一無所是。名的價值,只是自己一廂情願地、單方面地確立的,實質上並不代表甚麼,一切都要看你現前的表現來衡量。我在排名第一的種種優越性,都隨中學時代的過去而消逝。你的前途如何,「排名」如何,要看你如何走現前面對著的路。這種突然而來的消逝,給予我很大的精神上的衝擊,覺得以往以極大的努力追尋得的東西,所謂名,可以一下子便煙消雲散。自己多年來為了求名而付出的心血與努力,只存在於夢中,夢醒後,便一無所有。當時我真是有從名的迷夢中驚醒的感覺。

　　驚醒之後,問題並未解決。我應該如何抉擇自己的路向呢?生命的橫逆,在那段時期,仍在發揮作用。我好像從囚牢裏出來,由於餓了多天,故甚麼都吃。我甚麼書都拿來看,有關中國文化問題的書,我都拿來翻。可惜我看得最多的書,大部份都是沒有建設性的,都只是指出中國文化是有問題的,又都不能提出解決中國文化問題的建設性的方案,因為作者們對中國文化的本質,都未能正確地把握到。具體言之,最初我看林語堂、魯迅和胡適的書,其後擴充範圍,看殷海光、陳序經、陳獨秀、李大釗、毛澤東的書,又看年輕人所喜愛的余光中、李敖、王尚義的書,開始留意存在主義的思想。特別是殷海光的《中國文化的展望》、李敖的《傳統下的獨白》、《為中國思想趨向求答案》、王尚義的《野鴿子的黃昏》、《從異鄉人到失落的一代》,更是時時書不離手。我特別留意最後一本《從異鄉人到失落的一代》,因為自己覺得與它的內容容易起共鳴,覺得自己真是失落了,摸索又摸索,總是找不到路向。

六、勞、唐、牟三先生的啓發與教導

我當時在思想上的確很橫逆。這表現在兩個方面。首先,我極欣賞李敖他們對傳統文化的批判與剖擊,特別是他痛罵那些老學究總是棧戀權位,「佔著毛坑不拉屎」,不肯交棒,讓年輕的一代上來。因此我把他的《傳統下的獨白》反覆閱讀,愛不釋手。自己也寫些抨擊傳統文化的文章,一時儼然是一個憤怒青年。父親看見,慌張起來,急忙找系主任鍾應梅先生;鍾先生也慌起來,急忙召我入辦公室,勸喻我寫東西應有約束,到此為止了,不要再上。另方面,我的思想突然左傾起來,狂讀毛澤東和列寧的著作,在同學之間鼓吹共產主義思想。我當時似乎已失去了理性,一任情感澎湃泛濫。生命上的橫逆,達到了高峰。

我為甚麼有那麼多時間東搞西搞呢?那是由於我對中文系的教授極度失望,不常出席上課所致。我覺得老師講課的方式,和中學時代比較,沒有甚麼分別,不外是順著課本講解,寫黑板,派些講義而已。沒有分析,沒有比較,也不講文學理論與批評。老師對文學缺乏清晰的、學理上的概念,講解只是東講一些,西講一些,不求系統。搞不清楚文學的意義、本質,叫人如何理解文學作品呢?有一個老師講《論語》,每一次都在黑板上寫滿歷代各家的註解,讓我們抄下,然後隨便解一下便算。到底哪一家的解釋是相應於《論語》本身呢?到底《論語》的精神在甚麼地方,它有哪些核心的概念,它何以能作為儒家的根本文獻,開出整個儒家思想傳統呢?都沒有交代。這《論語》是一年課程。實際上,用幾晚通宵時間,便可以一氣呵成地把它讀遍了。再花幾天看一些有分析性、系統性的詮釋,便可以把握它的思想要義了。倘若照著老師的教學方式去讀,一年後恐怕也未能掌握到《論語》的要旨。

・苦痛現象學：我在苦痛中成學・

我那時想轉系，轉到宗教哲學系去。但由於宗哲系的課程與中文系的課程相去太遠，這樣轉系，勢必要多讀一年。因此我便轉副修，由副修歷史轉為副修宗教與哲學。不過，基本我只上宗哲系的課，很少上自己主修系的課。而在宗哲系的課中，我只上一個人講的課，那人便是勞思光先生。

2.我與勞思光先生

我之得遇勞思光先生，是生命中的一件大事。是他開啓我的理性之光，帶引我進入哲學之門。跟著是唐君毅、牟宗三先生引領我進入哲學的殿堂，我又順著他們的路向看熊十力、梁漱溟、馬一浮三先生的書，又看徐復觀先生的書和上他的課。這樣，我便正式接上當代新儒家的脈統。至於佛學研究與方法論的提出，以及近年的純粹力動現象學的構想，則基本上是自己闖出來的。在這整個心路歷程上，勞思光先生是為我開路的老師。在這一點上，我對他總是感念不已。

在大二、大三那段時間，我醉心於中國文化問題的探討，甚麼有關的書都看，但有越看越混亂的感覺。大家幾乎都同意中國文化出了問題，開不出科學與民主。在這點上，只有國粹派持異議。如何解決這問題呢？則有多種不同的說法，我自己當然沒有頭緒。那時我聽勞先生的通識課，叫「中國文化要義」，他自己便用這個題目，寫了一本書。勞先生長於分析，思路非常清晰。他一層一層地解析，最後提出自己的見解。他的論點是，文化問題很複雜，在現

象層面牽連很廣,我們必須握住它的核心問題,從本源方面看,才能慢慢談解決。他提出的核心問題,便是精神方向問題。他說中國文化是基於重德(道德實踐)的精神方向而開展的,它在哲學上的思考形態,是自己的主體統攝其他主體的關係。這與西方文化不同,後者是基於重智(知識的建立)的精神方向而開展的,是眾主體並立的關係。他強調民主與科學是基於眾主體並立的思考形態,因此西方文化能開出民主與科學,中國文化不能。這是中國文化的問題所在。要解決中國文化問題,需從眾主體並立的思考形態的建立上著手。不過,中國文化也有它的優點,它奠立道德主體,開出自己獨特的德性文化體系。這樣便把一般學者通常以優劣性來看文化問題的眼光,轉移到哲學思考方面來。因此他提出探討文化問題,要就哲學方面看文化的精神方向與思考形態這一層次著手。這樣,他便引領我走向哲學的大門。

勞先生的課最後提到熊十力先生和梁漱溟先生。在他心目中,當時論中國文化問題的人,如胡適、陳獨秀、吳稚暉、魯迅等,都是不成的,殷海光他們更不要說了。唯有熊、梁二先生有獨到的見解,他們都是能見文化本源的人。我當時亦未留意熊、梁二先生,於是便找他們的書來看,特別是看梁先生的《東西文化及其哲學》,覺得他們果然與眾人不同,有深邃的眼光,是能見本的。例如梁漱溟先生不從優劣的角度論中國文化,卻從發展程序方面來看;他說中國文化是早熟的,它不依正常的程序發展知識技術一面,卻一開始便從德性方面發展,因此出了問題。解決之道,是要追回原先的步伐。又說西方、中國、印度三方面的文化分別展示不同的人生態度,西方文化是奮勇向前的,中國文化是調和持中的,印度文化是

反身向後的。這些說法,在今日看來,自然是很平常,但在當時來說,不能不說是表現一種文化哲學的智慧,與當時大多數激進份子只管剖擊中國文化,要把它廢棄而全盤西化的消極說法,確是不同。不過,勞先生是理性主義者,他自己也並未完全贊同梁先生的說法。跟著我便看他的《文化問題論集》,又拿他的《歷史之懲罰》和《哲學問題源流論》的書稿（那時並未出版成書）來閱讀,覺得很有啓發性,對很多哲學問題都有精細而清楚的分析,他的解析能力非常強,我受到一定的影響。

　　我繼續聽勞先生開的課,包括邏輯、知識論、中國哲學史和中國佛學。雖然他是以寫《中國哲學史》著稱,我覺得他在學問上最精采的地方,是講邏輯,特別是講知識論,又特別是講知識論理論本身;在後者,他能充分發揮自己的長處:對於知識的解析。他講邏輯,在符號的運算方面,進行得很快,不假構思,便如流水般暢快地寫出來了。我們有時覺得追不上。他講知識論,分兩部份,上學期講知識論理論本身,下學期則講西方的知識論史,由柏拉圖（Plato）講起,經康德下迄近現代的邏輯實證論,而集中於維根斯坦（L. Wittgenstein）。上學期的比較重要,他從感性與科學講起,分析知識的成素:感性與知性（他喜歡用「理解」字眼,這相當於康德的Verstand）,到兩者的交互作用,最後是知識的成立。他的講法和康德的很相近,顯然是受了康德的影響。但他講來比康德的流暢得多,不像康德的那麼艱澀。由於這是較專門的課程,聽講的人不多,好像只有六、七個,大家聽得很愉快,氣氛輕鬆,他也常帶著笑容來講。聽勞先生的課,眞是一種樂趣。

　　我和勞先生的關係並不只建立於課室之中,很多時我們到他家

六、勞、唐、牟三先生的啓發與教導

裏聊天,幾乎無所不談。他的知識很廣博,好像甚麼都懂;而且他能作詩❶,能下圍棋,能看掌相、占卜、算八字,暢論武俠小說。聽說他自己早年也寫過武俠小說,後來放棄了。與他談問題,他的分析總是那麼仔細和富有技巧,抽絲剝繭地把問題的關鍵點給指點出來了。你從中可以得到活現的思想方法的訓練。同去看他的同學也不限於是弄哲學的,弄數學、社會學以至文學的也有。他是智者形態的人物,喜歡從理(道理)上分析問題,因此也特別喜歡分析能力強的人。❷

勞先生在1969年9月休假一年,到美國普林斯頓大學作研究。我也於同期考入中文大學研究院修讀碩士課程,主修哲學,開始接觸唐君毅、牟宗三、徐復觀三先生。翌年,勞先生休假回來,不過,他沒有在研究院開課,因此我和他接觸的機會便減少了,關係也日漸疏遠起來。這種疏遠,與我追隨唐、牟二先生,和他們建立密切關係可能有些牽連。勞先生早年與他們兩位的關係是頗爲要好的,他尊敬唐先生,常和他有書信來往,討論哲學問題,包括宗教方面的。他和牟先生也很要好,他倆在臺灣時,勞先生好像參加過牟先

---

❶ 他時常寫詩。甚至在考試時,他在黑板上寫下題目、問題後,便自己吟思起來,把想到的詩句寫在黑板上,並叫我們不要管他。他的詩作很有功力,也富深情;他在爲唐君毅先生寫的輓詩中有「塵箱檢遺札,汗背涕沾襟」句,是很感人的。

❷ 他很讚賞我的同學黃婉兒和高一屆的李天命,說他們有分析的頭腦。有時也埋怨高一屆的鄺芷人,說他是slow-minded。他怎樣說我,便不知了。可惜黃婉兒在寫完碩士論文之後便退出哲學圈子,李天命後來好像也不搞學術研究了。

・苦痛現象學：我在苦痛中成學・

生主持的人文學會。他們在為學的旨趣上也相近，都強調理性，精研康德。牟先生還為勞先生的早年著作《康德知識論要義》寫序，稱許他評康德「窮智見德」為的論。其後兩人逐漸疏遠，其中一個原因很可能是對宋明儒學有不同看法。牟先生持三系說法，認為宋明儒學除程朱與陸王二系外，還有程明道他們所代表的第三系，強調本心與天道通而為一，所謂「一本」論。勞先生則持一系說，認為宋明儒學是一個連續發展的體系，是一個整體，不能拆分為二系或三系。勞先生大概以為我遠離他，接受牟先生的說法和影響，因此不大高興。❸另一方面，牟先生對勞先生也實在不客氣，時常在

---

❸ 我在研究院畢業後在崇基學院哲學系當助教，有一次學生會方面邀我作一次演講，闡述當代中國哲學的發展。由於時間不多，我便只就主流來講，而且以新儒學為主流，因此我便講當代新儒學。其中我講了五個人的哲學：熊十力、梁漱溟、馬一浮、唐君毅、牟宗三。這可能是第一次有關當代新儒學的演講了，時維1972年。我並沒有講稿，亦沒有想到內容會被記錄下來，整理發表。但學生會方面真的做了，在中大學生報發表。有關方面的同學（好像是關子尹）事先並未知會我，文稿也未有給我過目修改。刊了出來，我才知道。勞先生也看到了，把我叫進房中，問我何以會這樣講，這種說法，別人一定以為是新亞那邊的人提出的。我講這五個人，則方東美又如何呢？為甚麼不提他呢？云云。當時中文大學的哲學系分成兩個組別的傾向，已非常明顯。新亞書院方面，是唐、牟二先生的影響範圍；崇基學院方面，則是勞先生的影響範圍。兩院的學生，通常都謹守著自己的組別，像我這樣兩邊走，兼收並蓄，是絕無僅有的。因此學生的說法，很容易看出他是受哪一邊影響的，他是屬於新亞哲學系，抑是崇基哲學系。因此勞先生便說別人看到我的講法，一定以為是新亞方面的人提出的。至於提及方東美先生，我想勞先生的意思是，方先生是唐先生的老師，講唐先生，似乎不應不講方先生。實際上，對於這樣的組別的分法，我是不理會的。哪一個先生講得好，不管是勞先生、唐先生，抑是牟先生，我都吸收進來。我是擇善而從，不想跟定一個名師或大師，像很多人那樣。

·六、勞、唐、牟三先生的啟發與教導·

學生面前表示對勞先生在見解上的不滿。❹他們兩個私下的關係，也不太好。❺

我於研究院畢業後在崇基學院哲學系當助教，期間時常見到勞先生。1974年開始我先後到日本和德國留學，忙於搞佛教文獻學和研究方法論問題，所學的與前此大不相同，很少與勞先生來往，也很少提到自己的所學，勞先生也曾說不知我在外邊學些甚麼東西。1981年我返回中文大學研究院，入博士班，準備寫佛學方面的論文，並把範圍限於華嚴宗。當時勞先生是我的指導教授，因此我又有機會向勞先生學習。特別是我向他作倫理學（赫爾R. M. Hare的倫理學）

---

❹ 有一次，牟先生對我說，勞先生搞中國哲學，是在抽筋。我當時聽了，不大明白。其後再想，才知道牟先生在表示他不滿意勞先生處理中國哲學的方式。在他看來，勞先生強調主體性（subjectivity），以它為哲學理論的核心概念，也以這個概念為準繩來論中國哲學。結果，合乎這個準繩的說法不多，故他對中國哲學沒有很高的評價。所謂「筋」，便是指這主體性。「抽筋」便是把講主體性的哲學抽出來，給予很高的評價；其他不講主體性的，便不管了。關於勞先生對中國哲學的處理，我們在下面會有更多的闡述。

又有一次（這是聽回來的），崇基哲學系一個高年級女生去找牟先生，表示要讀研究院，跟他學習。牟先生竟不客氣地說：「你把勞先生的那一套東西拋掉，我便教你。」倘若牟先生真的這樣說，真是太過份了。那個同學也反感起來，結果沒有考讀研究院。

❺ 舉一例子。我於1974年8月結婚。在我男家這方面，沒有擺酒宴客，我只在當天晚上，請了一些在哲學上投契的師友吃飯，包括唐、牟、勞三先生和陳特。席間，勞先生和陳特很健談，說得最多，唐先生間中也加插一兩句。唯有牟先生由始至終都不說話，只管挑東西來吃。他與勞先生好像也沒有打招呼。我看著兩個那麼好的老師的關係那麼僵，感到非常惋惜。在學問上的見解不同，是很平常的事，為甚麼一定要影響到私人的友誼與關係呢？作為一個後輩，我甚麼也不能做，只有感到難過而已。

·97·

的閱讀報告時,他提出很多專業的意見,使我獲益良多。他長於哲學解析,對赫爾、摩爾(G. E. Moore)他們那種以語言分析來講倫理學的路數,瞭如指掌,雖然他自己並不歸宗於這種倫理學。

兩年後,我的留校期已滿,便向研究院申請休學,到加拿大的麥克馬斯德(McMaster)大學研究,並攻讀宗教學的博士學位。三年後,即1986年,我取得博士候選(PhD Candidacy)資格。由於腰病關係,我回香港一轉。中文大學研究院方面忽然說我有兩重註冊(double registration)之嫌,一邊在中文大學註冊,一邊又在麥克馬斯德大學註冊。但我是依手續向研究院方面請假往加拿大研究的,應該沒有問題。實際上,同時讀兩個學位的事例也不少。為甚麼一定要針對我呢?後來不知是誰,打了一個小報告到麥克馬斯德大學方面去,提及此事,那邊也緊張起來,來函請我解釋。中大研究院譚尚渭院長更提議我退學(withdraw)。我為腰病所困擾,已經非常辛苦,又發生這樣的事,心想中大博士班的學制實在鬆散,在佛學方面又沒有人能真的作我的指導教授,拿了學位也沒有多大意思,於是把心一橫,便真的退學,專心寫麥克馬斯特方面的論文。❻自此以後,我便和勞先生沒有聯繫,離開了他的教導與影響,只是最近在臺北中央研究院開會時見到他。他是我在哲學上的啓蒙老師,每想起這點,我便心懷感激。

下面我想談一下勞先生的學問與著作。勞先生的學問或思想,據他自己在近期的文字中所說,可分早期、中期和晚期;不過,就

---

❻ 關於中大的學位的事,沈宣仁先生便曾對我說:「你在中大念博士,是中大的光榮,不是你的光榮呀!」他在中大任教,自己也不重視它發的學位。

著作來說,早期的最多,中期的是《中國哲學史》三卷,晚期則比較少,只有三兩本,如《思辯錄》、《中國文化路向問題的新檢討》等,是論文集式。他自己常說晚期的想法與前此的很是不同,想寫一兩本書來說明,特別是有關對語言問題的新的構想,和對哲學的新的、整體的看法,但一直未見有專門著作出現。他的早期著作非常豐富,除了上面提到的幾本外,有多本《少作集》,及最近中文大學出版社重印的一大批,包括《哲學淺說》、《存在主義哲學》、《思想方法五講》、《大學中庸譯註》,等等。這些著作內容是多方面的,涉及哲學上的各種問題,但好像都反映一個共同的特色:以理性的思考作問題的分析。它們除了提供哲學和哲學史的知識外,更能提高讀者的思考能力。勞先生本來是長於理性思考與邏輯分析的,在這些書中,頗能發揮他的所長。特別值得一提的是他的《哲學問題源流論》,那是以哲學史的方式探討西方哲學的問題的。他以嚴謹而清晰的方法,把西方哲學的主要問題一一解析,討論得非常精采,文字與說理都流暢,有很高的可讀性。到目前為止,我們也很難找到其他中文的同類著作,有它那樣高質素的。可惜的是,這本書和謝幼偉的《西洋哲學史》一樣,都只寫西方早期特別是希臘方面的哲學,勞先生好像沒有接續寫下去。

這些早期著作,我幾乎全都看過。除了《康德知識論要義》外,都不強調學術性,而是思想性的,故我們不應以學術標準去評估它們。它們的價值在開導讀者,讓他們對哲學有基本的知識與濃厚的興趣,也受到思想方法、分析問題方面的訓練。

至於三卷的《中國哲學史》,可以說是勞先生的代表作。這部鉅著的成就,特別是在質素方面,遠遠超過其他同類的作品,包括

早期的胡適的《中國哲學史大綱》上卷和馮友蘭的《中國哲學史》，及後出的韋政通的大部頭的《中國思想史》。勞先生的哲學史的優勝之處是它是基於明確的方法論與理論立場來寫的，這即是基源問題研究法和主體性的理論立場。所謂基源問題研究法，如上卷序中所表示，是對於相關的概念與問題作理論還原，最後聚焦於一兩個根本問題上。哲學家的理論或學說的展開，通常是由一兩個根本問題出發的。以根本問題為主脈來研究哲學史，不單眉目清楚，而且能在深度與廣度上與每一哲學學說相應。主體性的理論立場，則是以主體性的確立作為哲學上的最高成就，基於這種立場，可以為不同哲學學說建立一評價階梯，把它們安置在適當的階梯位置上。

　　不過，這種理論立場也有其限制及不足之處。哲學的理論立場是多面的，主體性無疑是其中挺重要的一面，特別是在實踐的脈絡，若不談主體性或心，或自我，則一切實踐都不能說，這樣，實踐哲學便建立不起來。有甚麼哲學理想，不管是道德的、宗教的、美學的，甚至是知識的，不需要通過心靈主體來實現呢？不過，哲學除要講主體性外，也要講客體性，以至天道、天命方面的形而上理境，心靈主體亦要能通於那客觀以至形而上的天道，才真能充實其無限的內涵，而成無限心。中國哲學很強調主體性，特別是道德主體或道德理性，但其他很多方面的講法，如形上學、宇宙論、宗教上的覺悟與救贖，以至才性意義的生命境界，這些都不易為主體性所概括。於是，以主體性的理論立場來講中國哲學，其精采的地方便被限制。例如儒家方面只能講孔子、孟子、陸九淵與王陽明；道家方面只能講莊子；佛教方面只能講竺道生、《大乘起信論》與慧能。對於其他的講法，都不能給予很高的評價。至於像阮籍那種純粹是

六、勞、唐、牟三先生的啟發與教導

才性意義與生命領域的主體形態，完全無關乎理性的主體性，不管是道德理性（實踐理性）抑知識理性（純粹理性）的主體性，則都不能講了。但哲學是不是完全不應處理這方面的問題呢？恐怕也不是。

自我是主體性的通俗說法。對於主體性問題的處理，很多時看如何看自我便可以了。關於自我，勞先生提四個設準：德性我、認知我、情意我和形軀我。除了情意我外，其他三個我的意思都很清楚。以德性我說儒家，以認知我說荀子的知識論思想，以形軀我說楊朱，都是沒有問題的。關於情意我，勞先生把它和藝術境趣、生命境趣相連，並用這種自我來說道家，特別是莊子。這裏似乎有點問題。莊子的主體，自然有情意的意味，能夠成就一種藝術境趣。但莊子好像不是那麼簡單，他提出的靈臺心或靈臺明覺，那是朝徹而見獨的，是觀照和通於那個作為天地精神的道的，這便有形而上的宗教體會的意義，不是「情意」一詞所能涵。至於他提的和的境界：天和與人和，則是靈臺明覺從逍遙境界下落到自然與人間，成就終極圓滿的諧和，由此便有天樂與人樂。這便有道德特別是宗教的意味，這是莊子的終極關心所在，是遠超於情意的意義範圍的。

平心而論，勞先生的《中國哲學史》雖然在成就上遠高於同性質的其他著書，但他畢竟不是治中國哲學史或搞中國哲學的最佳人選。應該說，若他搞解析性的學問，特別是解析理論的建立，會更能發揮他的長處。他是絕頂聰明的人，思路清晰明快，能層層拆解問題，最後顯出關鍵所在。他能把羅素（B. A. W. Russell）與懷德海（A. N. Whitehead）的《數學原理》（*Principia Mathematica*）讀得爛熟，你看他講邏輯，講到羅、懷二人的真值涵蘊（material implication）系統，只要把那本鉅著翻幾下，便挑出那些程式來了。

他具有強勁的分析能力,在這方面,沒有幾人能及得上。以這種條件來專心搞分析哲學,很快便可以超過英美的那些大師了。不過,他未有這樣做。可能由於對中國文化發展與政治前途的關心,他還是以研究中國哲學為專業,並寫了很多政治評論的文字。不過,要把中國哲學弄得最好,單靠聰明與分析能力還是不夠的,這需要與中國心靈的作用形態相應,和足夠的功力才成。關於前者,上面提到的主體性問題有點關連,有些寫勞先生的《中國哲學史》的書評和討論他的基源問題研究法的朋友也提到。中國心靈有分析的作用,但很多時卻是要透過辯證的、弔詭的方式或程序以達終極境界的,這樣,分析或分解便用不上。分析可作超越的分解(transcendental analysis),以顯露清淨的主體性,這以禪宗的話語來說,是如來禪的路數,由達摩以至弘忍都是如此。但另一方式,在佛學中時常出現的,是超越主體與經驗主題混在一起的,如天臺宗的「一念無明法性心」,便不能以分析、分解的方式來處理,這種主體性是圓融的、綜合的,有背反性格。在這種情況,分析方式的限制便顯出來了。關於後者,勞先生有點矜持,自信心很強,有時不免文獻方面未有充分的掌握,便下判斷,這樣功力不足,判斷往往會出問題。如勞先生以主體自由來解天臺宗智顗大師的「一念三千」中的「一念」,謂主體自由可上下升降,以至有三千種可能境域。這便有問題。在智顗的著作中,說到一念,通常是就妄念說的,這即是平常一念妄心。知禮後來解這一念,便清楚說明這是虛妄之念。

不管如何,大體而言,勞先生的《中國哲學史》對哲學問題分析清晰,說理有條不紊,是初步理解中國哲學思想發展的極好的著作。讀者理解中國哲學,若能先讀這書,掌握了中國哲學的基本概

念與問題,再看唐君毅、牟宗三二先生的較深刻的闡論,進而看熊十力先生的最富原創性(originality)的發揮,便是最好的了。

3.我與唐君毅先生

我在見到唐君毅先生之先,早已聽過他的名字和看過他的書了。勞思光先生在講課時時常提到唐先生,有時也拿他的《中國哲學原論・原性篇》來參考。他並表示中國哲學中的重要問題,唐先生都有注意到,而且加以論述,這表示他承認唐先生的學問涵蓋中國哲學很大的範圍。

唐先生的書,我在大三、大四時看得很多,主要有《人文精神之重建》上下、《道德自我之建立》、《文化意識與道德理性》、《中國人文精神之發展》、《中國文化的精神價值》、《人生之體驗》和《人生之體驗續篇》。其中以《人生之體驗續篇》看得最多,可以說是一看再看。由於所談的內容非常親切感人,故印象非常深刻,在很多地方都有同感,好像是替自己說出來那樣。有時晚上思慮太多,不能成眠,便起來拿這本書來看,看到他講人生傷痛的地方,往往忍不住,便流起淚來。其中有一篇講人生的艱難與哀樂相生,真是道盡人生的辛苦艱難,但又表示人生有溫暖的一面,這便是人性中的哀樂相生之情,因此我們仍可對人生充滿盼望,生起美好的未來將會來臨的信心。這種哀樂相生的現象的基礎是人性中的同情共感的悲情,唐先生在他的最後著作《生命存在與心靈境界》判釋佛教的我法二空境中,便曾深刻地闡述佛陀的這種同情共感的

悲願。

　　關於唐先生對這種同情共感的悲情的說法,我們在這裏不想再重複了。在這裏,我想引述德哲史懷哲(A. Schweitzer)在他的自傳《我的生活和思想》(*Out of My Life and Thought*)中的一段話來印證一下:

> 當我自己過著幸福生活的時候,卻看到周圍許多人正在與苦難和煩惱搏鬥,這對我是無法想像的事。早在小學時代,每次看到同學們悲慘的家庭環境,並將此與根斯巴赫教區牧師孩子們過的理想家庭生活做一比較,我心裏便會有一番激盪。而上大學的時候,自己雖享受著能讀書研究並在科學和藝術上有些貢獻的幸福,但對於因物質條件或健康狀態而無法享受這種幸福的人卻一直繫念著。❼

史懷哲在幸福中,卻並沒有漠視生活在苦難中的人,這是由於他不安於獨享幸福。他要融入苦難的人群中,和他們共同分擔苦難,這便是同情共感。這種情懷的形而上學基礎,是大家在心靈上的共通性以至一體性。只有基於這一體性,才能說「同」,說「共」。關於這種情懷,晉代文學家陶淵明的故事也可以幫助了解。他僱了一個年輕人照顧兒子,對兒子說:「此亦人子也,可善遇之。」這是說,兒子是他的兒子,他愛他,因此請人照顧他。但那個照顧他的人,也有父母,也是別人的兒子,他的父母也是愛護他的,因此不應虐待他。這樣,陶淵明便有同情共感,知道他人也愛自己的兒子,

---

❼ 史懷哲著《我的生活和思想》,梁祥美譯,臺北:志文出版社,1998,p.104.

· 六、勞、唐、牟三先生的啓發與教導 ·

如同自己愛自己的兒子一樣。

　　我在唸大四時,已經立志畢業後,入研究院追隨唐先生與牟先生了。他們同時在中大研究院與新亞研究所開課。一般人都認為研究院比新亞研究所好,因為後者並未為香港政府認可。當時我的想法是,若考不到研究院,便入新亞研究所算了。我的目標是要向唐、牟兩位學習,不管政府承不承認的問題。因此大四那年下學期,我便和另外一位同學到新亞書院見唐先生,說明來意,那時是我第一次跟他見面。他給我的印象是,人很隨和,但不大喜歡說笑,說話很嚴肅,不停抽煙,在辦公室轉來轉去,好像很忙的樣子。他沒有給我甚麼承諾,只說盡力而為。大概是由於研究院收生的名額有限,能不能考入,難以保證。後來考過入學試,進行口試,那時唐先生到美國開會,只有牟先生和謝幼偉先生主持。對於謝先生,我是預先有些印象的,我看過他的《西洋哲學史》,但只得上面一截,好像到中古為止,下面的便沒有寫下去。不過,我很欣賞那本書;它說理清晰易懂,所論都是重要的問題,比同性質的書有較高的可讀性。當時謝先生循例問了幾句,然後到牟先生。他說話很少,只問我跟勞先生學了些甚麼,又說我的英文不很好,崇基方面同來考的黃婉兒的英語水平很高,云云。結果我被取錄。

　　在研究院第一年要上的課比較多,我選了牟先生開的宋明儒學、知識論,黃振華先生開的康德哲學和唐先生開的魏晉隋唐佛學。另外又旁聽徐復觀先生的課。牟先生的課,非常精采。黃先生由臺灣大學過來當一年客席,他講康德哲學,由第一批判講到第三批判,最後又講一些有關康德的和平思想,講來中規中矩,文獻學的氣味很濃厚。唐先生講魏晉隋唐佛學,範圍很廣,資料很多,他講得有

· 105 ·

些凌亂，間中發一些很精要的觀點，令人振發起來。那時我也看他的《中國哲學原論》的導論篇和原性篇。大體說來，他的書比他的講課要精采很多，後者常令人有東拉西扯，不能聚焦的感覺。大概他的精力主要都用在著作方面去，然後是搞行政、開會，最後才講課。故他的講課有時缺乏系統性，討論問題首尾也不能一貫。他實在太忙，衣著也不整齊，襯衫的鈕扣也時常沒有扣上。有時他的助理趙潛見到，便過來幫他的忙。很多時他沒有時間觀念，講過了時也不自覺，我們不好意思提他，最後還是趙潛過來提醒他，說時間早已過了，他應該下課休息了。

唐先生在講課中時常流露出一種苦痛的神情，他不夠從容，有急促的感覺。在他身上，我感受到一顆偉大的哲學心靈在不斷掙扎的形象。後來我聽牟先生說，他常被研究院方和哲學系方的行政所困，時常要與中大高層行政方面的人（牟先生稱他們為「假洋鬼子」，表示他們喜歡拿外國的東西來嚇人）周旋，他顯得有點孤立，而覺得辛苦。我想他在講課時表露的不安、不自在的神情，與此可能大有關係。他不是搞行政的那種人才，但由於他有濃烈的文化意識，要推動中國文化運動，要在立言之外立功，對中國的文化路向，起一種指引作用。這是我國知識份子一向具有的擔當精神，唐先生繼承和肩負這種精神，使它產生實質上的影響，絕對是無可厚非的。要有實質上的影響，便要涉足行政。

第二年我除了修唐先生開的形而上學一課外，便是專心寫碩士論文。這是批評唯識宗的轉識成智的成佛理論的，題為「唯識宗轉識成智理論問題之研究」，這也是經唐先生所改定的。他和牟先生算是我寫這篇論文的指導教授。為了寫這篇東西，我看了很多書，

把整個路數弄通,然後擬一大綱,便著手去寫。我很有信心,只就一些重要的觀念與問題請教過牟先生,一個多月後,便順利寫成。他們只把整篇東西改動了幾個字,便通過了。口試時,程兆熊先生向我提出一個很無聊的問題,問我參考熊十力先生的《新唯識論》是文言文本呢,抑是語體文本呢?跟著唐先生發表他的意見,他似乎認為我對唯識宗的批評,大方向是正確的,但語態上過於苛刻。他表示我若參看一下窺基的五重唯識觀的看法,可能會換一個角度來批評唯識宗。牟先生說我把主要意思放在正文來講,把次要的和資料都收在附註中交代,是很好的做法。此外便不發一言,那是他一貫作風。他覺得沒有其他話要說,便真的不說,不像程兆熊那樣總要敷衍幾句。事後牟先生對我說,唐先生的意見,沒有多大意思,要我不必放在心上。又在另外一個場合,李天命對我說,牟先生說你的論文很logical, philosophical哩。我知道牟先生的意思是,我寫得很好。

第一年我讀得很有興趣,也很用功,結果成績不錯。唐先生推薦我拿哈佛燕京學社獎學金。畢業後,我申請到崇基學院哲學系當助教,系方對我的申請,沒有積極的回應。系主任沈宣仁先生為了要查明我在研究院的底細,特別要陳特到新亞去問,發現唐先生對我的評價很好,於是便聘請我了。早一屆新亞方面的姓鍾的同學也有申請,結果唐先生推薦我,沒有推薦他。事後他跟我說,姓鍾的同學學識比我豐富,而我討論問題,則能深入。他認為深入比豐富好。這便決定了我在崇基學院哲學系當兩年半助教的命運。在那段時期,唐先生出版了幾部鉅著,那便是《中國哲學原論》原道篇三卷和原教篇一卷。他託陳特送一套給我,事後勸我好好學習,好像

要我繼承他,走新儒學的路。雖然我最後選擇了佛學,但儒學和新儒學自始至終都是我最關心的學問之一,我雖未有如他的所願去做,相信他不會怪我。

兩年半後我到日本留學,以佛學為自己生死相許的學問。臨行前向唐先生告辭。他給了我一些意見。一方面,他說日本大學的學制比較寬,不是那麼重視考試,學生做研究有較大的自由度。他的意思是,我可以隨自己的興趣廣泛地吸收彼方在學問方面的長處。另方面,由於我說基本上要在梵文文獻學方面做扎根的功夫,俾能閱讀梵文佛教典籍。他提出除梵文外,亦應留意西藏文。因為印度方面的佛教經論,很多梵文本已失佚,但有西藏文的翻譯,藏於《西藏大藏經》中。我本來已有這個意思,經他一說,我便以學習梵、藏語文與文獻學作為留學日本的主要功課。另外,他又提到西田學派,說這個學派由西田幾多郎所開創,融會東西哲學和宗教學的精粹,而自成一家。由於主要成員都在京都活動,故又稱一般人所熟悉的「京都學派」。他並謂可介紹他所相熟的學派成員阿部正雄先生與西谷啟治先生給我認識,並即時寫了一封致阿部的信給我帶著。此外,他又提到彼方研究中國學問的學者平岡武夫、日比野丈夫、水原渭江。這些學者,我到日本後都認識了。特別重要的是,通過唐先生的介紹,我對西谷啟治先生進行過幾次思想性的訪談,又聽過他講《壇經》的課;我更和阿部正雄先生建立起深厚的師友之間的關係,二十多年來一直有聯繫,至今仍然常有書信往還。我更因此而對京都學派哲學產生濃厚的興趣與根本的理解,寫了幾本這方面的專書,成為中、港、臺方面介紹、闡釋和評論京都學派哲學的先驅人物。而這套哲學對爾後我構思自己的純粹力動現象學體

・六、勞、唐、牟三先生的啓發與教導・

系,起著一定的啓發和刺激作用。

　　1976年8月,我在日本的留學生涯快將完結,在回香港的前夕,我寫了一函給唐先生,希望能在新亞研究所當一年副研究員,並希望能有一千元的月薪,作為研究費,俾我能安心與專心編寫一部梵文文法書。我的意思是,我在日本主要是學梵文的,一直都非常用功,一分一秒都不肯放過,因此略有小成。由於梵文是大乘佛學的基本語文,若不弄通這種語文,是不能就文獻學方面通於印度佛學的,因此需要有一部梵文文法書,供人作為學習梵文的門徑。而當時在漢語界又未有一本這種性質的書,故這種書的編纂,是有需要的,也能將自己的所學,貢獻出來。當時我覺得提出這個要求,是很合理的,一定能得到唐先生的支持。實際上,唐先生便曾力勸我學好梵、藏文,因這正是日本學者的長處所在。唐先生很快便回信了,關於研究費的事,卻說「愛莫能助」。當時霍韜晦正訪問日本,新亞研究所圖書館給了他五千元,讓他代購置日文的佛學參考書。我心想,研究所能拿五千元購置日文參考書,卻不能拿一萬二千元給我當一年的研究費,編寫一部有用的書,是甚麼道理呢?那些日文書買回來,給誰看呢?還不是給霍韜晦一個人看麼?其他的人都不懂日文。我因此想到唐先生做事是取兩重標準,對新亞研究所出來的人是一種態度,對其他的人是另一種態度。他對新亞研究所顯然情有獨鍾,曾多次舉薦它的畢業生拿雅禮協會或其他機構的錢到日本、美國留學或做研究,又積極幫助他們入中大哲學系任教。實際上,以新亞研究所畢業的學歷,當時是難進中大的。❽其後霍韜

---

❽ 但這些先生們,在唐先生後期與中大行政高層人士就改制問題力搏時,都躲

晦也對我說，他承認唐先生照顧學生，確有不周遍的地方。關於這件事，一些朋友（他們也是唐先生的學生）如陳榮灼、廖鍾慶等也覺得有問題，曾先後向唐先生說項，謂吳汝鈞是一個人才，應該支持他，不可讓他在外邊飄蕩。他們真夠義氣。聽說唐先生很不高興，把他們罵了一頓。這件事牟先生也知道了，他對我說新亞研究所是臺灣教育部資助的，唐先生恐怕有一天教育部不支持了，因此要節儉，讓研究所可以維持得久一些。但我仍然感覺困惑，霍韜晦到日本訂購書籍，不是也要用錢嗎？況且這些書的用途也不廣。不過，這件事很快就過去了，翌年6月，我便申請得DAAD獎學金到德國了。

在赴德的前夕，那是1977年6月，我向唐先生辭行。他那時已病得很重，是肺癌，已割去一部份肺葉。唐師母本來不讓他見客，但他最後還是見我。我在他的臃腫的形象中，見到一個哲學與文化運動的巨人好像快要崩頹了，心中有點震驚，也很難過。我談了一會，大概半個小時，說一聲珍重，便告辭了。那是我最後一次見到他。我到德國後不久，發生了意外，由於極度疲勞而病倒，而且自覺非常嚴重，有《維摩經》所說「病幾至於死」的感覺。❾我寫了一封信給唐先生，表示情緒低落，對為學失去了意願，無復在日本時的那種鬥志。又說讀這樣的東西：哲學，前途沒有保障。唐先生反應得很快，他馬上回函，要我不要氣餒，我還有一條很長遠的路

藏起來，不敢挺身而出，為受業老師打打氣。關於這點，我的朋友楊祖漢後來在追悼唐先生的一篇文字中也向這些先生們提出質疑，表示不滿。

❾ 關於這次發病、治療與痊癒，我會在下面〈哲學王國之旅與第二次瀕死經驗〉一章詳細交代。

要走,應趕快回復在日本時那種為學的積極意欲。至於前程問題,以後再想。到了那年聖誕,我寄了一幀賀卡給他,並祝願他能康復,繼續從事有益於中國文化的事。他也回寄一卡,以「努力崇明德,隨時愛景光」一語勸勉。這是我最後收到的唐先生的文字了。翌年2月初,他便逝去。❿

唐先生的逝去,對我來說,是一個難忘的經驗。他死後十五年間,我總覺得他一直沒有死,音容還在左右。我並不是不接受他的死,而是率直地感覺到他實在沒有死。這種感覺,直至他死後二十多年後的今日,還依稀地掛繞在心頭。可見他感人之深。在各位師友中,我對他感念最深,亦只曾對他寫過悼念的文字。我不大喜歡寫悼念師友的文字,我覺得這是很私人的事。但對於唐先生,這是一個例外。他死後,我一直感念他,如同感念自己逝去的母親一樣。他的為人,其中一點令我心懷感激而不能忘記的事是,他對後輩提出的問題,總是那樣親切地、關心地回應的,完全沒有大師的那種傲慢與矜持,也從不擺架子。記得我在日本留學時,在京都的大谷大學的《東方佛教徒》(The Eastern Buddhist)刊物的辦公室碰見任教日本佛學的坂東性純先生,他把我請進他的辦公室中,提出淨土宗的一句話語「指方有在」,問我應作何解釋。我一時也沒有主意,表示要問一下我的老師,我是指唐先生。當晚我便寫了一函給唐先生,提出這個問題,他很快便有回應,詳細地提出他的看法,

---

❿ 唐先生的逝去,那時我還在德國。我是閱讀朋友由香港寄來的報紙才知道的。當時《明報》曾用了整篇社評來敍述唐先生。它說唐先生實具備了中國文化最優秀的部份,我想那是指他的寬厚的懷抱與對中國文化的熱愛與關心吧。

說其意是我們指到哪個方位,都有阿彌陀佛的淨土在。即是,淨土並不局限於西方極樂世界,而是無處不在的,只要有嚮往淨土之心,淨土便在目前。

最後,我想簡單地談一談唐先生的著作,特別是他較後出版的《中國哲學原論》原道篇三卷與原教篇一卷。關於唐先生的著作,很多人都討論過了。勞先生和牟先生似乎比較欣賞他前期的著作,即表示他自己的哲學思想方面的,如《道德自我之建立》和《文化意識與道德理性》之類。對於他的有關中國哲學研究的著作,如《原論》,好像不那麼重視。牟先生更曾對我說,他最後四部《原論》,都是重複以前寫的書的意思,沒有甚麼新意。我不同意這種看法,牟先生自己恐怕也沒有細讀唐先生的這些《原論》,他大概以為他自己的著作立意明確,在表達上有清晰性與系統性。唐先生則往往對一個觀念或問題重重複複地說個不停。我以為這樣只表示唐先生不善於表達自己的學問與思想,但不表示他的著作中沒有學問與思想的內涵。相反地,我覺得唐先生的這些著作有非常豐厚的學問與思想內涵,他的表達方式是層層轉進,說到上一層次,常常要指涉回下一層次,這是他重複來說的主要原因。他在表達上不夠善巧,也確是事實。但它的內涵,是不可置疑的,我們若能耐心地、虛心地看,看第一遍不懂,便再看第二遍,那些精采的義理便出來了。而且他的說法比較凝重保守,他是以一種同情的態度來論中國哲學的,他較喜歡從深刻處發掘思想家、哲學家在義理上有份量、有價值的見解,所以在批評方面便比較少。他不像牟先生那樣醒目,喜歡以明確的概念話語,為哲學家定位,如定朱子是「別子為宗」之類。我想他與牟先生表示出兩種不同的為學取向與表達方式,牟先

生的論點，比較容易得人好感；唐先生的論點，因為常出之以艱澀的原故，往往令人望而卻步。

可以這樣說，唐先生的《原論》是一個義理的大海，汪洋無涯，不易湊泊。但處處藏著精深獨到的義理內涵，我們實不應忽視。譬如說，他論佛學，特別是有關智顗大師的判教方面和法藏大師的法界觀方面，很明顯是採取層層轉進的具有辯證意味的方式來進行，你必須仔細地把全文讀完讀通，才能領會其中的深刻的義理與精密的思考。他論道家老子的道，以六義貫釋與四層升進來詮釋這道的觀念，在很多義理上都發前人所未發，你很難想像老子的道是可以這樣理解，而且理解得那樣多面與通透。總的來說，《原論》是中國哲學的一個大寶山，但你必須耐心地慢慢發掘，才能領略到其中的精義。

4.我與牟宗三先生

和唐先生的情況一樣，我在見到牟宗三先生之先，早已聽過他的名字和看過他的書了。勞思光先生在講課時也常提到牟先生，提到他完成不久的《心體與性體》，也提到他在其《歷史哲學》中讚揚劉邦的崛起象徵著天才時期的來臨，又說他在《才性與玄理》一書中暢論阮籍與嵇康的生命情調，非常有趣，云云。後來我拿後二書看了，覺得牟先生寫書還是挺認真的；他在《才性與玄理》中寫阮籍，確能寫出阮籍那種浪漫文人的四無掛搭的生命形態與矛盾的心境。特別是前一點，他好像是來自荒野，來自宇宙的原始洪荒。

牟先生特別提到阮籍不守禮法，但有真性情，他對於有才色的兵家之女的未嫁而死，寄與無限同情，與她雖然不相識，竟去參加她的喪禮，而且盡哀而還。牟先生強調，阮籍所惋惜的，其實是那個少女所象徵的天地靈秀之氣的淒然消逝。這段文字，讀來非常感人，讓人生起無盡的哀傷之情。牟先生當然有嚴整的道德意識，這段文字亦足以顯出他對生命領域的體會與同情。

我的朋友鄺芷人先我一年畢業，他上研究院聽牟先生的課，我問他觀感如何，他說，你不聽他的課則已，你一聽，便會要聽第二次，第三次，一直聽下去，因為他講得實在精采，非常有吸引力。後來我考入研究院聽他的課，聽了他的宋明儒學與知識論兩門課，覺得他的講課與他的著作同樣精采，講問題清晰有力，而且有深度、有睿見，條理嚴整，系統性強。他是我的所有老師中講課最有魅力，最能提起學生精神的人。

宋明儒學是牟先生的強項，他很強調宋明儒者對先秦孔孟易庸在生命上的相應，才能承接上儒家的那個老傳統。他講到程朱、陸王外的第三系，由周濂溪、張橫渠、程明道經胡五峰到劉蕺山，講得特別起勁，說他們是一本的體系，合主體性、客體性與天道而為一，是最完整的儒學體系。這第三系是他自己的發現，是他首次提出的。對於這一系的確立，他是信心十足的。至於知識論，他主要講康德的那一套。那時他順著康德的第一批判來講，講時空的感性形式，跟著講知性的概念或範疇，他很重視康德對範疇的客觀有效性的建立，表示這些範疇除了有知識論的意義外，還有存有論的意義。跟著他講構想力，最後引出圖式（schema）的說法。他也論到辯證的部份，講二律背反（antinomy）。這些都是康德知識論的主

要內涵,一般都這樣講。不過,牟先生那時正致力於康德三大批判的翻譯,因此很熟悉這三部鉅著的文獻問題。他不單在說理方面講得好,重重分析,系統整然,這可以讓學生不單領會康德的知識哲學,也有效地提高自己的思考水平。在文獻方面,他也講得認真,一點也不放過。在他的譯稿中,常常附有他自己的按語。這些按語非常有用,那是就難懂的地方提出自己的詮釋。我讀得很有興趣,求知動機非常旺盛。我索性借他的譯稿回家看,把他的按語也抄下來。後來我又借他的〈五十自述〉手稿回家看,有一個同學竟然花了很多天的工夫,把手稿抄寫一遍。在那個時候,還沒有影印機,多是用手抄。牟先生能把他的康德著作的翻譯和自傳的手稿借給我回家看,那是有些冒險的,萬一丟失了,如何辦呢?但牟先生對我好像很信任,並沒有想到丟失的問題。對於他的信任,我非常感激。

當時我順著牟先生的講課,拿康德的第一批判《純粹理性批判》來細讀。我讀得非常用心,一字一句也要反覆推敲。這樣讀進度很慢,一天只能讀五頁左右。結果我花了將近大半年,才把全書讀畢。期間由於用思過度,常患頭痛,晚上也難以好好安睡。這是我在苦痛中為學的開始。當時的情況不算嚴重,看書便痛,不看便不痛了。那時我是讀史密斯(N. K. Smith)的英譯本,後來我的德文學得好了些,便又拿德文本來對照著讀,讀完第一批判後,又讀第二批判《實踐理性批判》(*Kritik der praktischen Vernunft*)和康德的《道德形上學的基本原理》(*Grundlegung zur Metaphysik der Sitten*),要從康德論知識轉到論道德方面去。讀這兩本書,我還是拿牟先生的翻譯手稿本和他的按語來一齊參考。讀完這些書,我便著手在碩士的畢業論文上用功夫。關於這篇論文,在名義上唐先生和牟先生

是我的指導教授。不過，我很少和他們談論寫論文的事，我只是遍看熊十力先生在佛學特別是在唯識學上的著書，然後把論文題目定在討論唯識宗轉識成智的問題上，把有關的唯識學的經典、論典特別是護法的《成唯識論》都看了，擬定一個大綱，便落筆寫了。我對這篇論文很有信心，結果很順利便通過。

聽牟先生講課實在是一種很大的樂趣。有時講課完畢，便向他提出問題，甚至跟著他回家。他的家在新亞書院附近，走一兩分鐘便到了。有時在他家裏吃飯，有時他帶我們到他家樓下附近的大排檔吃點心，相當輕鬆愉快。他的講課，和唐先生的神情有點相似，內心常涵著一種悲痛之情。他對中國文化與哲學常流露出一種憂患感，並對近現代的知識份子的淺薄與浮誇感到痛心。他常常罵胡適之、林語堂之流；常常提起熊十力先生，說他是具有眞學問、眞性情的人。他罵人罵得最多的是共產黨和毛澤東，說他們「塞其源，禁其性」，封殺一切，於是中華民族的心靈便乾涸了，枯萎了，變得沒有生命、沒有智慧。他也說到中國心靈、中國智慧到了明末的劉蕺山便停下來了，不能再向前發展。熊先生是直承這一心靈智慧的統緒的。這是他了不起的地方。他對唐先生也極為理解，對他的早期思想與著書也很欣賞，說他在思想上、觀念上是早熟的人，三十來歲時，其思想方向與哲學立場已定下來了。他寫給唐先生的輓聯是：

一生志願純在儒宗，典雅弘通，波瀾壯闊，繼往開來，知慧容光昭寰宇；
全幅精神注於新亞，仁至義盡，心力瘁傷，通體達用，性

・六、勞、唐、牟三先生的啓發與教導・

情事業留人間。

他稱讚唐先生是文化意識宇宙的巨人。這兩個偉大的哲學心靈的相遇,展示兩度璀璨的星光在夜空中相互閃爍,相互交流與相互欣賞。

在唐、牟門下,有些人說唐先生是仁者,牟先生是智者。這在表面看來,有點道理。不過,實質上,唐先生未必能做到完全仁而無憾,牟先生也不見得只是理智形態,不近人情那種。在他的能力範圍內,他也是樂於助人的。有一次,香港大學中文系有一個教職空缺,是宋明儒學與佛學方面的。那是在1979年。我覺得這個職位很適合自己,自己也很有信心。我的宋明儒學主要是從牟先生那裏學來的,佛學則是在日本和德國打好文獻學基礎的,碩士論文又是有關佛學的。因此我填了申請表,請牟先生作我的推薦人。牟先生很認真寫推薦信,大概他也覺得我有機會申請得那個職位。結果是落空了。港大方面為了尊重牟先生,特別請當時中文系的講師方穎嫻向牟先生解釋,說他們考慮的首要條件是要有博士學位,結果他們請了一個在加州大學洛杉磯分校唸東方語文系博士的前港大畢業生。我因為當時還沒有博士學位,雖有留日、留德的學歷,也不濟事。這是事後牟先生告訴我的。這件事讓我感到有些憤慨。我在1971年碩士畢業,若要快速地取個博士學位,其實不難,只要花幾年時間,到美國一些大學的亞洲研究(Asian Studies)系或東方語文學(Oriental Languages)系唸一個撈什子博士學位便成,那時便有足夠學歷回香港的大學找一份教職了。但我沒有這樣做,我想,唸佛學若這樣唸法,有甚麼出息呢?佛學是哲學,或宗教,應到哲學系或宗教系去唸,接受它們在方法學上的訓練。而且也要通梵文、藏

・117・

文、日文等才算好。因此我便到日本與德國。這樣走迂迴曲折的路，當然辛苦得多。但我覺得這樣做才是正途，才真會有成就。但這在現實上便很吃虧，沒有博士學位，又沒有像新亞研究所那些朋友得到唐先生的庇蔭，要找出路是很難的。這種想法，或許已播下了我日後到加拿大唸博士的種子。

　　再回到牟先生的生活方面。牟先生在生活上的最大特色，最為人留意與稱道的地方，是不敷衍，不應酬，不從俗。在這方面，我是頗受他的影響的。聽說有一次香港僧伽聯合會捐了一些錢予中大哲學系，作為獎學金，頒給佛學成績優異的學生。那時牟先生是哲學系系主任，照例要設宴款待該會會長洗塵法師。席間，牟先生竟然不客氣，喝起啤酒來。這通常是被視為對出家人不敬的，但牟先生並不理會，不特別給出家人面子。此事應如何評價，真是見仁見智。牟先生不敷衍，不應酬，不從俗的生活態度，確是非常明顯。又有一次，加拿大的麥克馬斯德大學宗教系的冉雲華教授過港，託我安排他與此地三個名學者見個面：徐復觀、牟宗三和饒宗頤。那時徐先生去了美國，我便想著怎樣把牟先生與饒先生都邀來，一同吃晚飯，讓冉先生跟他們見面聊天。我把這個意思告訴牟先生，徵求他的意見。不料牟先生說：「跟饒宗頤見面有甚麼好談呢？不見。」他竟是不應酬如此。後來我終於安排冉先生到新亞研究所見牟先生，兩人談得非常暢快。

　　牟先生是在1995年4月因心臟衰竭而在臺北逝世的。5月舉行喪禮，我特地趕到臺北參加。那天一早便到了殯儀館。客人一批一批來了。然後依序向牟先生的遺像鞠躬致哀。我在靈堂中坐著，心裏有莫大的感觸。牟先生的學問那樣深厚，智慧那樣高廣，一生培養

六、勞、唐、牟三先生的啟發與教導

了無數的人才,也包括我自己在內吧,對於爾後新儒學以至整個中國哲學的發展,肯定會有極其深遠的影響。但他留下來的家人卻總是那麼呆滯,幾乎完全不思文墨。牟師母坐在一邊只管哭,牟先生在大陸的兩個兒子也來了,他們是農民,說不上文化水平。三子元一由始至終都未發一言,也不與人打招呼,只是循例鞠躬回禮。聽說他的腦袋有癡呆的傾向。大師的身後竟是如此,真令人傷感,不勝唏噓。

像唐先生的逝去那樣,牟先生的仙遊,對我來說,有異常的感覺。我由於腰傷的關係,背部下方總是不停地有疼痛。但那天參加牟先生的喪禮,早上八時便出門了。喪禮完畢,我又隨大隊坐車到新店市那邊看建築師李祖源為牟先生設計和興建的墓地,他們把牟先生的棺木下葬,入土為安。完事後又乘車回臺北,在師範大學內的飯堂喝解穢酒。然後我回酒店。在這足足半天的時間,我都完全沒有腰痛的感覺。這可能是由於自己的心情已完全沉入對牟先生的追思哀念之中,連對自己折磨很苦的腰痛也忘卻了。回港後,隔了幾天,我又參加新亞研究所為牟先生舉行的追悼會,情況也是一樣。可見牟先生感人之深。

牟先生的學問精深嚴密,範圍跨越儒學、佛教、道家,以康德為主的德國觀念論、政治哲學與歷史哲學。他的每一本著作,幾乎都有其獨到的見解,而且具有深度和哲學慧識。在當代新儒學中,他承先啟後,地位最為顯赫,影響也最深遠。在功力而言,他是做得最好的一位。他是當代新儒學的大師中最後離去的一位,他的逝去,有人說是當代新儒學前牟宗三時代的結束,後牟宗三時代的開始。可見他是舉足輕重的人物。1999年7月初,我乘在臺北中央研

· 119 ·

究院中國文哲研究所作專題演講之餘,和友人林安梧在臺北近郊一個寺院外休憩和聊天,我忽然靈感一來,對當代六位中國哲學名家作了一次簡明的判教。我說熊十力是高而逸,方東美是華而美,唐君毅是廣而大,牟宗三是深而密,徐復觀是質而實,勞思光是清而淺（後來我把這「淺」字改為「要」字）,林安梧表示完全贊同,並即時複述一番,完全無誤,大家感到非常暢快,這亦可見林安梧的記憶力很強勁。我當時還說,六名家中,當以熊先生的高而逸最富原創性。後來我又想,論功力,當以牟先生最為深厚。

關於牟先生的學問,論者已有不少;不單是中國學者留意,外國學者也留意了。我新識的德國朋友,在華梵大學任教天臺學的康特（H.-R. Kantor）便曾寫了幾篇闡釋牟先生論天臺宗義理的文字,他的博士論文也和牟先生的思想有關。我在這裏不想重複他人的意見。我只想就牟先生在學問方面對我的影響談一談。嚴格來說,對我的學問與思想做成實質性影響的,是當代新儒學中的牟先生,和京都學派的阿部正雄先生與久松真一先生。關於後者,我要在下面適當的地方講述。在這裏我只想談談牟先生。

首先,從哲學與邏輯基礎的奠立來說,牟先生所詮釋的康德哲學和他所著述的《理則學》,對我有一定的影響。在康德哲學方面,他留意到現象與物自身的問題,在康德來說,現象是我們的感性與知性所能認知的,物自身（Dinge-an-sich）在知識論則只是一個限制概念（Grenzbegriff）,限制我們的知識範圍,到物自身便停住了。牟先生對這個概念作進一步的推展,認為它可搭上存有論方面的本體世界,而為我們所認識,只要具有睿智的直覺（intellektuelle Anschauung）便可。他是要把現象與物自身融合起來,統攝在良知

本心之下。良知自我坎陷,可開出知性,由它可掌握現象;而良知自身的知體明覺,可認識物自身,而且可創生物自身,給後者以存在性。這點與我近年構思而得的純粹力動現象學(Phänomenologie der reinen Vitalität)提出純粹力動(reine Vitalität)能屈折成識而認識現象(色),自身則明照空理,同時又照見色空相即的關係的意思,有相通之處,對我的構思也有啟發性。至於他的《理則學》,則提高了我的邏輯思考的能力,特別是誘導我運用路易士(C. I. Lewis)的嚴密涵蘊系統(strict implication),處理龍樹的論證,把它提升到世界邏輯的水平。

關於現象與物自身的問題,自康德以後的德國觀念論,都有把兩者結合起來的傾向。這種做法,到現象學大師胡塞爾才算成功。他把現象與本質(Wesen)融和起來。本質是物自身的層次,本來是抽象的,但胡塞爾把它融進現象之中,一談本質,便要連著現象來說,沒有離現象的本質,因而有他提出的本質是具體物(Konkreta)的奇怪的說法。牟先生並不同情胡塞爾,也不同意他的哲學歸趨。他認為胡塞爾的現象學是一種以識心為基礎而開展出來的,不能有勝義諦的意味,它所成就的那一套存有論,是執的存有論,不是無執的存有論。對於這種看法,我是有保留的。胡塞爾很強調絕對意識(absolutes Bewuβtsein),這是一超越的主體性,它通過能意(Noesis)與所意(Noema)而開出的存有論,應是無執的存有論。

在佛學方面,牟先生只寫過一本專書,那便是《佛性與般若》。這是一本石破天驚的鉅著,其中藏有深厚的功力、清明的慧識與深邃的洞見。你弄中國佛學即使不同意他的說法,也必須要回應他的說法,才能向前再進一步。此書的最大特色,是握緊佛性的觀念以

言中國佛教，最後歸宗於天臺智顗大師，認為他對諸法有根源的說明，而且能保住存在世界，成就無執的存有論。我自己的佛學研究，雖然在很多方面與牟先生不同，這是由於我在日本、歐洲與美洲受過文獻學的洗禮和方法論的訓練所致，但在很多大關節的問題上，還是與牟先生的看法相通的。特別是說到天臺宗的判教～化法四教～方面，我是緊握著佛性一概念作為根本線索來進行的。即是，對於智顗大師來說，藏、通二教以空為真理，別、圓二教則以中道為真理，而中道又等同於佛性，因而有「中道佛性」一複合概念。我又以中道佛性作為核心概念，來說智顗大師的整個思想體系，並以為他的這個概念是承繼龍樹的中道觀而作創造性的詮釋而發展出來的。有一次我在中央研究院中國文哲研究所作有關智顗大師對龍樹思想的創造性詮釋的專題演講，劉述先先生問我與牟先生最相通的地方是在哪一方面，我即答在佛性方面。以中道佛性為基礎來建立天臺宗的佛教詮釋學，是我自己多年來苦思研究的結果，但也肯定受了牟先生的一些啓發。

七、佛學：生命的學問

1.助教的生活

　　從研究院畢業後，我很快便找到工作，那是在中文大學崇基學院哲學系當助教。當時助教的工作不多，各個老師都自己教自己的書，自己批改學生交來的習作和考試的答題簿。不過，系主任沈宣仁先生常給我一些零碎的工作來做，例如影印講義教材，把它們釘裝好。他們也不需要我教課。倒是系中和系外一些講師，在他們講到佛教部份時，便邀我去講課，通常是講幾個星期，我也樂於為之。這一方面是為了累積教學經驗，一方面是基於興趣。其實我是不需要幫他們的。

　　兩年半的助教生涯，是我大半生最輕鬆的日子。我可以較悠閒地看自己喜歡的書，初時是看西方的文學作品，如羅曼羅蘭的《約翰‧克里斯朵夫》和赫塞的短篇小說，特別是以懷鄉為題材的。後來我又看印度哲學與宗教的書，像《薄伽梵歌》（*Bhagavad-gītā*）、《吠陀》（*Veda*）、《奧義書》（*Upaniṣad*），和一般的印度哲學史（也包括宗教思想在內，印度的思想，很多時是宗教與哲理混在一起的）。最後則集中研讀德國觀念論，如康德、費希特（J. G. Fichte）、謝林（W. J. von Schelling）和黑格爾。他們很多書都看過，看得最多的

是康德的《實踐理性批判》、《道德形上學的基本原理》和黑格爾的《歷史哲學》。另外,我又定期到歌德學院上德文課。我那時已經感到,我與德國哲學很有緣份,說不定將來會到那邊做研究,故讀德文讀得很起勁。

　　由於我的助教身份與學生有較多接觸機會,又時常談論思想、政治上的問題,故學生會時常邀請我參加和主持各種講座。我亦優為之。當時正是文革後不久,四人幫得勢,氣焰如日中天,學生的思想變得很快,左傾得很厲害;連一些講師也受到影響,向學生推波助瀾,增強學生對自己的言論與所走的道路的正確性的信心。中文系有一個姓黃的講師,竟盲目地吹捧起江青來,說她搞的樣板戲很成功,甚麼「智取威虎山」、「紅色娘子軍」、「紅燈記」等等,都反映著人民群眾的雄心壯志、意氣風發的精神樣貌。又讚揚浩然的小說《金光大道》,說它有代表性地表達了人民群眾的昂揚的鬥志。當時很有一批學生與講師好像都失去理性,而瘋狂起來。他們鼓吹要先認同祖國,然後慢慢認識它,特別要看它在近年在科技上取得的輝煌成果,建立新的中國,使中國人民站起來了。當時的《盤古》雜誌一夜之間轉了舵,由鑽研文化問題、社會問題的辦報理想轉為宣揚共產主義思想,作了中共官方喉舌〈人民日報〉的應聲蟲。最使我有深刻印象的,是該雜誌以編輯仝人的名義,發表了一篇名為〈棒打文化落水狗〉(大概是這個名字)的大文章,矛盾直指當代新儒學宗師唐君毅、牟宗三和錢穆,說他們一直誤導學生,只發表悲觀的言論,阻礙學生對新中國的成就的認識。我對這些喪心病狂的尾巴文字感到非常痛心,也寫了一些文字來回應,說他們顛倒是非黑白,一味聽從中共的官方喉舌的報導,自己也瞎說一番。其中

一篇是駁斥那個姓黃的講師鼓吹中共的社會主義文學的。牟先生看了也有反應,他問我怎麼那個自己一手教出來的講師會糊塗到那個樣子呢?另外一篇是駁斥那篇〈棒打文化落水狗〉的文字,我引他們所崇拜的毛澤東自己說的「搬起石頭打自己腳」的話語質疑他們,說他們的立論矛盾重重,根本不是具有理性的人所能接受的。我提出對新中國的態度不應是先認同後認識,而應是先認識然後決定是否認同。而即使不認同中共政權,也不表示不認同中國文化,不認同自己的中國人的地位。實際上,這些學生對大陸的情況只有抽象的理解,只是通過中共的官方媒介的介紹,而沒有親身的、切身的經歷。為了這件事,我曾先後多次到大陸旅遊考察,親身領會國內人民的想法與生活。在那個時候來說,我是屬於第一批人士作這種旅遊考察的。也為了這件事,我得罪了不少講師級的先生們和左傾的學生。

對於這些事,唐、牟二先生也有留意。牟先生顯得有點憤慨,他說你不說那些捧場的肉麻的話,即使在大陸,共產黨就不見得會把你殺掉,何必要學四大不要臉(他是指郭沫若、馮友蘭等人)他們那種做法呢?香港是言論自由的地方,當然不必那樣說了。唐先生則比較積極,他說中共雖然日漸強大,但還是不夠的。他強調中國人應該能使雙足站立起來,一足是民族主義,另一足是中國文化。中共能使民族主義站起來,但文化方面,還差得太遠。到那麼一天,中國人能在民族主義與中國文化方面雙足站起來,才有驕傲可言,才值得自豪。

當時有一段插曲,令人欷歔。一個新亞哲學系的同學,同時也是《盤古》的編輯。那篇〈棒打文化落水狗〉的文字雖然不是他執

筆的,但他既爲編輯,而那篇文字又是以《盤古》編輯仝人名義發表的,則在法律上他對那篇東西是負有責任的。他總算有點良心,覺得那篇東西說得太過份,太令老師失望,因此特地找唐先生,向他跪拜認錯,請求寬恕。唐先生自然不是一個記恨的人,也沒有把這件事放在心上,便原諒了他。

在崇基學院哲學系當助教,很快便過了兩年。到第三年,系方才安排我任教中國文化的通識課程。這個科目本來主要是由勞思光先生任教的,至於參考書方面,則是用他自己寫的《中國文化要義》。這本書寫得清晰流暢,有很高的可讀性。我除了用這本書爲主要的參考書外,又選用了唐君毅先生的《中國文化的精神價值》。這本書寫得很深入,它是以儒學的立場而立言的,但作者的視野很廣闊,以很多例證反復展示中國文化的博大精深處。這個課程教到4月便結束,我便離開中文大學,到日本留學,展開新一輪的心路歷程。對於這個課程,我頗花了些時間和心思備課,並加講馬克斯(K. Marx)的歷史唯物論與史賓格勒(O. Spengler)的文化形態史觀,爲了這點,我閱讀了不少馬列主義的著作和史賓格勒的《西方之沒落》(Decline of the West)一鉅著,同時也留意前輩史學與文化哲學學者林同濟與雷海宗的有關著作。學生的反應很好,下課後常提出很多問題,有些社會系的同學甚至到我的辦公室詳談。由於年齡相差不遠,故談得很投契。我相當享受這段教學的日子。到4月上旬我要走了,竟和沈宣仁先生大吵了一場。他說我不顧系方的規則和學生的利益,不到學期末把書教完才走。我說我拿的留日獎學金是由4月開始的,我並已依照正式手續在三個月前向院長提出辭職的要求,這有甚麼不可以呢?我記得當時我們吵個不休,聲浪很大,

連鄰近的教師也開門出來看個究竟,看發生甚麼事。結果我還是走了,氣氛不是很愉快。不過沈先生不是一個記恨的人,他今天發火,明天便忘記了。他的學問自然不能和勞先生相比,思考力也不高,在這些方面沒有甚麼進步,終日生活在開會之中,他似乎天生便是弄行政似的。他誠懇而坦率,是一個非常值得論交的師友。

2.佛學:生死相許的學問

在1973年暑假之後,我申請了兩個獎學金,其一是英國文化協會提供的,我想到牛津大學唸梵文。另一個是日本政府文部省(教育部)提供的,我想到京都大學研究梵文與佛學。在申請這兩個獎學金之先,我面臨著在學問途程上的一個重大抉擇。我需要在自己所喜愛和熟悉的幾個哲學領域中,作出決定,要選出其中一個領域作為爾後終身從事的學問;說得嚴重一些,是為自己抉擇一種生命的學問。我當時有三個領域可考慮的。其一是儒學,尤其要接上當代新儒學這一棒;另一是德國觀念論(包括觀念或精神的客觀表現為歷史、權力、政治、文化成果各方面);再有一個,便是佛學。當時我的儒學背景很好,我先受學於勞思光先生的強調主體性的儒學;然後接受當代新儒學的巨匠唐君毅、牟宗三、徐復觀諸先生的啓發與教導。他們都是我的受業老師,特別是與唐、牟的關係,是嫡傳的關係,他們對上的老師,便是熊十力先生。熊先生的書我看得很多,而且非常投契;我有看他的書有如看武俠小說般暢快的感覺,當然那是要用腦袋去想的。故我覺得自己是直承熊先生而來的,我早已把他

視為自己的太老師了。唐先生也曾示意我走新儒學之路,他並委託陳特轉交幾本他在當時新近出版的《中國哲學原論》四鉅冊給我,要我仔細閱讀。牟宗三先生對我的學思更有深遠的影響,我和他也有很多課堂外的私人接觸。有一次他大講他認為儒釋道的聖人都能培養出來的睿智的直覺(intellektuelle Anschauung),下課後,我竟冒昧到追著他問他自己有沒有這種直覺的體驗呢?這個問題是問不得的。他若說有,便自居於聖人了,這是他不會做的。他若說無,則說這種直覺便無實感,這也是他不想這樣做的。雖然有這些殊勝的因緣,但我沒有選擇儒家,不過,我對儒學一直都是很關心的。我當時提出的理由是:

I)儒學作為一門哲學理論看,不夠精采,不夠fascinating,它的觀念也缺乏挑戰性。即使是道德形上學,其哲學思辯意味還是比較淡薄的。它不能滿足我在哲學上的思辯興趣與要求。

II)儒學蘊涵嚴整的道德意識,有濃厚的理想主義情調。在這方面,我是感受到的;孟子的「惻隱之心」、「不忍人之心」,在我的腦海中已成了不可磨滅的烙印。不過,我對人生的負面有極其濃烈的感受,在我看來,人生來是受苦難的,在苦難中磨煉自己,使自己堅強起來。儒家對人生的負面的探究,不能滿足我在這方面的濃烈訴求。光是説「克己復禮」是不足的,這個己,倘若以私欲、私念來說,顯然涵蓋性太窄,不足以盡人生苦難的全幅領域。若說是我曾深受其害的對名的迷執,其有效

・七、佛學：生命的學問・

性又嫌不足。像我那樣陷於名的迷執的人，畢竟不算很多。

III)這一點牽涉一些現實的問題。關於儒學的研究，現代以來熊十力先生開其端緒，指出儒學的心性天道在本體論上的相通性，上承劉蕺山，為當代新儒學提出了正確的方向。然後是唐君毅、牟宗三二師出來，積極推動對傳統儒學的新的詮釋，在研究的內涵上，既深且廣，成績有目共睹。儒學的重要問題，他們基本上都有觸及，而且提出有份量的回應。後來者講儒學，到目前為止，可以說還未超出他們的範圍。❶另外還有梁漱溟、馬一浮、徐復觀三位先生的研究。要超越他們，在他們已有的研究成果之外另開一個新天地，很不容易。當時我覺得自己在這方面可能發展的空間不多，我又不想重複他們的說法，困守在他們的天地裏。故必須另尋出路。❷我不想照著說，而是要接著說的，這後一點便不容易。

---

❶ 例如有人研究宋明儒學，分北宋篇和南宋篇，幾乎全是複述牟先生的《心體與性體》的意思。有人研究朱子，也是順著牟先生的別子為宗的路向來做。本質上都未能超越牟先生的觀點。

❷ 很多新亞研究所的朋友，遊學於唐、牟之間，接受他們多方面的影響，更進一步被他們的觀念、理論體系與價值觀所困。他們入了去，便出不來了。我不想這樣做，我要出入唐、牟之間，吸收他們的好處，對他們不足的地方也提高警惕。我是擇善而從的。特別是，我對牟先生對近現代的德國哲學的負面批評，上自叔本華（A. Schopenhauer）、尼采，下迄胡塞爾、海德格，都不能接受。他根本未有仔細地看他們的書。關於這點，下面有機會再次論及。

・129・

至於德國觀念論，我很早便留意了。在西方哲學中，我讀得最多的，也最感興趣的，是德國哲學。由康德開始，經費希特、謝林、黑格爾，到近代的釋勒爾（M. Scheler）、胡塞爾、海德格，以至西南學派的溫德爾板（W. Windelband）與瓦興格爾（H. Vaihinger）的書，我都看。當中自然以康德的書看得最多。康德的哲學，討論的範圍很廣，幾乎所有重要的哲學問題、宗教學問題，它都觸及了，它的闡述又是那樣深邃與嚴密，所以我認為，要讀哲學，不管是哪一方面的，都應讀點康德，那是受用無窮的。我讀德文，主要的原因便是要讓自己能看德國哲學的原典，不需倚賴翻譯。唐、牟二先生對德國觀念論都很重視。牟先生以康德哲學為參照，來講宋明儒學，講孟子，那是大家都知道的。唐先生則以黑格爾的辯證方法來講佛教華嚴宗，及寫他的最後鉅著《生命存在與心靈境界》，也是很明顯的。不過，我並未有抉擇德國觀念論作為自己終身從事的學問，那主要是與自己的生命問題不能直接相應有關。

最後我選擇了佛學，作為自己終身的學問來研究，甚至是生死相許的學問。此中最重要的理由是，我最能在佛學所說的東西中找到同感與共鳴。它說人生的苦痛煩惱、世事的奕棋無常，對自己來說，可謂滴滴在心頭；而且它能提供有效的消解苦痛煩惱的方法，使種種顛倒復位。這便很有現象學的意味，是能使人對生命的迷執作徹底的轉化。我當時覺得自己在生命情調與生命感受上，最能與佛學相應。

在學問上，我對很多方面的思想都抱有興趣，如佛學、西方哲學、印度哲學和宗教、儒家、道教、基督教，甚至京都學派哲學。我特別喜愛形而上學的那種玄思和對生命問題的探究。對於佛學，

·七、佛學：生命的學問·

我是情有獨鍾的。我覺得它是最具有濃烈的生命的學問意義的哲學與宗教。多年前沈宣仁先生問我何以特別喜愛佛學，我知道他對佛學是一點也不懂的，便隨口說主要是受用的問題。他似乎不大明白，我便補加一句，說佛學所說，正是我自己的生命感受。它的那一套學問，正是我在生命問題上所想的和要說的。

要進一步表示自己對佛學的感受，我想要從對生命與文化的負面說起。在這些方面，基督教、佛教、道家與儒學四家都有深切的體會。基督教有原罪意識，佛教有苦業意識，道家（莊子）對識知心有特別警覺，警覺它的計較預謀，使人喪德失性的作用，儒家有憂患意識，憂患道德秩序的下墮，歷史文化的淪亡。罪對於我來說，自始至終都不成一個問題。這並不表示我從來沒有做錯事，從來沒有犯罪。小錯、小罪是有的，特別是孩童年代，沒有受過儒家的道德教育。但我自覺自己不是一個壞人，不會做喪心病狂、傷天害理的事。特別是自認真接觸儒家思想以後，我覺得道德良知時常在自己的生命中發揮作用。對於不要貪圖一己利益而損害他人這種道德原則，我是頗能謹守的。我常自覺到做人要「克己復禮」。至於莊子的識知心，倘若它是就追求知識、研求學問的識力而言，則我對它的遺害，有很鮮明的自覺，那個印象烙印在心靈深處，久久不能洗涮掉。為了追求知識，研求學問，我曾把全副精神與時間都投資到這裏面去。完全忽視了健康，也忽略了對家人的照顧，與他們缺乏溝通，造成無可彌補的遺憾。每當我想起母親生我時，付予我一具完好的軀體，我現在把健康摧殘到這個田地，真不知如何向泉下的她老人家交代。想起這點，我的身體便會從頭頂直冰冷至腳跟，惶恐無地。進一步看，這識知心與病痛更構成一惡性的循環，這最明顯地表現在睡眠方面。即是，你越是運用識

·131·

知心,則精神便越會拉緊,充滿張力,無法鬆弛下來,晚上便無法入睡休息。輾轉反側睡不著是很困擾的,於是又得起來,繼續研讀,結果精神張力又是加強,更難入睡,於是又起來研讀。這樣持續下去,勢必做成惡性循環,你便要找精神科醫生,求助於安眠藥了。這對自己的身心,會做成極大的傷害。我在日本研讀梵文與西藏文的經驗,最能顯示這種情況。在編寫那大部頭的《佛教思想大辭典》時,也有同樣的情況出現。至於憂患問題,我並沒有新儒家學者如熊十力、唐君毅、牟宗三、徐復觀諸先生對民族的淪亡與文化的下墮的那種濃烈的自覺與憂慮,沒有范仲淹的「先天下之憂而憂,後天下之樂而樂」的悲天憫人的廣大懷抱。我只是強烈地感到自己在生命上的限制,很多時流於狂野與浪漫,而做出橫逆與矯情的事。因此我時常提醒自己,要保持道德上的清明,要能克己復禮。我的生命問題,一直主要在苦痛煩惱方面,常為這方面所困擾,因而對佛教所強調的苦業意識,有很深切的共鳴,覺得它所說的,正是自己的生命的實情。❸

---

❸ 這些所謂苦痛煩惱,很多時都是依於自己的虛妄的情執而炮製出來,客觀上根本是不應有的。這種虛妄的情執的本領很大,它可以虛擬很多虛幻不實的東西,把你困在裏面,為種種煩惱所纏繞,而惶恐終日,不得安寧。例如你喜歡一個人,這種虛妄的情執使你盲目起來,無風起浪地困擾自己。你對那個人的一言一動都認真起來,都看得很嚴重。見到她與別的男孩子有些交往,你便疑神疑鬼,把這些交往與自己對她的感情關連起來,以為會傷害這種感情,因而在情緒上起動盪,胡亂思想。實則只是庸人自擾而已,那些交往只是平常的一些應酬吧了。你的虛妄的情執卻把它從虛幻的性格實化起來,讓你在感情上受到波動,以為那交往象徵著對方與你決裂了,對你沒有信心了,因而內心感到忐忑不安。其實一切都是假的,始作俑者便是你的那種情執。在這方面,我的感受非常深刻。想到佛教要破這種情執,便覺得佛教能徹底解決自己在生命上的問題。這種情執,在唯識學方面說得最多。

七、佛學:生命的學問

再深一層看苦痛煩惱的問題,則我們可以說,這些東西的成立,在於人有我執,執取自己的生命存在、所擁有的東西,以至自己的親人,不懂得捨棄。捨棄是一種很高的生活智慧與生命境界。人要充實自己的心性涵養,豐富自己的精神生活,必須要能捨棄。老子說「為學日益,為道日損」,這「損」即是捨棄。唯有徹底的捨棄,才能遠離得失之心,超越相對的苦樂,而臻於大樂,這亦是莊子所說的天樂與人樂。得失之心是苦痛煩惱的根源。對於豐衣美食、錢財、權力、地位、名譽、愛情、親情、自我的存在以至世界的存在,我們都會有貪念、有癡戀、有執著,總是想得到的。未得時求得,苦苦渴求,這會令人痛苦,在生活上隨順這些價值事物的腳跟轉。已得到了,又一方面企求得到更多,因而不停地、處心積慮地去追求;一方面又恐懼已得的會失去,惶惶不可終日。舉一個例子,愈是有錢的人,便愈想變得更有錢;又愈懼怕已擁有的錢會被人偷去,懼怕自己成為綁匪的對象。於是時時患得患失,內心常處於動盪狀態,不得安寧。要能真正地、徹底地從這些困擾中解放開來,讓心靈自由自在,無所畏懼,便必須能無求。無求的另一面便是捨棄。捨棄已求得的,也捨棄求得之心。一切價值,其根源都在自心。羅曼羅蘭不是說過麼:「唯有心靈使人高貴。」不單要能捨棄價值層次較低的東西,也要能捨棄價值層次較高的東西。人比較容易捨棄豐衣美食、錢財;但比較難捨棄權力、地位和名譽;要捨棄愛情與親情則更難。最難捨棄的,是自己的存在與世界的存在。對於這最後的存在的癡戀,便是佛教所謂的我執與法執。但必須要放開對自己的存在與對世界的存在的癡戀,要能捨棄它們,要做到慧能所謂的「無相、無住、無念」的三無實踐,才能免除墮於由生、存在與

死、虛無所構成的二元的、兩難的困境，徹底解決死的問題。這種「捨棄」的生活智慧，《老子》書中說得最多。即使基督教，也有相近的說法。耶穌說：「凡要救自己生命的，必喪掉生命。凡為我和福音喪掉生命的，必救了生命。」❹要救自己，必須要先捨棄自己。當然，這兩個自己的層次不同。

　　關於捨棄自己，佛教的說法最好，這便是「無我」（anātman）。釋迦牟尼當年開悟成道即說三法印，其中一法印即是無我。我在自己的整個心路歷程中，一直被「我」這個觀念所主宰，所蒙蔽。很多次都想做到無我，去除我執，但都不成功。最後竟在電療的極度苦痛中被逼做到了，但付出了巨大的代價。去除我執，捨棄自己，是我進入佛教殿堂的最大動機。說捨棄自己是自己生死相許的大事，亦不為過。

---

❹ 〈馬可福音〉第八章第三十五節。

八、櫻花之旅與對學問的生死相許

1.生死相許的學術研究

金庸小說有云:「問世間,情是何物,直教生死相許?」他這裏所說的情,是男女之間的戀情,但不必是肉慾的、情緒的,而是以升華至某個程度的精神性的或靈性上的同情共感為基礎,而發展出來的一種相互溝通與相互關心之情。這種相互溝通與相互關心把男女雙方拉在一起,讓他們覺得彼此已是心連心,兩心已合成一體,覺得彼此間的共同存在而且存在在一起是一種終極關心。❶這種關

---

❶ 終極關心或終極關懷(ultimate concern)是現代神學家田立克(P. Tillich)提出來界定宗教的,謂具有終極關心的活動,才是宗教的活動,這也是宗教的本質,即要表示對終極目標的一種追求,一種關心。它的意思,大家說得很多,這裏就不再重複。不過,我總覺得田立克說得太曲折,太抽象,沒有必要這樣說。我想這個問題可以很單純很平實的方式來了解,那便是「生死相許」。甚麼問題讓你無時無刻不在牽掛,甚至願意以死亡來換取它的解決,這便是你的終極關懷所在。就日常生活來說,母親為了兒子的健康而牽腸掛肚,則兒子的健康便是她的終極關懷所在。所以這個意思可以很廣泛。至於嚴格地把它限制在宗教的範圍之內,那是另外一層次的問題,可以爭論不休的。那主要是看如何詮釋「終極」(ultimate)一概念。有人以為必須要有超越的外在的神,才能說終極。有人則以為平常心是道,在我們日用云為的生活之中,即此即是終極者的所在。兩者都可說終極關懷。

心是超越死亡的,因此具有不朽的性格。人可以為所關心的彼方而奉獻出生命,亦感到無憾。這種關心不是理性的,它是美感的、藝術性的,以至宗教性的,由相互欣賞對方的完美的才性、情懷、氣質而積澱下來。這是以才、情、氣為焦點的生命領域。我們甚至可以看得「玄」一點,說這是天地的陰陽的靈秀之氣的擦身而過、相摩盪而來的生命境趣上、性情上的聚合。對於這種關心或情感,在中西文學作品中有很多描繪,像莎士比亞筆下的羅蜜歐與茱麗葉,金庸筆下的小龍女與楊過,以至中國古代傳奇中的梁山伯與祝英臺、白素貞與許仙,等等關係,都是這方面的典型。

這樣的「情」,我是沒有的。只是在童年時代有過種種的幻想,幻想自己是這種淒美的愛情故事的主人翁。不過,我具有對學問的情,特別是佛學研究的情,在這方面,我有極為濃烈的投入感。為了把它做到最好,我花去大部份的時間與精力,把生命的華采與璀璨都投注於其中。我一直以為自己可以做到「問世間,學問是何物,直教生死相許」的地步。以往的兩次瀕死經驗(兒時幾乎溺死的一次,及後面會說到的在德國病幾至於死的一次),過去了便算了,我又站立起來,抖擻一下精神,又繼續回到學問研究的崗位。我一直以為學問可以作為自己安身立命的歸宿,但其實還不是,還差得遠哩。去年罹患癌病,我知道事情很不簡單,自己與死亡的約會又來了。起初有些遲疑,覺得到處都散發著死亡的影子,有不安的感覺。這便表示自己在超克死亡的心性涵養方面還未到家,距離孔子所說「朝聞道,夕死可矣」的境界還很遠很遠。我終於要放下一切學問研究與教學,徹底地全面地反思包括死亡在內的人生的苦痛的問題。我覺得自己還是怕死,其中一點是怕死後不能再弄學問了。這是否有對

八、櫻花之旅與對學問的生死相許

學問生死相許的意味呢?我的心情是矛盾的。

在切除腫瘤手術之後,系中同事兼系主任曾立存來看過我兩次(亦只有他來看過我。和其他同事共事十多年,和同學相處的時日也不短,在人情上竟是如此淡薄。也反映出我在做人方面的失敗,不善交際),我們談到信仰、死亡和學問上的問題,主要是環繞著他最近出版的新書的問題,那是探討在宗教上精神的提升(sublime)一點的。他說耶穌的生命意義是在十字架事件本身,其他如復活、升天、再來作末日審判的事是無關重要的。他又提到自己在撰寫那本書時所付出的巨大心力與漫長時間,在寫完書後的那一瞬間,有隨時可以死去的感覺。這使我很感佩,就那本書來說,他對它是生死相許的。

1974年4月我申請得日本文部省所頒發的獎學金,赴日作兩年的研究,我又自費多留了半年。頭半年是在大阪外國語大學學習日語,其後兩年則在京都大學研習梵文、西藏文與大乘佛學,主要是中觀學與唯識學。我到日本的時間,正是它的國花櫻花盛開的日子,但十天八天後便凋謝了。正是來得激越,去得瀟灑,日本人以為這是他們民族的美的意識的表現。他們在櫻花旋起旋逝的現象中展示的美的意識,是要在剎那間的璀璨見永恆價值。這是他們蒼白的大和魂在追逐生命上的完美性的途程中所掀起的盪漾情懷,這種情懷正與一些有代表性的傑出靈魂如三島由紀夫、川端康成以剖腹、開煤氣求死的激烈行動相應。這不是中國人會做的,也不是中國心靈所易於理解的。中國心靈追求的是諧和關係和圓融境界,要在現象中見本體,在變幻中見永恆。在他們的心目中,在平凡是可見不平凡的,兩者可以自在無礙地存在。日本人便沒有這種耐性。大和魂不止不能大和,即小和亦有所不能。和甚麼呢?這是莊子的和,和

於天（自然），和於人，和於苦痛煩惱。最後一種和是我提加的，透露出一種極其深刻的生活智慧。我們會在後面有關部份詳細闡釋這點。

　　我在來日本留學之先，已選定佛學爲生死相許的學問。來日之後，在京都大學佛教學部、梵文學部與印度哲學史學部的研究生共用的圖書館和京都市內一些專門售賣佛學研究書籍的書局如其中堂、法藏館中看到日本學者的佛學研究的成績，眞如汪洋大海，茫無際涯，他們在這種學問研究的廣博程度與專精程度，簡直是在我想像之外的。關於他們的研究方法與規模，我在拙著《佛學研究方法論》中已有很周詳的報導與評論，在這裏也就不想再重贅了。有朋友告訴我，在日本國內以研究佛學作爲職業以謀生的，約有五千人，在國外則有二千人。難怪他們有這樣豐富的成果了。特別是在佛學研究的文獻學方面，他們做得很認眞，很精細，那是承接著歐洲的語言學研究傳統而來的。後來我的指導教授梶山雄一告訴我，他們通常一個佛學研究人員，起碼能通八種語文：原典與翻譯的梵文、巴利文、藏文、漢文和研究用的德文、法文、英文和日文。這完全在我想像之外。我當時以爲，一個學者能通原典的梵文和翻譯的漢文，再通研究的英文和日文，已經不得了。於是我爲佛學研究而生死相許的意願更爲堅決，而且確認我當初不聽朋友勸告到美國弄一個漢學或亞洲研究的博士，卻跑來日本捏日文、梵文等文獻學，又拿不到學位（當時在日本大學做研究，通常是不以拿博士學位爲目標的），的這種決定，是正確的。我當時確是以大煉鋼的鬥志來日本留學的，我要認眞地學到他們的強項：梵文文獻學。在這方面打好基礎後，再進行自己感興趣的中觀學與唯識學的專門研究。當時我以爲一般

人走捷徑到美國拿一個漢學博士然後回香港的大學混飯吃是沒有出息的。記得當時我的畏友陳榮灼曾把我比作玄奘大師。玄奘是西行求法，我則是東行求法。他可以說是相當了解我的志趣。

2.京都大學的學風與我的教授

　　日本是世界最大的佛學研究中心。要弄佛學研究，非得去日本不可。它分關東與關西兩個區域。關東以東京大學為中心，關西則以京都大學為中心。兩間大學的學風殊異得很。東京大學比較開放，綜合研究的風氣很盛，在那邊任教的教授和培養出來的學者，一般來說學問規模宏闊，照顧面廣。由南條文雄、高楠順次郎下來，經木村泰賢、宇井伯壽、川田熊太郎、宮本正尊、水野弘元、中村元、平川彰、玉城康四郎，到較年輕的鎌田茂雄、高崎直道、江島惠教等，都是一脈相承。這些學者現在大體上都已退休了。京都大學則是另外一種風格，它比較專精，學術要求嚴格。它有兩個學統，一是京都學派，這由西田幾多郎開出，經田邊元、久松眞一、西谷啓治、武內義範、上田閑照、辻村公一，而到較年輕的大橋良介、山口誠作，那是純哲學和比較宗教的，他們在佛學方面的功力也很深厚，特別是較後的久松眞一、西谷啓治和上田閑照。另外一個學統則是學者型的，強調學術性的，如山內得立、松尾義海、長尾雅人、服部正明、梶山雄一，到年輕的御牧克己，還有桂紹隆。梵文學者方面則有大地原豐和小林信彥。關於京都學派，我們在下面會有專章闡述。學者型的那一線，則很明顯地受到德奧方面的維也納學派

學者的影響,特別是法勞凡爾納(E. Frauwallner)的影響,強調文獻學與哲學分析的雙軌研究,而尤其把重點放在文獻學方面。當時梶山雄一和服部正明是我的指導教授,那是關於佛教學方面的,梵文方面,梶山雄一則委託小林信彥作我的名義上的導師,而小林信彥又指定他的高足頓宮勝直接教我梵文。梶山雄一和服部正明的老師是長尾雅人,他們也介紹我和長尾教授認識,故我在學術研究上也受到長尾教授的影響。長尾雅人、梶山雄一和服部正明是國際級的學者,他們和歐美方面的佛學研究界有很密切的交往,在後者方面有一定的威望。三人的自信心都很強。梶山教授尤其傲慢,他不大看得起我國的佛學研究的成績,認為我們這邊完全缺乏文獻學的基礎與訓練,不能算作第一線的(first-lined)研究。他的專長在後期大乘佛教(指法稱Dharmakīrti之後)的論理學,在研究龍樹的邏輯或思考方法方面,很有功力。我雖然不滿梶山的態度,卻暗地裏考察他的龍樹學,發覺他很重視龍樹的論證形式,特別是強調自性依定義是不能分割成部份的,故若以自性來看事物,則事物只能有兩種關係:完全同一與完全別異,有部份同一有部份別異的情況是不可能的,因這要假定自性是可分割成部份的。但事物的完全同一與完全別異是違離常識的,由此帶出以自性來看事物是悖理的,因而得出事物是無自性,是空的結論。梶山在這一點上抓得很緊,我因而再進一步在這方面下工夫,以研究龍樹的空之論證的整全面貌。在這方面,我對梶山有所承繼,亦有所發揮。另外,我又追蹤梶山的師承,發覺他很受宇井伯壽和美洲學者羅濱遜(R. H. Robinson)的影響,於是我也在這兩個學者的著作上下工夫。最後形成我自己對龍樹中觀學的比較全面的認識。這主要表現於我的《龍樹中論的

哲學解讀》一書中,也表現於我研究龍樹中觀學的散篇論文中,它們收入於拙著《佛教的概念與方法》、《印度佛學研究》中;特別是後一書所收的〈龍樹的空之論證〉一文,是全面探討龍樹論證形式的文字。❷

服部正明是我在京都大學留學時的另一位指導教授,關於他的學問,我已在拙著《佛學研究方法論》增訂版中敘述一過,在這裏不想多贅了。❸1992年和1997年我到京都研究,都曾看過他。97年那一次,他已屆七十三高齡,已從京都大學退休下來,也沒有到大阪兼課了(他退休後有一段時期曾到大阪學院大學兼課)。他頭腦很清醒,記憶力奇佳,當我們談到龍樹《中論》的三諦偈,他能即席把梵文偈頌朗頌出來,一字不錯。他還在作研究,還關心佛教知識論特別是法稱的問題。

---

❷ 我的朋友萬金川有《中觀思想講錄》一書,平章現代學者對中觀學的研究。其中用了好些篇幅評論拙著《龍樹中論的哲學解讀》,主要是就文獻學的角度,拿一兩個偈頌來評論,令人覺得失望。我的書的重點是在義理方面的闡發,那是我吸收了不少現代學者的中觀學研究的成果而寫成的,其中也有我自己的中觀學的思想,例如對「中道」一概念的詮釋,更有我與印順的《中觀論頌講記》的不同解讀之處。萬先生顯然未有細看我的《解讀》,因而說不出這本書在內容上的特點,和與印公的《講記》有甚麼不同。只說「它讓漢語學界在這一方面(按指在《中論》的研究方面)不致於在半個世紀之後仍然繳了白卷,並且在印老的講記之外,讓我們多了一條趨入中觀義理大海的門徑」。(萬金川著《中觀思想講錄》,嘉義:香光書鄉出版社,1998, p.263.)這所多出來的「一條趨入中觀義理大海的門徑」是甚麼呢?有沒有道理呢?萬先生說不出來。

❸ 拙著《佛學研究方法論》增訂版,上冊,臺北:臺灣學生書局,1996, pp.190-191.

・苦痛現象學：我在苦痛中成學・

　　長尾雅人教授是日本學者群中我最尊敬的一位。他是梶山雄一和服部正明的老師，也算是我的太老師了。他在日本佛學研究界有很崇高的地位，屬長老級的人物。關於他的中觀學、唯識學和西藏佛教的研究，以至他在翻譯和詮釋《攝大乘論》這本書方面所表現的功力，和他與上田義文在唯識學的一些重要問題如識轉變、三性等的諍辯，我會在自己寫第八阿賴耶識作為輪迴主體的研究書中作周詳的闡述。不過，我在這裏想提一點，他花了近五十年的時間來研究《攝大乘論》，取得輝煌的成果，其功力的深厚，是一般研究佛學的人所難以想像的。那真是文獻學與哲學的雙軌研究的典範（Urbild）。我由於自己提出這種研究方法論，故特別留意他的研究。我在1975年見他時，他已從京都大學退休下來，但是還非常活躍，定期講學。他與京都學派的西谷啓治每周都在大谷大學舉行一個講座，西谷講《壇經》，他則講《維摩經》。在學術研究上，他是一個嚴肅的學者，但在講課方面，則非常輕鬆幽默，時常製造笑料，讓大家聽來舒暢。1992年我到京都看服部先生，也想拜訪長尾教授，但由於他年事已高，不知拜訪是否適合，便請服部先生致電給他問一下，他說歡迎我來。他住在京都市郊一個寺院旁邊，環境非常清幽，我甫從計程車下來，他已在門口等我了。他的那頭銀絲白髮，還是幾十年前的樣子，光輝奪目。我們暢談了兩個多小時，我已有點疲倦，他還是那樣神采飛揚，我真感佩他的精力是怎樣修來的。他說自己雖然老邁，還是不停地研究，當時正致力於討論《大寶積經》（*Mahāratnakūṭa-sūtra*）中的〈迦葉章〉（Kāśyapa-paripṛcchā）的問題哩。

　　在日本的留學生涯，對我的整個佛學研究的學問歷程來說，有

著極其深遠的影響。它讓我從傳統的義理講習的方式突破開來，注意到現代文獻學的研究，從地區性的視野轉移到世界性的視野，把我從一個區域性的學者的位置，提升至國際性的學者的位置。當然我不是說，在那個時候我已成為一世界性的或國際性的學者，但無可置疑地，日本學者對我的影響，使我投身到國際的學術舞臺上去，或者說，引領我朝著那個方向前進。實際上，在佛學研究上影響我的學者，就日本的方面言，自然不止上面提到的三位，往後還有很多很多，甚至有比我更年輕的。但他們三位對我的影響，是最根本的，是起步性的。

3.日文、梵文、藏文的艱苦學習

我留學日本的最初動機，是語文性格的，即要學習日本學者在文獻學特別是語文訓練這方面的強項。因此，語文的學習，便成了我幾年留日生涯的主要生活內容。而我在這一段生涯中的最大收穫，也自然是學習得和培養得這與佛學研究相關的語文知識，那便是日文、梵文和西藏文。

最初的六個月，我留在大阪，被安排在大阪外國語大學附設的日文班中學習日語，住在大阪市近郊東花園的國際留學生寮（宿舍）中。最初我是連一個日文字也不認識的，一切都是從頭學起。留學生寮內很熱鬧，住著由各國來到的青年學生，有些是學士，有些是碩士，更有些是博士。像寮內一個稱為Bajaj的來自孟買的印度「教授」（因他年紀比較大，像足一個飽學的教授），便是理科博士，他說要

在日本修讀工科博士哩。我們大清早便要起床，八時正便上課，至中午十二時，有一個小時休息，讓同學出外午膳。一時又要回來上課，至下午四時左右才放學。故課程很多，大家也顯得很忙碌。

　　這樣的密集式的課程（intensive course），我根本應付不來，在興趣與體能上都不能忍受。後來我想出一個處理的辦法。我只上上午的課，那主要是講日語文法和閱讀簡短有關日本事情的文字；下午的課，則主要是會話，而且常常要到錄音室戴著耳筒去練習，我便常常缺課。我這樣決定的理由是，我參加這日文班主要是要掌握日語的文法，以便將來能看日文方面的佛學論著。我想將來留在日本發展的機會不大，故會話方面並不重要，只要能應付一般生活上的需要便可以了。還有一點，教我班日語文法的是寺村秀夫教授，他曾在美國接受語文教學訓練，英語也流暢，他是用英語講解的。其他教文法的老師都不如他。故我特別用心上他的課，白天上完文法課，我即在當天晚上努力溫習，把上午學的東西都掌握了。故我的日語文法進步得很快，會話方面便不成了。我還是覺得運氣很好，能遇上像寺村那樣好的教授。

　　學習語文並沒有甚麼妙法，也沒有捷徑可言，主要是多練習，要有很強的記憶能力。當然好的教材和教師也是很重要的。我根本沒有學習語文的天份，記憶力又不好。白天上午學到的文法，晚上要不停溫習，常常溫習到很夜，才能睡覺，第二天清晨又要拖著疲乏的身體上課了。當時我頗有吃不消的感覺。於是完全捨棄會話，中午吃過飯後，便坐私鐵（私營的火車）到東面的古城奈良去散步和散心，那邊有一大片草地，空氣又清新，你可以和一大群鹿兒玩在一起，它們很友善，非常有趣。到了三點左右，我便找個僻靜的地

・八、櫻花之旅與對學問的生死相許・

方睡午覺。我睡得很熟,很舒服,醒來往往是黃昏六、七時了。然後坐車回東花園留學生寮,吃過飯後,便又聚精會神展開溫習,一直至深夜。翌日上午又趕回學校上文法課,中午又到奈良。這樣總算熬過日語的密集式課程。

半年的日語學習生涯很快便過去,我基本上已掌握了日語的主要文法規條,可以勉強看一些淺易的日語佛學論文了,餘下有困難的地方,便隨時俟機會請教日本朋友。我匆匆回香港結婚,然後帶著妻子到京都大學報到,以研修員的身份,在文學院佛教學部研究。我們在京都南部近郊租了一間兩層樓的小屋居住。日間妻子到大阪外國語大學進修日語,我則到京都大學聽課和攻讀梵文。

學習梵文是我留學日本的最大目的,非要達成不可的。當時文部省對於我們這些留學生很不錯,除了按月給予生活費外,還出錢為每一個留學生僱一個日本學生作為輔導,照顧留學生在語文或其他方面的需要。梶山教授委託小林信彥教授負責我研讀梵文的事,小林教授則為我選定一個梵文學部的博士課程學生叫頓宮勝的,直接教我梵文,他便是用文部省所提供那筆費用請頓宮的。由於我在聽日語方面有問題(我是一向不重視日語會話的),不能上正常的用日語來教授的梵文課,小林便為我選定了一本很好的梵文文法教本,那是美國威斯康辛大學(University of Wisconsin)的梵文教授哈德(George L. Hart)編寫的《快速梵文學習法》(*A Rapid Sanskrit Method*)。這本書當時只是打字本,其後才在印度出版。這是一本對初學者很有用的梵文文法書,每課都介紹一些基本的梵文文法規條,又附有練習題,供學者練習之用。小林教授對我說,當時美國和日本很多大學都是以這部書作教本的,由於它強調分析性,故

學起來事半功倍。哈德是美國梵文與印度學泰斗印高斯（Deniel Ingalls）的高足，在哈佛大學取得博士學位。另外，小林教授又提議我時常要查考維特尼（William D. Whitney）編寫的《梵文文法》（Sanskrit Grammar），這部鉅著把梵文文法分成一千三百多條，有系統地羅列出來，對進一步了解梵文文法的學員提供有用的參考。我自己也選定日本梵文學者岩本裕所編寫的《梵文文法綱要》（サンスクリット文法綱要）作為最切近的參考書，這本書極有系統地把最重要的梵文文法規條列出，只要翻動幾下，便能找到要找的東西了。最後，小林教授又要我用蒙尼亞‧威廉斯（M. Monier-Williams）的《梵英辭典》（A Sanskrit-English Dictionary）來理解梵文字彙。一切準備就緒，我的艱苦的梵文學習生涯便開展了。

我基本上是依著哈德的教本一章一章地讀，一章讀畢，便做習作，交頓宮批閱，有錯時便即時提出，有時我也把疑難寫出來，向他請教。我們每周在京都大學見面一次，每次會面三個小時。那個時期，我幾乎天天都把全部時間放在梵文的學習上，做得頗為辛苦。但小林教授仍不滿意，說我進行得太慢，需要加倍努力。他還說他們京大佛教學部、印度哲學史學部和梵文學部的學生，在未進大學前，都被聚集起來，以兩個月的時間，把哈德的文法稿本都讀了，到開課時，便可正式拿一些印度梵文聖典如《薄伽梵歌》（Bhagavad-gītā）、《吠陀》（Veda）和《奧義書》（Upaniṣad）等來解讀了。他時常埋怨我學得太慢。他實在不大明白我的處境。我在學習梵文時已經是二十八歲了。在此之前，腦袋裏已充塞著康德、黑格爾、宋明儒學、佛學等一大堆概念了，接受能力有限，怎能和他們京大的十八、九歲的小伙子比較呢？即是，我起步學習梵

文,已比日本的學生遲了十年了。當時我的學習確是不如人,也沒有話說,只得如小林教授所說,加倍努力,日間學不完,便用睡覺的時間補上。

梵文的確很難學。就英文、日文、德文與梵文這幾種語文比較來說,前三者的難度是不能與梵文比較的。一種語文的難易,通常可以看它的動詞的語尾變化、它的冠詞,和它的名詞的格。在這些方面來說,英文是最易的。它的冠詞只是「the」,沒有陰性、陽性、中性之分。名詞只有三格:主格、直接受格和間接受格。動詞則多數是規則的,過去式加「ed」或轉成「t」等便是。日文的動詞的語尾變化比較複雜,不是一下子便能掌握,特別是被動式,相當繁瑣。德文的冠詞有三種,分別對應名詞的陰性、陽性與中性。名詞則有四格,除英語的三格外,還有屬格。至於梵文,在這些方面,都麻煩得多。就格來說,它有八格,再配合三種冠詞,表示名詞的三性分別,合起來便是二十四種變化了。在動詞方面尤其令人頭痛,語尾變化之煩,難以想象,而且動詞語根往往與在文章中出現的動詞可以完全不同。你要翻查字典理解動詞字的意思,若不知它的語根,則簡直無從著手。而這些語根的構成,都沒有一定的規則,只能靠死記。而且文法規條之多,在上提的維特尼的書中,便有一千三百多條。單就這點,我們便可想見當年玄奘赴印取經翻譯,其矢志的堅強與誠懇,是難以比擬的。

由1974年10月至1975年9月整整一年,我都花在梵文的學習方面,其餘都是百事不理,一切由妻子去做。我花了將近半年,才能把哈德的文法書搞通,所用的時間,是日本那些年輕小伙子的三倍。文法弄通後,小林教授要我讀美國的梵文與印度學

大師蘭曼（Charles R. Lanman）的《梵文讀本》（A Sanskrit Reader）。這部書收入很多早期的梵文文學作品，也有《吠陀》的文字，故事簡單，文字也淺易。而且蘭曼是用高度科學化的語詞分析的方法編寫而成，非常便於初學。我也是在頓宮勝的指導下拿這本書來學習的。學習了半年，頓宮便到印度留學。結果小林教授自己教我，教材包括這部讀本、《薄伽梵歌》、《奧義書》、《吠陀》等文獻。之後我便漸能駕馭梵文文法，拿佛教的典籍如《心經》（Hṛdaya-sūtra）、《金剛經》（Vajracchedikā-sūtra）、《唯識二十論》（Viṃśatikāvijñaptimātratāsiddhi）、《唯識三十頌》（Triṃśikāvijñaptimātratāsiddhi）和安慧對這部論典的疏釋來看了。

由於學習梵文需要耗費大量腦力，而且我又是個別地學，終日困在家裏，解構梵文的句子，好像拆解數學的公式那樣，那種生活，苦悶非常，雖然有時拆解成功，帶來陣陣滿足感，但大部份時間都是在苦苦思索又苦苦記憶中渡過，在精神上很不好受，於是兩種毛病又來了，像以前苦讀康德哲學那樣。第一是日間用腦過度，在精神上充滿張力，鬆弛不來，致晚上難以成眠，輾轉反側，總是不能入睡，於是又再度起來，繼續拆解梵文句子，這樣精神便越發緊張，更不能入睡，於是造成惡性循環。日本方面的同學似乎也有同樣問題。有一次我到他們的研究室（佛教學部、印度哲學史學部和梵文學部研究生共用的研究室）參觀，看到他們一個個埋頭苦讀，沒精打采，好像半個病人那樣。有些同學拼命抽煙，致手指頭都變得黃了，手指也在發抖；有些則狂飲咖啡，或日本的所謂「清酒」（さけ），以維持精神。頓宮也不例外，手指發抖，簡直不受控制；他把清酒當

作汽水來喝。小林教授有一次竟取笑我說,你必需要學飲清酒,不然的話,你不能跟頓宮君交朋友哩。

另外一個問題是經常頭痛。那大概是偏頭痛一類。不用腦便沒事,一用腦來拆解那些句子,便感頭痛。初時痛一兩天,病痛會自動散去;後來則久久不去。頭痛起來很難捱,你縮瑟在一個角落,一動不動地呻吟,甚麼也不能做。吃頭痛藥也不奏效,只使你更感頭暈目眩而已。

這兩個麻煩的現象自身會造成一個惡性循環,你越是不能入睡,便越是頭痛;越是頭痛,又越難入睡。不過,我自己也有應付這兩個難題的辦法。首先,我從精神上肯定自己,對自己說:你留日的最大目的不是要吸取日本學者的長處麼?梵文文獻學正是他們最大的強項,你非要學成不可,不能後退的。於是,我便以壯士斷臂的決心,堅持下去。好在那時還年輕,還能熬得來。雖然學習梵文在起步上比日本人遲了十年,我覺得還能補得上。其次,當我工作至疲倦時,我便停下不幹,跑出去散步,到京都的寺院(例如最有名的東本願寺)去參看,也透一透氣。寺院的氣氛很寧靜安諡,看著一群一群的白鴿在飛翔,然後散落在寺院頂端的瓦簷上;你的心也隨著牠們在飛翔,在安住。有時我又徒步跑到老遠的宇治川去看流水,看日本人釣魚,沿著滿佈著樹木的河邊漫步,想著將來的計劃,想著像我自己這樣懷著煉鋼的鬥志來闖文獻學的難關的,在中、港、臺方面沒有幾人,想著自己任重而道遠,心情也就奮發起來。一般弄佛學的人,通常只讀漢文大藏經,到美國東亞語言系弄一個博士便算了,根本不敢碰梵藏那些文獻,我想自己比他們強多了,辛苦一點也是值得的。我又想到中國的佛學研究是需要開拓的,需

要沿著現代佛學研究的方法論的步伐前進的,我現在正從事這種披荊斬棘的開路工作。我常以這種懷抱自勉,讓自己忘卻由研讀艱難的語文而引致的病痛。我還有一個舒緩疲勞的方法是聽西方古典音樂。日本方面的FM音樂電臺的節目非常豐富,所選的多是巴洛克和古典時期的名曲,在曲目介紹上也很詳盡,也常常引導人們如何欣賞那些偉大而不朽的作品。我幾乎每天都聽,它成了我極其重要的精神食糧。

1976年4月,我的妻子先回香港,她將於10月分娩,我的第一個孩子要誕生了。我則搬進京都左京區方面的京都國際學生之家的宿舍居住。那是一個瑞士的組織主辦的,專門收容來自各國不同文化背景的學生,讓他們能聚合在一起,在語言、生活與文化上作交流。它的名字便是Das Haus der Begegnung,意即遇合的居所,"Begegnung"即是遇合的意思。我當時在想,自己在日文與梵文的學習方面已漸上軌道,應該著手學習西藏文了。後者對於佛學研究來說,也是挺重要的。因為印度後期大乘佛學的梵文原典很多都失佚,但有大量西藏文的翻譯,貯藏於藏文的大藏經中。因此我向梶山教授提出,他建議我找桂紹隆,後者是藏文和佛教知識論方面的專家,專門研究法稱的。他在京都大學開設藏文課程。我跟他談過,但他說這個課程是以日語授課的,而且已進行到相當程度,不適宜我從中加入。於是我又到京都大學的留學生掛(部門),請求他們替我想辦法。結果他們替我找到由西藏逃亡出來的啦嘛卡僧(Kalsang)上師,給我惡補藏文,我則酌量給他學費。他住在京都西北的白梅町向西頗遠的地方,我每星期到他家上課一次,他每次講完,便給我功課。他選定高斯坦恩(Melvyn C. Goldstein)和

·八、櫻花之旅與對學問的生死相許·

諾能（Nowang Nornang）所編的《現代西藏語：拉薩語系》（*Modern Spoken Tibetan: Lhasa Dialect*）作為教本，並替我口錄那些文句，把錄音帶交給我，讓我回去溫習。這種教法是傳統式的，並不注重文法的分析，卻重視發音和藏文傳統的寫法。我便這樣學了半年。最後他教我解讀藏文《心經》和《金剛經》。❹

在研讀西藏文的那段日子，我的老毛病又來了，但主要不是頭痛，而是難以入睡，西藏文的文法並不難，只要有些梵文文法基礎，便很易學。它的字母，是從梵文的天城體（Devanāgarī）發展出來的，並不難學，也可以把它的讀音轉成羅馬體來唸。它的字彙，有些與漢語相類，可能受到漢語的影響。不過，整體來說，西藏文是依據梵文加以簡化而造成的，它與梵文有深厚淵源，有時甚至可以逐字來譯梵文偈頌。故藏譯佛典較漢譯佛典在意思上近於梵文原典。我當時難以成眠，是由於要記取大量藏文字彙的緣故。日間溫習過後，晚上腦袋張力很強，到兩三點還不能入睡，於是又如以前讀梵文時那樣，跑出來散步，有時沿小徑走二十分鐘到鴨川，坐在草地上，聽河水流動的聲音，四面無人，遠望對岸的大和屋旅館，隱約還有些燈光。我當時很享受京都的寧靜的夜晚。有時則向南行，沿著引水道前進，經過動物園，到接近南禪寺那邊，看日本人大清早在釣魚。回到宿舍已是五時了，便勉強睡一會，到十時左右便被周圍的人吵醒了。

---

❹ 我後來把那些藏文錄音帶和課本的影印本帶回香港。霍韜晦說他要拿來練習，那時我正執拾行裝到德國，便把那些資料借給他使用。我從德國回來，向他提此事，要拿回資料溫習，他說搬了幾次家，丟失了。這樣，我的藏文學習便暫時停了下來，想來真是可惜。

· 151 ·

九、阿部、西谷二先生的訪談、對話與京都學派的宗教遇合

1.關於宗教對話問題

　　我在日本留學的幾年，語文的學習是痛苦的經驗。我本來沒有語文學習的天份，只是由於進行第一線的佛學研究的需要，才逼自己強探力索，學習多種與佛學研究有關的語文。這計有六種：原典和翻譯的語文有中、梵、藏，研究的語文有英、德、日。這樣的語文學養，在國際標準來說，還是不及格的，但我自己已弄至筋疲力盡了。不過，在我國學界來說，起碼在我學習的那個時期，可以說是破天荒的。有誰人如我那般連續飲三次洋水，在不同語文、不同生活環境的日本、德國、加拿大作專門的佛學研究呢？有誰人具有這種機會呢？臺灣的一些年輕的學者朋友對我很羨慕，但他們可能不知道我在這方面所付出的巨大的代價，那便是身體的健康。倘若時光能倒流，讓我重回到七十年代初期，我是否願意走同樣的路，自己也很難說。

　　不過，我在日本的那幾年，也曾度過愉快的時光，其中一次重要的經驗便是與京都學派的學者的交往與對話，聆聽他們在哲學與

宗教上鑽研的心得,和吸取他們在進行比較宗教研究與與西方神學界、宗教界所進行的宗教上的遇合(Begegnung)與對話所得到的成果。這種遇合與對話,在我們中國思想界還是非常缺乏的。

　　京都學派的創始人西田幾多郎很重視宗教的問題,他強調宗教是心靈上的事實,哲學家必然會於某種程度在他的自我的生命中體會宗教的精神。西方的田立克也以終極關懷來說宗教。這都展示出宗教活動在人類的文化生活中,是一種層次很高的精神活動。而京都學派的哲學家們所努力推動的宗教上的遇合與對話,便顯得意味深長了。

　　在我看來,宗教對話是一種很有意義的思想活動,特別是就理解雙方的宗教本質(教義)上來說。對話這種面對面的形式(通過直接交談或撰文來作研討),可以提供很多具體了解對方的契機。但宗教對話很多時是沒有結果的,這是就尋求雙方的融合這一願望或理想來說。多數都只是各說各話,各自表明自己的立場便止住了,真正溝「通」兩種立場不同特別是對反的宗教,是極難的。❶如佛教與基督教是非實體主義與實體主義的對反;佛教決不能容許實體觀

---

❶ 如孔漢思(貢格,Hans Küng)與秦家懿所進行的中國宗教與基督教的對話,我看便不成功。雙方各有自己的專長,所關心的問題的層次根本不同。孔漢思是具有黑格爾那種學問規模的神學家,他的視野是國際性的。秦家懿則是漢學家,她比較關心和熟悉中國方面的宗教問題,那是地區性的,國際性、普遍性都不足。兩人之間並不存在有良好的對話基礎。年前我自己和余達心牧師在中國神學研究院所作的有關基督教與佛教的兩場對話,反而有些意思。我們是就基督教的罪與恩典與佛教的苦與空而作比觀,看兩種偉大的宗教對人性的負面的看法和所提出的消解的途徑,反而具有深厚的對話基礎。可惜那次對話沒有錄音,沒有記錄下來。

念,不然的話,緣起性空這一基本命題便不能說。基督教也決不能放棄實體而變成空,變成非實體。上帝若不是實體,則三位一體如何說呢?聖靈如何說呢?耶穌背後的實體上帝如何說呢?誰去「道成肉身」呢?

我想宗教對話有一點很重要的事,是要回歸到宗教的源頭。這源頭不是某一種特定宗教所說的上帝,或空,而是在反省中出現的人何以提出宗教、何以要建立宗教一問題。這當然涉及宗教的本質、宗教的定義問題。在這些問題上,不同的宗教比較容易找到共識,找到可相「通」之處。這便是西谷啓治提到的宗教的動機。他認為人的宗教動機往往是先由自己出發,然後才及於上帝。❷在這一點上,田立克提出「終極關懷」便很有意思。不過,這終極關懷不必先就上帝來說,否則便會偏向某一特定的宗教了。單就終極關懷一點,便可說宗教的相「通」,不通的地方是對於終極關懷的詮釋。不過,有一點可以肯定的是,終極關懷是人的心靈的終極關懷,這也涉及人的安身立命的問題。在這一點上,心靈與宗教有非常密切的關係,故上面提到的西田幾多郎說宗教是心靈上的事實。羅曼羅蘭說:「唯有心靈使人高貴,」這是有宗教意義的。從心靈這一點看,宗教必涉及內在性的問題。故即使強調宗教的超越面,如上帝、天道,也不能忽視宗教的內在性問題。這樣便可以說,宗教的導向,是超越而內在的。這內在性是就人的心靈說的。當然這心靈不是經驗心,不是個別心,而是普遍的無限心。

---

❷ 參看拙著《絕對無的哲學:京都學派哲學導論》,臺北:臺灣商務印書館,1998,p.125.

若從這些基本認識的大處出發,我想比較容易進行宗教對話,也比較容易產生一些結果。例如佛教說慈悲、普度眾生;基督教說愛、道成肉身、耶穌死於十字架上為世人贖罪。這兩者應是密切相連的,能作為人類的心靈明燈,使人安身立命。由這種共同認同之點出發的對話,便易進行。若不如是,若斤斤計較各種宗教的產生背景、思想立場和實踐方法等狹窄範圍,這則牽涉各種宗教的特殊面相,這樣便很難找到對話的基礎。例如實踐方法一點,基督教強調個人要得救贖,需要依賴外在的、超越的上帝的恩典;佛教則把人的解脫的根源,聚焦於人的自心的覺醒,對於生命中的無明的超克。這便各有不同說法,難以對話了。

有一點很重要的是,宗教既是人的宗教,則人人必有一些重要的課題需要解決的。若能聚焦於這些重要的人生課題上,例如對死亡的超克,便容易把不同的宗教聚合起來,共同交換在這問題上的心得與體驗,和所提出的解決方法。死亡既是人所不能免,我想若能從這個問題開始,便能找到很多共同關心的論題,作為宗教對話與溝通的重要媒介了。

2.我與阿部正雄先生

京都學派是一個系統龐大的哲學與宗教學派。我曾寫了三本書,把這個學派的哲學略加介紹。❸關於它的思想概略,我不想在

---

❸ 這即是:《京都學派哲學:久松眞一》、《絕對無的哲學:京都學派哲學導論》、《京都學派哲學七講》。

九、阿部、西谷二先生的訪談、對話與京都學派的宗教遇合

這裏重贅了,1992、93年間,我在臺北的國際佛學研究中心和法光佛學研究所作公開演講,論述這個學派的思想,那是關連著佛學來說的。這可能是臺灣方面首次對這學派的公開闡述了。一言以蔽之,這個學派要融攝東西方哲學的精粹,以絕對無作為根本觀念,建構一套新的哲學宗教體系,以順應現代文化發展的需求。在這裏我只想概略地述說一下我與這個學派的第三代成員阿部正雄先生的關係,也涉及一些他個人的思想。其他問題可參考上述三書。

1974年4月,我甫到大阪不久,便持著唐君毅先生的介紹函件到京都見阿部正雄先生。函件是用中文寫的,阿部大概也省略地看得明白。他是一個典型的日本教授,卻又較日本教授多了一份人情味和對我的生活關切之情。我們談的,主要是哲學問題,他送了我一些他新近寫的論道元的佛性思想的論文,並邀我參加每周由他主持的坐禪會,那是在京都西邊的妙心寺內舉行的。兩個小時後我告辭回宿舍,即細心閱讀他論道元的論文。我很強烈地感覺到他們京都學派看問題不同於我所熟悉的當代新儒學之處。阿部很留意二元性思考在理論上與實踐上的弱點,因而強調要超越和克服一切二元性(dualism)的思考模式,而上達絕對的一元境界。這「一」當然不是數學意義的,只是絕對的意味。我明白這種思考背景是中觀學與禪。中觀學說空,說中道,都是就對有、無的雙邊否定立說,慧能禪的不思善不思惡,基本上也是這種思路。其後我依著阿部的著作來看他的受業老師久松真一的作品,發覺阿部受久松很大的影響。久松強調背反(Antinomie)問題,由善惡、生死的背反,推而至生滅的背反,再進而至有無的背反,都是教人不要為背反所囿,要克服背反,才能說對真理的覺悟,說宗教意義的解脫。這又有康

德的意思,他們說背反,基本上是順著康德的第一批判說下來的。另外一點是,他們喜以否定的方式以表示終極原理,因而提出「絕對無」一觀念,以概括中觀學的空、禪宗的無,以至整個東方哲學的精神性格(spirituality)。他們並不認為如西方哲學所肯定的絕對有的終極原理,在存有論上比絕對無有先在性(priority)。即是,絕對無並不是由絕對有的否定而得,而是,絕對有與絕對無,各自代表西方哲學與東方哲學的終極指標。他們也喜歡在西方哲學中找尋絕對無的思想,以印證和助成東方人所亟亟提倡的絕對無的說法,因此,他們留意德國神秘主義(Deutsche Mystik),特別是艾卡持(Meister Eckhart)與伯米(Jacob Böhme),還有尼采與海德格。他們以為這些哲學家或神學家具有絕對無的思想。很明顯,京都學派的這種思想,與當代新儒家強調道德實體、無限心很是不同,當時對我來說,確有一種新鮮的感覺,也覺得論東方哲學,或中國哲學,不必只依當代新儒家所走的路子。後來我又看京都學派其他重要成員如西谷啓治、西田幾多郎的哲學,覺得他們的後勁很強,有宏潤的哲學背景與穩健的哲學基礎。自此以後,我便用心留意東方人弄的這一套新哲學。當時我只努力地理解、消化與吸收這套哲學,並未意想到後來和久松、阿部在一些重要的問題上的看法有分歧。

跟著我便每星期六下午到京都妙心寺參加阿部主持的坐禪修習。他教的是道元的曹洞禪法,強調「只管打坐」;只管是專心的意味。整個過程歷四個小時,頭兩個小時是禪坐,然後跑香十分鐘,便圍坐下來討論禪法。學員中有些水平很高,也有些是年輕的小伙子。我由於自己是外人,日語討論又不靈光,故大部份時間都是坐

・九、阿部、西谷二先生的訪談、對話與京都學派的宗教遇合・

著聽他們的討論。阿部在這方面顯得很有學養,他很耐心聆聽和回應學員提出的問題。我參加這坐禪班有很久的時間,後來由於梵文功課實在繁忙,抽不了身,便漸漸停下來了。但在家中仍經常進行打坐。

　阿部先生是一個學者、哲學家,人很隨和,不像高高在上的大教授。他是奈良教育大學的教授,但大部份時間都在京都,有時也到國外開會,進行宗教對話與交流。他與京都學派其他成員不同,後者很多都是德國哲學的背景,喜以德文寫作和交談,阿部雖時常看德文的哲學原著,但能寫流利的英語,也能以英語交談,故接觸範圍較廣,也能發揮較大的影響力。歐陸的神學家通常都找德語基礎好的武內義範和上田閑照,英美的神學家則常找阿部對話。他也熱心助人。例如,他樂意擔任我後期在京都大學研修的擔保人,又曾積極替我找京都的寺院內的居所。因為在那個時候,我很有住進寺院裏面之意,以體驗一下日本出家僧人的生活。他曾替我在大德寺找到一個宿位,大德寺的負責方面也曾邀我去面談。不過,由於寺規嚴格,要清晨五時便起床,做打掃的工作。我那時正忙於西藏文的學習,通常都是讀至深夜,故沒有辦法滿足他們的要求,終於打消了這個意願。但阿部樂於助人之心,於此可見一斑。

　我與阿部正雄先生的關係,可謂錯綜複雜。一方面是師生關係,就他的年紀與學問來說,他都足以作為我的老師,何況他又是唐先生的朋友。但這種師生關係不是official的,我並未有在他任教的奈良教育大學註冊上過他的課。不過,我曾接受他在坐禪和參禪方面的指導。由於我是外來者,故他相當客氣,當坐姿不正時,他不會像對本地的生徒那樣打我幾下。我們又可是朋友關係,我們很多時

是以對談的方式討論問題的,我很尊重他的意見,他也尊重我的意見。❹我有些著作送給他看,他也送自己的著作給我看。我們也可是護持的關係,如上所說,他曾作過我的擔保人,在京都大學繼續作研修員。此中還有另外一種關係,那是文化意義的。我們之間有共同的關心,要對東西文化特別是宗教與哲學方面作深刻而廣泛的了解,並促進東西方宗教的對話。他的思想,有很多方面是值得我學習的。他討論問題很有邏輯性,說理清晰,而且常能觸及問題的具有深度亦即本質的層面,比較的意味也很濃厚,很有感染力。他的討論,特別是在對禪哲學的探究方面,顯然超過鈴木大拙,後者比較浮淺,概念缺乏明確性、清晰性,比較近於常識,哲學性很淡。他可說是承接京都學派以久松眞一為代表的自力主義的學風。他的老師很多,都是很強的,如久松眞一、西谷啓治和山內得立。前二者是直承京都學派的創始者西田幾多郎的。自1992年以來,我幾乎每年都到京都一次。每次我都去看他。最初幾次是我到他的住所探訪他。後來的幾次都是他來酒店看我。我心中不安,他已八十多歲,怎可讓他屈就來看我這個後生呢?但他每次都推說新近搬了家,家中凌亂,不便招呼客人。他顯然是要給我面子,禮貌地視我為貴賓。我也感受到他來看我內心所有的喜悅之情。其中一個主要原因可能是我對京都學派所懷有的濃厚的興趣與不算淺薄的認識,也由於我寫了幾本討論京都學派哲學的專書而感到感激與高興。實際上,在把京都學派的哲學帶進漢語的思想世界方面,我是做了不少工作

---

❹ 最近我的朋友賴賢宗去看他,他對賴說我是他的一個重要的對話夥伴(an important dialogue partner)。

的,那是開路的工作。我對他們的哲學的研究,算不上深入,基本上是定位性質。例如我定西田的哲學為終極實在的哲學,西谷的哲學為空之存有論,阿部的哲學中心為淘空的神,等等。❺不過,我並無意當一個京都學派哲學的專家,雖然我在這方面是很有條件的。我自己近年構思的純粹力動現象學(Phänomenologie der reinen Vitalität)的核心觀念純粹力動(reine Vitalität),已概括了他們的絕對無的涵義了。❻

阿部先生是我幾次留學生涯中遇到的一個挺重要的良師益友。在學問與為人方面,他都給我很大的啟發。對我的心路歷程影響最大的,除唐、牟二先生外,便是阿部先生了。

---

❺ 據賴賢宗訪問過京都學派的成員後歸來所說,京都學派的年輕學者花岡永子對我定西谷的哲學為空之存有論有質疑。理由是西谷並未用過這個字眼來說自己的哲學。我的回應是這個理由缺乏理據。西谷有無用「存有論」來說他自己的哲學是一事,他自己的哲學能否說是一種空之存有論是另一問題,這兩者可以互不相干,中間也無矛盾。在中國哲學典籍中,從未有「哲學」一字眼,難道這便表示中國沒有哲學麼?《孟子》書中也沒有用「超越」(transzendental)的字眼來說他的善性,這又表示他的善性不是超越的性格麼?我知道有些日本學者不喜歡「存有論」(Ontologie)這種字眼,以為佛教沒有這套東西。我覺得這樣理解並不恰當。佛教的理想在求解脫,在離苦得樂,故它的整個哲學和宗教的目標是在解脫論、救贖論方面,存有論不是挺重要的問題。這可以說。但我們不能說它不重視存有的問題。解脫與救贖都是在存在世界中發生的,怎能忽視存在或存有的問題呢?經中說:「法住」、「除病不除法」,這「法」便是存有,佛教是要保住存在世界的,不然的話,便淪於斷滅論了。

❻ 關於這點,後面會有更詳盡的闡釋。

3.我與西谷啟治先生

在京都學派的學者群中，我與阿部正雄先生交往最多，其次便是西谷啟治先生。他是阿部的老師，在京都學者中，與久松真一同屬第二代。西田幾多郎是京都學派的創始人，是當代日本哲學的奠基者，故京都學派有時又稱西田學派。他的學問規模非常宏潤，可以媲美西方任何一個哲學大師。不過，他對西方宗教界、神學界以至哲學界的影響，似乎遜於西谷。此中的原因，我猜想有以下幾點，從中我們亦可窺見西谷哲學的一些特色。首先，西田哲學系統龐大，涉及多方面的問題，讓人難以湊泊。單是說終極實在，他便提過多種說法，如純粹經驗、絕對無、場所、動作直觀和絕對矛盾的自我同一。要把握他的哲學旨趣，並不容易。西谷在這方面很清晰，有很確定的說法，他是以空來說絕對無，而他言空，線索也很清楚，那是由佛教的般若思想、龍樹中觀學、禪的無與華嚴的無礙關係說下來。其次，西田哲學的理論性、觀念性都很強，他是要建立一套融攝東西方哲學智慧的體系，在時代感方面略嫌不足。即是，西田不大著重哲學對現代問題的回應。西谷在這方面比較具有實際的眼光，他注重的問題多富有現實意義，如歷史、社會、經濟方面的，都有談及。他尤其注意到西方文化自科技發達和尼采提出上帝已死以後，西方心靈陷於虛脫狀態，致虛無主義大行其道。在這個關鍵時刻，他提出佛教的空來試圖回應西方心靈的問題。在這一點上，他得到西方不少學者和思想家的支持。在個人的交往方面，西谷與西方的哲學、宗教與神學界都有很密切的連繫。他自己曾留學德國，

與海德格相友善。他成了彼方學人與東方進行宗教對話的對象,他的一些重要著作也被翻譯成英語與德語。最後,他有一套完整的存有論,也就是我所定位的空的存有論。在這套存有論中,他以佛教的空為基礎,建立一種「自體」觀念,以說事物的真實性(reality),把現象與物自身關連起來,解決自康德以來在西方一直流行的現象與物自身的分離問題。在這一點上,他與胡塞爾在現象中建立本質有異曲同工之妙,他的空的存有論,自然有理想的、轉化的意味,故也可說為一套現象學。西田則沒有這樣做,這是西谷有進於西田的地方。我預期西谷的哲學在京都學派哲學中會越來越重要,越來越被西方的思想家拿來研討與借鑑。他將取代西田,成為京都學派的核心人物。❼

以上是我在和西谷的談話和看他的著作中所得到的印象。西谷為人很隨和,時常掛著笑容,說話也幽默風趣。他身材瘦削,雙目炯炯有神。他讀和寫英語和德語的水平都很高,但說起英語來,則常口吃,有時說來說去都說不出那個恰當的字眼,最後還是以日語表達出來,他自己也毫不以為意,反正語文不是他的強項。他和唐先生很友善,在很多國際會議上也碰過頭。唐先生逝世後,我告訴他,唐先生晚年完成最後的鉅著《生命存在與心靈境界》,我剛想把這部書的內容說給他聽,他擺擺手說,你不用說了,這部書的內容我早知道了。大抵他們兩人私下有很多溝通,對對方的思想和思想背景都很清楚。

---

❼ 在這一點上,我與名古屋南山大學的南山宗教文化研究所的所長海式格 (J. Heisig) 有相同看法,他對西谷也是另眼相看的。

西谷先生一直在京都大學的哲學部與宗教學部當教授,直至退休。他可以說是京大的精神支柱。西方特別是歐陸學者要了解東方的哲學與宗教,或要進行訪問與對話,通常都會找他。他的發言很有權威性,那當然與他在哲學、宗教與神學方面有深厚根基有關。退休後,他還經常到私立的大谷大學舉行講座,我是當時講座的常客,故有很多機會跟他接觸。日本政府曾頒給他學士院受賞,把他視爲國寶級的人物。

　　我最後一次見西谷先生,是在1983年春夏之間,那是我到加拿大研究宗教學的前夕。我是通過大谷大學校務處的連繫到他家探訪,找他深談的。他那時剛見客完畢,便出來招呼我。他全無倦容,和我談了三個小時,那眞是一次極爲難忘的經驗。他首先很高興地展示他的著作的英譯本和德譯本,和其他人寫的有關京都學派哲學的著作,表示京都學派哲學已全面走向世界的哲學舞臺了。他知道我熟悉德國觀念論,於是從德國的神秘主義講起,下經康德、費希特、謝林、黑格爾,以迄他所最熟諳的尼采、胡塞爾和海德格。他表示西方哲學的末落傾向已經非常明顯,上帝給尼采摧毀了,科技文明也不能回應西方心靈的精神要求,在後一點上,他與海德格是同調的。他太熟悉海德格了,特別是晚年的海德格的思想。他這樣說,是暗示東方的精神性格(Eastern spirituality)可以擡頭了,可以啓導西方心靈走向能安身立命的終極歸宿。他便由這點很自豪地說京都學派現正承擔起這個任務。當時我正醉心看康德後的西南學派的瓦興格爾(H. Vaihinger)的想像哲學(Philosophie des Als Ob)。這是一套有知識論意味的實證主義體系,要把一切形而上學的觀念和問題,以想像方式,還原到思想方面去。他認爲這些觀念與問題

所表示的,都不是真實,而是假象(Als Ob)。西谷勸我不要相信瓦興格爾,他的那套實證論是不成的。後來我細看他的名著《宗教是甚麼?》（宗教とは何か?）,便明白他反對瓦興格爾的理由。「自體」在他的空的存有論中是一種有導向義、轉化義的語言（orientative language）,他的理論立場便在這裏,這是他的實在（reality）的所在,決不是甚麼假象（Als Ob）,它的背景是空,因此能說以自體而存在的事物有回互相入的關係,這裏自然有華嚴宗的事事無礙思想在內。我很佩服西谷先生在哲學上學識的廣博,連瓦興格爾那樣常為人所忽略的哲學思想也不放過。

4.我對京都學派哲學的印象與評價

在京都學派的成員中,我接觸最多的是西田幾多郎、久松真一、西谷啓治和阿部正雄。另外還有田邊元、武內義範、上田閑照,和較年輕的大橋良介、山口誠作、冰見潔和花岡永子。我和他們有私人見面和交往的,則有西谷、阿部和大橋。我和阿部尤其有長期連繫,自1974年見他,迄今已超過四分之一個世紀了。

關於京都學派的成員問題,一直是有爭議的。我在拙著《絕對無的哲學:京都學派哲學導論》的〈自序〉有討論過,這裏不想多贅了。我基本是以絕對無一觀念為準繩;對這觀念有闡發的,我便視為京都學派內的人物,否則便不算,或只能視為邊緣人物。大橋良介最近出版《悲の現象論》,似有以悲來詮釋絕對無的意向,但我未細看其書,在這裏不宜多作評論。關於大橋所重視的高山岩男、

高坂正顯、鈴木成高和下村寅太郎,他們的影響只在日本國內,而未及於國外。京都學派是一國際性的哲學學派,我想這方面是應受重視的,故我不把這四個人列入。至於很多人都提到的三木清,他的思想主要是政治方面的,不是哲學方面的,他早期受了些西田的影響,其後則轉而宣揚馬克斯主義,與西田、西谷他們離得很遠,故亦不宜列入。大橋良介本人便也曾提出這點。至於辻村公一,他是海德格專家,未見有特別的個人思想。鈴木大拙所涉太泛,中心思想模糊,這兩個人也不宜列入。常盤義伸則專注於翻譯,而且只限於久松的作品,他自己在哲學思想上沒有表現,故也不應在行列之中。不過這個問題還是很複雜,主要看你取哪一些標準來作準繩。在一些地方,我和大橋以至上面提過的海式格,也有好些出入。近年有人提軍國主義問題,謂京都學派個別成員與此有關連。這對整個學派來說,多少蒙上陰影。我自己既無意做一個京都學派哲學的專家,故在這方面也不想多發表意見了。

在京都學派的哲學家群中,西田無疑是最具有原創性和哲學氣魄的。在他的成名作《善の研究》中,一開始便提純粹經驗,出招有如天外飛來,盡顯他的形上智慧。這個概念與我正在為自己構思的哲學系統有很密切的關係,我的純粹力動觀念的建立,或多或少受到它的啟發。西谷所關心的問題也很廣泛,也最能回應現代特別是西方心靈因科技文明的高度發展而引致的精神問題。在這一點上,他與胡塞爾與海德格是同出一轍的。另外一個我特別留意的哲學家是久松真一。我曾對阿部說,久松是京都學派中最全面的人物,特別是在禪方面,有深刻而廣泛的學養。除了哲學與宗教外,他又擅長茶道、書道、繪畫、雕刻、漢詩、俳句,與禪坐。他的「一圓

相」的工夫也非常深厚。最重要的是他創立FAS協會,發揚FAS的理想,推動宗教運動。在把宗教理想落實到現實的社會生活方面,他的表現最為突出,是學派其他成員所欠缺的。我在京都時,很想看他。可惜他已屆八十六高齡,住在郊區,閉門不見客了。

對於京都學派哲學的評論特別是批判方面,我做得比較少。我所寫的上面提過的三本書,基本上是介紹和定位性質,批判性不強。我本來想另寫一本批判性的書,現在看來恐不能成事,因我要把時間和精神集中在搞自己的哲學體系方面。因此我想先在這裏提出個人的批評。首先,久松真一以無相的自我來發揮絕對無,視之為東方的精神性格(oriental spirituality)。我認為是不恰當的,或者說,這太過於消極,不足以表達東方的主體性的動感。關於這點,我在其他地方提過。「無相」是般若思想的字眼,表示般若心靈不執取事物的相狀之意。不執取是否即表示主體具有足夠的能動性,在世間起用,教化眾生,而遊戲三昧呢?我是持保留態度的。我在拙著《遊戲三昧:禪的實踐與終極關懷》一書以不捨不著的靈動機巧的主體性說禪的本質或主體性,由此概括東方的精神性格,我想這樣比較好些,比較能傳達禪的動感的訊息。「自我」的字眼也不好,這與原始佛教說「無我」的用法相悖,雖然兩個我的層次不同,但也易生誤會。說「主體性」便沒有問題。

現在要談一談阿部正雄的淘空的神(emptying God)或否定的神(kenotic God)的問題。他這提法是要把佛教與基督教融合起來,達到宗教遇合的目標,用心很良苦。但佛教是非實體主義(non-substantialism),以空來否定實體;基督教是實體主義(substantialism),它的神便是一個實體。兩者本來是針鋒相對,

立場迥異的。若要直接把它們拉在一起,以空的觀念注入神的觀念中,而成淘空的神,由此說基督教的道成肉身,謂上帝以尊貴的身份,淘空或否定自己,化身為耶穌,下凡為世人贖罪。由此說神的否定、神的空性。這樣說來太勉強,而且神不能真正淘空自己,祂的淘空,只是暫時性的,故道成肉身亦只能出現一次。我覺得阿部這種做法,在觀念上有問題。我們不能把非實體主義這樣直接注入實體主義中。若真要把兩者拉在一起,即把作為絕對無的空與作為絕對有的神溝通起來,使兩者融合,只能採取一種迂迴的方式,即在絕對無與絕對有這兩終極原理之外,找一第三終極原理,把這兩者綜合起來。這第三終極原理,便是我在自己的體系中所提的純粹力動。❽故我是反對阿部的這種構思的。不過,我見他時沒有向他提出,我是怕他受不了這種衝擊,他對自己的想法,實在太具信心,也花了不少氣力。

最後,我想評論一下京都學派以絕對無(absolutes Nichts)來概括東方的精神性格(spirituality)以與西方的絕對有(absolutes Sein)對說一點。若以基督教的神為準,或亞里斯多德的實體(Substance)為準,或甚至以黑格爾的精神(Geist)為準,這都可稱為絕對有。即是說,它們都是以肯定的方式以表達終極原理。我以為是可以的。但東方的情況則不同,它有點複雜。以佛教特別是般若和中觀學的空為絕對無是可以的,這是以否定的方式來表示終極原理。在道家例如老子和印度教的情況,以絕對無來說道或梵,

---

❽ 關於這點,我會在後面專論純粹力動現象學一章中詳細解釋。

也是可以的。❾但以絕對無來說儒家的天道、良知便有問題。它是一精神實體,具有健動性格,有很濃厚的積極的、肯定的意味,如何能說是絕對無呢?當京都學派的哲學家們考慮東方的精神性格時,他們的著眼點是在佛教,或者延至道家,但並未想到儒家。他們對儒家的天道、良知的健動性顯然沒有充分意識到。實際上,在他們的著作中,極少提到儒家的實體觀,不管是天道也好,天理也好,良知也好,本心也好。他們對儒家根本缺乏了解。故他們以絕對無來概括東方的精神性格,當代新儒家的先生們必然會有激烈的回應,不會同意他們的提法。

---

❾ 老子的道更有實體主義與非實體主義互轉的內涵。關於這點,拙著《老莊哲學的現代析論》中〈唐君毅先生對老子的道的詮釋:六義貫釋與四層升進〉一文中有闡釋。

十、哲學王國之旅與第二次瀕死經驗

1.對德國的憧憬

1976年9月我執拾行裝,自日本回香港,結束了三十多個月的留學日本的生涯。在這段日子,我的學習雖然辛苦,但也帶來滿足感。心想若打好佛教文獻學的基礎,將來研究佛學會有很多方便,可以突破前人的閉塞的作風,開出一個全新的佛學研究的天地來。加上有妻子的照料,疲倦時可以外遊幾日,沒有考試、寫論文的壓力,日子過得倒是挺愉快的。

不過,回到香港,卻有進入一個地獄式的世界的感覺。除了女兒的出世,帶來陣陣新生命的氣息與希望外,一切都是那樣令人感覺屈辱與喪氣。父親、「二嬸」的涼薄,左鄰右舍的異樣眼光,奇怪怎麼讀那麼多的書還不找工作呢?我當時的計劃,是翌年到歐洲或美洲去。但那段過渡的時間,總要找些事做才好。但到處謀職,都沒有結果,夜中學、報館日語翻譯、私人機構日語文件處理、新亞雅禮語文導師,都問過了,最後還是找些臨時代課。但代課竟然要教小學,是霍韜晦太太介紹的。看見那班小朋友上課時在課室走

來走去,根本視你代課老師如無物,真有被氣死的感覺。想著自己在京都大學苦學梵文,一分一秒都不放過,回來卻受到如此折辱式的待遇,真是難過。若唐先生肯幫我一點小忙,讓我在新亞研究所當研究員,拿點研究費,便可安心編寫一直想做的梵文文法書了。但唐先生的答覆竟是「愛莫能助」,讓我在外邊飄蕩。倘若他當年見到我現在在學術上與思想上的成果,或許會感到後悔與惋惜吧。他所情有獨鍾、所關心的新亞研究所的人,有幾個真能成材呢?

不過,當時我並不氣餒,一有空閒,便拿梶山雄一與服部正明的著作來翻譯,以增加自己在佛學理論方面的學養,和提高自己的日語水平。又寫〈櫻花時節〉,記述在日本留學時的所見與所思,投到《明報月刊》去發表。

時光飛逝。我在香港的地獄式的日子很快便成過去。1977年6月我申請得德國政府學術交流處所頒的DAAD獎學金,別了妻兒,獨個兒往德國留學去了。我當時有四個選擇:一是美國加州大學洛杉磯分校(University of California at L.A.),一是加拿大多倫多大學(Toronto University),一是加拿大麥克馬斯德大學,最後是德國漢堡大學(Universität Hamburg)。都是有獎學金的。我選取到德國去。我當時的想法是,要乘著在日本所學得的梵文文獻學,繼續在方法論方面作工夫,為自己建立一套完善的佛學研究方法論。我既然在日本待了多年,熟悉那邊的佛學研究,便應到歐美那邊看看,考察那邊的研究,在方法論上吸取有用的資糧,為自己的佛學研究,打好更全面的根基。我當時的著意點是方法論,在這方面,我有非常濃厚的意識,認為要做好一件事,必須要有健全的方法。想法雖然單純,但我覺得非常穩健,是理當如此的。

・十、哲學王國之旅與第二次瀕死經驗・

其時有一個插曲。當時我聽說崇基學院中文系有一個教職空缺,我是那邊的系主任心目中的人選。她正在想為甚麼吳汝鈞他們不來申請呢?當時系中有一個教師(也是我的舊同學)提醒我,這是千載難逢的機會,不要錯過。不過,我未有認真去想這個問題。我認為既然已選擇了佛學研究這條道路,而且行得那麼險惡(我沒有到一些大學的東方語言學系拿一個博士學位便算是學成的想法),便應堅持下去,若退回來在中文系教書,那還算搞佛學研究麼?若真要弄佛學研究,應該弄通梵藏文獻學,建立方法論,在文獻學與哲學分析這些方面建立根基才對。❶

我選取到德國去,直接的原因是要以德國為基地,好好地了解一下歐美的佛學研究,並建立自己的方法論。另外一個潛在的原因,是對德國哲學與音樂的嚮往;我在香港花了那麼多時間唸德文,也與這一點有密切的關連。在西方哲學中,我最醉心的是德國觀念論,特別是康德與黑格爾的那一套理想主義。我也很喜歡海德格,他對存有問題的探討所表現的那種深沈的思考,特別是他晚年對人的生死問題的洞見(Einsicht),對我都很有吸引力。甚至現在我所讀

---

❶ 事後妻子也埋怨我,應該先謀取一份安穩的教職,讓生活有著落,才想如何建立學問的問題。當時我也有些過意不去,自己只想一心一意闖文獻學的艱難關卡,沒考慮到要安定下來,賺些錢,讓妻兒能有好的日子過。實際上,在中文系教書,舒服得很,教點讀書指導、諸子,或文學批評便成。當時中文系的老師,有哪一個是真有學術意識呢?有哪一個不是在靠學位混飯吃呢?甚至只要有一個土包子碩士學位,也可以混下去。不過,我當時並沒有為自己的選擇而真感到後悔,佛學是哲學,是宗教,在中文系如何弄這些東西呢?如何教呢?今天就我在佛學研究方面的成就看來,我當時所行的路,並沒有錯。

得最多的胡塞爾的現象學,其哲學的氣魄與智慧,都足以令人讚歎。我要發展自己的純粹力動現象學的形而上學體系,在很多方面都要借助他的思考。德國真可說是哲學王國。至於音樂,更不必說了。在我所喜愛的古典音樂中,大部份是德國作曲家的,由巴洛克時代開始經古典時期到浪漫時期,以至近期的馬勒(G. Mahler)、史特勞斯(R. Strauss)和布魯克納(A. Bruckner),都是我的至愛。在表達音樂實體的愛與盼望方面,有誰比海頓(F. J. Haydn)、韓德爾(G. F. Händel)、巴哈(J. S. Bach)、莫札特(W. A. Mozart)和貝多芬(L. von Bethoven)更具感染力呢?❷德意志民族的音樂成就,簡直了不起!至於偉大的指揮與交響樂團,如卡拉揚(H. von Karajan)、布恩(K. Böhm)和柏林管弦樂團,還不是德國的麼?

　　我選擇到德國的另一個遠因,可能是受了日本方面學者的影響。日本的哲學界倘若要飲洋水,到外國留學,通常都是到德國的。京都學派的學者,除了西田幾多郎自己未出國門一步外,其他幾乎全部都留德,久松真一與阿部正雄沒有留德,但還是看很多德文的哲學原著。另外,我的指導教授梶山雄一和服部正明在做學問方面,深受德奧方面的維也納學風所影響。梶山自己便曾聽過這學風的開山法勞凡爾納(E. Frauwallner)的課,服部自己也曾說深受法勞凡爾納的啓發。我對由法勞凡爾納下來的有關佛教認識論的研究,很

---

❷　「音樂實體」(musical substance)這個詞彙是我自己提出來的。我用它來指述以基督教的宗教、文化為背景的音樂的本質。它内涵著愛與盼望,可以引發人生起巨大的精神上的力量,是極具震撼性的。我認為,這種力量直接的來源是上帝實體,它透過音樂的方式表現出來,故我稱爲「音樂實體」。又,海頓是奧國人,是德語系的,故我也將他歸於德國。

有興趣,包括他的兩個高弟舒坦恩卡爾納(E. Steinkellner)和維特(T. Vetter)。自己也想走這條路,弄一點佛教認識論,特別是陳那(Dignāga)與法稱(Dharmakīrti)的體系。那是中國佛學研究界一向所忽略的。

2.極度疲倦與死亡的危機

我初到德國,被安排在德國南部的一個美麗小鎮巴侖背流(Blaubeuren)的歌德學院(Institut Göthe)學習德語,然後便北上到漢堡大學作正式的研究。這個地方很幽靜,有小橋流水,街道清潔,空氣清新,在市內漫步,舒暢非常。而且附近都是郊野,遍地是綠草,你閒著無事,可以隨時躺下來,安睡一個下午,享受一下溫潤的陽光。我置身其中,在街上閒蕩,東張張西望望,有樂在園林中的感覺。

但艱難的日子馬上來了。我當時乘著在日本積極學習佛教文獻學的餘勢,把梵文、藏文、日文的資料也帶到德國去,準備繼續作戰。而在歌德學院上的德文課,也是如在大阪外國語大學上日文課那樣,是密集式(intensive)的。我的精力當然不繼,時間也不夠用。初時只是覺得吃不消,其後簡直無法應付,疲態畢呈,終於病倒下來,而且病勢不輕,失眠虛脫,整個人好像離開了現實,進入另外一個世界。當時情緒又不好,時常惦掛著在香港的妻兒,父親對於媳婦與孫女兒,竟然完全沒有照顧。我又開始感到前路的渺茫,即使在德國學成,回香港亦未必找到適合的教職,中文大學哲學系

的同事又短視,根本不知我在外邊學了些甚麼東西,即使知道了,也不會在意,有些甚至有妒意,他們基本上缺乏對學術研究的誠懇與關心,也缺乏語文知識,看書要借助翻譯。例如,沈宣仁先生明知我是弄佛學的,而佛教是亞洲最重要的宗教。在1975年他們宗教系有一個教職空缺,是教亞洲宗教的,結果竟請了一個聽說在菲律賓出身的弄道教的先生,當時我正在日本苦操梵文,他們完全未有和我聯繫。我在那邊做了幾年助教,又常作他們的替工,客串任教佛教的那一部份,但人情的淡薄,竟是如此。這些先生們一直都只是在混日子,幾十年下來,連一本有點份量的學術性著作都寫不出來。不過,最讓人失望的,還是上面提到的唐先生的雙重標準,我以煉鋼的鬥志去學梵文文獻學,只是由於不是新亞研究所出身,才受到唐先生的冷遇。這一事件對我在德國的學習情緒,帶來一定的衝擊。這些先生們現在大多數已退休了,他們屍居中大幾十年的教職,在學術研究上一事無成,真讓人歎息不已。

可以說,我是在精神上極度疲乏和感情受到創傷的情況下到德國的,可謂心力瘁傷。讀了一個月的密集式授課的德文後便病倒,是很自然的事。但我從未想到竟是病得那麼嚴重。當時精神幾乎陷於崩潰的程度,有隨時會倒下會死亡的感覺,也有自殺的衝動。❸其中有八天,我陷入完全無法控制自己的狀態;即是說,現在是好好的,但下一刻會發生甚麼事,自己會做些甚麼,都不能決定。我已覺得自己要做些甚麼事,不要做些甚麼事,都不能自我控制。只

---

❸ 曾經有幾次我在鎮內的一個馬路彎口看見大貨車駛過,當時真想衝將開去,死在車輪下算了。不過,最後我沒有這樣做。

十、哲學王國之旅與第二次瀕死經驗

是感到極危險的事隨時會發生,自己隨時會死去。那時候,我的確是如《維摩經》所說的「病幾至於死」的狀態。

我當時時常在腦海中出現的,是哲學家尼采的形象,他是瘋癲而死的,我很害怕和他有著同一命運、同一遭遇,我覺得這可能性很高。自己不也是在唸哲學的麼?當時我是三十一歲,想到音樂家舒伯特(F. Schubert)和般若學者僧肇都是在三十一歲便去世的,自己會否像這兩個天才人物一樣有著同一際遇呢?

幸好當時我的體力雖然極度疲弱,情緒極度低落,但頭腦仍是清醒的,思考仍然清晰。我即按步依以下的節目去做。首先,我停止梵、藏、日三種語文的研習,只有限度地學習德文。跟著,我去看醫生,他要我每天到他診所打針,目的是為了增強體力。關於精神疲弱和睡眠不好方面,他研究了一番,給我吃了一種瑞士出廠的Limbatril,這種藥吃了有穩定精神和情緒的作用,而且睡眠可以持久些。每天起來,我都專心執拾房間,把它打掃得乾乾淨淨,一塵不染,不讓自己有閒暇想其他事情。中午便外出到超級市場購物,自己弄東西吃。飯後不久,我便到運動場跑步,或沿著街巷跑,至於筋疲力盡,回來沖一個熱水浴。在跑步中,我需要集中精神,不能多想其他事情,不然便會跌倒。有時中午同由香港來的甘仔(甘達庭,他是學化學的)上完德文課,便來找我聊天,一齊吃午飯,倒也不愁寂寞。黃昏吃完晚飯後便外出散步,欣賞巴侖貝流的晚霞,回來聽古典音樂,聽得最多的是韓德爾的大協奏曲(concerti grossi),便睡覺了。

在這段精神不穩定的期間,我常提醒自己要有鬥志,要活下來,不能倒下。壯志未酬,怎能死呢?在我國學者中,像我這樣先打好

哲學與文獻學的基礎來研究佛學的,又有機會來日本、德國留學,學習他們的方法論和接觸他們的資料和研究成果,還有誰呢?我要在佛學研究方面開出一片具有現代意義的新天地,將來還有很多事情等著自己去做,怎能死呢?無論如何不能死。倒下來,便要掙扎站起來,繼續向前行。

我很感謝甘仔的扶持,他幾乎每天都來看我。他雖是唸理科的,卻能講很多人生道理,好像比我還要強。有一次他說,你好歹忍耐一下,過不一兩年,又是一條好漢了。這句說話對我非常受用,勝過千言萬語的安慰。人生如奕棋,很多事情事前都難逆料。我對德國早有憧憬,懷著滿腔理想而來,心想德國之行,對自己將來的學思會有深遠影響,又怎會想到會落難於巴侖貝流,而且病得那麼悽慘呢?但這並不表示最後結局便是這樣。我倒下了,會爬起來的,在人生的旅途中,自然會有很多挫折。前程如何,怎能單憑一兩次不如意的事來決定呢?我是不會輕言放棄,不會認輸的。

這樣,好不容易熬過八天。第九天,那是1977年7月20日,我覺得狀態好了些,自己稍能控制自己了,便開始看一些禪的典籍,和日本學者在這方面的體驗與心得。我也開始著手寫〈浮士德之魂:關於生命及其哲學〉一長文,探討生命問題。我覺得自己對於苦痛與死亡,有進一步深沉的感受與理解。配合著佛教的生命的緣起流轉的說法,我對於自我已不那麼執著,漸漸能放得開。人赤裸裸而來,也赤裸裸而去,死亡決帶不走任何東西。但人總是不甘心,總是想帶著一些東西,這決不成功。人不但有我執,也有法執。不管是我也好,是法也好,都是生滅法。在這個層面,人是全無辦法的,他不能阻擋生滅的洪流。不過,人有精神,在這方面,人可成就種

・十、哲學王國之旅與第二次瀕死經驗・

種價值。人生應在這點上著眼。

這次的重病,很明顯地是一種瀕死經驗。童年時代我幾乎被淹死的那一次,並不能認真看,自己也很快便被人救起了。這次則不同,我是親自從死亡邊緣徘徊著,最後退回來的。我也從其中吸取了教訓。對於學問,我顯然是操之過急,覺得自己的起步,比日本人遲了十年,要儘快追回來。但時光是不倒流的,你與時間競步,肯定是要輸的。它一分一秒地過去,你能阻擋它麼?而且,在這遲了的十年中,我學了新儒學與德國觀念論,日本人並不見得能學到。故自己不見得便輸了給他們。對於苦痛與死亡,我覺得親情、友情等在精神上有舒緩的作用,但終究要由自己去承擔。不過,對於苦痛的真相若能有真切的洞見,則或會有消解之道。苦痛不是常住法,它沒有自性,它是會變化的,甚至會消失的,因它是緣起的。它可以被克服的。能這樣理解,便有希望、盼望,而面對苦痛的勇氣也會增加了。❹

關於瀕死經驗,可以說,它不單關連著人的求生意志,也關連著現代的醫學與科技。即是說,憑著這些東西,有些人能從意外事件,各種重病,如心臟病之類,或某些手術,從「死亡」中復活過來。這種經驗在人生中越來越普遍,也成為科學研究和哲學思考的重要問題。這種經驗常有轉化作用,有現象學的意義。西藏智者索甲仁波切在其《西藏生死書》中曾表示,有瀕死經驗的人,常常因著這種經驗而完全轉化了生命的態度和人際關係,他們也許仍然害

---

❹ 在那個時間,我對苦痛的體會與理解還是很粗淺,仍未有構成一套苦痛的哲學,或苦痛現象學。

怕臨終的痛苦，但不會對死亡產生恐懼。他們變得比較寬容和有愛心，重視精神方面與智慧方面的問題。❺

事後我對這八天的精神狀態的不穩定性進行反思。我想這是精神極度疲勞所致的現象，不是尼采的那種瘋癲或德國精神分析家容格（C. Jung）所謂的精神分裂症（schizophrenia）。我未到那種嚴重的程度。精神分裂不只是大腦組織在生理上的疾病，而是牽涉到非理性的或非生理的問題。在這種情況，無意識或下意識的情意結在作用，蓋過了自我的意識作用，這樣，當事人在見解上與行為上的表現都是異於常人的，脫離現實的。不管怎樣，每當我想起這段難忘的經驗，都會提醒自己，無論做任何事，特別是用腦袋來思考、來記憶的事，都應留有餘地，不應行到盡頭。需要預留一些空間，讓自己能轉身，能夠周轉。我在巴侖貝流的狂讀語文，其實也是一種橫逆的表現，和中學時代的那種做法，是一樣的。

對於這種苦痛經驗的解決方法，我顯然是運用目標作為最高的背景來加以化解。即是說，我所從事的佛學研究，在方式上、做法上來說，是在走險惡的道路，那即是在梵文文獻學和方法論上下扎根的工夫。這樣走是艱苦的，但是值得的。必須這樣披荊斬棘，才能為我國的佛學研究開拓出一個全新的天地。為了這個目標的實

---

❺ 印度學者查耶卡（P. Jayakar）有一次提到印度現代哲人克里希那穆提（J. Krishnamurti）的瀕死經驗，說他處於病後復原狀態，卻感到死亡的門已打開，他完全清醒而安靜地穿過這扇門。突然這扇門又關上了，是自動關上的。這使克里希那穆提覺得，死亡隨時都可能降臨。故瀕死經驗可以說是徘徊於生與死之間的一種現象，或生或死，很多時不能由自己控制，要看造化如何決定。

現,辛苦一點是值得的。因此,我沒有後悔這樣做,只是操之過急而已。

3. 最美麗的回憶

大病過後,我的身體仍然虛弱,但精神好像不錯,來德國留學的理想又重新燃燒起來。我早上讀德文,下午看書,到外面散散步。黃昏時分,則喜歡跑到巴侖貝流的高地上蹓躂。這些地方比較少人去,主要種植著種種不同的菓樹,其中一大片是玉蜀黍林,一根根玉蜀黍突了出來,熟得似乎可以摘下煮來吃了。我見四面無人,心想摘幾根回去煮來吃,應不礙事,也不算怎樣偷竊。玉蜀黍多得很哩,少幾根有甚麼相干呢。想著想著,便順手摘下幾根,放在外套內懷裏。正想離去,突然向大路看去,見到一個清秀的倩影,原來是一個少女騎著不算高大但挺俊朗的白馬緩緩移近過來,並向我微笑點頭,說一聲「Guten Abend」。我愕然起來,隨口應了一聲,也不知是「Guten Abend」抑是「Guten Tag」了。少女很友善,聲音低沈,滿頭金髮。她停了下來,我們用德語交談了幾句。她問我從哪裏來,我沒有直說,只說是來自遙遠的東方的(morgenländisch)國土。她也沒有追問下去,竟問我有沒有看過巴侖貝流的落日餘暉。我說沒有啊。她隨即引領我走到高地邊陲的斜坡,然後下馬,我們坐了下來。我向前一看,草地那邊,果然是一片迷人的景象,又似是一幅淡淡的彩畫,圓圓的太陽夾在微紅的晚霞之中,若隱若現,這便是少女所說的巴侖貝流的獨有的落日餘暉美景了。我曾在南京

・苦痛現象學：我在苦痛中成學・

長江大橋上看過落日，那是雄渾壯觀的，想不到巴侖貝流的落日卻是那樣柔和、驕美而不失璀璨。

我呆了一陣，突然記起應該問她叫甚麼名字，她輕輕應了一聲「Gisela」。又是Gisela！怎麼德國的男孩總是叫Stefan，女孩子則叫Gisela呢？她突然說她的家便在山坡下面，要和我一道回去，替我煮玉蜀黍吃。我晚飯恰巧吃得不夠飽，又曾在高地上走了一陣，餓起來了，便跟著她回家。她家中很單純，只有母親和小弟弟，父親在外地幹活。不一會，幾根玉蜀黍已煮熟了，我們圍在圓檯一齊吃。我看見廳的一側有一具鋼琴，便問她喜歡彈琴麼？她答會啊，並表示願意為我彈奏一首，要我提出曲名，我想了一下，胡亂說一聲：就彈月光（Mondlicht）奏鳴曲吧。她應聲坐在琴旁，十指舞動，也不看樂譜，不消一刻，便彈完了。我拍掌叫好。她卻也要我表演一下，我甚麼也不會，只得說，我唱一首山歌吧。跟著我便開腔，唱著池塘水牛的山歌，那是童年時代母親教我唱的。但唱了一半卻停下來，下面的歌詞忘記了。我竟說唱完了。她也拍掌叫好啊，並表示從來也未聽過東方人唱歌，很有新鮮感哩。

我在Gisela家中坐了片刻，看看手錶，說聲天色已晚，要回去了。她說自己也有點事要做，也不留我，便送我出門，告訴我回巴侖貝流鎮的方向。這樣，我便走了。回頭看看，她還站在門口，片刻便掩門，消失在黑暗中。

此後我再看不到Gisela了。在高地上看不到她，在鎮內也看不見她。但她的清純幽美的形象、和善親切的笑容，卻常在我眼前出現，總是忘不了。我也沒有主動去找她，只讓她的音容藏在心裏。明年夏季，我會到德國養病，探訪闊別了二十多年的巴侖貝流。我

打算這次去找她,希望能見到她,我想她應是四十開外的婦人了。我只想告訴她,二十多年前的那次邂逅,是我一生最美麗的回憶。

4.南德的風光

在巴侖貝流餘下的日子,我變得活躍起來。白天我多數在外面玩耍,漫步於鎮外的郊野。有一段時期時常流連於巴侖貝流與鄰鎮葛侯遜(Gerhausen)之間,那裏有一條清澈見底的小溪,兩旁植滿蘋果樹。我幾乎不必到超級市場買蘋果,只在這小溪兩旁的蘋果樹上摘下蘋果來吃便可,新鮮可口,只是有些酸澀而已。有時把蘋果放溪中沖洗一下,便可連皮吃了。有時躺在樹蔭下享受一下溫潤的陽光,睡一個午覺。有時又跑到山邊的樹林內遠足一翻。下午回來看書,看德文的書,也看禪籍。我主要是拿莎士比亞的《王子復仇記》(Hamlet)的英文本與德譯本對著來看,看得很有趣,也可增加德語的閱讀能力。

有一段時期,我獨個兒到東南面的慕尼黑(München)逛遊,一星期後才回來。由於沒有及時告訴甘仔,害得他終日慌張起來,到處找我,又找不到,以為我出了事。因為巴侖貝流鎮的另一端有一個懸崖,聽說有好些因苦讀德文而感疲怠和困擾的外國學生曾在上面跳下來,當場喪命。歌德學院恐怕傳了出外,有壞校譽,故往往把新聞封鎖起來,不讓外人知道。故甘仔怕我出事是有理由的。後來見我沒事回來,才放了心。他真是一個夠義氣而又關心別人的朋友。

巴侖貝流位於德國南部。南德的風光很怡人，天氣晴朗，陽光溫暖，是夏季旅遊的理想去處。它的鄰近是烏姆（Ulm）市，只需坐半小時火車便到了。烏姆市是靠著多惱河（Donau）兩岸建起來的，兩岸樹木婆娑，是漫步沈思的好去處。我時常流連其間，留下不少足跡。

最南部是波頓湖（Bodensee），與瑞士鄰接。湖的北岸是德國，南岸是瑞士。中間有一康士坦（Konstanz）市，是兩國的交界城市。這波頓湖光波明亮，景色美得很。能在這裏蹓躂半天，或過一個晚上，真是賞心樂事。

9月下旬，我要執拾行裝，離開巴侖貝流，到漢堡大學研究方法論了。那是在留學計劃中如此安排的。由巴侖貝流到漢堡，需要先乘火車到烏姆市，再乘北上的快車。我的行程是這樣，先到史圖格特（Stuttgart），滯留一兩天，然到在首府波昂（Bonn）、科隆（Köln）和波鴻（Bochum）停一下，順道探訪一下朋友，之後便直去漢堡了。

火車由烏姆向北駛，南德的綺媚風光，盡收眼底。兩旁翠綠的青草，夾雜著經細心修剪過的樹球，在陽光下顯得特別整齊與柔美。南德給人的印象，總是那樣明朗、光耀和舒爽，自然和理性結合在一起，令人有一種說不出的諧和的感覺。史圖格特很快便到了。我下了車，把行李寄存在車站內，漫步出來，找旅店去。車站外是偌大的廣場，中間有一個美麗的噴水座點綴著，很多遊人坐在或躺在椅子上休息。我本來急著要去找旅店，因為天色已不早了。偶然抬頭一看，噴水座旁邊圍攏著一大堆閒人，在聽一群青年人奏樂哩。這些青年，大概是八個吧，二十來歲，其中兩個是女郎，其餘是男

子漢。他們的樂器,是奇形怪狀的結合。有小提琴、橫笛、吉他、洞簫、坐鼓、和銅鈴。帶頭的是一個滿臉鬍鬚的漢子,他拉小提琴,有時也吹吹簫。他右鞋上掛著一串銅鈴,一邊吹簫,一邊以右足按地踏步作節拍,那串銅鈴也跟著叮叮作響,有趣得很。他不用銅鈴時,便把那串東西取下,收入褲袋裏,表現得吊兒郎當。

我特別留意另外一個年輕女郎。她穿著花綠長旗袍,髮長過肩。她是那麼美麗、清純、輕盈,有點像電影中看到的吉卜賽女郎,但卻無後者的冶豔浪蕩,而具有東方式的純情與含蓄。她吹奏橫笛,輕輕搖動身體,有時一陣微風,搖動她幾根頭髮,體態美妙極了。她一直是那樣怡然自得地吹奏,完全融入音樂的氣氛之中,旁邊發生了甚麼事情,好像都與她不相干似的。我完全為她的迷人的姿采而愣住了。這又是我在南德時期的一次美麗的回憶。

這群年輕人合作拍和得很自然流暢,使人聽來,覺得有一種諧和的美感。他們所演奏的樂曲,聽來有維瓦第(A. Vivaldi)或韓德爾的情調,明朗活潑,節奏輕快。圍觀的人亦有不少慷慨解囊的,紛紛把碎錢丟進那個攤在前面的吉他箱裏。演奏的人好像也不理會旁人的反應,一曲奏完,便談笑自若,然後又奏新的。他們的活力可真充沛。

對於這種流浪式的玩意,我有特別的感覺與同情。自己在現實生活中雖是定位於一處,但在心境上總是流蕩,總有一種獨來獨往的孤淒之感。在個人的生命情調方面,恐怕也有些虛無主義的色彩。童年時代在農村,趁墟是一件重要的事,尤其是對於小孩子來說。因為在墟日,你可以看到各式各樣的新奇事物。賣藝即是其中的一種,也是使人難忘的一種。賣藝人和猴子的印象,雖然依稀,總是

忘不了。

　　當時我正在專心聽他們演奏,擡頭一看,天色已漸昏暗,心想需要立刻找旅店了。於是便離去。找到旅店後,回到原來的地方,準備繼續聽下去,可惜已曲終人散,他們不知到哪裏去了。其後兩天,再也看不到他們演奏了。我悵然若失,心中總是浮現著那個像吉卜賽女郎的倩影。

　　離開史圖格特後,我再沒回到南德。一切都成了過去,只在偶然的狀態下,在回憶中再現。我今日在學問上雖有所成,但每想起在巴侖貝流的那段時光,想起Gisela,想起那一次瀕死經驗,我總是帶著惆悵與哀傷。以下是我胡亂塗寫成的詩作,記述對那一段難忘的往事的感懷。

　　　　昨夜我作了一個夢
　　　　回到久別的巴侖貝流（Blaubeuren）
　　　　一個老是讓我嚮往而又哀傷的名字
　　　　多惱河畔的青草
　　　　波頓湖面的光波
　　　　霎時間都呈現在眼前
　　　　多麼芬芳,多麼嫵媚
　　　　啊,德國之夢
　　　　是親近,又是遙遠

　　　　我真的有這樣一個心願
　　　　重新回到你的身邊
　　　　不再嚮往

不再哀傷
不再懷著冰冷的鋼鐵鬥志
卻乘著驕傲與榮光
飛越你的田野
擁抱你的胸膛

（本章附有我在德國寫的〈浮士德之魂：關於生命及其哲學〉一文）

附錄：浮士德之魂：關於生命及其哲學

　　來德已多時，內心仍未能平穩。何以要來此間？自己也感到茫然。幾年來一直都想來德國，主要是對歐洲文化特別是日耳曼文化有無窮嚮往。哲學、宗教、文學、音樂，以至醫學科技，德國恐怕都是第一流的，起碼都有尖端的發展。從哲學家來說，日耳曼素來被稱為哲學王國。康德、黑格爾、叔本華、尼采、海德格等，都是光芒萬丈的大家，都有其思辯上的精采處，都足以引人深入思想的世界。宗教方面，自己所知不多，但略聞德國神秘主義，是要越過西方宗教傳統而與東方思路接頭的嘗試。如 Meister Eckhart, Jocob Böhme 之流，提出類似東方的「無」的哲學，來消融基督教的人格神。文學方面必須提起歌德、席勒。即近代的赫塞（Hermann Hesse），亦是能深入人的生命與智慧的名家。音樂則不必說了，西方音樂，幾乎全是德奧的天下。另外還有科學及其他。這如許的文化的燦爛花朵，是多麼地炫目迷人！自己不期然而來此，恐怕亦為這個力量所牽引吧。雖然目下的心境，已和數年前大大不同了。

　　德哲史賓格勒在其《西方之沒落》一書中，以浮士德（Faust）靈魂來象徵近代西方的文化力量，表現人類在求知方面的無窮追索。我想，自己的來此，恐怕也是為這個靈魂所牽吧。因以此為題

名。但現在要談的,主要都是有關生命及其哲學的問題。

一、生命與哲學

甚麼是生命?甚麼是哲學?生命與哲學這些話語常掛在口裏,實際上它們到底是甚麼東西?自己實在不敢說很清楚。恐怕很多人也不很清楚。總之這都是人生很嚴肅的問題。輕易說清楚了,恐怕更是茫無頭緒。梁漱溟先生曾表示,他自己本來不知道哲學是甚麼的,他只是順自己的思路來思想。其後人家說,你所想的,是一套哲學。於是他才知道自己在搞哲學。避開正面答覆哲學是甚麼這一問題,梁先生實是聰明得很。至於生命,恐怕比哲學還要深奧難解,孔夫子說三十而立,這立,自然是立定生命的方向了。但生命方向是甚麼呢?生命是甚麼呢?古印度的婆羅門,早年過著與常人相同的生活,讀書、做事、結婚、養兒育女,但最後卻捨棄家庭與現實社會,而遊身於北部的雪山以終。他們的目的是與梵天冥合,以求生命的完成。但梵天安在呢?如何才能和它冥合呢?何以這便是生命的完成呢?最後還是這個問題:生命到底是甚麼?

這裏無意認真地談哲學,更無意以哲學的方式來談生命。總之是不談生命的哲學。我只是談談自己在這方面的感想而已。這些感想不無發自存在的感受。而且我所謂生命與哲學,也未有很清晰的概念(實際上自己也不能作出很清晰的概念)。但自己對生命與哲學的籠統意思,總是有的。我所謂生命與哲學,也是籠統的意思而已。

二、存在的感受

首先想談談的是所謂存在的感受。存在的感受，似乎與存在主義的關係特別深切。而在存在主義學說流行期間，一般人也喜歡把這話頭掛在口上。大學裏的年輕人，讀了一些尼采、齊克果、沙特和海德格的書，或者聽人說過有關他們的思想，便也大談死亡、怖慄、虛無之深淵等事。這自然與真正的存在的感受拉不上關係。這些存在的感受，倘若成了流行的時尚的話題，則變得既非存在亦無感受了。朋友三五成群，杯酒言笑，恣意而談存在的感受，不期然而有淒然之感。這是文人的浪漫，在眞性情中亦表現一些美感。但嚴格言，這顯然是一時興發的存在的感受，只基於感情或感覺上的蕩漾，而不是發自生命心靈的深處。這種感受實仍是非存在的。

真正的存在的感受，應該是嚴肅的、深邃的，而且是痛苦的。要領會存在的感受，你必需付出代價，那便是發自生命內部的痛苦。這痛苦在靈魂深處；它是本質的，故也是恆久的。當你在孤獨中感到怖慄時，這孤獨便是生命的本質，它不是可以隨時而易的。即是說，當你遇到親人朋友時，或可因情感上的互相牽持，而暫時忘記孤獨，而亦暫無畏怖感。但這孤獨實埋藏在生命的深淵，而與你的靈魂相俱。在佛教來說，這是第八識阿賴耶識，它是你的自我的基礎。在生命中，你把自我定住時，你即是自己的自我，而不是他人的自我；他人也只是他人的自我，而不是你的自我。這樣，你不是他，他不是你。你必然孤獨。這是自我的本質，也是生命的本質。

當你眞能對孤獨的怖慄有存在的感受時，你是用自己的生命去承載這怖慄。即是說，你的感覺與經驗，並不只是在表面的情感上

流蕩,卻是直透入生命心靈的深處,而赤裸地與自己的孤獨的自我相照會,那實在是你自己在自照自會。悠悠天地,寞莫無依,怎能不孤苦呢?這便是痛苦的代價。

故我相信,真正的存在主義者,能體會得人生的負面,而有存在的感受,他必在這人生的負面中流轉過,而正視這人生的負面。

上面說存在的感受似乎與存在主義有特別深切的關係。那是由于近代一些哲學者對西方重智傳統來一個徹底的反省,而表示悖離,要從抽象的理念世界觀念世界回歸到具體的存在的生命的世界、人的世界,重新關心那活生生的人的問題之故。其實這種深切的關係是不必的。廣泛來說,人人都可以有自己的存在的感受,只是有深淺不同而已。這感受是否只在生命的表層滑過,只是浮光掠影,抑是直滲透入心靈的深殿,而有一種切膚(其實這不當是切膚,而應當是切心!)之痛楚,那卻是因人而異。白居易的一首詩,以「梁上有雙燕,翩翩雄與雌」為始,安慰具有懷念子女的焦慮的存在的感受的人。這種焦慮,人家告訴你了,你輕輕聽過了,也便算了,好像沒有甚麼問題。但當你真為人父母,而真處于與子女親人遠離的情境時,你便不免要親嚐焦慮的苦杯。你必須以全部生命去承受這苦杯,把它一口嚥下。這真是你的存在的感受。這焦慮是現時現地存在于你生命中。

這種焦慮能否化解呢?有無解脫之道呢?佛教即通過「緣起無自性」來化解人間的一切迷妄與困惑。一切皆是因緣和合而起,都無其獨立的自性,但卻宛然詐現,卻都像影子,虛而不實。你若執以為實,如癡如迷,起種種追逐,必墮入永無結果的苦惱中。筆者曾譯阿部正雄先生的一篇論非存有與無的文章,其中有一段這樣

說:「佛教以為,所有東西,沒有例外地,都不是那唯一的超越的神所創造的受造物,亦不是內在于那不滅之梵的一些東西,而卻是依存地共起,並沒有一具有恆常的實體的自性。人若不能充分了解這個真理,而依戀他的財物、他所愛的人,和他自己,視之為恆常的和不滅的,他即在迷惑中而不能免于苦。」這是佛教的通義,是到解脫之路,使人遠離存在的困惑。但要真正了解這個真理,要在生命中實踐出來,那真是談何容易?這是另外一個問題,這裏暫不談它。無論如何,生命的苦、存在的困惑,是人生的現實,要想解脫或得救,必須先正視這個問題。

三、東方人的存在的感受——中國與日本

牟宗三先生不大喜歡談西方的存在的感受。他說,東方人的存在的感受恐怕比西方人的更為深切,他自己便有很多存在的感受。這話是對的。這裏試以中國、日本和印度為例,談談東方人的存在的感受。

中國的儒家是理想主義者,他們主要是通過道德倫理的觀點來看人生和肯定人生的。孔孟即在相對的善惡之上,確立仁或性善的絕對善,作為道德人格的基礎。其對人生的看法,基本上是樂觀的,故較少談人生的負面。孔子曾說,未知生,焉知死?但這並不表示他們不正視人生的苦難與困惑,否則儒者的那套工夫論便不必確立了。孔子提出克己復禮,作為到仁之道。這個作為一切惡的根源的私己,是首先要正視的。

或許在其他的哲學、文學及一般生活上,比較能清楚看出中國

人對人生的負面的看法。道家的老子和莊子都是極具人生智慧的哲人。他們看透了世間的迷茫與矛盾，而冀求超越之。莊子的心境是淒清的，他極其敏銳地感到人生的悲劇性。他說：方生方死。生存即預認死亡，或者說，生存即是到死亡之路。在這個有限的世界中，一切皆是相對的，生不能孤立地看，死亦不能孤立地看。生的本質，必須要連著死來理解。生死是一物的兩面。在一方面，它活潑、健旺，洋溢著生命的青春。但青春的背後卻是老去。青春是不能久的，它生命的本質，必須包括老去，老去便是死亡。結果，他看淡了生死，臨終時，以天地為棺槨，其生命與萬物同起同寂。

魏晉文人的心境也是蒼涼的。他們感到生命的飄零，另外還面臨著時代的虛偽。但他們對人生的負面只感到無可奈何而已，卻不能如莊子般超然灑脫，逸向解脫之路。

《紅樓夢》寫鐘鳴鼎食之家，步步走向樹倒猢猻散，最後以大悲劇收場。賈寶玉終于來一次徹底的覺醒，恍然悟到世間珠玉豪華的如幻如化，而淒然隨一僧一道而去。他的生命是一個彈球兒，四無兜搭，又四處求兜搭。他自己一無所有，一無所成，終日混跡于兒女私情的有中。這有是靠不住的，結果遁入空無。他本來是一個四不相，一無是處，結果還是無。亦是很合乎邏輯的。

總的來說，中國人是樂觀的，是正面肯定這個世界的。唯其如此，一切道德倫理才能建立。道德倫理必須以家庭生活為基礎，而家庭生活的支柱，是父子、兄弟、夫婦、朋友的關係。這些關係立足于何處呢？必須立足于現實，立足于此時此地。一個人踽踽獨行，遊心于太和，與天地精神相往來，或者與梵天相冥合，那是不需要人倫關係的，抑亦不能建立人倫關係。因那必須和現實有一段隔離。

歸心于作為最高眞實的太和與梵天,在實踐生活來說,是一種超然的境界,而在美學上,那種蒼涼孤寂,亦有極崇高的價值。但這恐怕離眞正的最高眞實還有一段距離。眞則眞矣,恐怕還不夠實。離開人間的烟火,不腳踏實地,如何能充實飽滿呢?儒家能正面肯定這個世界,而成就價值,在哲學和現實生活上,其意義一時恐怕難以估量。

不過,就與印度的佛教和西方的基督教比較來說,儒家對人生負面的體會,還欠深刻。即使是道家,對人生的種種虛幻,還未有全面的展開,似乎對這虛幻的根源,還未有充分作形而上的探索。

到目前為止,我們說存在的感受似乎只是就對人生的負面的感受而言。實際上,在人生的正面,亦可說這種感受的。不過,只有人生的負面,才易使人起一種嚴肅的悲願,對天地宇宙的缺陷起無窮的浩歎。神、如來藏、仁、性善,是圓的,它一切具足。此中沒有無可奈何,故不必歎息。但人的苦惱與罪業,卻飄忽無方,而常與生命相俱;它的形而上的根源是一個無底的深淵。你要它如此,它卻如彼;你要它上升,它卻下降。它是生命的本質,而又與你的生命方向悖離。這是一個存在的矛盾,與生俱來。

所謂存在的感受,自然是指對這生命的矛盾的當下的感受。它不是概念,不在思想中,而在你的生命中。你必需以自己生命的全部,去承載這矛盾。這是不能替代的。

日本人的存在的感受是虛無主義的。它是虛無主義的靈魂。它的心境是乾涼的。乾不是乾枯,如樹葉的凋落;而是乾淨利落,無所肯定。涼也不是冷酷,如木石的無情;而是淒然有寒意。這是無的心境;但不是絕對無。絕對無並不如相對無的否定有;它是無中

生有，無中而有妙有；因而亦有亦無，非有非無。日本人不是這樣。它是相對的無，它是有的否定。它不能有有，故是完全的虛無，完全的否定。

完全的虛無，故不執著，如櫻花然。櫻花的盛開，表現生命的姿采。但這是短暫的，不數日即翩然謝落，隨風飄去。來時燦爛，去亦瀟灑；換得飄忽無常。在藝術上，這種境界美極了。它像一首小詩，使人吟起來有涼意，感到季候的更調，四時的無常。日本人自己實在也對這種景況有特別深刻的印象，以為櫻花是代表其民族的美的意識。

不過日本人的這種虛無感或無常感並無大的氣魄，不會造成大悲劇。它是輕盈的。如葉落而知秋，如蜻蜓之點水，略而不詳。這從表面上看，好像不夠深度，實際上是深淺難測，使人回味不已。這種感覺在文學上亦可體會到。日本的小說，多是短篇的，情節亦不複雜，在悲哀的氣氛下收場，使人留有餘思。

筆者曾在〈櫻花時節〉一文中，屢屢談及日本人的這種虛無的感受。其中譯了《源氏物語》中的這麼一段，充滿人生朝露的無常感。

> 明石公主不久要返回皇宮，于是她來到紫上皇后的居所，向她告辭。其時，外面吹著秋風，微微灰白的首蓿在這黃昏時分搖曳著。
>
> 源氏陛下也到這裏來。他見到紫上從床上起來，凝視著外面的庭園。在詫愕之餘，他問道：「你起來了，你能支持麼？和明石在一塊兒，你好些麼？」源氏的親切慰問，

使紫上有無限傷感。她即席吟了一首詩,嘆息自己生命的短暫,猶如在首蓿上即將消逝的露水。

看到庭園的首蓿不停地顫動著,露水正要落下的樣子,源氏輕輕地流下淚來。他也回敬紫上一首詩,悲哀地表示,他希望在這個與露水爭著消逝的世界裏,不存有誰先逝去誰留下來的那種命運。

黎明時分,明石握著紫上的手。但她已黯然離去,像露水那樣。

四、東方人的存在的感受——印度的佛教

我想,在人類的思想史中,恐怕沒有其他的哲學或宗教,在人生特別是人性的負面方面,比佛教表示得更為深廣。我這裏所謂佛教,特別是就印度本來的佛教言,而以下要談的,主要亦是印度方面的佛教。本來佛教發展的面很廣。南方的巴利佛教其後傳入錫蘭,而東流至中南半島及南洋區域。這是小乘的。大乘佛教則向北傳入中國與西藏、蒙古,及絲綢之路各地。而後來又由中國傳至朝鮮與日本。在範圍上發展得廣了,派系也多了,理論也繁複了;也漸漸離開了釋迦創教時所表示的那種智慧與慈悲,而走向學術與系統。照我看,《阿含經》與一些大乘經典,最能代表釋迦的本懷,那眞是悲天而憫人的。故讀起來極有親切感。大乘論書出現後,其目的雖是疏釋和證立釋迦的本意,但已不自覺地走向觀念的世界去。這也是難以避免的。要立己破敵,必須透過理論。在哲學上,這可以

說是概念與理論的發展。但在宗教上,甚至在生活上,亦可以說是原始精神的痕跡。其後佛教傳入中國。中國心靈吸收並且消化了這種外來的宗教,再來一次創造,成為自己的佛教。中國佛教較有理想主義色彩,如來藏或佛性的思想,凌駕一切。但在對人生的負面的照察方面,卻不如原始佛教般全面與深刻。最後禪宗出現,恐怕是在這方面起一種警覺,故儘量減少言語,要在當下的生活中表現佛法。

釋迦的生命的偉大,真不知怎樣來形容。很多人感覺不到的或只是輕輕感受到的問題,他卻是那樣深沉與敏銳地感受著。像生、老、病、死,一般人亦只感歎一下便了,但他卻全面地刻骨地追索到其痛苦煩惱的根源,而歸到那無底的深淵(Abgrund)的無明中去。生命之來是無頭緒的,你不能決定自己是怎樣個來法。生命的生長也是隨緣的。它的老去也不能由自己決定。你一無所有而來,你亦必一無所有而去。你所有的是那些宿業,那種歷無量劫數而積下來的習氣而已。你只是這些東西而已。但這些東西是否真是你自己呢?你在其中千揀萬擇地找尋,恐怕還找不到你自己。而你在找自己,好像是真的有「你」自己了,但那只是一種方便權說,並無真實。實際上,生命只是一連串的迷執糾纏在一起而已。這個時候這種迷執在作動,那個時候又有另一種迷執在主宰著。這些迷執可以相同亦可以不同,相同的可以在不同的時候出現,而一現再現,以致成為一個毫無止境的螺旋,這邊沒有開始,那邊也沒有盡頭。

印度人對人生負面的感受,即對人生的悲劇性的感受,似乎特別強烈,這是先天所使然,沒有甚麼特別的理由可說。或者也可以解釋為生活環境所使然。印度地大,但物並不博,人口眾多,氣候

潮濕，百病滋生。人在這種環境下生活，自然易由于感到自然的災害，而起一種悲觀的心情。例如，印度一直缺乏足夠的糧食，每年必有多人餓死；衣物亦不足，每年亦有大量民眾，凍死于北部的雪山。在飢寒交迫的情境下，自易產生一種苦與無常的感受。

不過，釋迦的感入自然與人生，並不止于這經驗層面。實際上，他生長于富貴之家，自己貴爲王子，出入車馬，穿著綾羅，又有年輕貌美的女子服侍，上有慈愛的父王母后，自己又有一個溫暖的家庭。在現實生活來說，他可說是人中之貴，天之驕子。有哪一方面不滿足呢？但他的生命卻偏不能定于此，他是要從人生的常見的現象：生、老、病、死，而感入生命的根深處，感入那形而上的，下意識的無明深淵。生、老、病、死，固然是苦，但這苦並不單是現象的苦，而是連著那個無有開始無有盡頭的無明大苦的。

這苦這煩惱，本來是可以空的，可以無的，可以不成一個有。但它何以是一有呢？那是由于你執之爲有。你何以執之爲有呢？那是由于你有「有」的意識，你即執取你自己的那個緣起無自性的生命爲一有。你有你自己，你即有你自己的其他東西。十二因緣，即是釋迦用來解釋那個緣起無自性的生命或靈魂或自我的生起的過程。

由無明起，宇宙本來是一個大渾沌，一團漆黑。此中沒有方向，也沒有光明。由無明到行，開始由混一的狀態轉向分化，有些盲目的意志活動在翻滾。由行到識，這些盲目的意志活動凝結成稍具固定方向的認識活動，但這只是妄情妄執的認識，只是一種虛妄的執取而已，執取外界爲有其自性而已，並無所謂認識。執取的認識活動一開始，便有再進一步具體化的出現，此中即分開執取主體與被

執取的客體（案此中主客只是泛說，並無其本分的意思），或者說，有形式或觀念與物質的出現，這即是識之下的名色。或者說，識自身仍是一個總體一個渾全，它要表現其自己，必須具體化，分裂為與自己的本質相異的氣質，或物質，而自家即以觀念的身份與之相對，而對之起認識，認識之即執取之，執取之為有實在自性的自我。這觀念可以看作是有主體活動的趨勢（此主體實非嚴格義的主體）。這活動再具體化，再清楚化，便是六種執取、了別機能：眼、耳、鼻、舌、身、意，所謂六入是也。必需要說的是，這六入仍不是一種具形的認識機能，而只是一種潛勢、一種執取的潛勢而已。其時自我、靈魂尚未形成，何來具形的認識機能呢？六入既成，即是主觀方面既稍具雛形，即展開對外界的搜索執取活動。由觸而受，由受而愛，由愛而取。這都是很自然的現象，自然生命的表現即是如此。接觸之自然有感受，或是順的，或是逆的；順即是樂，逆即是苦。趨樂而厭苦，那也是自然的，故有愛、有憎。愛即取之，憎即捨之。故最後還歸于一執取。執取之後，便是自我的出現，靈魂的形成。或者說，這便是個體生命的形成。執取可以有表面的，亦可以有深沉的；可以是零碎的，亦可以是全面的。深沉而全面的執取，即是執取個體生命的自我。或者說，執取個體生命，執取自我，是所有執取的中核。法執當亦以我執為本。這個「我」形成後，即是一有。有而生，積無量數的業而成的個體生命受胎而生，由生而老死。老死後個體生命或靈魂不隨物理的生命個體老去腐化而消逝，卻成一無主之孤魂，就其積業之善惡多寡而向另一生命受胎而生。由是而輪轉無窮。這個生命是悲慘的，它無窮止地在這個世間流轉打滾，承受無窮的苦難與煩惱。

誰能打救它呢？唯有覺悟一途。從生死流轉覺悟過來。徹悟生死本身的矛盾與緣起無自性。不但生死緣起無自性，即世間的一切，亦是緣起無自性，皆是空。生命由執而空，由執一切而空一切，由執自我而空自我。則自我不復是我自己的、個別的自我，而是一個廓然無限的自我。自我能由有限轉進至無限，這即是解脫，這即是涅槃。

　　佛教人士的生活與一般人的生活的不同處，我們首先所想到的便是出家。出家在一般的俗人看來，好像不是一件好事，表示在這個世間撐持不下去了，失意了，把一切看淡了，便出家。有時出家、和尚等語，更被人用為笑柄。這實在是大誤解，是可哀的。出家實表示其生命心靈的純潔。它對這個世間的種種庸俗與虛偽，必有一種深刻的存在的感受，而毅然離棄了它，採取另一種生活方式。家庭倫常的生活，本亦有其極崇高的價值，但要捨棄它，而向另外一個目標走，這表示那目標的價值恐怕也是很崇高的，它也特別合乎出家者的那種個性。

　　以前對出家人總有一種奇怪的感覺，覺得他們是失落的一群，不能容于世間。隨著年歲的增長，這種看法漸漸改觀。出家實表示對世間的種種物質的引誘有無比的抗拒力量，表現一種偉大的勇氣，而獨樹一幟。總而言之，真正出家的人，他對世間的虛幻，必有一種存在的感受，而起一種存在的厭離，這厭離，是極可感慨的，也是極可同情的。這是從倫理的角度看。倘若從美學的角度看，則是極可欣賞的。它不能見容于世間，而要踏足于世間之外，再後又要重入世間，救度眾生，悲憫眾生。這從宗教方面看來，也是極其偉大的、高潔的。

聽說臺灣有一位曉雲法師,早年到印度,結果回來時出了家。我相信她對人生必有過很深刻的存在的感受,她這個抉擇也必出自堅強的意志。

五、關于孤獨

孤獨是生命的本質。

就絕對的精神生命而言,生命無所謂孤獨。絕對精神是超越者;它超出萬物之上,而又內運于其中,使之成為如是如是的東西,所謂裁成萬物。我們也可以說,萬物都是那獨一無二的絕對精神的表現。它表現在這樣一種情況下,成為這樣的個體;它表現在另外一種情況下,則成另外的個體。它是就不同分際,不同方法,而有不同的表現。萬物都賴它的超越向內運而得生成。故我們可以說,萬物都是齊一的,並無任何區別。在絕對精神的運作下,萬物都成為他表現自己的依據;故萬物是一,生命亦是一,並無所謂孤獨。

但倘若撇開理想主義情調,倘若撇開絕對精神,而純就現實來看,則萬物都是孤獨。一切都各有其自己的性格,都有其自身的質料。這質料是獨立的,孤立的,不能分與。

生命也是如此。特別是當把生命看成一個單體時,它是完全地孤立的,孤獨的。你的感覺如何,我永遠無法真切體會到,我永遠無法與你有相同的感覺。所謂共同的感受是有的,但這只是就一個較大的輪廓言。具體的感受,便各人不同了。

孔子是一個大生命。但我們所了解的孔子,只是那些人間的普遍的德性,如仁、孝、恕、禮等,及根據歷史記述而來的那些片斷

事項的湊合而已。我們並不能接觸到孔子本人的生命,他的活生生的生命。他的生命是一個孤獨,各人的生命都是一個孤獨。這是生命的現實,是從寂天寞地迸發出來的赤裸裸的生命的現實。

從這赤裸裸的自然生命的層面看,孤獨的結局,必然是悲劇。孤獨的本義,是自己的活生生的存在,與他人連不起來,或與其他的存在連不起來。在你的生命中沒有我的存在,在萬物中沒有我的存在,這便是孤獨。倘若我一無所在,而只能在我自己,則我只是一個落寞淒清的我,一個單調的,四無兜搭的我,在這個悠悠浩宇中流蕩而已。

血緣的關係,並不能決定甚麼。在存在與生命的內部,自有一種相互拒斥的力量,而形成對峙的形勢。現實的存在與生命,本來是個別體;為了要維持各自是個別體的身份,相互拒斥自然是必須的。這是存在與存在、生命與生命之間的矛盾,也是當下的現實。

父子兄弟云云,血緣的關係,本來最是密切,但生命的矛盾與矜持,卻往往在這裏築成一道圍牆,消解了這關係,而使雙方互為外在,互感陌生,造成僵局。人生的悲哀,莫此為甚。

六、嬰兒世界與生命的弔詭

嬰兒的生命,是一個完全,還未有破裂。這個原始生命的一動一靜,一哭一笑,都無定向,而只是本來的生機在躍動。無定向即是無分別心,無分別念,他是一片渾茫。這是真,是善,也是美。

嬰兒的生命,是一個大寶藏。這裏有無窮的真、無窮的善,和無窮的美。它的生命有無限的可能性。它是一無所是,亦可以是無

十、哲學王國之旅與第二次瀕死經驗

所不是。它的格局是未定的;便是由于未定,故它一無所是;而亦由于它的格局未定,故可以作任何的定住,而無所不是。生命的滋長,張葉而開花,表現一番姿采,那是很令人鼓舞的。但從另一面看,生命的滋長,其實是從無限走向有限,從未定住走向定住,它在步步限制自己哩。未定住時,是無限的;它可以有無限的定住的可能性。定住了,即是有限了。你定位于圓,你即定位于圓的格局,而不能是方了。

嬰兒是渾沌初開的階段。它的生命是一個純一。它的各種可能性的寶藏,都在渾然一體的狀態中。但嬰兒是要生長的,生命是要壯大的。這是不折不扣的現實。生命不能永遠停留在渾然一體的狀態中。倘若它能停留,它即不長,不長即是不生。它既生長,也要定生長的方向,這便是命。它不能永遠是無方向的渾沌。它必須向著確定的方向來生長,才成其為生命。但向著確定方向生長,卻又表示生命的自我封限,由不定住走向定住,由無限走向有限。這無異走向死亡。這便是生命的弔詭。

生命的弔詭,亦正足以加深它本來的孤獨性格。你要從不定住走向定住,則你的活動必有定向,你的所學也必有界限。你學文學,你在這個天地中,開出燦爛的花朵,結出豐碩的果實;你便不能學歷史,不能學哲學了。即使你在文、史、哲各方面都能開花結果,你總不能再學醫學、政治學、社會學,或其他的學科吧。你更不能在學問之外,有其他發展吧。你成為哲學家,你的生命即定住于哲學中,你即不能成為醫生,不能成為律師或工程師了,或其他的行業了。各人的生命都定住于自己所劃定的界線之內,大家不能找到一些共同點來溝通,這不是更孤獨麼?

七、生命的轉進──從破裂到圓滿

　　以上我們是就自然一面、現實一面,來看生命的眞實。但這還不是生命的全部眞實。生命的全部眞實,是生命中的兩個成素:精神與自然,在相摩盪相消剋的矛盾鬥爭中,步步轉進,而趨于成熟。

　　嬰兒的生命,是未開的渾沌,宛如眞、善、美的和合。但裏面也藏有污穢與罪惡。故人生有正面也有負面。基督教說原罪,佛教說無始無明,都是這人生的負面的根源。

　　生命的成長,要由渾沌走向分化。即是說,生命中的兩個質素,善良與罪惡,分裂開來。那個時候,你的自我分裂爲兩個:一個是善良的,一個是罪惡的。故你有你的良知,也有私欲。在你的生命途程中,這兩個自我,無時不在矛盾的鬥爭中;此起彼伏,此伏彼起,總糾纏在一起,一時你亦分別不出,哪一邊才是眞正的你自己。當良知的自我作主人時,你的生命方向是正確的,你有一個健康正大的人生理想。當私欲的自我作主人時,你便墮落了,你的前途是漆黑一片,你的生命是無窮無盡的苦惱。

　　佛教以爲,生命的自然,是無明的大海,這是痛苦、罪惡與煩惱的根本。這種自然,在時間上,是無始無終;在空間上,是無邊無際。它與生俱來,在你的生命深處躍動著,隨時使你顛倒苦惱。

　　我們說人生艱難,那是由于這無明所起的顛倒苦惱,是現前的實在,是存在的眞實之故。它來便來了,這是無可奈何的;你不能問爲什麼,這是沒有用的,它又不是科學。你也不能避開它。你必須以生命的全部,去擔負這顛倒苦惱,在其中尋求超越它的法門。

　　生命的成長,有種種煩惱,也有克服種種煩惱的法門。這裏面

十、哲學王國之旅與第二次瀕死經驗

有痛苦,也有歡笑;有激盪,也有寧靜。有些人倒下了,便起不了身。有些人倒下了,又掙扎站起來,繼續向前進。地獄與天國,論迴與解脫,便在這裏分手。這就是人生。

一個在人生道途上站得住的人,他的生命過程,通常可以三重轉進的方式來表示。第一重是神魔交雜階段。在生命中,善良與罪惡黏在一起,誰也佔不了上風,誰也表現不出自己的獨特風格。故表面看來,這好像是一片朦朧,是生命的完整狀態,像一朵含苞待放的蓓蕾。這是可愛的、可欣賞的,是美學的對象。這便是嬰兒時期、孩童時期。

人到青年壯年,則轉入第二重狀態。生命中許多駁雜不純的潛質,紛紛透露出來,而表現其自己,宛如百花盛開哩。生命即由一個整體而趨向破裂。生命不能停留在渾然一體沒有分界的狀態,它必須要把潛質分開,使它們透過具體的分際,從渾然一體的抽象轉落下來,表現其自己。這便是自我的分裂,總持來說,分裂為善良的自我與罪惡的自我兩個性格。這兩個自我的方向,針鋒相對,形成生命的基本矛盾,使生命內部成為恆時在爭鬥的世界。

生命即在這善良與罪惡的爭鬥中,繼續推進。善良的自我如能站得住,生命便轉入第三階段,也是最後的階段。這是暮年期。這時,生命自己已對自身中的善良與罪惡,有鮮明的自覺,而要超越乎這兩者的矛盾與對立之上,而趨向一絕對的統一。善良純化上升而為絕對意義的善;而罪惡的氣燄亦收斂,被加以超化。絕對意義的統一,成為新的現實。在這新的現實下,區分的意識也泯滅了,二分法也變得不必要;善良與罪惡不復矛盾,不復對立,而作為絕對統一的方便法門。生命到了這個階段,也已疲倦了,其力量已衰,

其氣數亦將盡,但它所表現的絕對統一,則有超越時空的價值。生命是有限的,但其精神,其絕對統一,則是無限。上面所說生命由無限的未定住而走向有限的定住,全都被超越,而無對立的分別了。

近代德國的文豪和哲人赫塞,寫了一部作品《悉達多》(Siddhartha),描寫主角悉達多追尋人生的眞諦,生命的完全,很能表現這種生命的三重轉進。悉達多本來是富家子弟,受過良好的教育;他年輕英俊,青春的生命充滿著活力。這是一個善良與罪惡渾凝在一起的生命。其後他竟不滿足于現實的豪奢,毅然離開了父母家園,到處流浪,追求有意義的人生。在道途中,他遇到智慧的世尊;後者爲他開示法要。他的好朋友歌文達皈依了世尊,踏上佛教的道路。但悉達多卻婉拒了世尊的好意,他要獨自摸索自己的道路。在漫長的途程中,他迷失了正路,顛沛流離,生命極其蕭瑟悲苦。最後竟墮落到金錢、酒肉與色慾中,生命分裂爲兩個自我。善良一面隱沒了,罪惡一面做了主人。生命的魔性,支配了他的生活。時光的流逝,使他的年華老去,最後他在河畔停頓了下來,與擺渡人生活了一段長時期,奔騰的生命也漸安定下來了。他開始若有所悟。對著淙淙的流水,他瞑想沉思;在河水的不息流動中,他恍然體會到生命的眞諦與宇宙的眞相,感到法喜充滿。但他已是暮年,生命亦將快逝去了。

八、《約翰·克里斯朵夫》的暗示

生命的事,微妙得很;可以從現實的人生的負面來看,也可以從理想主義一面來看,而表現樂觀的情調。關于後者,「悉達多」

十、哲學王國之旅與第二次瀕死經驗

已表示了一些消息。羅曼羅蘭的長篇小說《約翰・克里斯朵夫》,在這方面有更淋漓更光輝的暗示,予人無盡的歡欣與鼓舞。這是生命的讚歌,是在厄逆境況的人非看不可的挺好的書。

人間與宇宙之所以高貴,乃是因為其中有真、善、美與神聖。這本小說的旨趣,乃在于說明這點。它的成功處,在透過主角約翰・克里斯朵夫的故事,烘托出一個原始的生命,如何在其成長的途程中,以其生命的真、善、美,在種種現實的橫波縱浪中,往來穿插;如何順著這橫波縱浪滾滾奔流,最後把這橫波縱浪一一平復,而入于一平風靜浪的神聖的大海。在這一偉大的作品中,你會深深體會到,甚麼是人間與宇宙的愛,它如何在這真、善、美、神聖的德性中具體表現出來。

有人說,唯有心靈使人高貴。《約翰・克里斯朵夫》一書中,便有很多真、善、美和神聖的心靈,他們都有高貴的靈魂。

魯意莎是約翰・克里斯朵夫的母親,是典型的好女性。她不愛言說,只是逆來順受著人世間的憂傷。她的生命中,有悲劇成份,但在艱難時又能站立起來,忍受著種種不如意的打擊,期待著風雨過後晴朗的來臨。她是一個善良的靈魂。

魯意莎的弟弟(名字一時忘記了),亦即是約翰・克里斯朵夫的舅舅,這個人有意思得很。他好像不屬于這個世間,而到處流浪,是鄉里中的賣藝人的風格。他是悲劇型的人物,但卻不流于悲哀的泛濫,而是在悲劇中表現樂觀的幽默感。他對這個世間看得很透,對名利也看得很淡,是佛教意義的遠離執著的人。他的出現,常帶點神秘性,好像來無方所,去無蹤跡。他常提點約翰・克里斯朵夫一些做人的道理,著筆不多,但卻字字有來歷,都是智慧的說話,

都發自生命的存在的實感。在主角的幼小心靈中,散播下優秀的種子。他的生命,有其真處,亦有其善處,但這些好像都被他的略帶虛無主義情調的落寞淒清的美感所掩蓋了。

薩皮納是一個純真可愛的女性;她純粹是美學的靈魂。她年輕結婚,生了一個孩子,丈夫早夭,自己做了寡婦,但她卻不大有紅顏薄命的感覺。這是她的脫俗處。她個性樂天,寫意地享受著生活。她不是一個了解生活的人,而是一個生活在生活中的人。她和約翰‧克里斯朵夫有過一些戀情,但美麗而輕盈得好像蜻蜓點水。她有一些道家的無心而任物的情調,在生命的外表,似乎缺乏一種積極的進取態度,一切無可無不可,但卻又柔裏帶剛。這種生命,可以當作一種純潔的玉雕來欣賞,但不能玩弄,起褻瀆心。她的生命深處,莊嚴而不可冒犯。

安多納德恐怕是全書中最受人敬愛而起無限同情的人。在這個少女的心靈中,總是閃耀著自我犧牲的愛的火花。她是一個纖弱的女子,卻能充分表現出愛的力量的偉大。她本來生長於一個幸福快樂的家庭,但環境的遽變,使她得馬上接受現實的殘酷的折磨;像春天的楊柳遇著了狂風暴雨。在痛苦的生涯中,她成長了,個性變得刻忍與崛強。她的犧牲精神,閃爍著光芒:她願意為了成全胞弟的願望,而奉獻一切,甚至奉獻出少女最寶貴的青春與愛情。但青春是有限的;這個充溢著天地靈秀氣息的少女,其生命亦有時而盡。她的形軀是逝去了,但她的精神卻能天長地久,鼓舞著這個世界。她和約翰‧克里斯朵夫之間也有過一些戀情,但精純如白璧,是天上意境。他們的邂逅,是那樣輕盈而富有詩意,也不是人間的煙火世界。

主角約翰‧克里斯朵夫更是一個歷盡人生的種種波濤,而不斷掙扎,最後得到昇華的聖者。在他的生命中,充滿著追尋知識的熱誠,富有正義感和美學情調(他本身便是一個傑出的音樂家),也有神聖的成素。他渾身似乎洋溢著奮鬥的意志與力量;在荊棘重重的生命途程中,他多次倒下了;但總能站起身來,繼續向前進。他的英雄形象,顯然是西方的理想人格。無可置疑,在他的積極進取的人生中所表現出來的沛然的道德勇氣與深邃的智慧,是西方文化的基石。作者羅曼羅蘭的高明處在于,他並不把約翰‧克里斯朵夫寫成一個不食人間煙火的聖人;而是把他當作一個平凡的人來寫,有火熱騰騰的血氣的生命。重要的是,這血氣的生命並不在俗情中沉滯下來,卻是以如鋼鐵般堅強的鬥志,踏破世途的荊棘,冒升起來,表現人間的真善美的高貴品質,而上與天齊,歸命于宗教的神聖境界。這是貝多芬式的偉大人格。

由真、善、美而歸于宗教的神聖,恐怕是生命歷程的順路和正路。西方是如此,東方也如是。故牛頓、愛因斯坦不得不自承其所知的渺小,對宇宙人生起無窮的浩歎;貝多芬的九大交響樂終于「快樂頌」對神明的讚歌;印度的婆羅門臨老亦遁隱雪山,歸命于大梵;中國人論道德,其極致止乎參贊天地。

九、愛情的真實與虛幻

愛情是一件很微妙的東西。你若把得住它時,它即是真實的;你若把不住它,而只如癡如狂地迷執著它的影子時,它即是虛幻的。但它的真實與虛幻,如何表示呢?即如何才算把得住它,如何才算

把不住它呢？我們得先看看愛情的本質。

愛情即兩個生命的聚合。那是兩個異性的生命合起來的事，而不是單個生命的事。

它本身是有限的，它依緣而起，可遇而不可求，而無必然性。即是說，並沒有你非要愛她不可和她非要愛你不可的事。這是兩個生命間的事，其關係是雙方的。你這方面盡了最大的努力去愛她了，但她可以偏無意于你哩。這是無可奈何的事，歎息也沒用。這裏沒有一分耕耘一分收穫的事。你最好能認命，承認這是上天的安排吧。這是人間的矛盾和悲劇，也是人間的真實。

這種矛盾、悲劇、和真實，源自生命的孤獨的本質。你的生命是一個孤獨，她的生命也是一個孤獨。你們碰在一起了，但你卻無可能要求她的孤獨必然地和你的孤獨相結合，而暫時消解你的孤獨。她的生命是一個孤獨，即表示她可以和你有不能相共通的地方。這不能相共通的地方，即構成你的「愛情」（實在未有愛情也）的悲劇。你的努力，可以影響她的心意，也可以偏不生效果。這裏沒有責任的追究，而只是有緣與無緣。這才是存在，這才是生命！

這裏也是愛情的真實與虛幻的分水嶺。切中地洞悉愛情的本質，它是緣起無自性，更沒有普遍性與必然性，因而出之以「物來順應」而無執著的心，超越得失的矛盾，這樣便不會糾纏于情愛的迷阱而自苦，使生命受到外在因緣的折磨。這便是愛情的真實。「山窮水盡疑無路，柳暗花明又一村」，緣起的事，如是而已。

不明瞭愛情的緣起性無實在性，而要死執著它，視之為一「有」，一定要把這一「有」得到手，否則便不肯罷休。這樣即為情欲所累；以不必有為必有，以不必實為必實，結果愛情便成一虛幻。你愛她，

這是你的事,但你如何能使她一定愛你呢?她是你之外的另外一個靈魂,一個孤獨,她的心意可以和你會合,也可以不會合,這要由緣份來決定!

初戀是美的、純潔的,令人難忘;但也常只是愛情的影子而已。這宛如兩個年輕的生命在放射出晨曦的光輝,互相感到新奇與溫暖。但這只是自然氣質的輕描淡寫的相摩盪,生命表層的浮光掠影而已。到雙方滲透入生命的內蘊時,恐怕不是那麼和諧,那麼可愛了。

美學的愛情,常常是靠不住的。愛情必須要在苦難與憂傷中受到磨煉過,培養一些道德的與宗教的情操,才靠得住。但這已不是單純的愛情了,也不單純是緣起無自性的問題了。

十、從生命到哲學

我自己自覺地接觸哲學,要到讀大學時才開始;但與哲學有著密切關係而潛伏著的生命的問題,則可以直追溯到自己的孩提時代。從接觸哲學問題到現在,輾轉已過了十多個寒暑了,對哲學還是有點茫然的感覺。大概的印象是有的,也感受和思考過一些問題,也強烈地要求一些理想。但到目前為止,總覺得哲學本身是一個深淵。你不踏足進去,便沒事,你若踏足進去,而又認真起來的話,則不免陷入哲學問題的深淵中,難以自己開解。思想是哲學的方法,熱情是哲學的動力,但這兩者都又易形成矛盾的死結,而使人煩惱。另外,哲學與現實難以掛搭得上,自不在話下。我有這樣的感覺,是否表示不善學哲學呢?倘若再來一次選擇,是否還是選哲學,恐

怕成問題吧。

大學時期以前，自己的興趣是多方面的，但從來沒有想到將來要學哲學，佛學更不用說了。我轉到哲學方面去，是在大學時期；最初的動機，是文化性的。那時年輕得很，生命奔放，一往是浪漫情調，對人生也有一些幻想。那時很關心中國文化的問題，覺得從哲學一面來處理這些問題，比較有效。因哲學所關涉的，主要不是問題的事象，而是問題的本質。因此便讀哲學。

其後學哲學的動機，由文化性的轉而為生命性的。那是由于生命上的存在的困惑，越來越顯得嚴重之故。結果不再唱文化問題的高調了，先回頭對付好自己的煩惱再說。這正是泥菩薩過江，自身難保；文化問題云云，將來再談吧。

自己的生命原是極為駁雜的，再加上那種少年的浪漫氣質，不免跳躍地向各方奔赴，到處找尋兜搭。這一方兜搭上了，到後來又感到不滿足，又要到別處找尋兜搭。生命的步伐，總是彈球兒般地前進，這其實是狂馳！這在佛教來說，其實是一種迷執，一種隨著原始生命的衝動而來的妄情妄執，應該被轉掉的。

應該說，這種生命的放逐，到處奔撲的現象，早已有了，只是在那個時候前後，對它的自覺，特別濃烈而已。很顯然，我的生命在追逐著一些東西，那是甚麼東西呢？

那是世間的東西。世間的東西，令人心思搖蕩，嚮往不捨的，大抵是榮譽、權力、金錢，和男女的愛情那一類。我尤其對世間的榮譽，念念是馳求心，追逐不捨；對其他那些，則沒有多大的興趣。榮譽是虛名，底子是一種自強慾。它要從勝過他人，表現自己的優越性；要在他人心中，留下卓越的形象，成為一個攀慕的對象。這

樣,自己在他人心中,便有存在性,而不感到孤單。故這種追逐的心理,實可追溯至生命的孤獨的本質。

生命孤單而無兜搭,不免感到漂蕩,定不下來。它必須表面上兜搭一些外在的東西,有所倚傍,才能安定下來。浪得虛名是一種兜搭方式,而且好像不是感性的兜搭,而是思想的兜搭、意識的兜搭。感性的兜搭,是感觸的,是個別的、具體的,但也是有限的、有時而窮的,當感觸消失時,這兜搭也就隨之逝去了。但思想的兜搭,則是普遍的、抽象的。它沒有時間與空間的限制,可以無限地兜搭。人的美好名聲,不是可以超越時空而永留人間麼?孔子、耶穌、釋迦這些偉大的生命,他們在這具體世間的出現,在時間上的持續是有限的,不過百年而已;在空間上的活動也是有限的,只有一定的範圍;因而他們與人間的具體的接觸,也有一定的限度。但他們的名譽,卻可以永垂千古,發出無量的光芒。

人要求美名,是浪得虛名的兜搭;美名是如此,臭名又何嘗有異?實在說來,人的「不能留芳百世,也當遺臭萬年」的心理,其底子也是浪得虛名的兜搭而已。

我當時外在化得確是厲害,生活主要在追逐中渡過。臨濟所謂「忙忙地,徇一切境轉,被他萬境回換,不得自由」,我全是如此;這個「境」,便是世間的虛名。不過,那時的追逐虛名,自己好像覺得很順適,人應當是如此的,這是功名啊!那時自然未有反省到自覺到追逐虛名以求兜搭,源于生命的孤獨本質的要求;更未覺悟到功名的虛幻性。

那時追逐虛名的方式,是透過知識一途。在知識上表現自己的要強,表現自己勝過別人,以為這樣便可以在別人心中留下自己的

印象,以鞏固自己生命的存在性。因此,由追逐虛名而追逐知識,要在這方面有顯著的表現。要作到這個地步,便不免要在知識上勉力探索,把生命的全部青春作投注。要注意的是,這種投注是全部的,一無剩餘。現在想起來也覺得可怕。我為甚麼會有這樣的狂熱呢?除了在正面熱切地要追逐虛名外,在現實上感情找不到出路,也有莫大的影響。我長時期在一個不正常的家庭中長大,年輕而澎湃的生命,在感情上得不到健康的調適,便不得不化作一種追逐理想的狂熱,如火山般爆發開來。遺憾的是,這個理想的所指,是虛幻的。

　　生命上的苦惱與困惑也終于來了。我弄至精神極度虛耗,病幾至于死;生活與思想,是一片迷惘。名譽云云,它的「實在」,只是你妄識所起的幻象而已,哪有這回事?實際上,這種由思想的兜搭而起的名譽,只是人心中的概念的組合而已,與你的具體的孤單的生命,拉不上關係。因為你的具體的生命,是存在的,你越是痛苦越是憂傷,生命的存在感便越強。而由概念的組合所帶來的名譽,則是抽象的、非存在的。

　　一個具有崇高聲譽的偉大的生命,他對後世的兜搭,不過是人間自己生命中所本有的那些寶貴的德性,以概念方式,組合起來而已。名譽的實在在哪裏呢?

　　我在這種執著于虛名的虛妄顛倒中翻滾了一段長時期,乃恍然覺悟到名相的如幻如化,體會到以前所努力追求的,純是水月鏡花。這個時候我接觸了佛教,特別是中觀的「諸法緣起無自性空」與唯識的「境不離識唯心所造」的義理。我覺得這套哲學理論,與自己過往的生活感受,很能相應;即是說,這哲學給予自己的顛倒迷惘

的生命如理的解釋,也提供化解這顛倒迷惘的線索。于是特別留意佛學,興趣也漸從哲學集中到佛學方面來。

佛教的「緣起性空」的義理,對人生實有很深的啓示。這是眞正的生命哲學。

(《明報月刊》,1977.)

十一、文獻學與哲學分析雙軌研究法

1.在漢堡大學的研究

漢堡（Hamburg）是德國北部的名城，是重要的港口。漢堡大學總部，位於火車站靠北約十來分鐘的行程，來往非常方便。我和兩個系有較密切的連繫，一是印度文化與歷史系（Seminar für Kultur und Geschichte Indiens），一是日本語言與文化系（Seminar für Sprache und Kultur Japans）。前者的研究重點是印度學（Indologie）；後者的研究重點是日本學（Japanologie）。佛學都包括在這裏面。印度文化與歷史系提供印度和西藏的佛學課程，日本語言與文化系則提供中國與日本的佛學課程。主持這兩個系的，分別是舒密特侯遜（L. Schmithausen）與邊爾（O. Benl）。舒密特侯遜很年輕，待人友善，精通梵藏文獻學，對漢語也有一定的認識，他是法勞凡爾納的弟子，故直屬維也納學派。邊爾年紀較大，兩鬢斑白，精研日本文學與道元的佛學，又熟悉公案禪。他的老師是日本學專家貢特（W. Gundert），直屬漢堡學派。他們兩位都是我的指導教授。由於舒密特侯遜那年休假，很少回校，故我和邊爾教授有較多的接觸

機會。

　　10月中旬,我的妻兒都來了,我們一齊住在漢堡大學的賓館（Gasthaus）。這賓館距離大學很近,附近也有超級市場,一切頗為方便。我很快便投入研究工作。印度文化與歷史系與日本語言與文化系都有自己的圖書館。借書非常方便,只要在書卡上簽個名便可把書拿走。館內時常沒有人看管,研究人員可以自由出入。我幾乎每天都到圖書館去,不是到印度的,便是到日本的。內裏的藏書和研究資料都很充裕,幾乎要用的都可以找到。我的目的是要為自己建立一種研究的方法論,以便日後進行研究有所依循。我不是任何佛學研究的專書或資料都看,卻是以禪學和中觀學為中心,看日本學者和歐美學者對禪學和中觀學的研究所採取的進路和所留意的問題,然後看他們的研究成果,最後作一評論,提出自己的看法。那時邊爾教授正熱衷於公案禪的研究,他對於老師貢特所德譯的《碧巖錄》,自然是手不離卷的。他自己曾翻譯過《源氏物語》為德文,不過,在那個階段,他正在研究和翻譯日本禪師聖一國師的語錄,於是他便邀我每星期六下午到他的辦公室,共同研讀。他把《聖一國師語錄》的德譯本交給我,讓我核對原文,並把他後來做的英譯本子也一併給我參考。這份差事很容易應付,你拿著貢特的《碧巖錄》的德譯本作參考,再輔以一些禪公案研究的工具書,包括駒澤大學編纂的《禪學大辭典》,和一些部頭較小但較專門的禪學辭典,例如日本人所優為的道元辭典之類,便可以應付了。邊爾教授倒是非常認真,他每發現有些新的意念或解釋,都不會放過,立刻從他的卡片櫃中取出有關的卡片記下,然後放回原位。在解讀原典方面,有時我與他有諍議,他都小心記下,留待將來判斷。我心想他已經

・十一、文獻學與哲學分析雙軌研究法・

六十開外的教授了,快要退休了,還那麼認真做甚麼呢?無論如何,他的認真不苟的研究態度,給我留下深刻印象,對我將來編纂《佛教思想大辭典》播下正面影響的種子。我對公案禪的處理方式,先貼緊文獻來解讀,然後分析和推斷它的背後的訊息,就前一階段的工作來說,多少受了邊爾教授的影響。

解讀公案禪始終不是我在德國研究的重心。我把大部份時間放在考察外國學者對禪和中觀學的研究方法,無形中也增加了自己對禪和中觀學的認識。❶我當時所能掌握的現代學者研究的資料,只到1978年為止,但這已足夠作為依據,以整理出日本和歐美學者在佛學研究在方法論上的眉目來。

2.現代佛學研究方法論:文獻學與哲學分析雙軌研究法

我在漢堡大學花了大半年時間,廣泛地和深入地考察現代的佛

---

❶ 特別是在禪方面,我自覺自己的研究與體會已達到很高的水平。我甚至可以批判日本學者對禪的研究,指出他們的不足之處。如上面提到對京都學派的久松真一的無相的自我的說法。我是以不捨不著的靈動機巧的主體性說禪的本質的,目的是要突顯它在宗教實踐上所表現的動感。最重要的是,我以「遊戲三昧」來描述禪的全幅的表現。三昧是禪定工夫,表示修行者自身所施行的種種努力、精進,以積聚功德資糧。遊戲指修行者以所積聚得的功德資糧用於世間,進行宗教上的教化與轉化,以種種方便法門施教眾生,運用的手法非常圓熟無礙,仿如小孩子在遊戲。這整個意思與看法,都展示於拙著《遊戲三昧:禪的實踐與終極關懷》一書中。寫完這書後,我自己覺得在禪方面的學習與體驗已無可再進,故自1993年出版此書以來,一直都未有在禪方面再作研究。至於對中觀學的理解,包括超過日本學者方面的地方,我已在本書第八章〈櫻花之旅與對學問的生死相許〉中述說過了,這裏也就不再多贅。

・219・

學研究法,寫了兩篇重頭的文字〈德國之佛學研究〉與〈佛學研究與方法論〉。再加上從日本回港甫寫就的〈日本及歐美之佛學研究點滴〉,這便成了拙著《佛學研究方法論》一書的主幹文字。其後又續有增寫一些較簡短的相同性質的文字,但基本上以這三篇為主,展示了現代佛學研究的方法論。對於這些研究方法,我大體歸為兩個導向,其一是文獻學研究法,另一則是哲學分析研究法。在文獻學研究方面,我主要分文獻學方法與考據學方法,而思想史方法,則被視為以文獻學方法、考據學方法為主軸的研究思想史的方法。至於哲學史方法,則又是在思想史方法上再偏重哲學概念與問題的分析了。在哲學分析研究法方面,我以四種方法來說:純哲學理論方法、邏輯解析方法、知識論入路方法和比較哲學或宗教方法。在後二者方面,都有具體的研究學派的事例作證,這分別是維也納學派方法與京都學派方法。在這兩組方法之外,我又提到白描法與實踐修行法。前者專就對禪的研究而言,它只是如實地把禪的說法和盤托出,如何理解、如何詮釋,便要看讀者的工夫了,因此這有比較廣大的思維空間。至於實踐修行法,嚴格來說不是一種佛學研究法,倘若佛學研究法是表示客觀的學術性研究法的話。這種實踐修行法是以自家的生命來實證的,它是以佛學為一種生命的學問,對於它的真理性與境界,都必須親身全情投入,以自己的經歷、性情來印證,主觀性很強,或者應該更恰當地說,主體性很強。當事人對於佛教的真理與境界,不是作客觀的、抽象的和理性的研究,而是作現身的體證,務求對自己的生命有所轉化。因此各人可以有自己的體證感受和結果,可以很不同的:如人飲水,冷暖自知。

關於哲學分析研究法方面,我們可以找到現成的例子參考。如

當代新儒家研究佛學,便是用純哲學理論的方法,不過他們的背景略有不同:熊十力先生的背景是本體宇宙論,這最顯明地展示於他的《新唯識論》的理論體系中。牟宗三先生的背景則是道德形上學,他對天臺學的圓教詮釋學的研究,多少反映這種取向,故他重視天臺學的那種對諸法有根源性的說明的圓教存有論,因它有形上學的意味。所謂「根源」,即是形上根源。他不能判天臺學為最理想的哲學模型,那是由於它沒有道德的內涵的原故。在他的判教裏,只有儒家有此內涵。唐君毅先生的背景,則是天德流行論,那是就儒家說的,他以「我法二空」來說佛教,而就其境界置於儒家之下,也是由於佛教不講天德創生,而講緣起之故。❷至於以邏輯解析來研究佛學的,則是那些喜歡弄邏輯(包括傳統邏輯與符號邏輯)的學者所優為的,如美洲的魯濱遜(R. H. Robinson)、日本的末本剛博和中村元。我自己也弄過一點。知識論入路的,則最為普遍,他們主要研究對象,也是限於佛教知識論,如陳那(Dignāga)、法稱(Dharmakīrti)他們那一套。持這種入路的,前有列寧格勒學派(Leningrad School),自然以茨爾巴特斯基(Th. Stcherbatsky)為代表。後則有維也納學派(Viene Schule),由法勞凡爾納(E. Frauwallner)倡導,很多德、奧、日本方面的學者都追隨他,最具影響力的要推舒坦恩卡爾納(E. Steinkellner)。至於比較哲學和比較宗教的研究法,當然是以京都學派方面做得最有成果。❸

---

❷ 其實唐先生判佛教為「我法二空」,只能適用於印度大乘佛教,特別是般若思想與龍樹的中觀學。中國佛教便不如是。印度如來藏思想已說如來藏是空,又是不空;天臺宗更盛言佛性的功用,怎會只是空呢?

❸ 有關以上各種研究方法,我在拙著《佛學研究方法論》中都有詳盡的闡述,在這裏不一一細贅了。

我如何建立自己的佛學研究方法論呢?由於已經有現成的研究方法,文獻學的和哲學分析的,兩者都有其長處,也難免有不足的地方。❹因此我不必另起爐灶,自己創立一種全新的方法。我是採取綜合的方式,把這兩方面的方法,特別是其優點方面連繫起來,恰當地結合起來,而成一種同時兼顧文獻學與哲學分析的方法。我的想法是,對於佛學的研究,應該儘量立足於原典,例如研究印度大乘佛學,應能以梵文原典為依據,先在文字方面解讀,取得它的字面上的意思。然後進行義理方面的探討,這即是哲學分析。這種方法包含幾個步驟,如初步的哲理分析,和其他有關說法加以比較,然後把所得的綜合起來,建立初步的研究結果。進一步,便是參照現代學者在相關問題上的研究,看他們在這問題上的詮釋和看法,把他們有用的見解加以理解、吸收,以至消化。最後作一總的省察,提出自己的確定的見解。這便是我所謂的文獻學與哲學分析雙軌並進的佛學研究法。關於這點,我在《佛學研究方法論》中便用了很多篇幅來解說。這個方法的殊勝之處是很明顯的。我們能立足於而又不遠離原典,因此我們的說法是可靠的,而且是切中主題的。進一步,我們對原典的文本(Text)作哲理上的分析,這可包括邏輯的解析與哲學的分析,把文字背後的哲學涵義釋放出來,以達到研究的目的。同時我們又參照現代學者的研究瞭解他們在有關的問題上,在廣度與深度方面理解到甚麼程度,他們說了些甚麼,解決了甚麼問題,另外,他們有甚麼不足的地方,有哪方面的問題未解決。經過一番詳細考察之後,我們便可提出自己的見解,同時亦可自覺

---

❹ 這方面的問題,拙著《佛學研究方法論》有相當詳細的分析與敘述。

十一、文獻學與哲學分析雙軌研究法

到自己的研究的意義是在哪一方面,它在哪些問題或論點上提出了甚麼新的理解(new understanding)。這樣我們便可明瞭和自己評價自己研究出來的結果到底有甚麼貢獻,與前人的研究有甚麼不同的地方,或超越前人的地方。我們亦可進一步反思自己的研究的局限性,有甚麼不足之處要留待以後努力完成,或期待後來者去完成。

這種研究法在敘述方面好像很簡單,很自然,做學問是理當如是的。而且有人會說,這些做法,古已有之。如古代有詞章、考據與訓詁之學,這可視爲相當於文獻學方法,而義理的講求,則近乎哲學分析方法。這些微的牽連當然是可以說的,問題是你如何去做,才能做得好,做得合乎起碼的要求。如文獻學方法主要是處理文本的,這些文本可以是漢譯,但很多時並沒有漢譯,只有梵文原本,那你便要處理梵文的本子,你便需要懂梵文。有時梵文原典失佚,也沒有漢譯,則你往往只能靠藏譯,那你便要處理藏文的翻譯文本,你便要懂藏文了。這都是很不簡單的事。即使只拿漢譯來說,有多少人真能熟悉鳩摩羅什、玄奘、真諦他們的翻譯風格,能流暢解讀他們的翻譯呢?文本方面過了關,還有現代佛學研究成果的參考與運用問題,這些資料,中文方面夠得上學術水準的極少,大部份都是以日語、英語、德語或法語寫的,你要廣泛地參考,便需能掌握這幾方面的語文知識。這方面的問題解決了,還有哲學分析的問題,你需要具有相關的哲學上的思考訓練。例如,你研究陳那、法稱,他們的問題是知識論(現量)方面的,你需要具有知識論方面的思考訓練。有些則是邏輯(比量)方面的,你又得掌握一套邏輯思考的知識。你要弄唯識的第八識阿賴耶識的學說麼?它是潛意識的問題,你又要具有這方面的心理學知識,如弗洛依德(S. Freud)的

精神分析或容格的深層心理學。你要研究龍樹的中觀學麼？它基本上是一種辯證的智慧，你又需要懂得辯證法，甚至要掌握得睿智的直覺（intellektuelle Anschauung）的性格與作用，才能理解他怎樣說悟入真諦，才能了解作為他的勝義智慧來源的般若智。這些學問都不是說說便成，你是需要艱苦的學習，接受基礎的哲學訓練的。

隨便舉一個例子來說說。臺灣佛光山宗務委員會近年印行了一大批中國佛教經典寶藏精選白話版的叢書，拿佛典來作現代化的語譯和解釋。這項工作有普及佛典教理的意味，動機不錯。不過，雖說普及，也要在理解上做得正確妥善才對。我手頭便有一本《瑜伽師地論》（這其實不是中國佛教的典籍）的釋譯本，由大陸的王海林釋譯。這個人於年前病逝，令人痛惜。他敢拿《瑜伽師地論》這部挺難讀的佛典來釋譯，勇氣非常可敬。但效果卻非常令人失望。首先，王海林非常缺乏佛學方面的訓練，這包括語文與義理兩方面。他是中文系出身，主要是弄藝術的，也參與過武俠小說的編纂工作，只涉及過一些佛教的宇宙論的問題。像這樣的學歷背景，是完全不足夠進行對《瑜伽師地論》的釋譯工作的。最重要的是他完全沒有唯識學方面的學養。沒有唯識學的學養，如何能研究《瑜伽師地論》呢？其次，《瑜伽師地論》有完整的梵文原典與藏譯，王海林不懂梵藏，自然不能拿來參考。他也沒有參考從這梵藏資料直接翻譯出來的任何現代語譯與解釋。第三，日本方面研究《瑜伽師地論》的學術著作，質量均優，荻原雲來、佐伯定胤、加藤精神和宇井伯壽是其中較著名的，王海林都未拿來參考，大概他不懂日文。第四，在歐美學界，研究《瑜伽師地論》而卓著有名的，首推德國學者舒密特侯遜（L. Schmithausen），他是我在漢堡大學研究時的指導教

授,故我對他的學養很熟悉。對於這部論著,他寫過不少研究的東西,德文、英文的都有。最近的是他的英文鉅著《阿賴耶識:關於瑜伽行哲學的一個中心概念的起源和早期發展》(*Ālayavijñāna : On the Origin and the Early Development of a Central Concept of Yogācāra Philsosphy.* Tokyo:The International Institute for Buddhist Studies, 1987.)。這部書的中心內容,便是《瑜伽師地論》的阿賴耶識說的研究。王海林在他的釋譯中完全沒有提及。綜合這本釋譯的缺點,我認為最嚴重的是他完全不諳梵文,對於很多詞彙特別是複合詞無法依字源學或文字學追溯和分析其原義,只憑一些過了時的中文研究來推敲,讓人看後感到模糊一片。他所參考的研究,也只限於民國以來一些我國的佛教學者對《瑜伽師地論》的論述和簡單的解釋,連比較夠格可用的佛學辭典也未能運用。這些論述和解釋,主要是韓清淨所著的《瑜伽師地論科句、披尋記彙編》,這部書文字艱澀而意思隱晦,在很多地方連王海林自己也看不明白,又怎能據此而讓人明白呢?王的書是一部失敗的作品。

我的文獻學與哲學分析雙軌並進的研究法是一種綜合的研究法,綜合現代日本和歐美方面各家在研究上的長處而善巧地加以運用,需要多種原典和翻譯的語文訓練和對哲學與邏輯理論的基本學養而成就的。特別是後一點,如何善巧地運用恰當的方式來進行分析、比較與綜合的研究,是很考工夫的。故就方法本身而言,說起來可以很簡單,但實際上運用起來,則可以千變萬化,而又需隨機應變。

對於我提出的這種研究方法,在現代佛學研究方法中,有兩種現成的方法是較為接近的,那便是列寧格勒學派的茨爾巴特斯基和

維也納學派的法勞凡爾納和舒坦恩卡爾納他們的做法。故讀者如一下子未能掌握到這種文獻學與哲學分析雙軌並進的研究法的關鍵要點，可以暫時參考這兩個學派的做法。不過，它們亦各有所偏，列寧格勒學派偏重於哲學理論方面，維也納學派則偏重於文獻學方面。故有一次我與追隨法勞凡爾納的研究法的日本學者服部正明教授（他正是我在日本留學時的指導教授）談起研究法的問題，他便不客氣地批評茨爾巴特斯基對法稱知識論的研究是「過甚其詞」（over-interpretation）。他的意思是，那位蘇聯學者運用太多康德的概念與理論來詮釋法稱的知識論。

在我國的哲學界，對方法論有明顯的自覺而提出自己的研究法來作研究的學者，並不多見。如上面說過，勞思光先生提出基源問題研究法，傅偉勳提出創造的詮釋學，成中英提出本體詮釋學。❺我自己的這個提法，用一本篇幅不少的書展示出來，算是較有系統較詳盡的闡釋了。❻

我自從為自己建立了這個文獻學與哲學分析雙軌研究法後，即用這種方法來研究佛學。研究印度佛學是如此，研究中國佛學亦是如此。即使是編著《佛教思想大辭典》，和在加拿大為麥克馬斯德（McMaster）大學寫的博士論文，其後修改後在美國出版的《天

---

❺ 關於成中英的本體詮釋學的意義與運用方式，我覺得始終隱晦不明確。他自己闡述得不多，受他的影響的大陸年輕學者潘德榮也介紹過這種詮釋學方法，也總是說得不清楚。

❻ 呂澂寫有《佛教研究法》，但那是參考日本學者深浦正文的同類著書，對於方法論本身只有極少的討論，特別是哲學研究方法。作為一部討論佛學研究方法論的專書，顯得非常粗疏。

臺佛學與早期中觀學》(*T'ien-t'ai Buddhism and Early Mādhyamika*),都是一貫地用這種方法。我覺得效果很好,可以保證自己的著作具有學術價值。後來我又把這種研究方法運用到對儒學、道家、京都學派哲學與西方哲學的研究方面去。

3.文獻學與哲學分析雙軌研究法與當代詮釋學

當我構思自己的佛學研究方法論時,我並未認真細看當代詮釋學(Hermeneutik)的書,特別是加達默爾(H.-G. Gadamer)的《真理與方法》(*Wahrheit und Methode*),這是一本論述哲學詮釋學的基本特徵的名著。其後我稍為留意這種學問,發現我的方法論構思與這詮釋學有很多地方是相通的,甚至可以說,我的方法論可以概括詮釋學。特別是我在諸種所謂客觀的研究法之外提出的實踐修行法,與當代詮釋學學者對詮釋學在實踐方面的、轉化方面的期盼,可以提供重要的參考作用,反轉來說也是一樣。

首先我們看詮釋學的意義。這是對於文本(text)的解釋與理解(understanding)的理論。解釋是初步學理上的解釋,是文字上的工夫,這是技術性的、局部的。這很明顯地是文獻學方法所要處理的工作。理解則是總體地理解文字的意旨,或者說,它所要傳達的在義理上、道理上的訊息,這有哲學性的意味。這則近乎我所說的哲學分析的研究法。而理解的進一步的工作,是要對文字作出具有實踐意義的哲學性的理解,提出具有創新性的意念,以求對自己的生命作深入的反省與轉化,這便近於實踐修行法的旨意了。

跟著我們看各種詮釋學的功能和它們可與佛學研究方法論方面哪一些方法相連起來。施來馬赫（F. E. D. Schleiermacher）在闡說他的普泛詮釋學（general hermeneutics）時，強調文本產生的背景，所謂「歷史語境」（historical horizon of language）的重要性。就文獻學方法而言，這種歷史語境也是很自然的。佛教在不同地域不同時代發展，所用語文也不同，因此也有不同的文本產生的背景。在這方面加以留意，可增加讀者與作者對話的親和性。伽達默爾的語言詮釋學（language hermeneutics）則強調詮釋者本身的主觀性，或他的主觀旨趣；這若在哲學分析法來說，讀者亦可從不同的分析角度來理解文本，因而可有不同的關心面相或結果。在讀者理解文本時，他總是對文本有某種期待的，或者說，他總會重視文本中某些特別的地方。即是，讀者內心有著不同的興趣與關心，因而有不同的觸角，而留意所觀的對象中和他特別關連的面相，因而集中分析這些面相。另外，哲學分析法較容易引致讀者與作者之間的對話，讀者會嘗試向作者提出問題，徵詢作者他所分析而得的意思是否切合作者的原意。而語言詮釋學也認為，理解文本可視為文本與理解者的對話。文本向理解者提問題，理解者則以反應、反省作為對這問題的回應，這中間亦必涵有分析的工夫在內。至於對語言不能表達的事物，語言詮釋學是無效的，而作任何哲學分析，也是無濟於事。這要訴諸個人的切身的體驗，這便是體驗詮釋學或實踐修行法所優為的了。

　　詮釋學特別是狄爾泰（W. Dilthey）的體證詮釋學（Erlebnis hermeneutics）本來便有一個意向，是透過親身的經歷，來提升生活智慧與生命體驗。嚴格來說，每一段文本背後都應有作者自身的

體驗在內,讀者需要能領會這種體驗,希望能正面提升自己的心性涵養。這種體驗本身有幾個特色,例如直接性、整體性和超越時空性。因此箇中的訊息,都要憑當事人自身的參與,才能領略,抽象的辯解是無效的。這樣的提升心性涵養,便有轉化的、導向的(orientative)意味。實踐修行法的特點也是在這方面。透過生命的存在性的參與,才能眞切體會作者或導師所傳達的訊息,光是在語言文字上討論是沒有用的。這個意思可以一句話來表達,但又可以千言萬語來發揮。❼

4.持續不斷的病痛

漢堡在德國的北面,也算是北歐的範圍,天氣相當嚴寒。它的氣氛,和巴侖背流差得遠了。在下雪的時間,一般人都躲在室內,很少到外面去。我居住的賓館附近有一個面積很大的湖泊,湖泊的西邊沿岸地方,都是一大片青綠草地,地方空曠,空氣清新。我讀書和研究悶起來時,常在湖邊漫步沈思,由南岸行到北岸,可以消

---

❼ 就研究所需的機能而言,我的文獻學與哲學分析雙軌研究法主要是理解、知性(Verstand)上的事。不管是作文獻上的解讀也好,文字上的拆解也好,基本上是運用知性來進行的,這有時間上、空間上的限制,也需服從概念或範疇所展示的思考規律。而實踐修行法則主要是自己生命的親身體證,或現證的問題,這則不是知性的工作,而必須由康德所謂的睿智的直覺(intellektuelle Anschauung)來進行。因爲這必涉及超越的眞理的體會和實現,在這一點上,知性是無能爲力的。這是牟先生所謂的「逆覺的體證」,這覺便是睿智的直覺。

磨一個多小時。這種漫步沉思，對我來說是很大的樂趣，即使是風雪的時間，也不會影響我的興緻。

雖然如此，我的健康情況並未有顯著的改善，還是時常生病。那年1月，我到北面的陸碧克（Lübeck）旅行，那是靠著北海（Nordsee）的一個小鎮，隔著岸邊的那一邊，便是東德了。我正沿著北海岸邊散步，可能是受了風寒的影響，突然股骨疼痛起來。我可能由於先天缺乏鈣質，骨頭不好，骨膜常會發炎，關節也不時會痛起來，要打針消炎止痛。那次在北海受了風寒，傷了股骨，令我不良於行，連漫步沉思的唯一消遣或娛樂都沒有了。最後還是要看醫生。最初找推拿的（chiropracter），推了幾個星期都沒有療效。後轉做物理治療，才慢慢好些。但行動還是很不方便。有一次我跟邊爾教授談起自己的問題，說是整日在賓館或圖書館做研究，缺乏談話的對象，又因骨痛問題，不能到外邊走動，生活苦悶得很。他竟教我對著鏡中自己的像交談起來，用德語來談，一方面可以解悶，一方面又可增強語文能力。他說自己年輕時在日本留學，也是遇到相同的問題，便用這方式來解決。我照著試了幾次，覺得和自己跟自己下棋一樣，一切都在自己意旨、意料之中，沒有突發、應機可言，越發納悶。這個辦法是行不通的。

6月，股骨疼痛終於好了。別的病痛又來了。有一天，我到丹麥旅行，在哥本哈根（Copenhagen）待了幾天。由於北歐的生活水平高，我早、午、晚三餐都在外邊街頭的小食檔解決，都是吃香腸、熱狗之類。吃得多了，舌頭靠內面生起小肉粒來，越生越大。回漢堡後找醫生看，那是一般家庭醫生，他當作舌頭發炎看，讓我吃喉糖，一點用處都沒有。後來我發覺事態嚴重，便走訪口腔方面的專

科醫生,到處去找,終於在市區北邊找到一個有兩個醫學博士銜頭的口腔醫生。他身材高大,很有大醫生的威嚴。他看了一看,說了一大堆德文,我竟然一句也聽不懂。最後他只得在字條上寫幾個英文字給我看:Cut it off!我馬上會意,點頭贊同。於是他便動手,要我伸出舌頭,打麻醉針。在舌頭上打針,是從來未有過的經驗,是很難想像的。但他的手法奇佳,竟然不很痛。麻醉藥生效後,他便動手,操著刺刀,不消一刻鐘,把肉粒割去,在傷口處塞些棉藥,便完事了。我覺得手法高明得很。最初幾天只能吃流質的東西,一個星期後便能吃飯了。那時我又南下作歐洲之旅去了。

對於病痛,我一直都是持著要消滅的態度,把它看作敵人。那次舌頭生肉粒也不例外。這是很自然的想法,是理所當然的。但這種態度只能施之以可以徹底治療的疾病。不過,有很多病痛,特別是年紀大時患上的,是挺難根治的,根本沒有徹底治癒的可能,那是由於生理關係的緣故。對於這樣的病痛,你是不能視之為敵人的。你越是敵視它,越是排斥它,你便越與它構成嚴重的對峙關係(confrontation),這樣,病痛會對你做成更大的壓力,會讓你更痛苦。即是,你越是排斥它,它便越是抗拒你,你便越感痛苦難忍。在這種情況,你便要重新反省對待病痛的態度,待它為敵人好,抑是應視它為朋友呢?這是一個很微妙而值得深思的問題,也有很深沈的人生的莊嚴感在裏頭。

(本章附有我的文獻學與哲學分析雙軌研究法的圖表)

・苦痛現象學：我在苦痛中成學・

文獻學與哲學分析雙軌研究法圖表

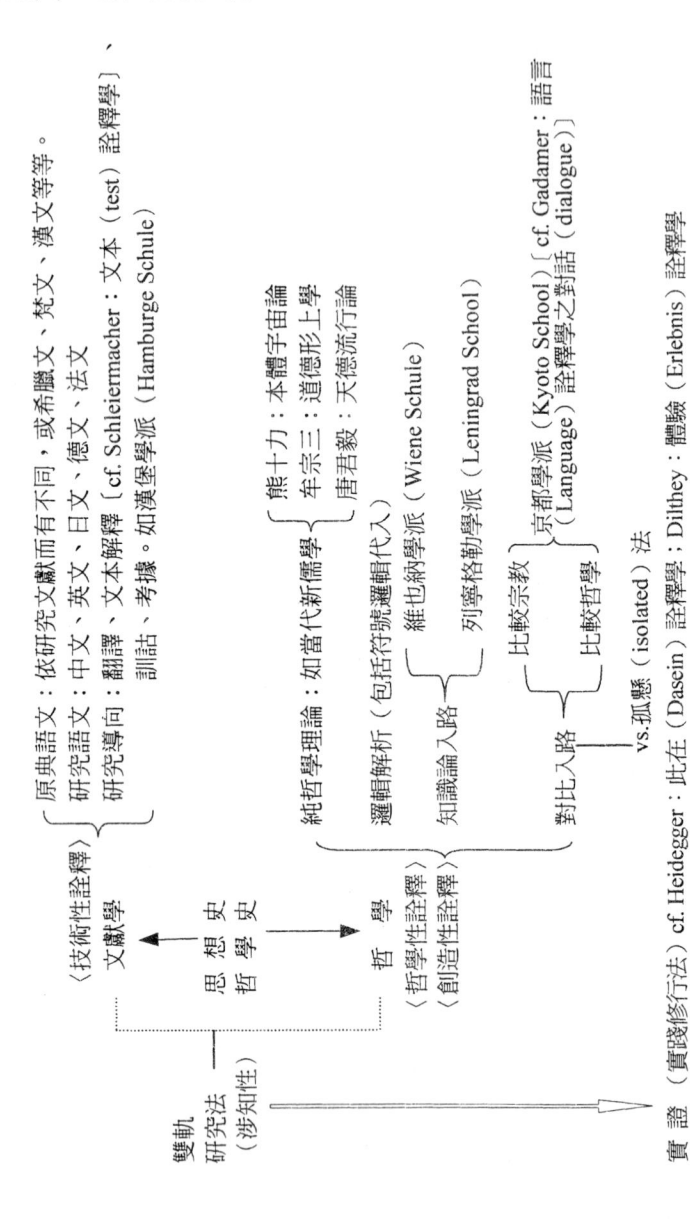

〈技術性詮釋〉
文獻學 ｛
- 原典語文：依研究文獻而有不同，或希臘文、梵文、漢文等等。
- 研究語文：中文、英文、日文、德文、法文
- 研究導向：翻譯、文本解釋〔cf. Schleiermacher：文本（test）詮釋學〕、訓詁、考據。如漢堡學派（Hamburge Schule）

思想史
哲學史

〈哲學性詮釋〉
〈創造性詮釋〉
哲學

純哲學理論：如當代新儒學
邏輯解析（包括符號邏輯代入）｛維也納學派（Wiene Schule）
知識論入路 ｛列寧格勒學派（Leningrad School）

｛
- 熊十力：本體宇宙論
- 牟宗三：道德形上學
- 唐君毅：天德流行論
｝

對比入路 ｛
比較宗教
比較哲學
｝ 京都學派（Kyoto School）〔cf. Gadamer：語言（Language）詮釋學之對話（dialogue）〕

vs. 孤懸（isolated）法

雙軌研究法（涉知性）

實證（實踐修行法）cf. Heidegger：此在（Dasein）詮釋學；Dilthey：體驗（Erlebnis）詮釋學
（涉睿智的直覺）

十二、楓葉之旅與第三次瀕死經驗

1. 東歸與佛學研究教育理想的挫敗

　　支持我在德國留學的DAAD獎學金到1978年9月底便完結,倘若要繼續留在德國作研究的話,便要申請續期。這個申請,本來是很容易的,只要邊爾教授為我寫一封推薦信便成,看來邊爾教授也會很樂意為我寫。而我在加拿大麥克馬斯德大學宗教系的入學資格和獎學金還是有效的,甚至獎學金也增加了。因此當時我有兩個選擇:繼續留在德國,做研究,或者修讀博士學位,所謂"Promotion"。也可以轉加拿大麥克馬斯德大學宗教系攻讀博士。不過,我當時有另外的想法:自1968年開始認真研習哲學,特別選定佛學作為終身研究的學問,到1978年,已經足足有十年了,東西哲學都接觸過,單是語文也已掌握了六種(中、英、德、日、梵、藏),又已確立了自己的佛學研究方法論,自己在佛學研究的教育理想方面已有些清晰的概念,要為我國的佛學研究建立一個新的天地的意願也漸趨成熟,為甚麼不稍停一下,試圖實現自己的佛學研究的教育理想,也順便轉換一下工作的性質與環境呢?那個時候,臺灣佛光山的教育

事業已進行得有相當的規模,他們有意邀我過去幫忙;而香港方面的能仁書院(佛教背景)也在籌辦哲學研究所,以佛學研究為主力,他們也需要人手。於是我便決定不留在德國,也不到北美,而轉回香港或臺灣,碰碰運氣。在東歸前,我趁機遊歷了歐洲和非洲很多地方,遇到不少奇奇怪怪的人和看到種種不同的文化活動和生活現象。在見聞方面,確是增加了不少。

我先到臺灣佛光山,住在他們在臺北的支部臺北別院。他們有個中國佛學研究院,我和其中的教師和學生作過多次交流,作過幾場演講,也到過佛光山在臺灣南部的大本營,在上面朝山會館住了幾天,也作演講,和山上的出家人攀談過出家的生活、理想和學術研究的問題。我又拜訪過臺灣的一些名僧,如星雲法師、聖嚴法師、曉雲導師。他們(包括上面提到的)全都很客氣,很熱情,也很尊重,令人感動。不過,我最後還是失望而返回香港。我覺得他們在經濟方面條件不錯,有足夠發展現代化的佛學研究的條件。這所謂現代化的佛學研究,主要是語文方面現代化,要學習梵文、藏文、巴利文、日文、德文、法文、英文等。研究材料的現代化,是要運用梵、藏、巴利方面的資料,不能單弄中文的大藏經。研究方法的現代化,是吸取日本和歐美的研究方法論,提高學員的哲學和邏輯方面的思考訓練。另外,又需著手編纂與現代思潮能連結起來、運用現代詞彙的佛教大辭典,等等。我覺得他們在這些方面,意識與關心都不足夠,基本上還滯留在傳統的階段,與現代的日本、歐美的先進的做法接不上頭。他們缺乏現代學術研究、學術性觀念,只重視一貫下來做的宣傳、佈教等推廣佛教信仰的工作。另外一點是,出家人對在家居士、學者的信任不足夠,不願意放手讓他們獨立地幹。我

十二、楓葉之旅與第三次瀕死經驗

覺得自己留下來,不可能有很大的作為,影響有限。因此作出離去的決定。在臺北別院和在南部大本營,我都跟星雲法師單獨談過,主題是環繞如何推廣現代佛學研究、建立中國在國際的佛學研究的地位方面。我說佛光山在這方面有很好的經濟基礎,又得到社會信眾的支持,應該大力推展現代佛學研究的運動,他應該帶頭去做。我又特別強調梵藏文獻學研究的重要性。若不在這方面急起直追,我國的佛學研究便無法站在第一線的(first-lined)行列,永遠落在日本人之後。星雲法師不停點頭,表示同意。不過,我看佛光山其後多年的發展,好像不是朝這個方向走,還是以宣揚宗教信仰、廣泛吸收信眾為主。最後,我寫了〈論我國佛學研究的現代化問題〉一長文,從我國的佛學研究的衰微說起,提出要積極進行佛學研究的現代化,並列出具體的實施步驟,這即是:

Ⅰ)要掌握基本語文知識。
Ⅱ)要有好的工具書~佛教大辭典。
Ⅲ)要利用現代佛學研究的成果。
Ⅳ)要辦佛教大學和研究院。

寫完這篇東西,算是臨別對佛光山的贈言,便回香港了。❶最近十年臺灣各大學和佛學院的佛學研究興旺起來,其中很多做法,正是我在這篇文字中所論及的。我覺得當時的所論,並沒有白費,這篇東西可能發揮了些影響。

---

❶ 這篇文字先後發表於臺灣的《覺世》雜誌和香港的《內明》雜誌,最後收入於拙著《佛學研究方法論》中,作為附錄。

在香港,當時僧伽會會長洗塵法師有意革新佛教教育,他很有遠見與魄力,要在它們原有的大專院校能仁書院之上,開辦哲學研究所,以佛學的課程為主,並得到臺灣教育部的認可。他請我策劃和主持一切事宜,包括招生、擬定基本課程和購置研究用書。在擬定基本課程方面,我提出研究生需修讀哲學概論與邏輯,以鞏固思想方面的訓練,又定下語文課程,如梵文、日文、法文、德文,學生需要酌量修讀。在購置研究用書方面,我向臺灣方面和日本方面訂購了大量藏經、工具書和研究資料,包括日本方面最新的日文學術著作。另外又向印度方面大量訂購彼方印行的英語研究資料。在英美出版的著書當然也在訂購之列。這些設計,我都是依照國際的佛學研究標準來辦理的。一切準備就緒,要開課了。怎料他們臨時又請來了羅時憲先生(聽說是霍韜晦介紹的,羅是他的受業師)來主持研究所,要我來輔助他。我知道羅先生是舊學根柢的,很熟悉漢譯唯識學的典籍,但完全不熟悉現代佛學研究那一套,他自己連英文的佛學著作也不看。他一來了,便把我擬下的課程表擱在一邊,自己弄一個新的課程表,沒有哲學概論,沒有邏輯,語文變得不重要,並定他自己開設的以唯識學為主的課程是必修的。沒有了我原初提出的整個構想。我對這種安排感到非常失望。既然請了我來設計和主持,何以中途變掛,找一個和我完全是異向的、缺乏現代佛學研究訓練的人來重新搞一次呢?他們大概以為我年輕,經驗不足;羅先生德高望重,靠得住。但研究所的設計是一個根本方向的問題,是求取佛學研究的現代化的問題。羅先生不懂這一套,德高望重有甚麼用呢?我當時覺得已沒有了與僧伽會真正合作的基礎,因而意興闌珊,只在研究所內教一兩科便算了。這種轉變顯然已設下了我

・十二、楓葉之旅與第三次瀕死經驗・

後來再度出國到北美研究的伏線。

這種轉變，對我來說，確是一股很強烈的精神衝擊。這意味著我的現代佛學研究的教育理想無法實現。這個理想在香港不能實現，我能做甚麼呢？我的確徬徨了一段時間。後來想到自己所能掌握的而又與我的理想有密切關係的，便是佛教大辭典的編纂。這項工作其實我早已進行了。我平時閱讀佛典，已很留意名相的問題，有用的便把它錄下，附上自己的現代化的解釋。我想在那個時候，自己正好可以積極地進行這種工作，於是便生起一個編著一部具有現代意義的佛教思想大辭典的宏願。這個計劃定了，我的工作便有了重心，爾後的幾年，我的大部份時間都花在這工作上面。這便是《佛教思想大辭典》，重點是在思想方面。❷

除了編著佛學辭典外，我大部份時間都用在研讀佛教典籍方面，也讀了很多現代學者特別是日本方面的學者的研究。我讀得最多的，是中觀學與禪方面。特別是中觀學是大乘佛教的基石，對於龍樹的空義的開發與論證，是我特別用心的問題。此外，我也留意中國佛學特別是天臺宗與華嚴宗的義理。另外，如上面提到的，我修讀中文大學的博士課程，其後由於種種原因而退出。不過，我順著課程的規定，看了不少西方哲學的典籍，特別是知識論、倫理學與形而上學方面的。趁著這個機緣，我對現代西方對道德的語言的分析作了比較深入的探討，其中在赫爾（R. M. Hare）的思想方面用的工夫最多。在這段時間，由於專心於哲學與佛學上的研讀，又忙於編纂佛學辭典，我的生活處於半閉關狀態，幾乎斷絕了與外界的往來。

---

❷ 關於這部佛學辭典的編著，詳情請參該書的〈自序〉部份。

2.麥克馬斯德大學與柏格森哲學的啟發

過了五年的半閉關式的生活,我再度出國,到外邊研究的意欲又燃燒起來,這次是到以楓葉為國家的象徵的加拿大的麥克馬斯德大學宗教系修讀博士學位,那是1983年9月的事。我先到溫哥華,停留了一個星期,觀賞當地的美麗湖光山色,也順道探訪一個神交已久的馮馮。他是信佛的,而且信得非常虔誠。他具有異乎常人的能力,非常樂於助人。他個性爽朗率直,我和他談得非常暢快。雖然在一些地方見解不同,他始終是一個值得結交的朋友。

麥克馬斯德大學位於加拿大東部安大略湖(Lake Ontario)畔的咸美頓(Hamilton)市,距離多倫多約大半個小時的車程。校園很寧靜,是研究和進修的好地方。我是主修佛學,副修西方宗教思想。主修方面的指導教授有三人,一個是美國人,一個是日本人,一個便是中國籍的冉雲華教授。副修方面的指導教授是上面提過的羅拔臣(J. C. Robertson)教授和瓦禮(G. Vallée)教授。羅拔臣是德國神學家孔漢思(貢格,H. Küng)的摯友和學生,瓦禮則精於詮釋學。他們兩人在開研究院的科目、研究計劃的推展與籌劃國際宗教學會議方面,都時常合作,很有默契。對當代歐陸的思潮,特別是德國神學方面,有很好的學養。我在他們身上學到不少這方面的東西。

關於這後一點,也可從我來北美的動機說起。我在那個時候,已在佛學研究方面有很多年經驗,也有自己的方法論。故我想即使來北美再作研究,不會有很大的影響,起碼從研究的量方面可以這

・十二、楓葉之旅與第三次瀕死經驗・

樣說。因此冉教授他們對我很禮遇,覺得我已是一個年輕的已經established的學者了。我來北美的動機,是要在佛學研究之外,在宗教學上求有所突破,我特別希望好好研習和吸收歐陸方面的宗教思想,為自己的佛學研究帶來一些新的刺激、新的挑戰,或新的問題。我甚至想衝破日本學者的文獻學的關卡,以自己的文獻學與哲學分析雙軌的方法論為基礎,對佛學在思想特別是在宗教哲學的領域上有所創新,闖出一個全新的佛學研究的新天地,甚至建立一種佛學的新思維,一種能溝通以至消融其他偉大的宗教和哲學的思想,以馮友蘭所謂的「接著說」(不是「照著說」)的方式,來建構一種新佛學的思想體系。因此,我與羅拔臣和瓦禮兩位教授過從很密,希望他們能在這個理想的實現方面,對我有所幫助。

當時他二位,連同一個來自荷蘭的諾特(J. H. Nota)博士開了一科宗教與倫理研究的課,這是大部份研究生都要修的。內容是探討亞里斯多德、聖多瑪斯、康德、柏格森、釋勒爾和尼布爾(H. R. Niebuhr)的宗教與倫理思想。我特別留意柏格森,這個課程選定他的《道德與宗教的兩個來源》(*The Two Sources of Morality and Religion*),要我們細讀。在這本名著中,柏格森把世界宗教分成兩類:靜態的宗教(static religion)與動進的宗教(dynamic religion)。後者又稱為神秘主義(mysticism)。我特別注意他對動進的宗教的詮釋,特別是動進性(dynamism)的意義。他說在動進的哲學或宗教下,世界充滿生命、生機,人也朝著一個靈動不息的目標邁進,要建立一種很積極的、入世的世界觀與人生觀。而他解讀神秘主義也與一般的不同。他認為神秘主義有一終極目標,是要建立對創造性的奮力(creative effort)的一種接觸,這創造性的奮力即顯

現於生命之中,其來源是上帝。他又分神秘主義為兩種:不完全的神秘主義(incomplete mysticism)與完全的神秘主義(complete mysticism)。東方的宗教,包括佛教在內,是不完全的神秘主義,西方的基督教則是完全的神秘主義。不管是動進性也好,完全的神秘主義也好,都必涉及行動、創造性和愛。他特別強調行動,要在世間引生種種行動,以影響世間,以展示對生命的熱愛。❸

在研讀柏格森的宗教思想時,我時常把它關連著佛教來理解。照柏格森的看法,佛教即使能說是神秘主義,但它是不完全的,理由是它不能有足夠的動進性,或動感,它缺乏行動以影響世界,不能展示對生命的熱愛。在他的眼中,真正的宗教是要具足動感的,因此佛教不能算是真正的宗教,或宗教的高度的、成熟的形態。就柏格森的動感觀來看佛教,我們亦可以說,佛教所表現的動進性是不足的。作為一種宗教,佛教特別是大乘佛教很強調在世間的起用問題,即是,它要教化世間的眾生,使他們從迷執的無明狀態中醒覺過來,明瞭真理而得覺悟、得解脫,能離苦得樂。因此,佛教很重視與世間的關係,它要在這方面建立密切的聯繫,以進行宗教的轉化。因此,用的問題便突顯出來。所謂「用」,是用於世間,在世間中生起種種用、活動,來教化眾生。印度佛學的唯識學派已經很強調用的問題,發展到中國佛教,則用的重要性更形顯著。天臺宗說「功用」,華嚴宗說「力用」,禪宗說「作用」,都把宗教的功能聚焦於用,在世間起用以轉化眾生也。但用需要有一來源,這

---

❸ 關於柏格森對宗教的整全看法,或他的宗教理論,可參考拙文〈柏格森的宗教理論〉,載於拙著《西方哲學析論》中。我在這裏不想多重複了。

便是體,或實體,由實體而生用,在世間運作。越有堅強的實體,便越能發出有力的用,有效地轉化世界。這如同一個人,若他有強健的體、身體,便能發出巨大的力量,在生活中進行種種勞作。關於這點,德國觀念論者特別是黑格爾,最有鮮明的自覺。他強調精神實體,由體生用,以推動歷史的前進。

這個道理本來是很明顯的,不需很多解釋。不過,在佛教來說,這便構成嚴重的問題。佛教強調用,但它不能建立體,或實體。因實體就其定義來說,它是真實不虛、恆常不變的。這在佛教來說,被視為是一種自性(svabhāva)。依佛教緣起性空的根本義理來說,事物不能有自性,事物是緣起的。若有自性,緣起的生滅現象規律便不能說。緣起性空,這是佛教義理的基石,是不能動搖的。故佛教必須強烈排斥自性見、自性觀,因而也不能建立實體的觀念。若不立實體,特別是精神實體,則用何由發呢?佛教以事物是空寂的,是空寂的本性。空寂的性,如何能發用呢?若不能講發用,則如何能說起用以轉化世間呢?佛教一方面說用,另一方面又不能立體。這便構成它在解脫論上的嚴重問題。當年熊十力先生批評佛教,也是這個問題:空寂之性如何能起用?結果他吸收大《易》的生生不息、大用流行的實體觀,來建立自己的本體宇宙論體系,所謂「承體起用」。這便是他在《新唯識論》、《十力語要》、《體用論》等著作中強調的。他提出佛教在體用問題上的困難,卻用儒家的體用觀來解決。他其實是要以儒家取代佛教,未有真正為佛教解決體用這個大問題。

當時我便是順著柏格森論真正的宗教需強調動感這一點來思考佛教的體用問題或難題。我一直嘗試為佛教所說的用提供一種有

體、實體義的根源,以解決它的問題。但一直都不成功。為用立體,立自性,則緣起性空便不能說,佛教便不是佛教了。❹

我在麥克馬斯德大學停留了三年,完成基本的課程(course work),考過綜合大試(comprehensive examination),又過了語文的關卡(language requirement),最後提出博士論文的題目:智顗與中觀學(Chih-i and Mādhyamika),並通過了論文的綱要(proposal),取得博士候選(PhD Candidacy)的資格,便回香港,慢慢寫論文。寫好了才寄回校方。

北美的學風不如歐陸方面自由。在歐陸,你只需跟定一個教授,在他的指導下寫論文,便成了。在北美,包括美國與加拿大,課程都規定下來,你需要一級一級地上,都通過了,最後才能寫論文。這也有好處,它讓你在很多方面,如本科知識、語文知識等方面打好基礎,這對寫論文會有很大幫助。總之你要經過很多關卡,最要命的是綜合大試那一關。你除了要具備足夠知識外,還需要有健康的身體,和足夠的精力,一科一科考了,才算過關。在麥大宗教系,我曾見過不少研究生由於過不了綜合大試那一關而自動放棄的。

不過在另一面,麥大的宗教系很開放,它不時邀請當代負盛名而有影響力的哲學家和神學家來作學術交流,順便也舉行演講會,讓大家討論一些流行而重要的思想問題。先後應邀來過的有西歐的

---

❹ 關於這個問題,我思考了十多年,一直都沒有頭緒。直至去年癌病後進行電療,在休養期間,忽悟純粹力動觀念,它亦是用亦是體,它是沒有經驗內容的活動,它本身便是用,便是能實際影響世間的作用。問題才能徹底解決。關於這點,我會在下面發揮自己的「純粹力動現象學」一章中詳細論述。

孔漢思（H. Küng）、艾耶（A. J. Ayer）、伽達默爾（H.-G. Gadamer）和印度的梅爾蒂（T. R. V. Murti）、彭迪耶（R. Pandeya）等等，附近的芝加哥學派的人也時常過來交流，幾乎每一個月都有一場盛大的演講會。而系內好些教授，如仙達斯（J. Sanders）和羅拔臣，也是很有份量的學者。在這一方面，麥大的宗教系是國際性（international）的。

3.腰病的降臨與第三次瀕死經驗

　　由於我在麥克馬斯德大學宗教系的成績很好，研究院方面給我很優厚的獎學金和助學金，連最富吸引力的OGS（Ontario Graduate Scholarship，安大略省研究獎學金）也給了，因此我可以把妻子兒女都接來同住，也可讓兒女到居所附近的學校讀書，生活還算不錯。不過，到了1985年夏天，我的厄運來了。一天我俯身執拾一件東西，突然打了一個巨大無比的噴嚏，全身震撼，腰部掠過一陣劇痛，下截脊骨有拆裂的感覺。我痛得幾乎站不起來。家人馬上扶我下樓召計程車到醫院去檢查。可能那只是一家一般性的醫院，沒有骨科醫生。他們照例給我照X光，但沒有特別的發現。醫院方面最後給了我一些消炎止痛的藥，便讓我回家。幾個月之內，竟然安然無事。但到年底，疼痛才發作起來，整個下腰都痛起來，包括兩邊股骨的上部。我的家庭醫生於是推介我看骨科的專科醫生，他檢查一輪，便寫紙讓我到醫院做物理治療。我每星期去三次，幾乎所有的物理治療的方式都試過了，一點效果都沒有。這樣過了半年，到了1986年6月，

我取得博士候選資格,便舉家回香港了。我的腰痛生涯便是這樣開始的,它已纏繞著我將近十五年,估計將來還會與我為伴,直至老死。那年我剛好是四十歲,我已預感到餘下的歲月,會在病苦的壓力與陰影下渡過。

不過,我沒有灰心,也未想過放棄。回到香港,我繼續看了幾個西醫的骨科專家,他們替我打針給藥,都沒有效果。醫生也讓我到養和醫院作過電腦素描,也查不出苦痛的來由。但苦痛總是在那裏,不管你採取哪一種姿態,它都在痛。因此,估計與神經有關。

西醫不成了,有朋友勸我試試找中國的。我竟信了。於是甚麼跌打、煎藥、靜針灸、電針灸,全都試了,但全都無效。最荒唐的是,那個電針灸的師傅竟說我的腰痛是由於幾十年來向前行路姿態不正確惹來的,竟勸我以後儘量走路向後行,把姿態平衡過來,便不痛了。這怎麼成呢?向後走路,如何能生活呢?像這樣的中醫,簡直是把病人隨意當作白癡來愚弄。我本來對中醫已沒有信心,經過這多次治療後,我的印象是,你若找他們,他們是不管是甚麼症狀,不管自己懂不懂,都替你看,看後收了錢再說。這些中醫大都是從內地來的,不能公開掛牌行醫,只能以自己的私人住宅作診所,你要看他們,需要有人介紹,好像是他們替你看病,是給你特別面子,特別關照似的。

最後我的劫數來了。我竟然愚蠢到那個程度,聽從教我女兒小提琴的那個老師的話,他說甚麼北京有一個姓馮的大國手,領導人有事都找他的,他的徒弟甚麼朱大夫最近來了香港,善於推拿正骨,我應該找他看看。他還說了一些江湖流行的有關這些人的神奇故事,好像要把他們捧成具有特異功能似的。結果我真的找朱大夫,

他替我推拿,說我的症狀手尾長,需要隔天來接受推拿,而且要連續作半年的治療,才會有效。人有時有病,病來病去都醫不好,到了山窮水盡的階段,便失去理性,或一般的理解常識的能力,甚麼都信了。我當時大概是那種情況。其實根據後來的詳細檢視,我的毛病在脊骨內的軟骨,推拿只能在皮肉之間按來按去,根本到達不了軟骨,那個甚麼朱大夫根本不知我是軟骨有事,卻煞有介事地替我做推拿,每次都把我按得死去活來,痛得緊便叫將起來,他也不理,說是正常現象。推拿完了,便開一些生草藥方,叫我買藥煎吃。

這樣推到第六次,我真的捱不下去了。黃昏回來,倒在床上,覺得天旋地轉,暈了一陣,突然覺得精神一陣崩烈,陷入恐慌狀態,無法控制自己,無法預知下一刻自己會做些甚麼。這顯然是近十年前在德國巴侖背流時所罹患的那種精神恐慌病狀。由於腰痛的緣故,白天不能到外邊走動,晚上躺在牀上,呆呆地看著天花板,不能入睡,疲乏極了。我知事態非常嚴重,自己又在死亡邊緣徘徊了。

當時我的狀態的確很差,像個死人的樣子。又時常向妻子兒女發脾氣,發完了還懵然不覺。在德國那次類似的精神恐慌狀況,我還能每天散步,跑步,以緩和緊張情緒。這次不同了,我已年長了十年,為腰痛所困,坐也不是,立也不是,一天二十四小時,除了睡著的時刻,都覺疼痛。鄰居的姚柏春先生見我好像很痛苦,健康大壞,便提醒我說,人在日常生活中,應注意五個事項,才能保持身心健康。關於前四項,他舉了休息、飲食、睡眠和運動。至於第五項,他說是精神。他的意思是,人在世界中、宇宙中,只是滄海一粟而已,是很渺小的,故不應把自己看得太重要,不要以自我為中心,不要有過份得失之心。這樣,便有平穩安然的心境,便易保

持健康。我覺得這第五項很有道理,人如不瞭然於自己的身份,在心理上以為自己高人一等,便真的會在實際生活上爭取要高人一等,這便替自己增加壓力,加重自己的精神負擔。這當然是不智的。

我當時怎樣辦呢?腰痛的事暫時不能管了,把精神狀態提到正常水平要緊。好在我的頭腦還清醒。首先,我從觀念上肯定自己。我是研究佛學的,當然明白緣起性空的道理。我便對疾病的本質來一次深刻的省察。我告訴自己,疾病也是緣起的,是生滅法,沒有恆常不變的自性、實體,它不會老是停在那裏不變不走,原則上它是會變的、可治療的,問題是要找到病因和正確的治療方法。這樣,我對疾病的可治療性便增加了信心。然後,我去找醫生,他開了一些鎮定神經、鬆弛肌肉的藥、抗拒抑鬱的藥和安眠藥給我吃,讓我可以睡得好些,精神也安穩些。我又時常去游水。腰痛雖然令人坐立不安,但游水倒是無妨的。人在水中,肌肉不會受到甚麼壓力。有時我又聽聽古典音樂作樂,在音樂中,我能感受到音樂實體(這其實來自上帝,上面也已提到)所發出來的愛與盼望,讓精神振拔起來。當腰部真的痛得厲害,我便躺在床上,一動不動,唸起佛號來。不過,我不唸佛祖的名號,却唸「南無觀世音菩薩」的名號。我雖然不是佛教徒,但我對鑽研佛理確實盡了很大的力,對於這一點,我是早已生死相許的。而且,像我那樣以鋼鐵的鬥志到日本、德國與北美接受根本訓練來闡揚佛教教理的,大概找不到第二個人了❺。

---

❺ 我到日本與德國留學,確是本著煉鋼心情的。即是,我是矢志強探力索,吸取彼方的文獻學與方法論,以鞏固自己的學問根基,即使遇到最大的艱苦,也是在所不計,不會退縮,堅持到底。這種心情與很多人進行所謂「客座研究」的心情非常不同。後者多數已取得最高學位,在大學謀得教職,已經「上了岸」。他們到外面進行客座研究,不管是到哈佛也好,耶魯也好,魯汶也好,基本上是渡假性質,借研究為名,輕鬆一下。到圖書館去逛逛,與有名

因此,我覺得自己是有大功於佛教的。倘若真有觀音菩薩,在我有困難時,念在我弘揚佛法的功勞,她必來救我。我為甚麼多呼叫觀音菩薩的名號而少呼叫阿彌陀佛或釋迦牟佛呢?這裏面有一個主觀的原因。我是把前者視為是女性的,她有母性的慈愛。我自小便缺乏母親的照顧,這是我極度渴求而得不到的。觀音菩薩或會在這方面彌補我童年時代所缺失了的東西。

我這樣做,狀態好了些,好像能從死亡邊緣移轉回來了。

4. 大手術與對苦痛的反思

我的精神狀態好了些,便要處理腰痛的問題了。最初我還以為物理治療做得不夠,便又到鄧志昂骨科醫院那邊求診,他們又安排我做物理治療。結果做了幾個月,還是無效。最後我終於找到山頂道嘉諾撒醫院的邱明才醫生,他是香港大學醫學院骨科講座教授,應是香港最好的骨科醫生了。他人很隨和,談笑自若,滿有信心的樣子,確是大醫生、大國手的風格,不拘小節。越大的手術,他越喜歡做。最初他還是讓我吃些消炎藥,無效又著我住進醫院,進行密集式的拉腰的物理治療。拉了八天,出院後覺得腰部鬆了一些,後來又收緊了,疼痛如常。最後他經過一輪檢查,確定我的問題是腰椎最後一節軟骨鬆脫,因而引致腰部廣泛範圍疼痛起來。鬆脫的

氣的教授敘談一下,到大學旁邊的書局買些書,如此而已。說不上真正的研究。故我不去有語文方便的英、美大學讀學位,偏去日、德兩國接受挑戰。這種做法,一般人不易了解,以為這是愚蠢的做法、不切實際的做法。

原因,顯然是在加拿大那次打的巨大無比的噴嚏了。他提議我考慮接受前部脊骨融合（anterior spinal fusion）手術,在腹部開刀,把鬆脫的軟骨挖掉,然後塞一太空金屬塊進去,把原來在軟骨上下的兩片椎骨連結起來。這太空金屬是titanium（鈦）,是造太空船的材料,其好處是堅實,不會生銹。這自然是一項大手術,而且危險度高,若傷及周圍的神經,下身便會癱瘓。

我的妻子並不贊成我接受手術,她是怕有危險。我的想法則是長痛不如短痛,人生不免要冒險。有一天我在散步,見到一個坐著輪椅的青年,還是那樣積極地自己用雙手推動椅輪前進。我心裏想,即使手術的後果是這樣,也比終日抵受腰痛而覺完全無助好,因此便作出接受手術的決定。在入院的前一晚,我看到報載我在大學和研究院時代的同窗岑逸飛自述他因患小兒麻痺症而致下身癱瘓的沉痛經歷,但他還是很積極地留意社會種種事情,寫專欄,又評論時事,一樣對社會有貢獻。我頗受感動,便把這則特寫剪下,帶進醫院,用以激勵自己。

手術歷時三個小時,很成功,神經完全沒有受損,只是感到傷口部份極度疼痛而已。腰痛減少了四成,餘下六成還在那裏。這與金屬塊的排斥也有關係。護士把我從手術室推進病房,我已略微清醒,仍然不斷喊痛。護士急忙為我注射嗎啡針止痛。實際上,人在極度苦痛中,所能做的事其實很少。注射嗎啡針有些用,但不能多注射,這對身體會造成傷害,五枚便是極限了。吃止痛藥也沒有多大效果,只使人昏昏欲睡,提不起精神而已。有人會呼上帝,叫蒼天,或喊父母。我是順其自然,不停地如實喊痛。祈禱、唸佛、靜坐或者會有些止痛的作用。甚至是幻想,幻想自己置身於茫茫大海

・十二、楓葉之旅與第三次瀕死經驗・

之中,坐在一葉孤舟之中,仰頭看著藍天。或者幻想自己潛入自己的身體中,靜觀體內的腦啡與疼痛爭持,最後把疼痛擊退。❻

在手術之後的一段長時期,我甚麼也不能做,天天躺在牀上。於是寫上「立處即眞」(僧肇、臨濟的話語)幾個字,貼在牆上,俾能在臥牀時看到它,以警惕自己。其意是,所到之處,都是眞理的表現,眞理當下現成。那時我在認眞思考,我如何實踐「立處即眞」這句話呢?如何能做到處處都是眞理現成呢?我甚麼也不能做呀!我忽然悟到,自己躺在牀上,目的是休養,讓傷口快些復原。我只要安心休養便成了,不需要做甚麼悲天憫人、憂國憂民的事。禪門有所謂「臥禪」,不是表示臥在牀上一動不動也能修禪麼?安心休息,不胡思亂想,本身也可以是一種實踐。

有時我又想到,我們兄弟三人是同一父母所生,而我的身體特別差,好像一切頑劣的疾病都集中到我身上來。我常感覺不甘心。特別是在腰痛方面,我不免耿耿於懷,為甚麼偏發生在我身上,要我獨自背負著脊骨中那塊太空金屬呢?有一次我竟衝動起來,寫信給母親,問她為甚麼把我生成那樣脆弱,招來那麼多病痛呢?信甫寄出,我即感到內疚,我實在不應這樣質問她,她也決不想這樣的,她有甚麼過失呢?這種事情是料不到的。再者,她下身癱瘓了幾十年,最嚴重的病苦都忍受過了,我怎麼能忍心這樣質問她,讓她更難過呢?這次大手術後,我開始思索這個問題。我覺得,我應該樂意承受那太空金屬塊,不單是為自己的兄弟而承受,也是為所有腰部健康的人而承受。便是因為我的承受,他們才能免於苦。當時我

---

❻ 腦啡是我們大腦產生的一種化學物質,有嗎啡的作用,能暫時抑止疼痛。

只有這種想法,但這只是止於思想的層面。這是否眞是一實存的、立體的體驗,還是另一問題。我根本不覺得自己會有那麼寬容的、偉大的懷抱。

我又想起上面提到的鄰居姚柏春先生的話,不要把自己看得太重要,不要把一切事情都聚焦於自己身上。對於病患,也是這樣,要看得遠些,不要老是想著它,以爲只有它是病患,以爲只有自己才會有這種病患。日本的森田療法的倡導者森田正馬提過,有些人的神經特別敏感,老是想著自己所患的疾病,甚至把它執持起來,不讓他人分享。這樣,他會變得孤立,也不同情他人,不能與他人在生活上起共鳴,生同情共感,這樣下去,會變成以自我爲中心,憂鬱以終。

在這裏,我們可以就苦痛的問題,從物理的、生理的層次反思上去,以達於心理的、精神的層次。苦痛或大部份的苦痛雖是物理的、生理上的事,但精神上、心靈上,特別是意志的表現也能有一定的影響,讓苦痛減輕。這自然也可以涉及心理上和意識上的問題。上面提過的布蘭德(P. Brand)和楊西(P. Yancey)醫生在他們的《疼痛》一書中,曾引述過一個醫生的診斷,認爲心理壓力會導致體內分泌更多的腎上腺激素,使心率和呼吸加快,肌肉繃緊,使人頭痛或背痛。像焦慮和沮喪這些現象便易誘發疼痛,甚至使疼痛加劇。像我在上面提到的在觀念上或心靈認知上理解苦痛亦是緣起性格,亦是生滅法,因而可以改變、減輕困擾人的程度,這種理解,也能在某種程度上解決問題。

分散對苦痛的注意,不管是採取哪一種方式,都是有用的,都可舒緩苦痛。即是,儘量讓自己投身於某種事情或活動中,或是工

作,或是研究,或是看有趣的表演,或是與朋友談天。在這些活動中,由於要把精神集中於所處理所面對的對象上,因而相對地便使自己的注意力從苦痛中轉移開來,可以暫時忘記苦痛,因而苦痛好像是消失了。但你只能在短時間內這樣做,你不能讓這些活動持續得太久,如兩、三個鐘,甚至整個下午,因為它們會使你感到疲勞,而不得不停下來,這樣,苦痛又出現了。有時苦痛會由於這些活動加劇起來,因而引致反效應。這種投身於外的做法背後的原理是忘我,因而也能忘掉苦痛。因為苦痛是「我」的苦痛,是依附在自己身上的。

5.化敵為友:苦痛的轉化

處理苦痛問題的最重要和最徹底的方式,是在觀念上理解到苦痛是生滅法,其本質是緣起的,沒有恆常不變的自性、本體,因此苦痛是可轉變的,可化解的,原則上它不會永遠停留在那裏。關於這點,我們在上面已多次提及。進一步說,苦痛既然沒有自體,不會永存不變,因此我們不必存有一種要徹底消滅苦痛,把它斬草除根而後快的心理。理由是它沒有自性,不會永存不變,因而也不會恆常地構成我們在生活上的障礙。故我們不一定要在態度上把苦痛看成是敵人,與它持一種對抗(confrontation)的關係。相反地,我們可以視苦痛為朋友,視它為培養我們的耐性、強化我們的忍受能力,以至增加或促發我們的愛心的畏友。這裏面有一種哲學或現象學在內。苦痛沒有自性,不會成為永遠的障礙,倘若我們能超越

和克服苦痛,則苦痛反而可以提供一種契機,或作為一種動力,以提升我們的精神境界,充實我們的心性涵養。使我們的心性有更大的寬容性與包容性,它不單能包容快樂,也能包容苦痛。

這個意思,光從理論上、原理上來說是不夠的,必須在實際的生活中體會。就病痛而言,一般的病痛,或較輕微的病痛,通常是可以治癒的,你便可以把它視為敵人,把它徹底消滅掉。但實際上,人生有很多病痛是長期的、慢性的,甚至由於衰老等生理因素關係,是沒有完全治癒的可能性的。在這種情況,說要徹底消滅病痛這個敵人便沒有意義。反之,你越是和苦痛對峙,越是想消滅它,即是,越是要排斥它,它對你便會有更大的抗拒,更增加對你的壓力,結果你便越加痛苦。顯然這樣做是不切實際的。這樣我們便要反思對苦痛的態度,與其視它為敵人,不如視它為朋友。靜觀它對你的折磨,培養自己的耐性與忍受力,偵察它的弱點,然後在那裏下手,對它慢慢加以點化、感化,以至轉化。最後與苦痛交個朋友,讓它在你的人生旅途中作一個警鐘,在關要的地方警惕你的行為。若能這樣,你便不必與苦痛爭鬥,不必有輸贏之心,內無仇怨,外無敵人,你的生活便好過了。

故我們對於苦痛,有時是要承受的,對它有一種順服(submission)。在順服中尋求轉機。順服不是投降主義,放棄自己的主體性,而是一時因應情況而採取的協調。即是說,這是一種方便的做法。你說投機,也可以,那是投苦痛的機,暫時向它屈服。但大丈夫能屈能伸,你還是有很多機會再起的,再起後又是一條好漢了。日本的一個患癌病的高僧天倫老和尚說過:

・十二、楓葉之旅與第三次瀕死經驗・

一般世俗人經常勸病人說,請勇敢地與疾病纏鬥下去。我卻常勸人不要與疾病纏鬥。因為與疾病纏鬥就會有贏有輸,而且要得癌症也不是那麼容易的,所以我常說不如以愉快的心情面對它吧!而世人常說精神力量的偉大,那也不對。因為所謂的精神力量,換句話說就是不服輸的意思,可是這也是沒有辦法的,因為你再怎麼討厭,癌永遠還是癌。❼

這是勸人不要與病痛對抗,要承受它。這樣才能超越輸贏之心,這樣,你便不與人爭鬥,不為自己樹立敵人了。但這又不是完全消極、放棄、不抵抗,而是還是不斷堅持著,還是懷有盼望,希望找到轉機,扭轉劣勢,重新挺站起來。

6.要視太空金屬塊為自己身體的一部份,視承受腰痛為生活的一部份

我自己處理腰痛的經驗,可以作為在苦痛方面化敵為友的見證。上面提過,我接受了脊骨融合手術後,疼痛減少了四成,餘下六成還在那裏,痛起來還是挺難受的。我抵受苦痛的耐力算是很強的,但腰痛發作起來,還是要吃止痛藥。我抵受苦痛的耐力有多強呢?我以一個事例來說明。去年我接受了將近五個小時的腮腺腫瘤的切除手術,躺在牀上,麻醉藥過後,自然感到疼痛。❽護士每次

---

❼ 鈴木出版編輯部編,徐明達、黃國清譯:《禪僧與癌共生》,臺北:東大圖書公司,1997.pp.10-11。
❽ 這又是我近年的一次嚴重的病劫,後面會再提及。

・253・

進來病房,都問我要不要止痛藥。我說不必了,我能抵受痛苦。故手術後的幾天,我都不需要服止痛藥。但腰痛來了,便不同。我覺得實在難以抵受,只得乖乖吃止痛藥。但即使吃了,效果也不見得顯著。

　　做了那麼大的手術,為甚麼還有六成疼痛呢?關於這點,邱醫生也沒能說清楚。脊骨的毛病大概都是如此,出了事,便很難完全復原。其中一個原因,可能是那金屬塊還未能與上下兩塊椎骨連得很緊密,那需要時間,急不來的。另外一個原因是我的身體對金屬塊有排斥作用。金屬塊是硬物,外面來的,不是身體本來有的,故排斥是很自然的。❾排斥即表示對抗,有張力,周圍的神經受到影響,便疼痛起來。因此,醫生要我做到一點,儘量不要排斥太空金屬塊,甚至要把它視為是自己身體原來有的東西,要把它作自己身體的一部份來看待。這很不容易做,需要在心理上、意識上時常告訴自己,說那是你身體的一部份,不是外物,也要警惕自己不要把它視為外物看待,不要排斥它。如何能這樣做呢?這需要內心具有寬容性、包容性;內心要敞開,以包容那塊太空金屬。這又是一種嚴刻的心性訓練了。另外,即使你在意識的層面做得到,不去排斥金屬塊,但在下意識的層面能否同樣做得到呢?那便需要深沉的心性涵養。連太空金屬塊都能包容,其他的東西自然都能包容了。這真是心量廣大如虛空了。佛也不過如是。我自然不敢想像能到這境

---

❾ 在做手術中挖去軟骨後,留下空隙,通常可以在股骨中切除一部份來塞進空隙去。由於是自己的股骨,故身體不會對它有排斥。但這塞進去的股骨塊會老化,若真的老化,便麻煩了,又要再做手術了。故醫生沒有替我考慮這種做法。

界,但心則嚮往之。

另外一點是,醫生要我能把承受腰痛視為日常生活的一部份,不能避免。這便更難了。你要背著腰痛這個難受的負擔,過一輩子,這不是像耶穌背著十字架受難那樣麼?但你必須接受,沒有其他選擇。因此,你在信念或理解上需要認定,人不光是如海德格說的向死的存在,更是受苦的存在,死只是苦的其中一種而已。這樣,你便慢慢養成這樣的看法,視苦痛為一種平常事,沒有甚麼特別,因此用平常心來安然處之。這是實踐禪門所云「平常心是道」的一種特別的途徑。另外,倘若你在信念中有人是受苦的存在一點,則你便了解到你不是唯一受苦的人,而是有千千萬萬人在陪伴著你,一齊受苦。你便對他們有同情共感之心,而與他們在感受上、在精神上連在一起,你便不會感到孤獨。又,這腰痛可作為你日常生活、工作的一個警鐘,當你工作到某一程度,腰部承受不來,開始發痛,你便會警覺到是休息的時候了,不能再繼續工作操勞了。因此,你不會過份工作操勞,讓身體惡化下去。這也是一種維持健康之道。尤其重要的是,當你的心情不好,不平衡,或是緊張,或是憂慮,或是動氣,與別人爭執不休,或是訓斥別人,譬如是那些頑劣的學生,你的腰部便會馬上發痛。這是即時反應,很奇怪的。可能是由於大腦的運作超過正常限度時,神經系統便會感應到,由於腰部本來是受過傷的,做過手術的,故那部份神經的感覺特別敏銳,而生起相應的痛楚。當有這種情況發生,我便提高警覺,調適心情,讓它回復平日正常狀態,不偏倚於任何方面,這或許可以說是合於孟子所說的「不動心」的狀態。總之,腰痛的這種效應,極有調適身心讓它平衡下來的作用,這種使人提高心性涵養的作用,是任何良

師益友都做不到的。你即使有很多良師益友,他們也不可能隨時隨地跟著你,給你提示。這確是我從腰痛方面得來的最大收益。近年我自己變得比以前心平而氣和,全是這種苦痛的功勞。

雖然如此,承受腰痛並視之為日常生活的一部份這一點所發出的重要啓示,還是在心容能不斷擴張方面。一個人能承受這種沉重的苦痛,而又能處之泰然,好像不當作怎樣一回事,則還有甚麼事情不能容受呢?當你真能容受一切事物,苦痛也好,仇敵也好,你才能渾融到整個宇宙中去,在精神上、境界上和它合成一體。這不就是如《中庸》所謂的參贊天地之化育麼?若真能這樣做,則死亦無憾。關於《中庸》的這種說法,自然可以順著當代新儒家特別是先師牟宗三先生的詮譯來理解,即是,我們的道德主體是具有無限性的,它是道德實踐的主體,同時也是無限心,是直通於天道天德的。天道天德流行不息,它下貫到我們的具體的生命存在中,便成就了我們的道德主體,這是順向的。而我們的道德主體亦可經由逆覺的路數,把隱伏在其中的無限的天道天德彰顯出來,在道德實踐上成就無限心。而由這無限心,便可說參贊天地的化育。不過,若對人生的苦痛一面有深沉的體會,則亦不必不能以同情共感的悲戚情懷而通於其他眾生,以推廣至天地萬物。則天地萬物都可說是內在於這悲戚的情懷中。由此以說成己成物,說參贊天地的化育,亦無不可。這中間有很多義理可說。由於篇幅關係,我想就此擱住,留待以後有機會再深究。

十三、對天臺宗的創造性詮釋：中道佛性詮釋學

1.對真理概念的理解與實踐方法

　　腰部手術做過之後，便是等待康復，等待那太空金屬塊與上下兩塊椎骨接合起來。按醫生的推斷，若接合得好，痛楚便會減輕。但那時我還是覺得很痛，並懷疑那金屬塊是否放在正確位置，它會否壓到椎骨腔道內的神經，因而還是持續令自己疼痛呢？便是由於這種狐疑，我事後繼續找別的骨科醫生看。幾乎看盡了中環和中文大學醫學院的專家（替我做手術的邱醫生是港大骨科的講座教授，中大方面的講座教授是梁秉中）都沒有特別的發現，沒有人提出具體建議要怎樣做，他們都叫我等待下去，過一些時日再看。

　　腰病的問題，便是這樣暫時告一段落了。我的身體稍為好些，情緒也穩定下來，便開始撰作我為麥克馬斯德大學研究院寫的博士論文。那是用英語來寫的。上面提過，這論文的題目是《智顗與中觀學》（*Chih-i and Mādhyamika*），那主要是以龍樹的中觀學為參照，看天臺宗真正開宗立派的智顗大師的天臺思想。智顗這個出家人的思考能力很強，所構思的系統龐大而嚴整，幾乎牽涉所有印度

佛學的問題，在理論上與龍樹中觀學的關係最為密切。他是世界級的第一流哲學家，我以為比德國觀念論的康德、黑格爾和胡塞爾還要強。在當時來說，天臺學是一個非常熱門的佛學研究題材，日本學者在這方面便做了大量工作，西方學者則做得比較少。日本學者基本上是以所謂「三體結構」（threefold pattern）來為智顗的哲學定位，以為這是智顗天臺學的特色所在。這三體結構，便是一般所熟悉的三觀、三智、三因佛性、三軌、三諦、三解脫等以「三」這一法數所構成的思考模式，西方學者也是順著這條路來研究天台學的，他們顯然是受了日本學者的影響。

我的看法完全不同。我是以智顗的判教為基礎，確定智顗哲學是由兩個根本問題開展出來的。第一個問題是對真理的理解問題（真理通常稱為「實相」）；第二個問題則涉及實踐真理的方法。關於第一個問題，智顗是以佛性來說真理，這佛性又等同於中道。因此他便提出「中道佛性」或「佛性中道」這種複合概念。佛性是成佛的機能，是超越的主體性，是心；故智顗有「佛性真心」的說法。中道則是客觀的理法、原理，是超越有、無等相對概念所概括而成的相對世界之上的絕對的理境。它是理，故智顗又有「中道理」的說法。在西方哲學，心與理通常是分開來的，心是主觀的認識機能、感受機能；理則是客觀的理法，有價值義、標準義、軌則義。心是可以認識理的。即是說，主觀的認識機能可認識客觀的理法。在中國哲學，特別是儒學中孟子、陸九淵、王陽明一系，心是道德主體，是道德理性，是心，具有反省、自覺的機能；理則是道德的理法，道德的原理，或如康德所謂的道德律。依陸、王一系的心學思想，心不是去認識理的，即是，主觀的心能不是去認識客觀的理法的，

十三、對天臺宗的創造性詮釋：中道佛性詮釋學

而是心即是理，或心即理，故王陽明說「良知即天理」。即是主觀的道德心、道德主體同時便是客觀的道德原理、道德律。道德原理、道德律是由道德主體去創發的、建立的，因而道德主體也主動地遵守、奉行道德原理、道德律。心與理都具有理想義、價值義。現在智顗提出中道佛性一概念，表示中道等同於佛性，其意是佛性作為真心，作為最高主體，是與作為終極真理、終極原理的中道等同的。這種說法，正是宋明儒學的心即理思想的佛教式的表示。由此亦可見到中國佛教的特色：其思維方式是心理為一，與儒學是相通的。

依智顗的判教，三藏教和通教都以空來說真理，別教與圓教則以中道來說真理，而中道又等同於佛性。天臺宗是圓教，它是順著《法華經》的義理發展出來的。

智顗哲學的第二個基本問題則是實踐真理的方法問題。智顗認為，三藏教體會真理，是透過析離、破壞諸法，才能體證得空，體證得它們沒有自性。這是「拙」的方法。所謂「析法入空」。通教則是當體就諸法的緣起無自性的性格來體證它們是空的，不必析離、破壞諸法。這是「巧」的方法。所謂「體法入空」。別教以中道佛性說真理，強調要經歷長時期，所謂「歷劫」，才能證得。所謂「歷別入中」，這「歷別」是「拙」的方法。圓教亦強調中道佛性即是真理，但認為體證真理可以當下圓成，不必經歷劫數。所謂「圓頓入中」，這「圓頓」是「巧」的方法。

為甚麼要以判教作為線索來看智顗體系的基本問題呢？因為判教是當時流行的頭等大事。透過判教，你一方面展示你對佛教各個宗派義理的理解，同時也顯出你自家派別在義理上的特點與殊勝之處。故從判教中常常可以看到有關派系所關心的問題和對這些問題

的看法。而智顗的判教,以有沒有說佛性或以佛性作為真理來判別三藏教、通教與別教、圓教。前者言空,不言佛性;後者則言中道,而中道即是佛性。故可見佛性問題是智顗整個思想體系的核心問題。佛性即是真理,故佛性問題即是真理問題。

佛性表示智顗對真理的看法,或者說,他是以佛性來說真理的。這是概念問題。而對真理或佛性的實踐或體證,則是方法問題。先要有對佛性或真理的理解,才能說它的體證方法。故就邏輯或理論言,佛性概念對於實踐方法是有跨越性(priority)的。即是,佛性概念決定實踐方法,不是實踐方法決定佛性概念。故佛性概念問題是第一序的,實踐方法是第二序的。日本和西方學者所強調的所謂「三體結構」是方法論意義的,不是真理概念意義的,故三體結構不能被視為智顗思想的核心,它是導出的(derivative),不是基本的(fundamental)。佛性或真理才是基本的,才是智顗思想的核心。故日本和西方學者對天臺宗在理解上的入路是錯誤的。

我的這個提法,對日本和西方的天臺學研究界帶來衝擊。日本學者方面的反應如何,我暫時還未看到有關資料,聽說他們不大高興。不過,日本的天臺學者是很少看西文書的。西方學者則有強烈的反應。如在日本研究和工作的史旺遜(P. Swanson)和奧利利(J. O'Leary)便寫過書評表示他們的質疑。不過,他們的質疑都未有點中核心問題。後者顯然沒有細讀智顗的著作,故說來相當浮淺、表面化;史旺遜則只讀了一部份,如天臺三大部(《法華文句》、《法華玄義》、《摩訶止觀》),却都沒有留意智顗最後期的成熟著作,即對《維摩經》的疏解。他只在智顗說真理或實相的那些字眼上兜來兜去,不明白我何以獨提中道佛性,未有意識到智顗要在此概念上

展示他的心即理的思路。因此我未有認真回應他們的質疑。倒是一個西方學者芝柏連（B. Ziporyn）寫了一本《惡與／或／作爲善》（*Evil and/or/as the Good*）的大書，討論天臺思想，常引用我在研究智顗思想方面的見解。❶另外，最近我常與住在日本的一個西方的天臺學教士普洛沙（Jion Prosser）通電郵，他很欣賞我對中道佛性的看法，認爲史旺遜曲解了智顗。我在日本時，又與京都學派的阿部正雄談及中道佛性的問題，他表示對此有很濃厚的興趣。

2.中道佛性與龍樹中道

「中道佛性」可拆分爲「中道」與「佛性」。「中道」自然是來自龍樹《中論》的三諦偈，「佛性」則應關連著《涅槃經》來說。智顗的思想受《中論》影響，在他的著作中，隨處可見。影響他最大的，莫如「三諦偈」。關於這偈頌，鳩摩羅什的翻譯是：

---

❶ 我的這些看法，都展示於我的博士論文〈智顗與中觀學〉（Chih-i and Mādhyamika）中。其後此文經過修改，在美國出版，書名爲《天臺佛學與早期中觀學》（*T'ien-t'ai Buddhism and Early Mādhyamika*）。關於史旺遜他們的文獻學式的批評，我的朋友、在華梵大學任教天臺學課程的德籍年輕學者康多（H. R. Kantor）對我說，他們並不是立足於哲學的角度來質疑我的詮釋，卻是要看「中道佛性」出現在智顗著作中的次數來看眞理問題。若這樣看，則我們應就「實相」來說智顗的眞理觀，因這個名相出現最多。對此，我有同感。康多自己的德文的博士論文，是有關天臺的，他很同情我的看法，並常加以引用。他同時也熟讀我的《佛教思想大辭典》，以之作爲他的博士論文的重要參考書。

>　眾因緣生法，我說即是空，亦為是假名，亦是中道義。

在這偈頌中，因緣生法是主詞，空、假名、中道都是謂詞，是對等位置。這是很明顯的。但梵文原偈的意思，則有點不同。它是：

>　我宣說，由因緣生的東西都是空。由於這空是假名，故這空是中道。

空是因緣生法的謂詞，這與什譯是一樣的。但後面則是以空為主詞，假名和中道都是空的謂詞，這則與什譯不同。其意是，空作為真理看，亦不過是假名而已，不能執定。亦由於空是假名，故空亦是中道。空既是假名，故不應執取，因此要非空。要非空，同是亦要非與空相對反的有，因此要非有。非空非有，便是中道。關於這種詮釋，我在自己著作中多次提及，這裏不多贅了。現在的問題是，非空非有是中道，則中道是對空義的補充，它不是獨立於空義之外的。故若以假名為俗諦，空為真諦，則中道亦應位屬真諦一邊，用來補充空義。這樣看，《中論》顯然是二諦系統：真諦與俗諦，或勝義諦與世俗諦。但如依什譯，則空、假名、中道排於對等位置上，則如立空為諦，為空諦；立假名為諦，為假諦；亦應立中道為諦，為中諦。這便成三諦系統。智顗便是這樣了解三諦偈，因而提出空諦、假諦、中諦三諦說。這與《中論》本來的二諦系統是不符的。不過，由於這種錯誤的詮釋，智顗自己竟然發展出一套精采的圓融三諦的理論來。這真是一種創造性的詮譯。關於這個意思，我在自己著作的多處也有解說，故也不多贅。

　　智顗如何理解中道呢？他如何發揮中道這一概念來說自己的真

十三、對天臺宗的創造性詮釋：中道佛性詮釋學

理觀呢？這才是問題的關鍵。根據我的研究，在這點上，智顗表現了他對中道的創造性詮釋。不過，在正式探討這個問題之先，我想先闡述一下我對龍樹的中道義的研究結果。這當然要關連著龍樹空義來說。我認為對龍樹的中道義可以下面幾點來概括：

I) 空是自性的否定，由此成立緣起說。

II) 空也是邪見（dṛṣṭi）的否定，由此而入正觀。不過，若自性轉為自性見（svabhāva-dṛṣṭi），則也是一種邪見。故自性見的否定亦可看作是邪見的否定。

III) 中道是空義的補充，表示對相對的空與有的否定。❷若空與有分別轉為空見（śūnyatā-dṛṣṭi）與有見（bhāva-dṛṣṭi），則中道亦可視為對邪見的否定。

IV) 這樣，空與中道皆成靜態義的真理，表示存有的無自性的正確狀態，也表示正確的知見：不偏向於實在論(有見)，也不偏向於虛無論(無見)。

V) 空與中道由此便可說有實用的（pragmatic）涵義。即是，無自性的正確狀態成就緣起的存有論。《中論》已說得很清楚：以有空義故，一切法得成。這是正確的知見。而正確的知見可引生正確的行為、實踐，最後成就覺悟。

VI) 但空與中道作為事物的正確的靜態義的狀態（state），都有動感（dynamism）不足的弊病。動感不足，即缺乏

---

❷ 在這點上，僧肇以空是對有與無的否定，為非有非無，而空亦是中道。故中道是非有非無。意思是一樣的，只是在字眼上改動一下而已。

足夠力量進行宗教活動,普渡眾生。❸另外,天臺智顗認為空與中道不是常住的主體性,與存在世界的關係亦不夠密切。這亦是正確的批評。

至於智顗如何承受龍樹《中論》的中道義而進一步加以創發,使中道成為他的體系的核心概念呢?他首先以佛性說中道,把中道與佛性等同起來,而提出「中道佛性」一新的概念,強調中道佛性為終極真理。他曾在《維摩經略疏》中說所謂解脫即是展現中道佛性。他又有「中道理」的說法以表示中道是終極原理。另外,中道佛性實涵攝《中論》的空與中道的主要義理,即否定自性、否定邪見、超越有無二邊所成的相對領域而臻於絕對的境界。它與經驗世界、現象世界有相即不離的關係。這是遠承般若思想「色空相即」,近承《中論》的「涅槃之實際,即是世間際」的說法而來。「際」即是實際的領域、實際的外延。

以上所說是智顗在中道一概念上對《中論》的承接。下面我們看他對中道(主要是龍樹《中論》中說的中道)的批評、發展和創造性的詮釋。我們實可以就他對《中論》中道義的批評來看出他的歸趨,或他心目中的中道應該涵有哪方面的意義。在他的判教(化法四教)中,他是視《中論》、般若思想和《維摩經》為通教的,而中道佛性自然是別教特別是圓教的概念。關於這個問題,我們這裏以下列幾點來說明。

---

❸ 京都學派特別是我的朋友阿部正雄基於龍樹的空義而說「動感的空」(dynamic śūnyatā),如依《中論》的本義言,實難以成立。

十三、對天臺宗的創造性詮釋：中道佛性詮釋學

Ⅰ)智顗批評通教的二諦說不涉及「中道體」。這「體」不是實體（Substance），而是指常住的本質。龍樹的空與中道主要指遠離自性執與有、無二邊執所顯出的事物的如如狀態，而《中論》亦沒有說及佛性。佛性是超越的主體性，不是經驗的生滅法，它有常住的本質，永不滅壞。智顗既然這樣批判通教，則他的圓教所涵的作為終極真理的中道佛性應有常住性。

Ⅱ)智顗又批評通教的中道是「無功用」。這功用是就對世間起用、進行教化、轉化的工作言。他把「功用」拆分為「功」與「用」，以「功」為自求進益，以「用」為利益他物。兩者合起來，則是「化他」，即化導、開導他人，使成覺悟。他又強調圓教能以圓力用建立眾生，這圓力用自然是與中道佛性有關的。他既批評通教的中道缺乏功用，則他的圓教的中道佛性應具足功用。菩薩若能體證中道佛性，即能具足種種功用，以教化眾生。

他又以治病作譬，醫生需知病、識藥、授藥，才能治療眾生的病痛。菩薩亦是一樣，需具足功用，掌握種種方便法門，恰當自在地運用，才能治療眾生的精神病痛，所謂「煩惱病」也。

Ⅲ)智顗又批評通教的中道不能具足諸法，如牟先生所說，不能安頓諸法，對諸法的生起不能作根源性的說明，以建立無執的存有論。他既批評通教的中道不能具足諸法，則他的圓教的中道佛性應是具足諸法，這便是他的性具思想。眾生在迷時，是念具三千，一念心與三千諸法同

> 起同寂,而成有執的存有論。眾生在悟時,則是智具三千,中道佛性與三千諸法同起同寂,而成無執的存有論。他言「一念無明法性心」,表示在一念之中,潛在有無明或法性的可能性。法性即是中道佛性。心或中道佛性不管是在迷在覺,不管是在無明抑法性狀態,它都作為存在世界的依據。這便是他所說的「具足諸法」。

因此,我們可以說,智顗所提的中道佛性具有常住性、功用性與具足諸法這三種性格。

3.實踐或體證真理以得解脫

　　上面說的是有關真理的概念或理解方面。據我的理解,這是智顗的體系的首要問題。跟著的問題是實踐方面的,即對真理的實踐或體證。這樣才能得覺悟,得解脫。我們內心有很多煩惱,障礙我們對真理的理解與體證。如何處理這些煩惱呢?佛教一般的看法,是要滅除這些煩惱,然後才能說解脫。例如,《中論》即表示需要滅除業煩惱,才能說解脫。龍樹的態度非常清楚,他認為需要斷除煩惱,才能實踐、體證終極真理,而得解脫。這是「斷斷」,即斷除煩惱而得了斷生死,得解脫。

　　智顗不這樣看,他認為只要能克服煩惱,超越煩惱,不讓它為患,便能實踐、體證終極真理,而得解脫。再進一步,若能善巧地運用煩惱,則煩惱亦可作方便、工具,被加以恰當地運用,而有助

・十三、對天臺宗的創造性詮釋：中道佛性詮釋學・

於得解脫。這是「不斷斷」、「不思議斷」。❹這裏有一種生活的大弔詭、大智慧在，也有生命上的極其深沉的莊嚴性。所以說，「煩惱即菩提，生死即涅槃」。❺

我在上面提到的腰病經驗和治療中，深刻地體會到智顗的這個意思。我們不應敵視病痛，而應與它交個朋友。不要搞對抗，對抗只會增加緊張，使苦痛加劇。我們應該和病痛對話，和它慢慢協調。這對培養我們的忍耐心、接受現實心理，提升心性的的涵養，會有意想不到的作用。說到這裏，我突然想起《莊子》一書所提的「和」

---

❹ 上面提到的普洛沙（Jion Prosser）教士曾經問我，如何向對天臺學有興趣的人士解釋「不思議」（inconceivable）的東西。我給他提出一些意見，姑在這裏譯為中語，供讀者參考。

「不思議」在智顗的詞彙中常指一些超乎一般理解的東西。例如「煩惱即菩提，生死即涅槃」的說法。但在這些話語中，你會找到一些有關如何能有較為有意義和奇妙的生活的極其深刻的智慧。例如，我們通常不喜歡疾病，要消滅它們。我們視它們如仇敵。對於容易治療的輕微的疾病來說，這是對的。但很多疾病是嚴重的，不能徹底治療。它們時常陪伴著你，直到死亡。在這種情況，你便要採取一種很不同的態度對待它們。你不能視它們為敵人，時常和它們維持對抗的關係。因為你越與它們對抗，你便會從它們那裏承受越大的壓力，因此，你會覺得更痛苦。你最好視它們為朋友，和它們協調。當它們在你心理上不再是敵人的時候，它們所引發的苦痛的擔子便會減輕。同時，在與它們協調中，你會逐漸培養你的耐心、承受性，甚至你對他人的同情與愛。你會覺得你不單能包容你的朋友，同時能包容你的敵人。結果，你會在精神上提升你的境界，由恨變為愛，而得到自我轉化。這樣，煩惱便是菩提，生死便是涅槃了。在這類問題上，重要的是，苦與罪並不必然要被捨滅，無寧是，當它們被克服、被超越和在你控制之下，便能弔詭地和有效應地為你服務。正面的東西可以生自表面上完全是負面的東西。這便是「不思議」了。

❺ 這是智顗在他的《法華玄義》中的說法。

一概念。一般人了解莊子,或《莊子》書的作者,總以為他的終極關懷或生命歸宿是逍遙境界,他要與天地精神相往來,與道體契合為一體。內七篇即是以〈逍遙遊〉一篇開首的。我有不同的看法。我認為莊子並不是那麼消極,他不同於小乘佛教的求自了的目標,他是要「和」的。和即是諧和,不起爭端,內無仇怨,外無敵人。他在〈天道〉篇即提出兩種和:天和與人和,表示要在人與自然之間及人與人之間建立諧和的關係。天和的結果是天樂,人和的結果是人樂。這都是終極的快樂。在這裏,我要作一些補充,除了天和、人和外,還應有病苦和,人應與病苦建立諧和關係,和病苦交個朋友。這會帶來意想不到的快樂,這便是病苦樂。此中問題非常深微,也有極其深沉的人生的莊嚴性在內。

以上是我從實踐眞理的方法方面說中道佛性。當然智顗提出的體證終極眞理的方法很多,我的那篇論文即特別提出三項來作詳細的探討,這即是一心三觀、四句和這裏說的即煩惱苦病而得解脫的方法,所謂「相即」。關於其他兩種方法,限於篇幅,這裏不擬多贅。

這篇論文寫好後,我即寄到麥克馬斯德大學研究院,給我在系內的三位指導教授看。他們大體上沒有意見,認為寫得很好。只是麥昆(G. MacQueen)教授在論四句的那一章在方法論上提出一些批評,這些批評頗為嚴刻,但很有意思,我都斟酌作了適當的改動。然後又寄給兩位校外委員看,一位是夏威夷大學的查普(D. W. Chappell)教授,另一位是紐約大學水牛城校園的稻田龜男(K. K. Inada)教授。他們非常讚賞。查普教授並即時推薦給夏威夷大學出版社出版,並為我取得日本在夏威夷設立的天臺

學會支助的出版費用。論文經過一些修改後,終於在1993年正式出版了。書名是《天臺佛學與早期中觀學》(*T'ien-t'ai Buddhism and Early Mādhyamika*)。不到兩年,印度方面的出版社又拿來翻印。

1990年初,我依規程回麥克馬斯德大學為論文答辯(defend),過程非常順利,兩個小時便完了,正式取得博士學位。當天下午宗教系的教授為我舉行一個茶會來慶祝。時光飛逝,現在已是十一年後了。十一年來,我在學問上不斷精進,但也付出重大的代價:健康。哪一方面重要呢?想來令人欷歔。

4.中道佛性與純粹力動

今年(2000年)6月下旬,我應臺灣中央研究院中國文哲研究所之邀到臺北作了兩場專題演講,講題分別是〈天臺智顗大師對中論的創造性詮釋〉,與〈佛學新思維:純粹力動現象學〉。上面提到,智顗大師依鳩摩羅什對《中論》三諦偈的錯誤翻釋而提出深具特色與價值的三諦理論,偏離了中觀學的二諦格局,而開出自身的三諦格局,這真是一種創造性的詮釋。有人說我不依傳統以來的做法,以三體結構來說智顗大師的天臺學的特色,而以中道佛性作為核心概念,以說智顗的天臺學的特色,並確定這中道佛性作為終極真理,具有三種性格,這即是常住性、功用性和具足諸法,也是一種創造性的詮釋。平心而論,以中道佛性來說智顗天臺學,並確認這是他的整個思想體系的核心概念,由它來涵攝空與假名,而構成他的整套圓教體系,確是一種新的說法,就

新這一點來說,是有創造意味的。不過,我想這種中道佛性詮釋學的創造性意味,還是在於中道佛性思想在整個中國佛教思想發展歷程中所具有的意義,它的重要性在哪裏?它對中國佛教繼續向前發展在方向上提供了甚麼啓示,在極限上有些甚麼規定?若能清楚地交代了這些問題,我想自己提的中道佛性詮釋學的創造性意味便比較明顯了。

我想借兩個小插曲來敍述這點。在我講完〈天臺智顗大師對中論的創造性詮釋〉後,在坐的劉述先教授問我,我對天臺學的理解,與牟宗三先生的理解,有甚麼共通之處?我即以大家都重視佛性這一概念應之。不過,牟先生在天臺學的脈絡下講佛性的問題,是從存有論的角度,強調天臺學作爲一種圓教,對諸法有根源的說明,這根源毫無問題是佛性。但佛性作爲諸法的根源,並不是創造諸法,而是含藏、含具諸法。佛性在迷在悟,這含藏、含具義還是不變。他認爲智顗是以佛性來保住諸法,因此其教義得以稱爲圓教。我則比較強調實踐論方面,我並不是說天臺宗沒有存有論,不重視存有,但未到牟先生所重視的那種程度。佛教始終是一種宗教,它的目的是求解脫,存有論的建立,例如說一念三千,以三千諸法與一念無明心(亦可一念轉爲法性心)同起同寂,是在解脫的目的下說的。解脫總需有個地方進行,這便是以三千諸法爲內容的存有界。而且智顗的中道佛性是從中道轉出來的、發揮出來的,轉出後,便聚焦在佛性上。他所說中道佛性所具的常住性、功用性和具足諸法,都是就佛性言的。但在實踐上,中道佛性概括空與假名。他也不依傳統只孤懸地說空,說假名,或說空觀,說假觀,而是說從假入空觀與從空入假觀。這是以假名

十三、對天臺宗的創造性詮釋：中道佛性詮釋學

來平衡空，復以空來平衡假名。因此，實踐空觀與假觀，都不會有偏執著一邊的流弊。而這兩觀又匯歸於中道正觀。在說中道正觀時，他又強調要入實慧，令法久住，其工夫仍在展現佛性。因此我的意思是，智顗重視佛性，是基於實踐論的背景，不是基於存有論的背景。

另外，在我逗留在中央研究院的那段時間，華梵大學賴賢宗博士來找我作訪問。他提出一個問題，問我講的純粹力動與中道佛性有甚麼關連。我想這問題提得正好。我想先從純粹力動講起。這純粹力動（reine Vitalität）是一純粹活動義，沒有任何經驗內容，它亦超越任何主客對立的二元性（duality）。它既是活動，則自身便是一種作用，一種用，故不必為它尋求用的根源，不管說體也好，說甚麼也好。實際上，它自身便是體，也是用。在這個終極層面，根本沒有體、用的分別，因此也不必談體用關係。它不是佛教的空，因它不止是無自性的狀態，不是虛的狀態，而是實在的力用。它是超越非實體主義（non-substantialism）的。空的義理即是一非實體主義。但純粹力動也不是實體，不是那具有恆常不變的自性的實體，故它又是超越實體主義（substantialism）的。倘若就攝存有歸活動這種思考言，我們可以說純粹力動是一種超越的主體性，是最高主體。

至於中道佛性，那是對比著空寂這一小乘及部份早期大乘佛教所提出的概念而言的。智顗很強烈地意識到小乘佛教言空的虛無主義性格，他知道空與中道的密切關連，又以中道等同於佛性。因此，他說到佛性，便說它一方面是空，一方面又是不空。空是就無自性說，佛性畢竟不是一種具有自性的實體。不空則是就佛

· 271 ·

性所能成就的功德說,憑著這些功德,便可教化眾生,便能利他。因此他說佛性,已是遠離了小乘佛教言空的那程消極的所謂「灰身滅智」的意味,而傾向不空的那種具實質內涵的意味,這意味與「體」的意思相近,但又不是實體。他又批評通教所言的中道沒有體義,所謂「二諦無中道體」,這是他在《維摩經略疏》的說法。他這樣批評通教的中道,很明顯地表示他的中道佛性是有體義的,是中道體。但這體仍不能說爲是自性義的那種實體。他是不能立實體的,否則便違離佛教的緣起性空的根本立場了。大體言之,他的中道佛性已漸遠離純然的空而趨近有內涵的、恆常性的實體義,但又不是自性義的那種實體。我們亦可以說,他有離開非實體主義而趨近實體主義的意向。但還不能凝結爲實體主義。像王陽明所說的良知、天理的那種實體是不能說的,一說,便離開佛教,而走向儒學了。這是他作爲一個一代宗師身份的佛教徒所萬萬不能做的。

不過,智顗對體用問的重視,要把終極原理確立爲具有體義,或實體義的觀念的意圖,是可以窺見的,在他的著作中,很多處都可以看到他的這種傾向。他提過「中理實心」一概念,這與「中道體」相連起來看,「實體」的字眼已是呼之欲出了。至於體用關係,他也是念之繫之的。他論到佛的三身問題,便直言法身爲體,應身爲用;以法身爲基礎,爲體,即體顯應身之用。他對體用關係的留意,不是很明顯麼?

但他這種體用關係,畢竟不是這關係的當體的意思,即是,由精神實體發出功用的承體起用的關係。而無寧應說爲作用與作用的依據、源流的那種迹本關係。以用爲迹,由迹反溯它的根源,

十三、對天臺宗的創造性詮釋:中道佛性詮釋學

本源,這便是本。他充其量只能就迹本的關係以言體用關係,這是他所熟習的《法華經》已經有的說法,佛從本體世界而來,下落到歷史的、時空性的世界普渡眾生,所謂「從本垂迹」也。❻他是不能提黑格爾義的那種精神實體發用而展現為歷史文化的那種體用關係的,他始終是一個佛教徒,必須守住無自性(實體)空的根本立場。

　　印度佛教發展到中國佛教,它的總的路向是要由空寂的本性拓展開來,走向不空的、具有某種程度的實體義的主體性,這即是佛性,或如《勝鬘夫人經》所說的如來藏自性清淨心。故這些印度佛學文獻很為中國人所歡迎和接受。即是說,整個思想的發展方向是由非實體主義走向某種程度的實體主義。而智顗的中道佛性思想,便是這某種程度的實體主義的極限。這個中道佛性概念,也可說為是康德用來說本體或物自身(Ding-an-sich)的「邊界概念」或「限制概念」(Grenzbegriff)。康德是以這個概念來限制我們的經驗的範圍,中道佛性則是要限制佛教實體化所能達到的限度。過此以往,便不是佛教了。

　　我的純粹力動概念的提出,是要確立一純粹是超越活動義的終極原理,作為一個新的體系(現象學體系)的核心概念。它能衝破體用關係的那種僵化的、機械化的思維,不必為用而求體,也不必立體以發用,它自身即是活動,即是力用,這又是體。故在最高層次,它能綜合體與用於一身,自身是體亦是用。因而體用關係這種表述

---

❻ 關於這種從本迹關係來說的體用關係,我在拙著《佛教的概念與方法》修訂本中的一篇題為〈佛教的真理觀與體用問題〉的文字中論之甚詳,讀者可參考。

式可廢掉，體用關係的思維亦可廢掉。❼我們可以說，純粹力動是中道佛性向前躍進一步而達致的新的概念。中道佛性的很重要的義理，仍可在純粹力動的概念下保留下來。

---

❼ 這是就最高的終極層次說的。在我們日常一般的相對思維中，體與用作為兩個思考範疇，仍然是可維持的。

十四、在苦痛中遊戲三昧

1.香港浸會大學和我的孤獨感

　　1988年9月,我應邀到香港浸會大學(那時仍叫浸會學院)宗哲系任講師,主要講授佛學和其他東方哲學與宗教課程,如中國哲學主流、儒家、道家與道教、中國宗教實踐等等主修科目,另外又兼教通識科目,如哲學概論、世界宗教、批判的思考(critical thinking)等等。我到浸會教書,完全是意料不到的。我本來想著寫好麥克馬斯德大學的博士論文後,便到美國或德國一些院校作後博士的研究,或找一份教職,或到臺灣教書和研究算了。我知道留在香港教學的機會很微,香港大學沒有宗教系,而哲學系只設西方哲學課程,中國哲學則設在中文系,又不是專於佛學,我應該在哪一個部門教書呢?至於香港中文大學,我雖出身於那裏,但人緣不好,沒有跟哲學系和宗教系的教師搞好關係。中大的哲學系和宗教系的教職,很多都是靠人事關係謀得的。這是很多人都知道的。另外,這些系的人對我在外邊(日本、德國、北美)到底學了些甚麼,也陌生得很。梵文麼,日文麼,很多人都不懂。到德國,讀佛學為甚麼要到那邊呢?為甚麼不到印度呢?很多人都會提出這樣的問題。
　　當時浸會學院要設立宗教學主修課程,讓學生可入讀宗教系,

畢業取得學位。他們把課程的內容寄到英國那邊的大學審核,其中並沒有佛學課程在內。香港這邊的大學的宗教系一向都是以基督教為主,主持的都是基督徒,中文大學的宗教系便是顯明的例子,所開設的課大部份都是基督教方面的,佛學麼?只在亞洲宗教一科中講一點點。所以我常對人說中大的宗教系實應稱為基督教系,稱宗教系是不相稱的。連佛教這樣重要的、影響深遠的宗教都完全被忽略,這是完全令人難以理解的。實際上,系內主持的人士,都是不懂佛學的。據浸會宗哲學系系主任余達心所說,他們的宗教課程拿到英國,那邊的教授一看,怎麼沒有佛學呢?大學的宗教系怎能沒有佛學呢?於是建議增設佛學課程。因此浸會大學的宗教系便有佛學課程了,一科是印度佛學,一科是中國佛學。浸會的基督教背景是很濃厚的,這是很多人都知道的事。據說有些高層人士還打算請基督徒來教佛學,余達心便反對,他說基督徒怎能客觀地本著學術性的態度來講佛學呢?於是便請我了,當時我正在做完手術後養病,一邊撰寫麥克馬斯德方面的論文。

在那個時候,我並不認識余達心先生,也未見過院長謝志偉先生。我到浸會教佛學,是校方和系方主動找我的,我是充滿著尊嚴進去的,當然我也很感激他們一番好意。這種情況,與當年許多哲學界同仁藉著唐先生、牟先生的庇蔭而進中大,截然不同。唐先生若知我今天的成績,大概會對當日我要求拿一些微薄的研究費進新亞研究所編纂梵文文法書而說愛莫能助,感到過意不去吧。

不過,我在浸會大學宗哲系教了十多年書,並不得意,我只是盡責去教學、回應學生問題、指導他們寫畢業論文而已。其他的時間,我主要用來做自己的研究。由於大學方面的基督教背景,而作

爲我的專長的佛學又與它是那樣地不同,已注定我不能有甚麼發展了。再加上大學被政府定性爲教學性質,不是研究性質,和大學一直以來都是行政主導,我只喜歡作學術研究,不擅長搞行政,故在校內對很多事情都很低調,好像是一個閒人。不過,學生還是認同我的教學,東方的宗教與哲學科目,大部份都是我教的。學生也認爲從我處學到很多東西,除了增進學識外,也學到如何去思考與分析問題。最突顯的是,我是系中指導最多學生寫畢業論文的講師。十多年來,我指導過的學生超過五十人,有些同事竟只指導過四、五個人。不過,他們有自己在行政方面的貢獻。

雖然如此,浸會有些地方還是可取的。它提倡全人教育（whole man education）,要學生在各方面有平均的發展,不鼓勵在某一個領域專門鑽牛角尖。另外一點是,浸會是有極其濃厚的基督教背景的大學,而仍能容納佛學,在宗哲系設三科佛學課程:印度佛學、中國佛學和佛學典籍解讀,這是極爲難得的。這不能不說是一種宗教上的寬容性。我很珍惜這一點。香港其他的大學,無一能開設三科佛學課程的。就目前來說,我仍是香港唯一能在大學的宗教、哲學系中以講授佛學謀生的人。

我在浸會大學十多年的教學生涯（現在還持續著）,可以「孤獨」二字盡之。在我五十四歲生辰那天,我寫了兩句打油詩,以表達自己的心境:

　　遊方徧內外,寂寞在浸會。

其意是,我在學問與經歷方面,都遍及多個角落,卻在浸會大學孤獨終老。有不勝感慨之歎。這種生涯,我想可以套用牟宗三先生常

提過的「四無掛搭」的字眼來概括。下面我想解釋一下這種四無掛搭的學院生涯與感受。

I) 我與學生沒有深入的溝通。自己弄了佛學三十多年，卻在浸會十多年來都只是教一、二年級的佛學課程，和二、三年級的儒家、道家、道教課程。學生對我的學問並不太了解，實際上也不需要了解。他們只知道我很專心搞學問，寫了很多本書而已。其實，倘若說我在學問上的功力有十成，則過去我的教學，只用二成便足夠應付了。其餘的八成是浪費掉的，或是不需用的。

II) 我與系中同事也沒有深入的溝通。我和系中同事，可謂異學異見，他們幾乎全部是基督徒，弄的主要也是基督教。他們的個性都很強，好像覺得自己有自己的一套東西。已經弄到博士學位了，怎會沒有自己一套東西呢？如有這種想法，便不易欣賞和容納他人的不同學問。實際上，博士學位只需三五年的研究便可以拿到。在這段不算長的時間，真能學到的，有多少呢？學問的深度與廣度都是無窮無盡的。在我看來，博士學位只表示學問的開始，有資格起步了。如牟先生所謂，可以吃學術這行飯了。但大多數人都以為博士學位表示學問的終結，是學成了，既學成了，還要再學甚麼呢？我既和他們的看法有那麼大的不同，自然少有溝通。進一步說，他們大部份是唸神學、宗教學的，都是到英國唸的。我認為當代神學和宗教思想，聚焦於歐陸，特別是德國，不是

在英國。當代有份量和影響力的神學家,都是德國的,如巴特(K. Barth)、布特曼(R. Bultmann)、拉納(K. Rahner)、布魯納(E. Brunner)、田立克(P. Tillich)、莫特曼(J. Moltmann)、和孔漢思(H. Küng),不都是德意志的麼?再推向上,有神秘主義(Mystik),如艾卡特(Meister Eckhart)、伯米(J. Böhme),也是德意志的。❶要讀當代神學,應抓歐陸特別是德國的主流,到牛津去並不恰當。一般人到英國,其中一個重要原因,是不想碰德文那一關。我並沒有語文學習的天份和興趣,但為了研究,不得不硬闖。在這一點上,我是頗自豪的,我覺得自己的學術態度,比他們認真。我研究印度佛學,儘量找梵文原典來看,研究中國佛學,則找漢語《大藏經》,研究日本佛學則用日文的資料。最近由於要弄一套唯識現象學,和構思自己的純粹力動現象學,而要牽涉胡塞爾的哲學,也儘量找他的德文原著來看。我的同事研究康德的哲學和巴特的神學,也只是看他的英譯著作而已。這是很不同的。當然,我闖語文的關卡,要付出巨大的代價,那就是時間與健康。

III)我與高層行政人事非常隔閡。浸會大學的行政人員權力很高,時常發出文件或甚麼指引,要大家留意及遵守。

---

❶ 日本的京都學派研究西方神學,全是聚焦於德國。他們與西方神學界作宗教對話,都是找德國神學家作對象。可見他們很認真和有遠見。英倫人士是不擅長神學思考的。

我們教學的,時常要看那些煩瑣的文件章程。這些東西內容通常都很形式化。行政人員處事呆板,官僚作風重。我始終覺得,大學不是一個行政組織,它的重點是在教學與研究,不明白何以會有那麼多的行政事務和規條,讓人有處處受束縛的感覺。

IV) 浸會大學的宗教背景、精神支柱是基督教。基督教是一個偉大的宗教,適度的信仰會讓人精神方面有所寄託,對人對事都有盼望與愛心。但若過份強調,和流於形式化,便會構成精神上的壓力,令人感到受教條所束縛。浸大的基督教氣氛太濃厚,其他的宗教好像缺乏了活動的空間。而且既已成為政府認可的大學,受政府經援,便不應高調提倡這種宗教。納稅人的金錢不應過份用於鼓吹某種宗教信仰方面。這種情況,在我所在的宗哲系更為明顯。系中所開課程多與基督教有關,這有違宗教信仰平等的原則。同學根本很缺乏機會接觸其他偉大的宗教與文化,如印度教。一些沒有基督教信仰的同學對此也不滿意。

浸會大學是典型的基督教大學,我以佛學專家的身份在內任教,又需負擔其他東方宗教與哲學的科目,這種形勢對我要有很大的發展,自然是不利的。我在佛學或有關科目上即使有很優越的成績,也沒有人能夠充分理解。要升職,也沒有人能看得懂我的著作,沒有人能審查。臺灣的中央研究院是國家的最高的學術研究機構,它能以五萬元請我去作一場專題演講,又曾邀我當研究員、客座教

授,並多次邀我評審學者著作與學報論文。國科會人文處也不時請我審閱研究案與學術優異獎金申請的著作。彼方對我的學問、著書,都具有很深廣的了解,並予認同。但我在浸大教了十多年書,一直未爲系方與校方眞正了解,很多時只成一個閒人,令人歎息。我眞有魏晉時人的「天地間的棄才」之感。雖然在校內是如此,我在外間卻很活躍。很多時收到別人寄來的著作,特別是佛學的,要求給它評審,看看說得有沒有理據,是否可用。新加坡中文系高級講師劉笑敢教授曾親口對我說,他看佛學研究的著作,只有我寫的才能看得下去,別人寫的都不夠好,看不下去。這種讚語聽了眞令人興奮,覺得還有知音,自己下的工夫沒有白費。香港科技大學的一個博士研究生也曾對人說,吳汝鈞雖然在浸大內部沒有一個直屬的指導研究生,但他在外面卻有很多學生哩。他是說我在外邊影響很大,很多人看了我的著作,受到益處。像這樣的好評,我聽了不少,在這裏我也不想多說,免得別人以爲我愛吹牛。有一點我想說的是,搞佛學研究,我是儘量做足工夫的,因爲我是生死相許的。

2.在苦痛中遊戲三昧:即工夫即本體

我在浸會大學教學完全得不到滿足感。❷好在大學比較自由,

---

❷ 其中一個顯明的例子是系方自1992年以來所收取的研究生,多是修讀西方宗教特別是基督教的,很少修讀東方宗教的學生被取錄。若收取後者,自然是由我指導的。因此自1992年以來,我便沒有被安排指導新進來的研究生。自那個時段以來,系中很多喜歡研究東方宗教或比較宗教的畢業同學,想在我的指導下繼續進修,但往往由於沒有學位空缺,結果我都把他們推薦到香港科技大學的人文學部去修讀碩士,幾乎全部同學都獲取錄。

系方又沒有安排我擔任很多行政的工作,因此,除教學外,我還是有充裕時間做自己的事,都是與研究有關的。例如看書、寫書、發表論文、到外邊參加學術會議、講學、替多個學術機構作教授升等著作審查、做別的大學的校外考試委員、進行多項研究計劃,和每年都到日本與彼方學術界交流。因為日本一直都是世界最大的佛學研究中心。這些工作,我都是帶著腰病進行的。有時痛得厲害,便只能把工作停下,躺在牀上,一動不動。甚麼時候腰痛舒緩下來,我又提起勇氣,繼續工作了。這種種做法,說得好聽一點,是在苦痛中遊戲三昧。

「遊戲三昧」是禪門的說法,載於《壇經》與《無門關》之中。京都學派的西谷啓治在他的著作中也常常引用這句話語,不過,他的理解和我的可能不同。根據我自己的了解,禪的本質,在於涵養和開顯富有動感性的心性(本心本性),這在一般大乘典籍中稱為「佛性」、「如來藏自性清淨心」,《壇經》則稱為「自性」(這自性不應與佛教一向否定的被執取的自性混同,後者是虛妄的),這便是無的主體或最高主體。在三昧禪定(samādhi)中,無的心體以靜態的方式凝斂自己,淨化自己,肯定自己,並培養種種功德(merits)。這種工夫做得足夠了,便要涉足現實的世界,以無比的耐心、忍受心、關心與愛心,善巧地運用種種方便法門,教化和轉化眾生,使他們都能轉迷成覺。這種做法,到了圓熟階段,便如同小孩遊戲一樣,一切都自在無礙。❸對於生命中的苦痛煩惱,也應該這樣,以

---

❸ 關於這點,我在拙著《遊戲三昧:禪的實踐與終極關懷》中有詳盡的闡釋,讀者可參考。

・十四、在苦痛中遊戲三昧・

無比的耐心與寬容的懷抱,去承受苦痛煩惱,靜觀苦痛煩惱的作用,看它如何折磨自己,然後找到它的弱點,所謂「死穴」,而在這裏下工夫,加以點化,轉化苦痛煩惱,以充實自己的心性涵養,提升自己的生命境界。以無我無執的心境,坦然承受種種苦痛煩惱,自在無礙,仿如遊戲。這眞是至高的精神境界。這是我自己對「遊戲三昧」的詮釋,《壇經》與《無門關》的說法是否有這個意思,我未有深究。我的說法能否算是一種創造性詮釋呢?這應留待高明的讀者來評判。

　關於處理苦痛的態度,和如何在苦痛中遊戲三昧,俾能苦中作樂,我自己頗有一些經驗與心得,我想在這裏解明一下。有些地方在上面也說過了,我也不憚煩,重說一下,以求完整性。這需要從儒家的「即工夫即本體」這一基本命題說起。❹這是儒家心性學問的重要思想,也是道德實踐的指導原則。它的具體的意思是,一切日常生活節目,都是體證良知天理的本體的契機、機緣。這個意思在孔子《論語》中提到的「克己復禮」、「仁遠乎哉」、「道在邇」的說法中已表現出來。孟子就見孺子入井而說四端,說惻隱之心、不忍人之心,也是承襲這種思想而來。他的心性格言「盡心知性知天」,與此也有密切的關連。宋明儒者的工夫實踐,都是順著這條思路挺進。王陽明說「格物」而「致知」,以物指日常生活行爲,以知指良知天理,或本體,表示要從日常生活行爲中展示良知天理,他是要把這種思想推展到極致之境。當代新儒學中的梁漱溟先生、唐君毅先生所推動的社會運動與文化運動,也是以這種思想爲指導

---

❹　這好像是黃宗羲所極力提倡的。

原則而開展的。

　　這種思想,道家也說得很多。莊子說「道在屎溺」,說「腐朽」中有「神奇」,以「與天地精神相往來」的人「不敖倪萬物,與世俗處」,都涵著這種意味。對於這種思想,其實佛教說得最多。釋迦牟尼當年說四諦,由苦集到滅道,已開其端。《般若心經》說「色空相即」,龍樹說「不離於生死,而別有涅槃」,以勝義諦不應離世俗諦而被體證,也是承襲這種思想而來。佛教傳到中國,首先深刻體驗這思想的,是僧肇,他的名句「立處即真」便是表現這個意思。發展到禪,這種思想簡直成了涵養心性的指導原則。南泉的「平常心是道」、馬祖的「即心即佛,非心非佛」、臨濟的「隨緣作主,立處皆真」、雲門的「日日是好日」、龐居士的「神道並妙用,運水與挑柴」,都是這個意思。日本的道元說的「有時」、「有時之而今」、「欲觀佛性即觀時節因緣」,是這種思想的具體展示。把這種思想推展至極致的,則是天臺宗智顗大師的「煩惱即菩提」、「生死即涅槃」的說法,那是直承《維摩經》的「諸煩惱是道場」的思路而來。

　　人在極度的病苦中,不為病苦所屈,致喪失生存意志,反而能掙扎起來,翻騰上來,與病苦周旋,去承受它,與它和睦相處,視它為朋友;而不以生命的橫逆去消滅它,反而以無比的耐心與愛心去點化它、轉化它,把它視為提高自己的心性涵養的殊勝因緣,通過它來磨煉心性本體的寬恕與包容的德性,進一步以在承受病苦中所積聚得的知識與功德,用於世間,以種種方法,善巧地、恰當地、自在地運用來教化眾生,如遊戲般自然自在。這才是真正的生活智慧三昧。此中的關鍵,是佛教的「緣起性空」的對自我與存在的本

質的洞見（Einsicht），和對包括眾生在內的萬物的同情共感的襟懷。病苦是緣起的，它沒有常住性，不會永久停留不走，它是會改變的，可被轉化的，故我們不必對它存有極度恐懼之心，而給它嚇怕了。同時我們又能由自己的病苦，推知其他人也有同樣的病苦，也同樣地受病苦的折磨，因而生起同情心、悲憫心，要盡一己的能力去幫助他們、救度他們。能這樣看，便不會終日想著病苦的事，為病苦所纏繞，反而要突破病苦，並使他人都能從病苦中釋放出來。這樣人便有釋然之感，而昂然挺立。❺

我自己對「即工夫即本體」的心性涵養的經驗，有兩次。第一次是上面提到的腰病和手術的接受。醫生把脊椎有問題的軟骨（d4－d5）挖去，塞進一塊太空金屬。由於這塊金屬是外來的，不是身體原來有的東西，故在物理上特別是心理上對它都有排斥，總是不能接受它。但愈是對它排斥，身體感到的痛楚便愈大，總是覺得這塊金屬以至周圍環境都很討厭，對自己帶來很大的壓力，難以承受。我於是寫上僧肇的名句「立處即真」，把這字條貼在牆上，讓自己在臥牀時都面對著它，以提醒自己要儘量保持隨和順應的心情，特別是要與塞在脊骨中的那塊太空金屬協調，不要恨它、排斥它，讓它變成自己的敵人，卻是要承受它、接受它，與它建立朋友的關係，進一步把它當作是自己身體的一部份，促使自己體會行往坐臥所到之處，甚至懷著太空金屬塊，都是心性本體呈現真理的行為。特別

---

❺ 印度近世哲人克里希那穆提也說過要停息痛苦，便要擁抱它，了解它，和它生活在一起。必須和痛苦密切相處。他又表示人一旦了解痛苦的本質、深度、美感和孤獨感，痛苦就會停息。但如何能這樣呢？他則沒有解釋。

是要到浸會任教的那段時間，心理壓力很大，生怕自己負擔不了繁重的教課，與繁忙的交通往返。最初心情非常矛盾，到底去不去浸會教書呢？怎樣能負著金屬塊在身體內面對一大群學生講課呢？金屬塊發作起來，腰痛起來如何辦呢？於是我便請教爲我做手術的邱醫生。他問我腰部是不是工作時痛，不工作時、休息時便不痛呢？我說不管甚麼時候都痛，不管工作不工作，只有睡著時沒有感覺，便不痛了。他便說既然工作也痛，不工作也痛，便乾脆去工作，去教書吧。他還提醒我，不要老是把自己當作與別人不同的人，應把自己視爲普通的正常的人。在身體上藏有機器以代替某些器官運作的人多著哩。經邱醫生這麼一說，我便下了決定，硬著頭皮去教書了。最初一段時間很痛苦，尤其是要把金屬塊當作自己身體的一部份，眞是很難做到。總是覺得很吃力，讓自己充滿著怨氣。其後經過一段頗長的時間，約有兩三年的光景，這種怨氣逐漸冷卻下來，而在物理上、生理上，那塊金屬也日漸與上下的兩片椎骨連合起來，而混在一起。我覺得自己漸漸能接受那塊金屬，不再排斥它、恨它，而能把它看成是自己身體的一部份。我更把它看成是我在工作上的一個警訊。當我工作至一段時間，或心情不好，那塊金屬便作動起來，使我整個下背都感到疼痛，我便知道是休息的時候了。於是便停止工作，放鬆自己，休息下來。另外，我又要時時克制自己，要保持平和的心情，不要發怒發作。因此我在上課時，常與學生說笑，有時故意讀錯了人名，讓學生更正，有時更講些荒唐的東西，讓課室的氣氛不那麼緊張，自己心情輕鬆些。心情好了，那塊金屬便不發作，我便不痛了。說笑話時，由於投入，一時也忘記了腰病那回事，於是也不覺痛了。

十四、在苦痛中遊戲三昧

我在浸會大學教書,上課都是單堂上的,從不連堂。原因是倘若是連堂,則講到第二堂,腰痛便來了。我也很少參加開會,通常的會議,動不動便要坐兩三個鐘頭,我的腰也是支持不住的。我特別在自己的辦公室內放著一張長桌,每當疲倦或腰部有痛楚時,便躺在桌上,以桌當牀,休息起來。一邊躺著,一邊聽聽音樂,也頗輕鬆哩。有時上導修,通常是三、四個學生上的,我乾脆都把他們請到我的辦公室,讓他們坐著,我則躺在桌上,跟他們討論,這樣可以討論得久些,我的腰部也不作痛。這便是我教課的情況,可謂苦中作樂,箇中滋味,不足為外人道。

屈指一算,我的腰痛已有十五年了,背負著那塊太空金屬來生活,也超過十三年。腰痛還是持續著,只是沒有手術前那麼嚴重。我儼然與太空金屬塊化敵為友,它充實了我的心性涵養的經驗,使我對人生的艱難苦痛,對生命的本體,對理想的堅持,對意志的持守,有深一層的體會與磨煉。十五年來,我自覺學問不斷精進,跨越六個領域:佛學、儒學、道家、京都學派哲學、德國觀念論與現象學;也跨越六種語文:中文、英文、德文、日文、梵文、西藏文。在浸會大學教了十多年書,參加過多種學術活動,這在上面已提過了。我的主要著作,也是在這個期間出版的。當然用功並不限於這個時限。我在教學方面,由於種種因素,如學生缺乏基本訓練、質素不足、大學的基督教背景不容重視東方研究與學問等等,得不到滿足感,但在學生的心目中,還算不錯。這由最多學生找我指導他們寫畢業論文,可為明證。畢業論文(所謂Honours Project)這一科是挺重要的,倘若學生認為我沒有學問,便不會找我了。故我在這方面還是自豪的。這十多年的教學與研究生涯,都是在腰病的苦痛

中度過的。有時我過得倒很自在,在校內獨來獨往,不拘小節,頗有遊戲人間、遊戲三昧的感覺。對於那塊太空金屬,我已不那麼計較了。我似乎與它產生了感情,有時也有感謝它的心情,覺得它是我磨煉自己的心性的一個不可或缺的資糧。

去年患癌病,新一輪的病苦與瀕死經驗又來了。很不易應付。不過,對於病苦與瀕死經驗,我以往已經歷了多次,故已有了心理準備,作了最壞的打算。充其量是如《維摩經》所說的「病至於死」而已。人生不免一死。哪一個人能不死做神仙呢?但求盡了心力去做應該做的事,無悔於己,便成了。其他的事,不能想那麼多了。❻唐君毅先生喜引述梁啟超的話:「世界無窮願無盡,海天遼濶立多時。」我沒有他們那種廣大的懷抱與悲願。對我來說,只想改幾個字,便是:「病苦無窮志無盡,海天遼濶立多時。」所謂「志」,是與病苦協調與寬恕的志願也。在這次病苦的經驗中,我頗能適意應付,遊戲於苦痛之中,而且思想異常敏銳,有很多創新的意念。關於這點,留待下面再談。

3.我的學問

若我真能說是在苦痛中遊戲三昧,則我的成績,除了上述的教學外,主要還是在學問研究方面。我在浸會大學教書,今年是第十三個年頭。在這段時間,我出版的著書,超過十五本。這些著作當

---

❻ 耶穌也說過,今天的憂慮,今天應付好了;明天的憂慮,明天再說。

然不是都在這段時間寫的,很多資料其實在我在日本、德國與北美留學時期已弄得七七八八了,我只是把它們整理成書而已。雖然如此,很多朋友仍說我在著書方面的成就,是一個奇蹟,而著書的內容,又既廣且深。我自己也想像不到會這樣多產。不過,其中有兩個因素是很明顯的。一是我對學術研究的生死相許,這使我的研究,達到專精的程度。另外是我的運氣不錯,三次出國留學都得到很多名師的指點與幫忙。他們對我在學術著作上的成就,功不可沒。特別是我在中文大學的那段時間,幾個當代新儒學的大師都在那裏,我全吸收了他們的好處,因此中國哲學特別是儒學的基礎打得很穩固。我所專長的佛學,則是憑苦功與意志自己闖出來的。以下我只簡單地概括一下我的學思。

我的學思,受四個學派影響,我從它們方面得到很多好處。這四個學派是當代新儒學、京都學派、維也納學派和漢堡學派。我是擇善而從的,未有被它們所囿限,而影響了自己的思想與方法。漢堡學派比較簡單,它提供文獻學的方法,只要吸收這種方法,明白它的功用與限制,而不執著於文獻,便能突破出去。維也納學派是文獻學與哲學雙軌並進的進路,也不難突破。主要是運用這種方法進行學術研究,在文獻學與哲學之間取得一個平衡:研究依於可靠的文獻,並儘量運用原典,由此發掘其哲學涵義,不隨便越出文獻資料所述的範圍。這樣,研究的成果便是忠實可靠,不滯著於文字,卻能闡發其義理。而且這學派主要是研究佛教知識論,我大可參照他們的研究成果,構思和建立自己系統中的量論。當代新儒學與京都學派情況則不同。它們是純粹的哲學,內容豐富,體系龐大,觀念性與理論性濃厚,特別是後者。兩套哲學都有一定的原創性,很

有啓發性,也很有吸引力、魅力。我是從體用問題上突破熊十力先生與牟宗三先生的,提出純粹力動觀念,它是純粹活動,在實質上是用亦是體,這種思考消解了體用的二元性。至於京都學派,我提出兩點。在宗教遇合(religious encounter)方面,我追溯宗教遇合的根源,提出對生死問題的關切,這是通於久松真一的。不過,我要以禪宗所強調的不捨不著的靈動機巧的主體超越生死,以取代久松所提的無相的自我。另外,我不讓實體主義與非實體主義直接結合以求融合,而是在這對反或背反之外,提出純粹力動一終極原理,以突破和取代阿部正雄的「淘空的神」(Emptying God)觀念。至於我自己提的純粹力動觀念的思想淵源,則可追溯至西田幾多郎的純粹經驗、柏格森的生命機制(Vital Impetus)與胡塞爾的絕對意識(absolutes Bewuβtsein)這幾個觀念。當然還有佛教的空。

　　我在學問方面的貢獻,到目前為止,主要還是在佛學的闡釋方面。上面曾提過我對中觀學有自己的中觀思想在內,中道佛性詮釋學則是我對天臺智顗大師的獨特理解。至於《佛教思想大辭典》則是我以自己提出的文獻學哲學分析雙軌並進的研究法而編纂成的,它的特色很明顯,與一般的佛學辭典不同。後者是拿來查考的,而我的辭典則可拿來閱讀,因為書中對很多重要的佛學名相都有周詳的闡述,很多更是表達自己個人的獨特理解的。❼而該辭典編纂的方法,所謂文獻學哲學分析雙軌研究法,則在我的《佛學研究方法論》中有周詳的解說。這書是我的處女的成名之作,表示我對佛學

---

❼ 關於此辭典的編著方法及其他問題,可參閱該書的自序及冉雲華教授為我寫的序言。

研究方法論的濃厚意識與關切。自去年開始,我一直在構想自己的佛教新思維,要建立純粹力動現象學的體系,以解決佛教的體用關係的難題。而在弄這個體系之先,我要先寫一本唯識現象學,為唯識學建立一套現象學,以解決它的成佛方面的理論困難。這一書可看作為我的佛教新思維的一項熱身工作。這些工作,當然不是只限於佛學的闡釋方面了。

另外一點值得一提的,是我對京都學派哲學的研究和把這套具有實力的哲學引入漢語學界。這是日本當今最強有力的哲學學派,它的哲學內容涵蓋東西哲學的精粹。特別值得注意的地方是,它的哲學並不單是東西哲學的大聚會、大湊合。它卻是有它的佛學意味濃厚的根本概念、根本精神,這便是作為一超越的、絕對的主體性的絕對無。以這絕對無為基礎,為精神支柱,在方法上、思考上吸取西方哲學特別是德國觀念論的有用的養分,而構成具有一致性、一貫性的有自己獨特風格的強有力的哲學學派。它裏面也有濃厚的宗教成分。這是由於宗教的旨趣比哲學更為具體,它是要解決人生的終極關心問題,特別是人生的負面的罪、苦與死方面的問題。它是由西田幾多郎開其端,中間經過第二代、第三代的發展,現在是進入第四代的階段,很多日本方面具有潛力的哲學工作者仍然在這方面努力探索。它的影響是世界性的,是非常深遠的。我在日本開始接觸這個學派的哲學,便被它的清晰的思考與深邃的精神探索所吸引,因而產生濃厚的興趣。二十多年來。我都在留意這派哲學及其發展,寫了三部書來介紹和評論它:《京都學派哲學:久松真一》、《絕對無的哲學:京都學派哲學導論》、《京都學派哲學七講》。我國的學術思想界還未留意它。我的心願是把它介紹進來,俾我們

在哲學發展的途徑上有所借鑑。這種工作,很多時是在病苦中進行的,故也做得相當辛苦。

對於我在佛教的闡釋方面所做的工作和貢獻,我不想說得太多,以免引來自我吹噓之譏。實際上,工作和成績如何,是要細看相關的作品才能清楚的,才能有具體的眉目,光是自話自說沒有甚麼用,說了讀者也未必相信。故對於這些工作和貢獻,我想還是應由讀者自己去體會,以作出高明而正公的判斷。在這裏我想特別拿來較詳細地說一下的,是我對禪方面的研究、理解和體會,這些工作都是在苦痛中進行的,成績如何,讀者知道的也比較少。

4.我的禪學研究與體會

關於禪,我很早便留意了。「教外別傳,不立文字。直指本心,見性成佛。」這些格言,時常在腦海中浮現。我最初是看《壇經》,熟悉一些禪語。其後看禪宗史的書,略窺禪從印度禪發展為中華禪。然後從哲學的入路來了解禪,看唐君毅先生、牟宗三先生論禪。也看過胡適說禪,他是完全不懂的。比較有系統的做法,是看京都學派的禪觀。他們是以比較宗教、比較哲學的方法說禪的理境的。這個學派中主自力主義的學者如久松眞一、西谷啟治、阿部正雄和上田閑照對禪的詮釋,我都仔細看。看得最多的,是久松眞一與阿部正雄的說法。這和我與阿部的私人關係有關,我在京都初見他時,他便拿自己寫的有關日本曹洞禪師道元論佛性的文字給我看了。我看後有新鮮感,也覺得有啟發性。他主要是認為禪是超越一般的相

對的有無、生死、生滅一類背反（Antinomie）而展現的絕對的境界。由於阿部的老師是久松，於是也找久松論禪的文字來看，覺得他論禪很有深度，哲學性、宗教性都很強，也有實踐的意味。他論禪，聚焦於大死的觀念及實踐，勸人徹底否決一切二元對立關係，否決一切背反，而覺悟那絕對不二的境界。印象最深刻的，自然是他以無相的自我來說絕對無，後者是京都學派用來概括東方的精神性（spirituality）的。前此我也曾看過鈴木大拙論禪，他在西方是以談禪著名的。但我覺得久松、阿部他們的看法比鈴木的更具哲學性，也更有深度。另外，我又參加阿部主持的坐禪班，也留意公案禪，研究參話頭公案的問題。也讀過日本禪學名家如柴山全慶、關牧翁、山田無文以實踐的角度論禪的文字，他們都是禪師。最後，我在德國漢堡大學與邊爾（O. Benl）教授共同研讀公案禪，以文獻學的方法鑽研禪公案所透露的覺悟的訊息。我又看他老師貢特（W Gundert）對禪籍《碧岩錄》的德譯。另外，我又留意德國學者的禪學研究，例如杜默林（H. Dumoulin）他們的著作。並注意德國神秘主義與禪的比較問題。京都學派的上田閑照在這方面鼓吹最力，他是研究德國神秘主義大師艾卡特（Meister Eckhart）的專家。故我對禪的研究與體會，可以說是國際層次的。

　　京都學派的禪觀，以久松真一的說法最受注意。他基本上是以「無相的自我」來說禪的本質，而以指涉全人類與超越地創造歷史作為禪的開展面貌，這便是他的有名的FAS（F: Formless Self; A: All Mankind; S: Superhistorical History）的口號了。關於這個意思，我在自己的著作中多處提及。我並不認同這種說法，特別是以「無相的自我」來說禪的本質方面，我以為太消極，不能充分表現禪精神

的動感。「無相」太被動,也有超離(transcendence)意味。我認為禪是有動有靜的,只管打坐是靜,棒喝是動。宋代廓庵禪師的〈十牛圖〉中前八圖是靜,後二圖是動。靜是三昧,表示自我作內在的修行,積聚功德。動是遊戲,是以修行中的所得,貢獻於世間,遊戲自在地運用種種法門,以教化眾生,這便是「遊戲三昧」。故我以不捨不著的靈動機巧的主體性來說禪的本質。這些意思,我在拙著《遊戲三昧:禪的實踐與終極關懷》一書中有詳細的闡釋。

綜合地說,般若思想盛言空,是非實體主義。佛性思想有梵我的牽連,故有實體主義的傾向。天臺宗亦以中道體的「體」來說中道佛性或佛性,亦顯示這方面的傾向。禪則確立不捨不著(不捨離世間,亦不執取世間)地進行妙用的動感的主體,似是要綜合實體主義與非實體主義,而更提升上來,將無的主體化為一純然的活動。這樣便解決了佛教不講精神實體因而不能真正在世間起用的困局。這種主體性作為一種活動看,很類似我近年提出的純粹力動一觀念。但它仍偏於空一面,它畢竟還是佛教的立場。

對於禪,我自問有不錯的學養。一日,一個學生(她是在我的指導下寫畢業論文的)問我一段禪公案應如何理解。那是南泉斬貓的故事。南泉普願問弟子:道得,道不得?若道不得,即把貓兒斬死。所謂「道得」、「道不得」,即是能否說出禪的最高訊息,有關真理的體會的方式之意。堂下沒有回應。南泉即把貓兒一刀斬死。其後有人告訴趙州從諗,他是南泉的弟子。趙州即把當時穿在腳上的草鞋取下,戴在頭上。南泉聽到了,便歎息說,若趙州早在,則貓兒便可以不必死掉了。學生問我是何意思。我稍加思索,便回應謂,對於禪的真理與境界的體會,必須經一否定,經一與常理相悖的曲

折程序,才有入路。草鞋本來是穿在腳上的,卻除下戴在頭上,而不找帽子來戴,這便表示違悖常情的一種屈折,是一矛盾、一否定。趙州早知此意,故有這種怪行。南泉聽到了,而歎息首肯,便是指這個道理。這個公案我以前也看過,但並未深思,亦未能一時理解。今為學生一問,便逼出這個體會來。倘若我對禪沒有相應的理解,便不能這樣迅速地作回應了。

我對禪的理解,基本上是順著對京都學派哲學的研究這一路上進行的,這種理解自然受到這個學派一定的影響,因為這個學派的重要義理,與禪有密切的關連。特別是久松禪,我留意得最多。不過,我有自己獨立的想法,我在寫完《遊戲三昧:禪的實踐與終極關懷》一書後,已覺得在理解禪的本質方面,已越過久松了,也極少再看他的作品。在理解禪方面,我已無可再進。不捨不著的靈動機巧的主體性是我把握禪的極限。因此最近幾年,我都沒有再寫有關禪的文字。

5. 對苦痛與遊戲三昧的再省思

我的職業是教學,事業是研究和著書立說。這也應可視為教化眾生的一種方式。特別是在著書立說方面,我做得很多,在闡釋東方思想、德國觀念論與現象學方面,算是有一點功勞。這種教學、研究與著書立說,都是在腰病的情況下進行的。每坐得久了,腰痛便來了,便要停止下來,躺在牀上休息。教書也不能站得太久。坐著和站著,都會讓身體的壓力聚在腰部,因而感到疼痛。這種活動,

雖不如悲天憫人普渡眾生那麼偉大，但也勉強可說是在苦痛中遊戲三昧。

上面我說到苦痛可以作為轉化以至提昇自己的心性涵養的機緣。這個意思，西藏智者索甲仁波切也體會到。他在《西藏生死書》中便提出我們應對痛苦敞開、開放，如同在修行中對開悟者和諸佛開放那樣。為甚麼要對痛苦開放呢？我想原因是這樣可使痛苦流遍你身上每一個角落，不讓它聚在身體某一個角落，讓你終日在想著它，向它鑽牛角尖。越想著痛苦，越向它鑽牛角尖，你便越會為痛苦所束縛，所纏繞，這樣會痛上加痛。另外，索甲仁波切也提到我們應對痛苦有感恩之情，因它給予我們一種克服困難和轉化自己的絕好機會。這便是我所說的苦痛有磨煉身心、意志與提高我們的心性修養的作用，例如耐性與承受性。另外有一點，索甲仁波切說得很有意思，他說痛苦能夠教導我們慈悲。因為自己受苦，便會推知別人可能也受苦，這樣會促發自己產生慈悲心，體諒他人，更積極地去幫助他人。這與我在上面說苦痛可讓人產生同情共感的意思是同出一轍的。由於共同承受苦痛，因而同情共感，這會讓自己與他人在精神上連成一體，共同努力，互相砥礪，去應付苦痛，便不會感到孤獨了。進一步，索甲仁波切還提議當我們在承受痛苦時，應盡量想像世界上有許多人都和自己同樣痛苦，甚至比自己更痛苦，因而生起一種祈求或願望，向所信的對象或親人或朋友祈願，請求以自己的痛苦來幫助別的正在受苦的人解除他們的痛苦。這是說，痛苦會引發人生起犧牲精神，使自己發出一種新的力量泉源、一種難以想像的慈悲。這樣，自己的痛苦會升華成為一種生命上的承擔，讓自己感到生命具有意義，生活充實飽滿。這樣來說，我想可以從

另一個角度來看苦痛,它當下可以成為一種德性、一種道德情操,使人感到生命更具有意義:美善的意義。

在苦痛中遊戲三昧要有當下的性格,才有意義。即是,你即在感受到苦痛的那一刻,進行教化、轉化的工作,不管那是哪一種具體的工作。苦痛應該當下便是遊戲三昧的試煉場所。不是經歷苦痛後,經過一段反思時期,最後引發出一個美妙的心靈圖像與世界圖像,而為這些圖像所驅使,因而去工作,進行遊戲三昧。倘若是這樣,則在苦痛中遊戲三昧便有一個外在的目的、目標了。這樣,在苦痛中遊戲三昧便落於第二義,而那個目的、目標是第一義。這種看法,與上面我提到我的朋友曾立存說耶穌生命的意義是在十字架這一事件本身,而對後面跟著來的復活、升天、第二次再來世界作末日審判可以不理會的說法有相通處。兩者都強調生命主體對當前的苦痛的生命任務的當下承擔而不規避態度,不計較後果的道德勇氣。

最後,我們說苦痛,通常是局限於個人方面來說,例如個人的老、病、死等苦痛,而對於這些個人的苦痛的消解,也是就個人的範圍來進行。我們是否應該把苦痛的範域擴大,由個人的苦痛延伸至群體的苦痛,以至國家民族的苦痛呢?例如國家滅亡,或為敵人所凌辱、欺侮,人民生活於水深火熱之中。這便是所謂己群共苦(co-suffering)。實際上,苦痛應伸延至己群共苦,遊戲三昧才有客觀的基礎與空間。這樣,不單自己能在苦痛中遊戲三昧,同時別人也可在苦痛中遊戲三昧。由同情共感,我們可說己與人是同體的。倘若在苦痛中遊戲三昧能夠被修到苦中作樂的境界,則我們應該也可以說,在苦痛中遊戲三昧是人己共享的三昧樂趣。

十五、癌病的第四次瀕死
經驗與在電療中證無我

1.癌病的發現

　　1998年近年末，我一生最大的病劫來了。10月發現有糖尿病，翌年2月腸裂，痛足一個月。醫生曾一度懷疑是腸癌，結果驗出是腸壁破裂流血。到了5月，癌病真的來了，那是腮腺癌（parotid cancer）。

　　糖尿病是由於尿液中含血糖過高所致。本來這些血糖可以由胰臟分泌出來的胰島素加以中和，但若胰島素不足，便需注射胰島素了。倘若不太嚴重，吃東西時戒口便成，少吃澱粉的東西。但若情況嚴重，會傷害眼睛和腎臟，有時足部肌肉會壞死，需要切除足部。我的情況不算嚴重，戒口與吃藥便可。這種病的症狀是非常疲倦，和口腔有乾枯的感覺。

　　腸裂則很難受，糞便經那裏出來，更讓它難以復原。疼痛時只能躺在牀上，一動不動，甚麼辦法也沒有。有一次我疼痛得確實難以抵受，心灰意冷，便對妻子說，即使我能過得這一關，以後新的病痛恐怕會陸續地來。我本來已有頭痛（偏頭痛migraine）、高血壓和

腰痛的毛病,後者更是擾得我苦不堪言。今後我注定要捱病痛的苦了。果然所料不差,過了兩個月,癌病便來了。

我是怎樣發現癌病的呢?那完全是一個偶然的機會。有一天我買芒果來吃,由於舌頭敏感,在表皮上生了一些橙紅色的斑點。便去看耳鼻喉科醫生。他在我的耳下左右腮部位摸來摸去,發覺左邊腮部好像有一小形肉瘤,也沒有突出來,也不痛,從外表根本看不出來。他說這可能是發炎所致,於是讓我吃了一星期的消炎藥,沒有效果。他便說可能有問題了,內裏可能有腫瘤。於是他便替我在有問題的部位打了一針,向內抽取一些組織,拿去化驗,結果驗出是有毒的,即是惡性腫瘤,他說這是癌!他說內裏有腮腺腫瘤,需要割除。這個醫生很有醫德,他說自己可以做這個手術,但要為我找一個最好的頭頸科腫瘤醫生。於是便找林鑑興醫生了。他是港大頭頸外科教授。我立刻去看林醫生,他即推介我去做磁力共振素描(MRI),結果發現腫瘤逼著腮骨生長著。翌日我便進醫院接受割除腫瘤手術了。

有些學生問我,在獲悉患有癌病之後,感受如何?有沒有震驚的感覺呢?有沒有問為甚麼會是我呢?我說沒有。在這方面,我覺得自己頗能保持平常心的心態。我是弄佛學的,佛學開首便說世事緣起無常,自己研究和寫書已有幾十年,深知在經驗的、物理的軀體方面,甚麼嚴重的病痛都可以發生,人甚至會隨時死掉。我本來已積了多種病,再多一兩種,也沒有甚麼大不了。

癌病可以有不同的擴展程度,通常以stage(階段)和數字來表示,stage I 表示早期癌症,跟著便是stage II、III、IV,總共分四個階段。數字越高,表示癌症擴散程度越嚴重。更嚴重的,可姑且

十五、癌病的第四次瀕死經驗與在電療中證無我

稱為stage V，這表示癌細胞已經擴展至全身，那是沒得救了。這種病症最可怕的地方是病情無法控制在原先發病的器官之內，癌細胞能肆無忌憚地迅速分裂繁殖，其數量是以幾何級數增加的。最可怕的地方是癌細胞會轉移，可以蔓延至全身，由癌細胞會排出毒素，把身體腐蝕淨盡，結局自然是死亡了。

庫布勒・羅斯（E. Kubler-Ross）醫生提到末期的絕症患者的心理狀況有五個階段：不願意接受疾病、對自己患這種病感到憤怒、祈求上帝協助、心情低落與抑鬱、經過掙扎之後接受命運的安排。我以為關於第五個階段的接受安排，起碼可有幾種心境或態度：一、迫不得已地接受，因為在現實上已無法可想。二、隨順自然界事物的生發與枯萎法則。三、在精神上超越生死的二元對立，對永恆的終極目標有所體會，找到安身立命的精神歸宿，因而對病苦與生死處之泰然。最後那種精神狀況是最好的，那是宗教上很高的境界了。

我不是末期患者。對於病患，我遲疑了一會，很快便接受了。❶由於過往已有過不止一次的嚴重病痛與瀕死經驗，故我已早有心理準備，預定今後的日子會面對種種病苦，最終是「病至於死」。故我要做的，是確認一個最好的頭頸科腫瘤醫生，馬上開刀切除腫瘤，然後接受電療。另一方面，我又想藉著這個機緣，以自己親身經歷與體驗為本，認真思索、探討病苦與死亡的問題，俾能對生命的本質問題與安身立命之道有深刻的理解，像京都學派所說的存在

---

❶ 替我做切除腫瘤手術的林鑑興醫生也只是平和地說：「你接受現實吧。」他是越過庫布勒・羅斯所提的前四個階段而對我作出「接受現實」的忠告。他是一個現實主義者，喜以迅速而有效的方式解決問題。

的、主體性的理解,徹底解決這人生最具終極關心的問題。

2.大手術後在醫院中的思索

　　由確定是患了腮腺腫瘤到入院接受手術,切除腫瘤,只是三天內的事,快如閃電。星期三下午耳鼻喉醫生告訴我那不幸的消息,即轉介我看頭頸科專家林鑑興,他即寫紙讓我到醫院做磁力共振素描。星期四做素描。星期五我親自把照片與報告拿給林醫生看,以確定腫瘤位置。星期六上午便入醫院,隨即接受手術了。

　　手術經歷近五個小時,比原定多了近兩個小時。據主醫生說,那是由於一束一束的神經線緊捆著腫瘤,而腫瘤也緊壓著主神經線的原故。他需要小心地撥開捆在腫瘤表面的神經線,又要把腫瘤移離主神經線,故手術繁複得很。我的妻子在手術室外呆等,看著時間一分一秒地過去,紅燈還在亮著,驚慌得不得了。最後終於見到醫生拖著疲怠的身軀出來,才知手術成功了。

　　我在進醫院前執拾行李,除一般用品外,特別帶了傅偉勳的《生命的學問》進去,因在書內他曾詳述自己與淋巴癌搏鬥的經過。他的情況與我的相近,腫瘤位置都是在左耳下方。不過,他的淋巴癌比較嚴重,而且毒細胞已蔓延至肺部。我的毒細胞則只停在腮腺一帶,未有向下蔓延。手術前、手術後,我都在看他的書,對他與腫瘤搏鬥所展示的堅強意志與視死如歸的道德勇氣,非常欽佩。

　　大手術後,我元氣大傷,身心俱受重創。人在極度苦痛中,很多時分別不出自己是在生,是在死,抑是在苦痛中?這三者糾纏在

十五、癌病的第四次瀕死經驗與在電療中證無我

一起,成為一個立體的背反(Antinomie),這真是苦痛的三位一體了。手術後不久,工作人員把我從手術室移回病房,那時麻醉藥力漸漸過了,成半甦醒狀態,只聽到工作人員的熙攘叫聲,和妻子的呼叫與安慰,好像自己被推向死亡之門,又被拒於門外,從死亡之門被拉扯回來,回還到陽間的世界。

到我完全清醒,我想到自己的健康,常為身體的多病而傷痛,知道以後的歲月,常會被苦痛煩惱纏身,而感到徬徨無主。熊十力先生當年正值內戰末期,有萬劫為奴的悲歎,那是為中華民族的文化生命將會失墮而悲歎。我則沒有他那廣大無私的悲憫懷抱,只是為自己的前路而憂戚,有萬念俱灰之感。不過,我又常想起古代聖哲的為學與為人的典範故事,想到羅曼羅蘭筆下的約翰‧克里斯朵夫如何以堅強如鋼鐵般的鬥志,衝破大地上一切燃燒的荊棘,直闖天國之門。又想到文天祥始終不屈從於蒙古人的鐵蹄與金銀之下,從容就義於燕市,挺立起充實飽滿的浩然正氣的道德主體,「哲人日已遠,典型在夙昔,風簷展書讀,古道照顏色。」(〈正氣歌〉)想起這些事,又總不免感極而泣,痛哭流涕。這種感受是悲戚,抑是鼓舞,是歡愉,我自己也不清楚。

一般人總說男兒流血不流淚,我卻是血淚雙流。而且流淚比流血多。童年時代打架鬧事,在醫院做手術,都流血。我想起母親、唐先生、六四的死難學生,以至整個中華民族、中國文化所受的苦難,便不免流淚。特別是對六四學生的鬥志與結局,感同身受。我的哀傷,更甚於對親人的逝去的哀傷。我總是問:那些學生只是反貪污、反腐敗,和爭民主,他們是絕食的呀,已經餓得只剩半條人命了,你只派一隊解放軍出來,一個捉一個,把他們都關進牢裏,

不就成了麼？為甚麼要用機槍、坦克去打壓、屠殺他們呢？他們是有熱血有理想的中華民族的優秀的一群啊！

在大手術之後的一段時間，我躺在牀上，甚麼也不能做，便開始反思生命的存在、苦痛煩惱的問題。那時內外的傷口還淌著血，頭頂好像被橡皮膠套緊緊紮著似的，雙眼酸澀，不停流淚。故這些反思，可以說是隨著血淚滲出來的。由於手頭沒有紙張，而我又正在閱讀傅偉勳的那本《生命的學問》，體會他的心境與思想，因此我把想到的，都隨手寫在書本頁內周圍空白的地方。手術以後的一段日子，都非常痛苦，如為電療而剝掉幾隻大牙，為電療作準備的造面模定位以模擬電療與電療的進行，我都不免淌著淚水。我的思索便是在這種情況下持續著。

I) 在上次進行脊骨融合的大手術後，我只會說「好痛啊！」這次切除腫瘤手術後，我又只能說「好疲倦啊！」好像走到生命的盡頭，萬念俱灰。在這種情況，我體認到越是想到自己的事，便越是痛苦。必須在存有論的層次放棄自我，放棄對自我的執著，不視之為有，因而亦不會有這種「有」的喪失，而淪於虛無。這是另一層次的無，是京都學派所說的「絕對無」。

II) 在我身心受重創後，我感到有些不甘心，無奈與無助。我知道自己的心性涵養還未到家。若是到家，應該是無念無相的，但我做不到。對於這種遭遇，提出宿業（佛教）或原罪（基督教）來解釋都無補於事。最高的境界，應該是淡然處之，身心放平，視病苦為磨煉自己的鬥志與耐性的牢獄，

所謂「煩惱是道場」也。這才算看得透，看得化。耶穌能為別人背起十字架，釋迦亦能在本生中捨身餵餓虎，我輩承受自己的病苦，又怎能不甘心而生怨呢？

III) 我們不應執著自我的存在，以為這是有所得。也不能畏懼自我會失去，而墮入虛無，以為這是有所失。得失之心須同時克服，心境才能真正放平，才能真正不畏死。《心經》說：「心無罣礙，」即是此意。

IV) 從存有論層次看破我執，或破有。不只是自我的消失，即使是山岳崩裂，大地陸沉，亦能守得住，保持內心的平衡，不會陷入虛無之域而有畏懼感。《孟子》所說的「不動心」，可以作這樣的詮釋。

V) 金庸的小說有云：「問世間，情是何物，直教生死相許？」我則一向以為自己做到問世間學問（佛學）是何物，直教生死相許，以為可以學問來蓋過死，其實還未做到，距離還遠。我仍有追悔以往太用力於學問，致令身體虛弱，招來種種病苦等問題，還是不免怕死。我又想到母親生我，是一副完好無缺的身軀，現在把健康摧殘成這個樣子，將來在泉下見到她，不知如何向她交代。

VI) 生死問題不單是生理、病理問題，必須上提到存有學的層面，這問題才能徹底解決。生死之上有生滅，生滅之上有存有與虛無。要同時突破存有與虛無的背反，才能安頓生死。

VII) 我念佛學，早已能從義理上的緣起性空一點看破病苦死，以為這些東西都由原因而致，只要找出原因，這些問題

（特別是病苦）終能解決。實則不如是。如何從實存的（existential）層面面對生死而毫不畏懼，實是另一問題，此中有大學問在裏頭。❷

Ⅷ) 對於死亡，除兒時好玩幾乎溺死之外，我已有三次瀕死經驗。第一次是在德國的挫折，我感到死的震撼。第二次是腰痛，我感到死的纏綿。這纏綿直到今天，還在困擾著我。第三次便是這回癌病了。這次我比較成熟，有多一些心理準備。我一方面爲自己多病苦而傷感，而無奈，但內心較爲平靜。我更受韓德爾的大協奏曲No. 11 in A major所散發出的音樂實體的歡愉和愛而激動起來，以致泣不成聲。❸

Ⅸ) 人的怕死，首先是源於對自我的「存在」的執著，以爲死表示自我不再存在，而產生空虛感或虛無感。由自我不存在的畏懼可膨脹而爲世界不存在的畏懼，因而這種虛無感便膨脹起來，壓縮著自己本來有的一些黯淡的靈明。這是對有的執著。有的夢幻破滅，便成虛無。此中的出路，是要從存有論上突破有，而上達另一不同於虛無的「無」的境界，這是絕對的終極主體。必須以這無來克服有，突破有，生命才有出路，這是京都學派帶來

---

❷ 汪精衞早年有詩句：「慷慨歌燕市，從容作楚囚，引刀成一快，不負少年頭。」甚能展示面對死亡的大勇。可惜他後來做了漢奸，糟蹋了這首好詩。

❸ 「音樂實體」一概念是我提出來表示從古典音樂中所體會得的愛與盼望的力量的源頭。我認爲這音樂實體的背後支柱是上帝，或音樂實體本身便是上帝在美感方面的呈現。

・十五、癌病的第四次瀕死經驗與在電療中證無我・

的啓示。從義理上看破自我的存在,突破我執,以勇氣來面對自我的存在的消失,並不難,有一股氣慨便成了。但這畢竟是一個實存的問題,是生死關要的大事,要能怡然自得來面對死亡,這便不易了。所謂「看得透,頂不過」也。陽明在《傳習錄》中也說過:「見得破,透不過。」

X) 要徹底解決生死的問題,先得破掉對自我的意識、對自我存在的執著,這是禪所言的「大死」,所謂「大死一番」。只有大死,才能有真生,真生即是突破生死的背反。要突破生死的背反,需從它的基礎做起,即突破生滅的背反。要這樣做,又要從基礎做起,這便是突破有無的背反。突破了,便達絕對無,這是我們的真正的主體、最高的主體。

XI) 對於存有,必須要從它的執著中解放開來,否則會淪於它的反面的虛無。存有與虛無是一個背反,必須能同時突破它們,才有生機。京都學派特別是久松真一、西谷啓治、阿部正雄他們主要便是要闡明這點。

XII) 當癌症已被確認為事實,我為何以這種病症會落在我身上而感到迷惑,並憤憤不平。無論從生活習慣與環境哪一方面來說,我都應與它無緣。林醫生只淡然說了一句:「你接受現實吧。」說來心平氣和。手術過後,我猛然想起,這句說話可能隱藏著一種極高的生命智慧與境界。癌病落在我身,已顯示生命的無明了。對於無明之事,我們只能安然處之,接受之。在這裏,理性是用不上的,

內心橫逆不服只會帶來更多苦惱。這十多年來，我不是已在慢慢步向對脊骨裏的太空金屬塊的安然承受麼？

XIII) 對於脊骨中的那塊太空金屬，不應執之、凝滯之為實有；亦不應生幻覺、起妄想，以為它是虛無，而應怡然承受，不離不捨。在這塊金屬塊上，也許能轉出煩惱即菩提的生活智慧的生機來。耶穌的十字架是新生的基礎，這個訊息不是很清楚明白麼？

XIV) 我們傳統的儒釋道的主流都強調自力救贖，自己救自己。但他力救贖也有其現實作用與意義，雖然這決不是圓教。唸頌「南無觀世音菩薩」或「南無阿彌陀佛」的名號能使人謙卑，有助於降低以至消除我執。而在現實上，病苦死的壓力實在太大，使人辛苦得透不過氣來，感到無比脆弱與畏懼。他力法門有助人貞定自己，建立解脫的信心。

XV) 傅偉勳教授是我的良師益友，他對我的佛學研究的路向與抱負非常了解。他的逝去，令我非常難過。他是與癌病搏鬥的成功者、勝利者，但結果仍不免一死。聽說他在電療後由於受到各方朋友讀者的鼓舞，希望他早日能建構出自己的一套生死學。於是疾筆寫書，比前更為用功。這對於他的健康，其實是不利的。他似乎仍有激情，仍有橫逆，疲倦而硬要堅持下去，硬要拼搏下去，未能順其自然，未能真正領會有病、疲倦便應休息的微旨。他未能在心性方面真正放得下，擺得平。他在東方學問上用的工夫還是不夠的。這真讓人惋惜。

· 十五、癌病的第四次瀕死經驗與在電療中證無我 ·

我在醫院中的這些反思，基本上是環繞著存有與虛無、生與死這些主題進行的。我由病苦想到死亡，由病苦問題的解決，想到死亡問題的解決。我當時對於這些問題，有一基本的意念，即是，死的問題，不是生死層面可以解決的，也不是生滅層面可以解決的，而是要到有無的最基本層面，才能徹底解決。即是說，要在存有論❹上看死的問題，在存有與非存有或有與無這一背反上努力，克服兩者的二元性，而上達於絕對有或絕對無這一絕對的理境，死的問題才能徹底解決。這種思路，其實是通於儒、耶、道、釋這四大宗教的。儒家的天道、天理和基督教的上帝是絕對有，道家的無與佛教的空則是絕對無。我們要把精神狀態提升到這種絕對的層面（不管是絕對有抑是絕對無），才能真正解決死的問題。以佛教的詞彙來說，生與有都無自性，沒有絕對的本質，只是相對性地緣起而成。因而死與無亦是相對性地依緣散而成。若這樣地依緣這個圈子轉來轉去，只成輪迴而已，死還會繼續成為人生的問題。要止息這個問題，便要從存有論上上去，達於存有與非存有或有或無的層域，而將兩者同時超克，以臻於絕對（有或無），死才能根本止息。❺

3.在電療中斷我執

割除腮腺腫瘤後，由於左邊唾液腺被割去，唾液分泌不足，故

---

❹ 更恰當地說，應該是「超存有論」。但我不想在名相上糾纏下去。
❺ 在這一點上，我頗受京都學派哲學的影響。我的意思，在下面論我自己的純粹力動現象學的構思時會顯得更為清楚。

常有口渴的感覺。又由於腮部神經線移了位，和一些支神經線被割去，故左邊面部有些浮腫，口部上下唇也不能完全相貼合，飲水或吃流質食物時水或流質會溢出來，很不舒服。自己照照鏡子，覺得口部有些歪向右邊，自然不如平時好看。不過，醫生說，待神經線歸於正位時，這種情況會改善。我才放心下來。

　　腫瘤雖然切除掉，淋巴核也沒有毒素，但由於神經線太貼近腫瘤，為了確保沒有毒細胞混入神經線中，故要進行二十五次電療，把可能混入的有毒細胞殺掉，每星期五次，為期五周。在電療進行之先，要先清理口腔，把有問題的牙齒剁掉。據負責替我設計電療的曾醫生說，電療後五年內都不可以剁牙，否則牙肉會腐爛，很麻煩。結果牙醫替我拔掉四隻大牙，苦痛自是難免了。

　　電療確是辛苦難受。我的情況是，電療部位在左耳下方，輻射從兩個方向射入，這兩個方向必須定得很準，才能保證電療的有效性，故要先行定位，依自己的面形，用白膠製出一個面罩套來。每次電療，整個面部都為這個面罩所緊箍著，頭部枕在軟墊上，完全不能移動，連呼吸也很困難。另外，每次電療都要口含一塊大臘塊，俾能盡量把舌頭壓下去，避免它為輻射所穿透而受損。每次療程大約是十五分鐘，但最初兩次做面套和進行模擬電療，時間很長，讓人辛苦得要命。

　　我如何應付這種極度痛苦的治療呢？我的做法是努力不停地心誦「南無觀世音菩薩」的名號，希望能一心不亂，以至忘我。這種忘我非常重要。只有忘我才能放鬆自己。人若不能忘記自我，放鬆自己，痛苦便好像從四方八面衝湧而來，聚焦於所執取的自我上，增加自己的壓力，這樣便越覺辛苦難受。越能放鬆自己，忘卻自己，

十五、癌病的第四次瀕死經驗與在電療中證無我

便越覺得好過些。❻這其實是一種禪定工夫。孔子說:「無意,無必,無固,無我,」莊子說:「坐忘,」釋迦牟尼:「無我,」都有這個意思。特別是莊子說:「墮肢體,黜聰明,離形去知,」最能突顯忘我的意味,不只是去掉形軀的自我,而且要去掉作為經驗主體的知性自我,其結果是「同於大通」,自我意識消融於形而上的大道之中。

在這種電療經驗中,我亦體會到大乘佛教的「煩惱即菩提,生死即涅槃」的心性涵養工夫。在其中,苦痛成了磨煉心性的重要契機。另外《老子》書中有一些弔詭性話語,如「後其身而身先,外其身而身存,」「吾所以有大患者,為吾有身;及吾無身,吾有何患?」這裏說的「身」,與上面說的我,都是同一的經驗層次的、個體性的東西,都是一般人所執取的對象。

由苦痛而忘我,忘了自己,不但苦痛失卻了它的凝聚的焦點,而變得疲弱,其困擾人的力量大大減低,同時你亦可去掉自己的主觀意欲、價值觀,而遨遊於客觀的精神世界之中,「與天地精神相往來」,如如地、無私地欣賞別人創造的製成品與引發的行為,以至自然界山嶽河川的幽美。這裏有一種歿後復甦的自由感與生命境

---

❻ 在凡情或一般的生活層面,人總以自我為中心,把一切與自我有關連的東西都聚攏在這自我的周圍,成為我的所有,而把這自我和我的所有執取,死抓不放。苦痛壓力來了,也會聚焦於這個自我上。因此要忘掉這個自我,才能使苦痛舒解。日本禪師道元曾說過所謂學佛,即是學自己;所謂學自己,即是忘記自己,最後達到「身心脫落」的境界。這所謂「學自己」的「學」,應作覺解,對自己有所覺,然後把它去掉。即使是睡眠,也要忘我,把這個自己去掉,若注意力總是在自我周圍旋轉,必難入睡。

趣,一種奇妙的、更生的創意,那是未有身歷其境的人所不能領受的。

電療真的提供給我一次斷除我執的寶貴機會。在電療到中間階段的那一次,我感到有一股巨大無倫的浪潮,排山倒海而來,簡直要把山岳崩解掉。我還是死執著自己的我,不肯放手。有如雙手緊緊抱著一隻白兔,不肯鬆開。看著看著,自己承受不了那股巨大的壓力,巨浪要把自己整個吞噬了。在那一瞬間,我突然感到疲乏之極,便放開雙手,自我終於鬆開來了,如一個氣泡,戳破了,消失了。那隻自我的白兔自動跑掉了。我不停地猛唸「南無觀世音菩薩」的名號,要把整個生命存在交託予她,投向她的慈悲的懷抱中,之後便是迷糊一片。過了片刻,我覺得有些知覺,聽到聲音,說電療完了,護士替我除去那個每次都用上的膠面罩,拿去那塊緊緊含在口內的臘塊,讓我起來。我站著,如常去穿上鞋子。由那一刻開始,我竟感到體態輕盈起來,好像卸下背負了幾十年的沉重的包袱那樣,舒暢無比。我知道那個包袱正是自己一直執持著而擺放不下的自我。人的怕死,便是害怕死後墮入漆黑一片的世界,自己的同一的我會被這一片漆黑吞噬掉。人總是害怕死後會失去了這個自我。倘若卸下這個自我,則便無所謂失去自我了,因而不會畏懼死亡,生死問題便這樣解決了。我知道這個實踐,便是佛教自原始佛教以來便不斷強調的「無我」。

有沒有真我呢?有的,這個真我,如久松真一所說的無相的自我,或如我自己提出的不捨不著的靈動機巧的主體性,突破了一直被執持的慣習的自我所撐開來的障蔽,當下融入那個自由自在的宇宙真理之中,與它合而為一。它回歸到它所自來的處所。這個真我

十五、癌病的第四次瀕死經驗與在電療中證無我

顯露之際,正是道元所說的身心脫落之時(身心是指經驗的、在條件限制下的肉身與心理作用)。不過,我想身心不必然要脫落,我們可以保持身心,只是不受它們所圍限、所束縛便成了。身心可維持,我們的真正的超越主體性仍然可以透露出來,發揮它的明覺作用。它不單不會脫落,它是不滅的、不死的。據說京都學派的巨匠久松真一臨終時,家人很傷心,哭了起來。久松安慰他們說:「不必傷心,我不會死,我根本沒有生。我是無生無死的。」這個無生無死的、超越生死的主體,正是他所悟得的無相的自我、真我。

不過,我知道這個真我的顯露狀況不可能被保證永遠持續下去。它越是自由,便越是沒有保障。只要一念妄執,便會馬上下墮,而陷於無明的深淵(Abgrund)之中。故我們總是要恆時保持警覺,要無住,無住著於任何對象而成執。這是般若與禪文獻所盛言的。

由於電療是一種極度痛苦的治療方式,而且殺傷力大,有毒的細胞固然殺掉,健康的細胞也殺,故它是否安全,很難保證。有些病人會受不住這種苦痛而崩解死去。有些則做了一半忍受不住而停頓下來,這是半途而廢。有些則能順利通過。我慶幸是屬於最後一種情況,而且能藉著這個機緣,斷除我執,證得無我。其實那是逼出來的,與我的覺悟智慧不一定有關連。當時我的感覺是,在那種緊要關頭,若不儘快放棄自我,整個生命有即時崩潰的可能,一生便完蛋了。❼於是猛然覺醒,放開自我意識,把我執鬆開來,讓自

---

❼ 我在電療中證得的無我的真理,是一種存有論的體驗,切身地體驗到這個作為個體生命的焦點的我的主體根本是沒有的,它的有,它的存在只是依於意識的迷執作用。倘若不能無我,在那種極度苦痛中,你可能失去你的當下的存在(Dasein)、你的人格性(personality)。

· 313 ·

我如白兔般跑掉。這個自我意識的大門必須打開，不能把自我關在內裏，必須把自我撇掉。自我撇掉後，頓感身心輕快，後面那段電療便容易捱過了。

　　關於這個證無我的經驗，說起來也很淒酸。釋迦牟尼於二十九歲出家，三十五歲成道，即開轉法輪，說四聖諦、三法印的真理，第二法印「諸法無我」即提到要證無我，斷我執。雖然這裏的「無我」的「我」，不必解作自我，而可解作常住的自性。但無論如何，斷我執始終是佛教修行的核心項目。不證無我，處處都死守著自我意識，很多修行便無從說起。我三十多年前接觸佛學，即留意這種實踐。在義理上，我早已通達了：我執是必須斷的，必須否定個體生命的自我，才能突破輪迴圈子，而得解脫。但在實際生活上總是不能做到。特別是我在中學時代對名的迷執非常嚴重，名即是我之名，對名的迷執即是對我的迷執，亦即是我執。故我一直在斷我執方面是很著力的。到了對禪的接觸，參話頭公案，也特別留意這點，但總是在實際生活上做不到，只在知解層面有所體會。這種艱難的實踐，竟在電療的極度苦痛中得之，可說是運氣，但也實在得來不易。❽像慧能那些絕頂聰明的、慧根特別高的人，一聽便能斷了。何須像我要遭受那樣痛苦的經歷呢？

---

❽ 從經驗的層面來說，人的一期生命，可以說，生是苦痛的開端，死是苦痛的終站，生與死之間，便由作為中軸的苦痛連貫著。而在電療中所受到的苦痛，則是這個中軸中張力拉得最緊的那一部位。

4.覺悟的自力與他力問題

上面說的對無我真理的體證,或破除我執,是順著解決生死問題的實踐的脈絡而說的。在義理上,我很能了解前賢對生死問題或生死關係的說法。如佛教說生死一如,莊子說生死一條,這兩者都是把生死看成是同一事體,只是角度不同的表現而已。京都學派則說生死是一個背反,有生必有死,兩者性質相反卻又總是糾纏在一起,因此,我們接受生,同時也要接受死。但我仍然有怕死的心理。直至這次大病,手術後我在病房中思索,悟到人怕死是來自對自我的存在在存有論上有所執著,懼怕這自我的存在有一天會消失而淪於虛無。這便是死。人必須在存有論的層次去除對自我存在的執著,因而不會有自我存在消失而淪於虛無的問題,這便化解了在死亡方面的困惑。進一步說,在存有論的層次執著自我的存在,不單是意識的事,同時也是下意識的事。這在佛教唯識學所說第七末那識中有四煩惱(我癡、我見、我慢、我愛)一點,便表示出來。末那識是下意識的東西,是意識的基礎。意識上的自我,是以這四煩惱為依據而成立的。

我在大手術後,從存有論的立場悟到無我或對我的存在的否棄,悟到在存有論上「我」其實是「無」的。這無我便是我的本質或本體。這仍然是本體論的理論的意味。到電療時悟到無我,則完全是實踐義的、工夫義的,或主體性義的:若不能無我,人的生命存在便會馬上崩解。這所謂「生命存在」當然不是「無我」中的「我」。後者是物理的、生理的、心理的,總的來說是經驗的。而生命存在

則是整個生命,包括作為超越的最高主體性的真我。生命存在垮了,真我亦無所寄託。

這兩種體會最後必須合一,本體論上的無我當下便轉成工夫上的無我,這便是即本體即工夫也。❾這種理解,是通於佛教、儒家與道家的。

關於覺悟、悟,或「悟覺」的問題,牟宗三先生提出「逆覺體證」,認為儒家所要悟的是本心本性,是逆向內省察的,它可以上通於天,故是一無限的本心本性。京都學派的久松真一走禪修的道路,突破大疑團而透顯真我或他所謂的「無相的自我」。他們所說的覺悟,都是自力模式。❿我在這方面的體驗,完全不同。我先是坐禪。其後長期以來鑽研禪公案和唸佛,希望參悟真我的消息。結果在義理上有收穫,了解真我與無我的道理,但在生命的實存層面,並無顯著收穫。一直到這次大手術後,繼而剝掉幾隻大牙和進行電療,對苦痛的經驗與體會,日益加深。在最後的電療階段,我感受到苦痛的巨大無比的壓力,突然悟到自己長期以來抱著自我不放,這次如仍堅執自我,生命勢必會崩解。於是不停唸佛,並且把自我鬆開,把全副生命交託與長期唸誦的南無觀世音菩薩。拋開自我後,身心頓感無比舒暢,隱藏在生命存在中的苦惱頓失,因而看破生死。王陽明三十七歲在貴州農場經多日冥思而悟良知,突破生死的背反。這種過程是平和的。我則不同,是在極度苦痛中體會無我,不

---

❾ 這裏說即本體即工夫,不必完全同於儒家的意思,本體不必專指道體或形而上的實體而言。

❿ 筆者在拙著《儒家哲學》中,寫有一篇名為〈當代新儒家與京都學派:牟宗三與久松真一論覺悟〉,與這個問題有關,讀者可參看。

可謂不淒烈。我一直以爲覺悟應憑自力,但自己的經驗卻是自力外又借助他力而成效。鬆開自我是自力,把整個生命存在交託予他者則是他力。由於學思的背景,我一向重視自力而輕忽他力。師長輩如唐君毅、牟宗三、勞思光諸先生都是強調自力的,牟、勞二先生更斥他力爲浮淺,爲假借,而看不起它。同樣影響我的學思的京都學派中以久松眞一最重視自力,最拒斥他力,這自然與他歸宗於禪有莫大的關係。田邊元則提倡他力,武內義範受了他的影響,也多講淨土法門。我個人以爲,在原理、原則上來說,自力是沒有問題的,只要不生起余英時評新儒家的「良知的傲慢」的情況便成。但實行起來,自力太艱難,慧力不足,便很難有結果。而他力則在實踐上有重大意義。我求助於他力而得悟無我,破生死,在思路上與信念上來說,也很簡單。我雖不是佛教徒,⓫但三十多年來,我把大部份的時間與精力,都奉獻給佛教義理的探討,對清理佛學的一些重要問題,有一定的貢獻。以後的歲月,也會是一樣。我有苦有難,若眞有觀世音菩薩,她必以大慈大悲來助我。我的信念便是這樣簡單。觀世音菩薩與耶穌,分別是慈悲與愛的化身,他們對我來說,是一樣的。慈悲與愛是一體的,只是不同的表現而已。「問世間,情是何物,直教生死相許?」我以生命作投注的對象,不是情,而是對於佛教眞理的詮釋與創造。這將有功於佛教的思維,和人類的思維。對於這點,我是十分有信心的。我並不奢求覺悟,得解脫,卻矢志推動佛教義理的巨輪邁步挺進,使後人受益。基於這個正確

⓫ 我不想做佛教徒,有我的理由,我並不認爲佛教的義理是圓滿的,即圓教亦非眞正的圓滿,它有內在的困難,體用關係即是一個明顯的例子。關於這點,請參閱跟著要談的我自己提出的純粹力動現象學部份。

的方向與內心的誠懇，我相信自己若有苦有難，佛祖必來助我。關於這點，上面已經提過。我在這裏重提，是要表示我的誠懇與信念，是不變的。

　　悟有所謂頓悟與漸悟。關於兩者的關係和程序，我認爲應是先漸悟後頓悟。認識與思考不斷進行，這是漸的工夫。最後確認結果，常常只在幾秒之間。這好像是畫龍點睛。畫龍是漸，點睛是頓。在畫龍中不斷運用思考與智慧，故畫龍是點睛的根基。點睛則是智慧一下爆破開來，水到渠成，確認所得的認識或悟境。

　　總括而言，我研究佛學，基本上是採文獻學與哲學分析雙軌並進的方法。但亦有實踐，即涉及實踐修行法。打坐、唸佛、跑香、參公案等都是具體的修行。我進行這些活動，目的是要去除我執，悟得無我。但一直都未眞正成功；三十年過去了，都是如此。最後在電療中得會無我，那是電療的緊逼關頭配合著唸佛的修行的結果。會得無我，便能了脫生死，解決生死的問題。人對死亡有畏懼，是由於視我爲一存在，爲一切價值的核心，因而死執著不放手，這便是我執。我執是一存有論的概念，無我則是救贖義，即此即是解脫。故無我不只是存有論概念。「我執」與「無我」並不完全在同一範域。

5.病後的深沈省思

　　在這次重病中，我又從實存的生命層面，上了沈痛的一課，眞切地體會到《維摩經》的「諸煩惱是道場」和智顗大師的「煩惱即

菩提,生死即涅槃」的真理。對於生命中的苦痛煩惱,一般人總認為要以頑強的鬥志,和它抗爭到底,要熄滅一切煩惱火燄。這從表面看來是對的,但從修養的境界和治療的效果來說,還是未到家。以頑強的鬥志來對付病魔,和它對抗,會損耗生命力,一時間也未必有顯明的效果。我們無寧應以一種順服(submission)的心情去接受現實,承受苦痛煩惱,而不怨天尤人,以平常心自處。然後慢慢想辦法去和苦痛煩惱協調,以至化解它。苦痛煩惱已經存在於那裏,是一個不爭的事實。我們必須安然接受這事實,使心情順服下來。這需要一種很強的、很克制的認命的勇氣。對於病苦能不屈不撓,表現慷慨激昂的豪情壯志或激越情懷,是可欣羨的,有一種美感,但實際上不必有多大用。順服是一種很深厚的精神涵養,要甘心順服苦痛煩惱,這並不容易。還要以無比的耐心與愛心來安撫它,對治它,視它為磨煉意志和提升生命境界的契機,有文天祥的「鼎鑊甘如飴」的懷抱,則更不容易。但我們應嘗試這樣做。我們必須這樣做,才能起死回生,化腐朽為神奇。不應有恨意。恨只會把問題加劇,燃燒自己的身心,減弱自己解決問題的力量。我相信耶穌當年揹起十字架時,他對十字架,對出賣他的人,以至對判他極刑的羅馬官吏,並沒有怨恨之心,他是以順服的心情去赴死的。結果成就了自己的宗教王國。廓庵禪師的〈十牛圖頌〉也說:「不用神仙真秘訣,直教枯木放花開。」對於極度頑劣愚癡的眾生,若能施以無比的耐心與愛心,還是可以對治的、感化的。我們對於一切苦痛煩惱,也應作如是觀。

承受、承擔苦痛,對於人的精神,可以起一種激發的作用,使自己更積極地面對人生。我自電療之後,腰痛突然加劇。醫生試圖

為我找尋其中的原因。其中一個探測的程序是在X光機的照射下打麻醉針與消炎針。回家途中，漸感疲怠，想到腰痛十五年仍未癒，其實亦無可能痊癒，電療後痛楚又加劇，頗有萬念俱灰的感覺。又想到我們兄弟三人為同一父母所生，何以我獨病苦如此，其他二人則安然無恙，不免有些怨父母。無奈之餘，忽然轉念想到我背負這種病苦，未嘗不可視為為愛護、關心自己的親人、師友與學生承受苦痛，作他們的代罪羔羊，他們因我的受苦而得免於苦。這樣，我對苦痛的承擔，便可從負面獲得轉化，而有一積極的、向上的意義。我們對於一切苦痛煩惱是不是也可以這樣看呢？我想對於苦痛煩惱應能作如是觀，才能從苦痛煩惱中翻騰而起，轉而尋找化解苦痛煩惱的辦法，向著積極的人生目標邁進。若只是自怨自艾，並不切實際，只會苦上加苦而已。

　　在對苦痛的承受、體驗與深沉的思索中，我漸漸領悟到，不要對重病如癌病存有戰勝的念頭。因為這表示你與癌病為敵，而要與它作戰。你若敗了，便要在癌病的淫威下過日子。你若勝了，那只是一時的成功，癌病還可能會再來，它是會復發的。你總有一天會敗下陣來。在這種情況下，你總不能安心過日子。你應該超越和克服你與癌病所成的敵我的相對的、對峙的關係，而視它為朋友，或更恰當地說，為諍友，視它為磨煉自己的心性涵養的良師益友。你必須要有無比的耐心，在承受因癌病而來的苦痛中，使自己的生存意志更堅強，對自己從苦痛中解放開來的目標有更大的盼望。這樣，你便能立於不敗的場域。即使你不幸倒下來，那只是你的體能承受不了重大的考驗而已，你的耐心、忍受心還在那裏瀰漫著，你的意志還在那裏挺立著，你的生命仍然具有崇高的價值。你並沒有輸掉。

十五、癌病的第四次瀕死經驗與在電療中證無我

人的體能有強有弱,這在很大程度上是命定的。有些人體能強而活過百歲,但一生渾渾噩噩。有些人體能弱而夭壽,但活得精采。王弼與聶耳,一古一今,二十出頭便倒下了,但有不朽的作品傳世。人生是不能在體能方面定成敗的。你若能真的這樣想,則苦痛的壓力自然會減輕。

這次癌病給我帶來很強烈的訊號:生命是很脆弱的,它隨時會崩解。因此,把理想只寄望於未來,是不切實際的。必須要能在當下的每一刻活得充實飽滿。要使價值活現在此時此地,使它能當下呈現,不要推向未來。這便是雲門宗的「日日是好日」、臨濟宗的「立處皆真」的深微意旨。我們應能做到如德國學者貢特(W. Gundert)所說:「我活在當下這一瞬間。」(Ich lebe im Augenblick)故當病後一個學生問我:「人生最重要的事是甚麼?」我提出,必須要能把當下活現出來,此時此地。過去的已過去,未來的還未來,多想或空想它們,都不切實際。唯有當下能即時抓住與發揮生命的意義,才是最切近的。我們更應在切近處用力,不應捨近圖遠。如何能把當下活現起來呢?我的答覆是,不管你在做甚麼事,必須要能有充實感、有意義感。

有病固然要找好醫生來治理,但病後的適當而充裕的調養,也不能忽視。在手術後兩天,系中一個同事來看我,談些比較嚴肅的人生問題,要用腦袋思考的,事後我感覺相當疲倦。電療後一個多月,有兩個學生邀我午膳吃點心,談到自己的感受,兩個鐘頭過去了,我感到睏倦不已。像傅偉勳那種活勁兒,病後表現的那種高談闊論的氣勢,特別是在1994年在法住文化學院開完會後的晚膳中,他與臺灣成功大學的唐亦男在言說上對壘,見招拆招,氣慨非凡,

表面看來,他好像居於上風,唐亦男終是女流,在一些敏感的男女話題上說不過他,他顯然是佔了便宜,感到很過癮和暢快。但以我自己的經驗看,那肯定是很傷氣力的。他接受了淋巴癌手術和電療後,表示已獲得生死智慧。他人緣好,大家都很支持,結果他很感動,更加努力寫書與參與各種學術活動,還只用三個月的時間,便寫完了《死亡的尊嚴與生命的尊嚴》這本大書,以酬答朋友與讀者的好意。這樣費氣力與思考的做法,肯定是不利他的健康的。這是傅偉勳可愛的一面,但也是他悲哀的一面。他的加倍用功研究生死學和寫書,可能是導致他短期內不幸去世的主要原因。⓬

⓬ 我在臺北中央研究院遇見劉述先教授,他說傅偉勳的情形,若能捱過五年,便沒事了。他已捱過四年。不料第五年初他在某處有病,施手術可以治療,不施手術也可治療。結果傅選了施手術的方法。手術是成功了,但由於細菌感染,傅的免疫力不足,便倒下了。我把這個情況告訴為我切除腫瘤的林鑑興醫生,他則說傅的死可能不是因細菌感染,而是患癌處復發,一時救治不得所致。後來我看一位日本癌病醫生羽生富士夫的著作《揮別癌症的夢魘》,他認為癌症復發是最可怕的,他說:「肉眼可見的癌巢雖然已經割除,但是無法以肉眼捕捉的癌細胞事實上仍殘存體內。……即使判斷癌症患部已經完全切除,但是手術後的組織切片……仍存在癌細胞,或是癌塊附近的淋巴結受到感染,經由血液循環而移轉。」(羽生富士夫著、何月華譯《揮別癌症的夢魘》,臺北:東大圖書公司,1996, p.36.)

十六、純粹力動現象學

1.問題的提出

　　1999年7月中旬,我的電療療程告一段落,總共做了二十五次電療。這時我的電療醫生曾醫生才告訴我,每做五次電療,人會衰老一年。換言之,我做了二十五次電療,會衰老五年。我知道他的意思是,衰老五年等於短了五年壽命;不過,曾醫生沒有明說。對於這一點,我並不介懷。生命的意義在看你在世間成就了甚麼,不在於你活了多少時間。

　　電療後,癌病的治療算是告一段落。但我的腰痛卻加劇。原因應該與電療沒有直接關係,而是我的脊骨中有太空金屬塊的那一節軟骨對上一節軟骨鬆了,也有老化的迹象。這是通過比較複雜的注射手術(在X光機下注射針液)測出來的。不過,醫生並不建議做手術,再塞一塊金屬塊進去,因這並不保證能解除痛楚,而且再對上的軟骨關節會受影響,隔了一段時間也會鬆開來,而出現同樣的問題。我只有暫時忍受,看能忍受到甚麼時候。我所能做的,是吃止痛藥,和多做腰部運動,如此而已。這樣,我便注定要永遠忍受腰痛,眞的把它看作生活的不可或缺的一部份。這便是我拓展學問的代價。

在那段時間，由於大病剛過去，故健康仍然很差，但精神生活非常充實飽滿。我每天上午出外散步沉思，回來把沈思所得記下。讀一會書，然後外出午膳。下午聽古典音樂，寫些東西。黃昏時又外出散步沈思，回來又記下所得。❶特別是開課前一個多月，靈感極多，思考力非常清晰而強勁，收穫很豐富，可以說是我有生以來最快樂的日子。雖然如此，腰痛還是持續下來，但對我的思考，沒有太大的影響。

我一直沒有宗教信仰。雖然研究了三十多年佛學，但還不是一個佛教徒，這讓很多朋友和學生覺得奇怪。此中的原因很簡單，沒有一種現成的宗教能滿足我在精神上的要求。我是很重視理性的，現行的宗教都不能令我對它產生無條件的信仰。看來如果我要有一套宗教信仰，只有自己弄出來，但這太艱苦了，我沒有這種本領，也沒足夠的歲月。我認為宗教信仰是可遇而不可求的，勉強不來。若真信仰某一宗教，我認為是很大的福氣。因為很多精神上、情感上的問題，可以求助於所信的宗教而得解決。這樣，人生便好過些，不會那麼艱苦。

雖然我沒有確定的宗教信仰，但我在為人處事方面，都有與現行的儒、道、佛、耶四大教派相符的地方。我謹簡單地表示如下：

Ⅰ)在做事方面，我要盡其在我，努力向前。這近於儒家。

Ⅱ)在目的方面，我順其自然，不奢求，不逆天而行。這近

---

❶ 這種生活方式真有點像胡塞爾。而那時我正在勤看胡塞爾的書，研究他的現象學。胡氏在晚年很寂寞，他通常早上外出散步沉思哲學的問題。回來後，當天便把散步時所思所得記下。

於道家。

III)在理解事物性格方面,我以一切事物為因緣和合而成,無常住不變性。因而有改變以至轉化的可能。這近於佛教。

IV)在對世界方面,我確認世界充滿愛,對未來有濃烈盼望。這則近於基督教。

我的理想的宗教或人生哲學,應該涵蓋這四方面。而倘若我自己要構思一套思想體系,或哲學系統,自然是會環繞著這四方面來考量的,當然不會只局限於這四方面。

上面說過,我在電療完結之後,很多時間都在外面散步沉思。我不是胡亂思想,也不是東想一些,西想一些,而是環繞著一個中心主題來思考的。這個主題也不是最近才拿出來想,其實已想了幾十年了。我主要是研究佛學的,問題自然是與佛學有關的,那便是熊十力先生當年批評佛教所關連到的體用問題。這個問題是,佛教特別是大乘佛教很強調用,這用是直指向世間的,即在世間生起種種作用,以教化、轉化眾生。❷但佛教特別是般若思想與中觀學是以空寂為體,即是說,它是以事物的本性是緣起,是空,是無自性,沒有實體。整個宇宙也沒有實體,沒有實體,如何能有用呢?如何能產生有效的力用呢?熊先生顯然假定用是發用,是由體來的,有體便有用,沒有體便沒有用。關於這點,我們也可以就日常生活的

---

❷ 就我後來讀書所得,唯識學已很重視用的問題,到了中國佛學,則更積極強調這一點,這自然與中國佛教比印度佛教更為入世有關。天臺宗即言功用,華嚴宗言力用,禪宗則言作用。

情況來說。一個人必須有強健的身體,才能有足夠的力量去勞作。倘若身體衰弱多病,便沒有力氣,不能好好工作了。這強健的身體便是體,力氣便是用。這是從物理方面說。這個道理顯淺易明。故熊先生批評佛教的理據是很強的,不易反駁他。佛教以緣起性空為根本立場,不能確立體或實體觀念,因這是屬於自性的形式。確立實體,便不能說空,說無自性、緣起了。這體或實體也可以是黑格爾式的精神實體。即是,要有精神實體,才能有精神力量。這是從精神一面說。

　　佛教確有這個體用問題上的困難。即使是後來提出佛性、如來藏自性清淨心等觀念,也不能解決這個難題。這些觀念只能說功德,即是,它們具有種種功德,但它們還是以空寂為性,本性還是空的,不是實體,因而亦不能真正發用。中國佛教也不成,天臺宗說性具,說中道佛性;華嚴宗說性起;禪宗說自性,都不能脫離空寂的本性,都不能是實體。實體是不能說的,一說,便不是佛教了。關於這個困難,熊先生在他的早期著作如《佛家名相通釋》、《新唯識論》、《十力語要》中都有論及。內學院的人說這說那,在細微的地方批評熊先生誤解了佛教。但在這個體用問題的困難上,他們根本不能回應,不能招架。佛教確有這個困難。

　　熊十力先生怎樣解決這個問題呢?他引入儒家大《易》的「生生不息,大用流行」的實體觀念,以易體來替代佛教的空,建立他的本體宇宙論的《新唯識論》體系。這「易」是一本體宇宙論義的實體,它能不停運作,創生萬物,而又運化萬物,能不停發出大用。這樣,佛教的用的問題便解決了。不過,這樣做,便完全改變了佛教的立場,廢棄了空的義理,沒有性空無自性的說法,這便不再是

佛教,而是儒家了。故熊先生的解決方法是以儒家取代佛教,實際上並未為佛教解決體用問題上的困難。

實際上,佛教的典籍亦有談到體用問題,不過它所說的體用關係,不是當體的體用關係,即是精神實體與精神力用的關係,而是邏輯義的、含藏義的和本迹義的。邏輯義的體用關係是以無自性、空的義理,作為諸法緣起的基礎。即是,性空的義理,正邏輯地使如是如是的緣起法成為可能。倘若諸法不空,則不能成為緣起法。《中論》的「以有空義故,一切法得成」正表達這種邏輯義的體用關係:以空義為體,以緣起性格的成立為用。含藏義的體用關係則關涉到佛性觀念。佛性含藏一切功德,這些功德即是用,有轉化眾生、轉迷成覺的功用。但佛性仍是本性空寂的,不是精神實體。種種功德只是含藏於佛性中,不是由佛性作為實體生發出來。即使說慈悲,這還是發自空寂的佛性。實際上,倘若佛性不是具有常住不變義的精神實體,則慈悲亦無堅實的基礎。般若智(prajñā-jñāna)成不成呢?它是一種智用,能照見諸法的實相、真理,但它與慈悲一樣要發自佛性。《壇經》的自性又成不成呢?它能生萬法,但此生不是上帝創生萬物的生,只是虛說的生,作為萬法的憑依之意。另外,它也不是實體,不能起轉化的功用。最後是本迹義的體用關係。這是以本為體,以迹為用。智顗大師更直言法身是體,應身是用。但這是由迹追溯其源流,而至於本。迹是現象,本是本體,亦即是佛性。這本迹關係是本表現為迹的關係,可以說是表現關係,如《法華經》所說的「從本垂迹」,不是「承體起用」的實質的、由體直貫下來產生功用的意味。故亦非熊先生所提出、所要求的本

體宇宙論義的實體產生精神作用的那種體用關係。❸

2.對問題的認真思索

對於佛教的這個體用關係的難題，我一直都置在心頭，不時想到，希望能找到合理的疏解。不過，認真的思索，要到1983、84年間在加拿大麥克馬斯德大學宗教系研究，讀到柏格森的宗教哲學時才進行。如上面提過，柏格森在他的巨著《道德與宗教的兩個根源》（The Two Sources of Morality and Religion）中把宗教分成兩種：靜態的宗教（static religion）與動進的宗教（dynamic religion），認為真正的宗教應該是動進的，應該具有濃烈的動感（dynamism），才能具有足夠的力量以教化、轉化眾生，改造社會。他視基督教為動進的宗教的典型，而認為佛教缺乏動進性，或動感。我當時把柏格森對佛教的批評，關連到熊先生對佛教體用關係問題的質疑與挑戰，認真思索這個問題。我也嚴重地意識到佛教作為一種重要的宗教，對人類在精神上、信仰上、情感上甚至是意識形態上，有巨大的影響。但這影響都只是限於馬列主義所謂的上層結構、上層領域，對其他較實際的方面，例如經濟、科學、政治以至具體的民生方面，則只有微薄的影響，如印度在阿育王（Aśoka）時代所發揮的作用。在中國，它的影響也只限於文學、藝術和信仰方面，在政治和經濟方面很少能發揮效力。這若從哲學方面來考量，顯然由於它的動感不足，不能發出具體的、立體的、有效的力量以推動政治、社會、

---

❸ 有關佛教所說的體用關係，可參考拙著〈佛教的真理觀與體用問題〉一文，載於拙書《佛教的概念與方法》的增訂版中。

科技的巨輪向前邁進的原因。而動感不足,是由於它不能在哲學上確立精神實體,不能由精神實體發出強有力的精神作用以改造社會所致。它的性空緣起的基本立場是不容許它立精神實體的。

我當時考量的解決方法有兩面。首先,佛教強調空、無自性的原理,這在京都學派來說,是絕對無(absolutes Nichts),在形而上學來說是非實體主義(non-substantialism),故空(śūnyatā)在英語著作中常譯為non-substantiality。我是想用一種方式,善巧地把絕對有(absolutes Sein)的原理或實體主義(substantialism)直接注入其中。如京都學派阿部正雄以非實體主義的空注入實體主義的神中,而成「自我淘空的神」(Self-emptying God)。他是從道成肉身說的。他的意思是,神以無比尊貴的身份,採取一種否定(kenosis)形式,化身或變現為肉身的耶穌,降臨世間,受苦受難,為世人贖罪,而被釘死在十字架上,以寶血來清洗世人的一切過失。這是神自己掏空自己,否定自己,而成kenotic God。❹我則嘗試以儒家的天道、天理與空連繫起來,把一些實體內容加進空之中,特別是宋明儒學的道體觀。我又想過把竺道生的佛性與王陽明的良知拉在一起,看看有無接合的可能。結果我認為不成功。這種直接連合是不可能的。佛教的非實體主義與儒家的實體主義是針鋒相對的,直接的融合是不可能的。後來我研究道家,發現它的道(老子與莊子的道)有實體主義與非實體主義互轉的可能性。❺這涵有兩者

---

❹ 關於這種說法,參看拙著《絕對無的哲學:京都學派哲學導論》中的〈阿部正雄論自我淘空的神〉一文。
❺ 關於此點,可參看拙著《老莊哲學的現代析論》中〈唐君毅先生對老子的道的詮釋:六義貫釋與四層升進〉一文。

可以直接連繫的意味。不過,我在這方面的研究不夠深入,談不上解決佛教體用問題的困難。基本上我並不贊同阿部正雄的做法。我認為他的「自我淘空的神」的意念是把基督教的上帝空無化,有把上帝的實體內容淘洗掉的傾向。上帝倘若沒有了實體的內涵,則祂如何創造天地萬物呢?三位一體又如何說呢,即使是道成肉身,也只能實現一次,不能重複進行,這樣,它的普遍性便不能建立。故阿部的這種提法為很多西方神學家所反對,是很自然的事。

另外一種做法是,我嘗試在佛教的用之外,找尋一種有實體義的概念,作為用的源泉。上面提到的慈悲、般若、自性與佛性,我都考量過,都不成功。這些概念都有自身的問題,不能被視為精神實體義的東西。唯識學的種子,特別是無漏種子成不成呢?也不成。種子要受種子六義的限制,而這六義中的首二義即是剎那滅與恆隨轉,這即表示,即使是無漏種子也是生滅法。生滅法沒有普遍性與必然性,沒有超越的本性,它不能作為終極原理而生大用,甚為明顯。若就我多年後悟到的以純粹力動作為終極原理而言,這純粹力動是活動義,體與用都在其中,融成一體。即是說,體本身便在用中,甚至體與用已全無分別。這樣,若在用外求體,無異犯上禪門所謂的「騎驢覓驢」之譏,自然是不成的。

3.純粹力動觀念的發現

我的這些思索,一拖便是十多年,毫無寸進,毫無結果。直至去年發現癌病,手術與電療後,在家養病,一日散步中忽悟要解決

佛教體用問題的困難,必須在實體主義和非實體主義,或絕對有與絕對無之外,建立一終極原理,這原理必須是一種活動(Akt, Aktivität),而且是純粹活動(reine Aktivität),無任何經驗內容。❻我於是抓緊這一靈感機緣,繼續思索,認為這種純粹活動是絕對有與絕對無這兩終極原理之外的第三終極原理,它能同時綜合絕對有與絕對無的殊勝之點,如絕對有的精神動感,絕對無的自由無碍。又能同時超越或克服絕對有與絕對無所可能發展出來的流弊,如絕對有可能發展出實在論傾向的自性見或常住論,以為一切都是常住不變的;和絕對無可能演化成完全消極的虛無主義,以為宇宙一切都是空無,一無所有。最重要的是,這純粹活動既是一種活動,則它本身便是力,便是用,憑其本身便具有足夠的力用去積極地教化、轉化世間,不必在此活動之外求一實體,一精神實體,由此精神實體發出精神力量,以教化、轉化世間。因此,在純粹活動中,用便是體,體便是用,體、用都是同一東西,都是這活動。因此,在這個終極的層面來說,體與用既然是同一東西,沒有分別,則「體」與「用」的名稱可以廢掉,因而也沒有體用關係,更不必談體用關係方面的困難。我把這種活動,稱為純粹力動(reine Vitalität)。

有一點要說明的是,絕對有是終極原理,絕對無是終極原理,純粹力動也是終極原理。這是否表示宇宙間有三種終極原理呢?既

---

❻ 絕對有和絕對無都是終極原理。絕對有是以肯定的方式表示終極原理。如基督教的上帝、儒家的天道、印度教的梵,都是絕對有。絕對無則是以否定的方式表示終極原理。如佛教的空、道家的無,都是絕對無。絕對有與絕對無都是絕對義、終極義,二者的存有論的地位是對等的。即是,沒有一方在存有論上較另外一方具有先在性(priority)。

然是終極（ultimate）義，則這種原理只能有一種，而且不是數目上的一，而是絕對的意思，則怎麼可能有三種終極原理呢？我的答覆是，宇宙間只能有一種終極原理，之所以有三種說法，只是在表現上有分別而已，本質上都是一樣的。絕對有是以肯定方式表現終極原理，絕對無是以否定方式表示終極原理，純粹力動則是強調終極原理的動感性格。而且這純粹力動對於絕對有與絕對無來說，有綜合與超越兩面的涵義，這點在上面剛提過，後面我還會作較周詳的闡釋。

　　營構理論體系是一個漫長的過程。它是由多個觀念適切地被配套在一個框架上而成就。這些觀念的經營，是累積的、漸進的，但它們的出現與成立，則往往是突發的、刹那性的，在腦袋中閃了幾下，便出來了。它一下子衝出來，擋也不擋不住。這好像是瓜熟蒂落，主要的觀點一下子便來了，而且一來便確定了。我的「純粹力動」觀念，便是這樣來的。這真像王龍溪所說的「深山至寶，得於無心」。雖然是無心得之，但在經營、營構的過程中，可能要經歷幾許艱辛，其中滋味，不足為外人道。這個純粹力動觀念作為絕對有、絕對無二終極原理之外的第三終極原理確定下來後，我仍是每日如常生活，如常休養，如常散步，只是需用些心思把有關的問題想通，從形而上學的本體論、宇宙論下來，歷知識與道德，以達於宗教的構思，到最後是生死問題的解決，連「生死」的字眼也可以廢掉，對於整個體系，便可劃上句號。中間不過幾個月時間而已。我把這個體系稱為「純粹力動現象學」（Die Phänomenologie der reinen Vitalität）。當然這只是一個初步的藍圖，要把它發展成一套具有嚴密論證的理論體系，恐怕要花上十年八年的工夫。以下我

要對這個體系的要點作一些扼要的解釋。

4.純粹力動現象學

首先,純粹力動是一種純活動,活動中即有力,故是一種力用,但不是業力、氣力。它是一種原理,不是物質性的氣,也不是由實體發的精神;勉強可以說是精神,但是純粹的,沒有經驗內容。它不是空,倘若空是被視為一種自性的否定的真理狀態的話。但它有空的作用,即虛靈無滯,不執取實體,對實體否定。它自然不是實體,不管是物質實體也好,精神實體也好。說它是一種終極原理,我想最為恰當。它既是活動,故有心的意味,但不是實體性的心,說它是主體性(Subjektivität)亦無不可。它又既是原理,因而有客觀的準則義,因而也可是客體性(Objektivität)。在終極層面,它是主體性、客體性的統一體;是心與理的統一體,也是體與用的統一體。

從確立純粹力動的思考上說,它是如上面所述,對絕對有、絕對無這兩終極原理有綜合與超越或克服的作用。這種思考有思想與文獻依據,這即是龍樹在《中論》中所述的四句(catuṣkoṭi):

　　一切實非實,亦實亦非實,非實非非實,是名諸佛法。

關於這四句的性格與作用,我在自己很多著作中有周詳的討論,在這裏不想多贅。我只是想從思考的方式上,指出純粹力動對絕對有、無的綜合、超越的作用,是符應四句中「亦實亦非實,非實非非實」

這兩句的思考的。我在這裏不想討論「實」（tathyam）一概念的所指，這可有種種不同的說法。我只想表明「一切實」是肯定的思考；「一切非實」是否定的思考；「亦實亦非實」是對實與非實這相對反的兩邊同時綜合起來；「非實非非實」則是對實與非實這相對反的兩邊同時超越。因此，我可以確定純粹力動對絕對有、絕對無的綜合與超越，有中觀思考方面的依據，並不是我自己的創造。不過，如何綜合，如何超越，便需花一番心思來解說。

所謂綜合絕對有，指純粹力動有力用，有作為，能生起種種功德。又能從超越的、本體的層次下墮，而落於經驗的、現象的層次，詐現宇宙萬象；又能本著睿智心能的身份，自我屈曲，而成知性，以認識宇宙萬象。在這些點上，可說是吸收了儒家言天道及本心的健動性，和基督教言上帝的創生性、創造性。所謂綜合絕對無，是指純粹力動本身自由無礙，不受任何成規所圍限，所決定。它詐現萬象，即以其虛靈無滯的性格貫注於萬象中，使它們成為緣起無自性、無實性的萬象。這點非常重要，它保留般若學、中觀學所申論的空和中道的精義。所謂超越絕對有，指純粹力動不是凝滯不活的靜態的實體，亦不與現實分隔而為超離（transzendent）狀態。卻是靈動機巧，能運用種種方便權宜之法，以應眾生的要求。這很明顯超越柏拉圖說理型的不能活動義，又不能轉化世界，影響眾生。所謂超越絕對無，是純粹力動不淪於空寂，不否定一切而成虛無主義。這超越小乘藏教的頑空說、斷滅論、灰身滅智觀點。

同樣作為終極原理，純粹力動優於絕對有與絕對無的地方在於，它能超越、克服絕對有與絕對無在思想上可能凝滯成的二元性（Dualität）。這種二元性可以使人失去形上的洞見（Einsicht），

而落入主客、有無的關係網絡中,而失去自由自在的性格。一切質體,倘若落於主客關係網絡中,都沒有真正的自由可言。

更重要的是,純粹力動是一種活動(Aktivität),不是存有(Sein),它本身便是力、用,它恆常在動用中,我們不必為它向外尋求體,作為力用的源頭。這樣,便可突破體與用所成的僵化的、機械性的體用關係,及體與用所成的二元性。我們可以在實質上打破體用關係,在終極層面廢掉這種關係。這樣,熊十力先生對佛教的批評,謂空寂之性不能起用,便變成無意義。因為這種批評是要假定體用關係的。不過,在一般生活與思考層面,在世俗諦方面,體用關係還是重要的,我們對很多問題的理解,還是要藉著體用範疇來進行。上面說到佛教的體用關係,如邏輯義、含藏義和本迹義還是應該保留的。❼

在註❼中我提到體與用在實質上的同一關係。這同一關係當然不是用不離體、體發為用的那種從表現角度言的同一關係或相即關係。一說「相即」,便需預認兩件分開的東西,然後兩者接觸而相即不離。體與用在實質上同一不是這種情況。廢除體用關係,有解構意味。

進一步,我們要注意純粹力動是具有根源義的,這是本體宇宙論的根源義。以這力動為本,可開出主體與客體的關係、心靈與物

---

❼ 在中央研究院文哲所舉行的一次專題演講中,我提到在終極層面可廢除體用關係。劉述先教授則回應體用的二元性在一般生活與語言的運用上仍是挺有用的。我同意這種說法。只是在終極層次,在存有論上,根本沒有了體與用的實質的分別,沒有體用關係,而是徹頭徹尾、徹上徹下、徹內徹外地體即是用,用即是體,兩者實質上是同一,都消融在純粹活動或力動中。

質的關係、現象與物自身的關係。它有存有論的本原義,是本體宇宙論的終極概念。在本原義這一點上,它類似西田幾多郎的純粹經驗、場所,和胡塞爾的絕對意識(absolutes Bewuβtsein)。特別是在與絕對意識的對比之下,純粹力動可作為本原,開出自我與世界,一如絕對意識通過其意向性(Intentionalität),開出能意(Noesis)與所意(Noema),後二者分別成就自我與世界。

若就存有論一面說,純粹力動可依其不同的表現,而成立有執的存有論與無執的存有論。它雖是沒有任何經驗內容的終極原則,但它可透過自我凝聚、下墮的歷程而詐現現象世界,此中可分主客、能所、心物、我法等等關係。而由於凝聚、下墮,純粹力動會轉為經驗主體,而對現象有所認識,亦有所執持,而成有執的存有論,或世俗諦的存有論。另一方面,純粹力動也可直貫下來,維持其明覺的動感,一如莊子的虛靈明覺或靈臺心,而為一覺悟的主體。而它所對的現象世界,亦是由純粹力動直貫下來而詐現的,它承接著純粹力動本來的絕對無或空的本性,因而是緣起的。因此,現象的緣起性空的佛教義的性格,本質上可以維持不變。純粹力動作為一超越的明覺主體,對這現象世界可以不起執,因而成就一無執的存有論,或勝義諦的存有論。

現在有一個重要的問題是:純粹力動作為一超越的終極原理,它凝聚、下墮而詐現現象世界,有沒有一理性的理由呢?有的,一、由於純粹力動是超越的原理,它不在主客對立的關係網絡中,因此具有自由無礙的本性。任何在主客對立的關係網絡中的東西,都不能有真正的自由可言。它能自由無礙地凝聚、下墮而詐現現象世界,又能自由無礙地提升起來,消棄現象世界,而回復為本來的終極原

理。現象世界是順著它而轉起而消棄,與它同起同寂。這像天臺宗所言的性具三千諸法的狀況。二、純粹力動作為一超越的終極原理,就它自身言,是抽象的,在超離的狀態中,這便不能展現自己的德性,主要是自由無礙的德性。於是它自我凝聚、下墮,而詐現現象世界,自身即貫徹於現象世界中,在種種現象中遊戲三昧。它詐現現象世界,自身便不再獨立地孤立地以超離的狀態而存在,而與現象世界對立開來,而成二元關係,而是自身貫徹於現象世界中。這像唯識學的識體自身是抽象的識體,它要變現相分與見分而開出自我與世界而展現自己一樣。❽

討論到這裏,我們可以暫時停一下,作一小結。我提出純粹力動現象學的用意,是要以純粹力動這一形而上學或本體宇宙論觀念,以突破體用論。佛教說用,又不能立體,以成就體用論來交代用的來源,這是最大的問題。要解決之,唯有另外建立一亦體亦用、無體無用的純粹力動這一終極原理,以廢棄體用論,這真有壯士斷臂之慨。其次是要以純粹力動為本依凝聚、下墮方式成就世界,而建立宇宙論或存有論。在此種思考下,一切存有都是為純粹力動所貫徹,而為緣起、空的性格,因純粹力種最接近空義,亦有不執取自性、實體之意。這樣便能融攝或保留佛教義理中最精采的緣起觀或空觀。這種觀點絕對不能取消。只有強調空、緣起、無自性,變化才可能。若事物、現象,例如疾病有自性,則疾病將永遠存在,

---

❽ 這有點像黑格爾認為精神(Geist)需要通過客觀化過程以展示自己,使自己趨於成熟狀態。這些程序包括國家、政治、文學、美學、音樂、宗教、哲學等等的表現。

不會改變或消失。這便不能建立理想的生活。這之後,便是量論的建立,以交待對存有的認識問題。最後,一切規模稍具,便要處理道德與宗教問題,特別是生死的問題,以交待人生的價值、目的與終極歸宿。

關於生與死,在純粹力動現象學的體系中,可以作這樣的理解。生是純粹力動從本體的世界下落到假名的、現象的世界而道成肉身,所謂「從本垂迹」,以接受現實的任務,提煉自己的心性涵養。此中主要是承受以罪與苦為主軸的人生負面的東西。罪是基督教說的,苦是佛教說的。在人生負面方面,這兩者可以概括一切宗教。在罪與苦之間,苦應該是較為根柢的。我們可說罪是一種苦,以苦來指謂罪,這表示苦有較大範限,可以概括罪。但不能說苦是一種罪,這是很明顯的。罪預認心理或行為上的錯失,但人生有苦,可以是自然的,與生俱來的,與心理或行為上的錯失無涉。至於死,則可視為苦的一種極端的模式。❾我們亦可以從較為樂觀的角度來看死,視之為人在世間完成任務,承受過罪與苦後,回復純粹力動,回歸至本體世界。這樣,生、死問題同時了斷,生死的字眼亦可廢掉,代之以「從寂(本體)出假」與「從假歸寂」。

最後,我要解釋一下「純粹力動現象學」中的「現象學」(Phänomenologie)的稱法。純粹力動現象學是一形而上學體系,它具有轉化義(transformational implication),是勝義諦層面。純粹力動就客觀方面來說,是一超越的原理;就主觀方面來說,則是

---

❾ 海德格謂人是向死的存在。我想說人是受苦的存在,更為周延。人會死外,還需承受種種苦痛。死是苦的一種。

一超越的明覺主體性,是覺悟之源。而它所開出的存有論,是無執的存有論,具價值義、理想義,不是一般的描述的、經驗的現象主義(phenomenalism)。現象學與現象主義或現象論的分別,是前者是一套價值哲學,或有導向義的形而上學,後者則是對現象的純然描述,是中性的。

5.純粹力動現象學的意義與我的感懷

我的思想,在三十五年前,即1965年,經過一次脫胎換骨的轉變,由科學研究轉向哲學思維。三十四年後,即1999年,又經歷一次重要的轉變,從哲學特別是佛學研究轉向理論體系的建構,要建立自己的純粹力動現象學。這是一次具有突破意義的轉變。我要在絕對有、絕對無之外建立純粹力動這一第三終極原理,以綜合並超越實體主義與非實體主義。就對於當代新儒學來說,可以說是撤離唐君毅、牟宗三二先生,而進行熊十力先生的那種造論(建構理論體系)的工作。唐、牟二先生當然有他們獨特的思想與哲學的原創性,但他們並未刻意正面造論。唐先生的《生命存在與心靈境界》盡顯他的判教的功力與智慧,最後歸宗於儒學的天德流行境界。但未算造論。反而他的早年著作《文化意識與道德理性》與《道德自我之建立》有造論色彩,但概括性嫌不足。牟先生早年有《認識心之批判》,但自己並不滿意此作,認為未達究竟。後來以康德哲學為參照來講儒學,建立現象與物自身與無執的存有理論,但借題發揮的意味很濃,未算專意造論。就京都學派來說,我已越過了阿部正雄

的自我淘空的神（kenotic God）思想，越過了久松真一對禪的體會，我以為自己提出的不捨不著的靈動機巧的主體性，就突顯禪的特色來說，勝於他的無相的自我。我是逼著西谷啓治的空的存有論來做的，他上面便是西田幾多郎的終極實在的哲學了。但西田有他的缺憾，他沒有提出一套善巧的存有論來。

就中國哲學史特別是關連著佛學的發展來說，中國佛學至宋代四明知禮，便再無義理上的創發性發展。熊十力先生對空、有二宗的批評，是站在儒學立場而提出的。結果他創出新唯識論的那套體用論，以儒學取代佛學，這對佛學的向前發展，有啓發作用，但終非本著佛教自身的立場來發展。太虛、印順的判教（太虛判為法性空慧、法相唯識、法界圓覺；印順判為性空唯名、虛妄唯識、真常唯心），分大乘佛教為空、有、如來藏三系，亦無新意。這種判教對天臺宗不能安頓。對智顗大師的性具、一念三千的存有論、一念無明法性心的心靈論，與煩惱即菩提的弔詭的修行智慧生活智慧，都不能交代。以至對道元對佛性的辯證的詮釋，都不能概括。故有意推動中國佛學發展的人士，實應考慮另立一系，以展示天臺宗教理的特殊形態。牟先生能見天臺義理的真相，但他是新儒家立場，沒有在佛教路上繼續發展。我在這裏提出純粹力動觀念，解決體用關係問題，既綜合又超越實體主義與非實體主義，是具有新意的。

嚴格來說，如上面透露過，早在知禮以前，智顗大師已走到了非實體主義的盡頭。他提「中道體」觀念，已表示他的圓教真理應有「體」義，又提「中理實心」，故在名言上，「實」「體」的字眼已出來了。他又以體說法身，以用說應身，已明確提出體用關係。但這不是以形而上的實體為本的體用關係，它無寧應說為本迹關

係,那是比較寬鬆的,有具體的生活氣息。在這個問題上,佛教已走到盡頭,不能真說實體。一說實體,那精采的緣起性空的思想便不能堅持下去了。以智顗大師的聰明才智,亦只能走到這裏。我的純粹力動觀念的提出,可以說是繼智顗大師的中道體或中道佛性再進一步而又不悖離緣起性空的義理的。

這種新觀念的提出的哲學思維,我在三十年前為中文大學研究院寫碩士論文時已醞釀了。那是有關唯識宗轉識成智的理論問題的探討的。在結論部份,我提出此宗的無漏種子是不能被建立為真正的成佛基礎的,因它只是經驗性的,沒有普遍性與必然性,而在現起方面,又是藉外在因素,不是自發、自動的。我以廢除無漏種子,另以他途建立成佛的基礎作結。這涉及整個唯識理論特別是種子理論的改造問題。不過,這項工作我擱置了幾乎三十年。直至最近要以胡塞爾的現象學作參照,弄一套唯識現象學來,才舊事重提。在這裏我提出純粹力動一觀念,與改造唯識學的種子理論也有關連,純粹力動固可以當作成佛的基礎看也。

關於純粹力動這一觀念的提出,有它的思想淵源。最重要的,自然是佛教中觀學的空觀和天臺智顗大師的中道佛性觀念,和龍樹的四句的思考方法。在另方面,我亦深受外國哲學的影響,特別是柏格森的動感的宗教思想、胡塞爾的絕對意識觀念和西田幾多郎的純粹經驗觀念。可見純粹力動一觀念的綜合性是很強的,它包含多方面的哲學思想要素。日本人具有強大的綜合能力。他們能把古今中外的文化上的優點累積起來,加以整合和消化,成為自己的生活模式與典範。尤其能把傳統文化的理性部份與現代科技結合,加以適當的運用,以提升自己的文化涵養與生活質素。我學無常師、擇

善而從的綜合風格,很可能是受到日本人在這方面的啟發與影響。

不過,我的功力仍是有限,和前輩老師相比,還差一截距離。我的形上學的、本體宇宙論的智慧不及熊十力先生,知識的廣博不及唐君毅先生與西谷啓治先生,思想的深密與理論的嚴格性不及牟宗三先生,觀念、概念的清晰度不及阿部正雄先生。但在為學方面,我是較他們每一位都更辛苦。單在語文方面,我已涉足六種。他們在這方面則比較輕鬆。在健康上,我也遠比不上他們。西谷與阿部都有多年的禪坐經驗,故精力充沛,到了晚年,思考力還是很強,很清晰。熊、牟二師身體也不錯,都能享高壽。只是唐先生差一些,但他是最多產、學問最博大的哲學家,他的體系很早(在三十歲上下)便建立了。我在去年五十三歲大病後才悟到純粹力動這一終極原理,才能著手建立一套新的形而上學,以徹底解決佛教在體用問題上的困難。未知自己能否成功做好它,或需要多少年限。對於這個觀念的發現與來臨,我真有來得太晚的感覺。它來了總比不來好。我早以為自己到了這個年紀,恐怕已沒有多大作為,只能繼續做些佛學研究而已,雖然我的研究有不少自己的見解在。但研究總是研究,是學者的工作,不是哲學家的工作。在這裏你很難講甚麼創發性,能不偏不倚地達到客觀的標準已是不錯了。哲學家則不同,他所講求的主要不是學術性(scholarship),而是觀念的原創性(originality)。我很慶幸自己能在這方面發展了。不過,對於這個轉變,我總有「恨不相逢未嫁時」之感,感到在浸會大學教學與研究十多年,在這一點上、這一問題上一直未有突破,現在才姍姍來遲也。

德哲史懷哲(A. Schweitzer)矢志從事救世的事業,學好了音樂、哲學和神學,還要努力習醫,以實現到非州行醫的宏願,並覺

得自己能這樣做,是上天的恩賜,而心懷感激。最後他的願望得償,對人類的和平作出巨大貢獻。我的志業自然不能和他比了,但對有此新發現而心懷感激之情,則相近也。❿

下面附上純粹力動現象學整個體系的構思。

---

❿ 有點巧合的是,史懷哲在他的《文明與倫理》(*Kultur und Ethik*) 一書中提到純粹存在 (reine Sein) 一概念,謂它需由本體世界發展到時空的現象世界,才能有倫理性的肯定態度的人生觀。這純粹存在在層次上近於純粹力動,只是它強調存在、存有一面,有靜態的傾向。

附錄：純粹力動現象學（Die Phänomenologie der reinen Vitalität）的構思

純粹力動，氣象萬千，吞體噬用，汪洋無涯。
綜和超克，絕對有無：亦實非實，非非非實。
儒耶道釋，四學俱融。下墮似現，諸象紛陳。
屈折成識，見色明空，復照相即，睿智順成。
生死背反。電療斷執。從寂出假，歷劫罪苦，
挫敗騰飛，遊戲三昧。從假歸寂，生死同了。
天和人和，自在無礙。三卷雄文，辯析深義。[註]

吳汝鈞
2000.8.22.深夜

[註] 三卷雄文指我要寫三本書，分別討論形上學、知識與道德、宗教歸宿與生死問題。這自然是環繞著純粹力動一觀念而展開的。

〔補　記〕

　　我提出的純粹力動觀念,與叔本華提的「意志」可能有點接近。意志是萬物的根本動力或能源,而人亦不過是意志的顯現而已。叔氏認為,我們的軀體是意志的客體化,它的活動則是意志在客體化中的行為。而整個世界也是意志的化身。而史懷哲則強調「生存意志」,每一個自己即是一生存意志,其中有要延續生命的強烈願望,也有神秘的喜悅之情。他認為我們肯定生命就是去深化、內在化和提升生存意志。而所謂善,便是維護生命、促發生命的進展,把它發展至最高價值。史氏更進一步說所有東西都是生存意志的表現。最後一點便近於叔本華,也近於黑格爾言精神了。史氏又有形著的思想,他認為要了解存在於我之外的大生命,便得透過存在於自身的生命。而所有東西都是生存意志的表現。這便有這樣的意思,要了解宇宙的生存意志,須透過個人的生存意志來了解。由個人的生存意志來彰顯、形著宇宙的生存意志。

　　關於這些點,需要作進一步的探究,才能作深入而廣泛的比較。

十七、死亡現象學

1.在我們現實中的死亡

　　上面我曾提到死是苦痛的極限，自己又有過多次的瀕死經驗。即是，苦痛發展到最高峰，不能再發展了，便死亡。無論就人為的苦痛與自然的苦痛而言，都是如此。就人為的苦痛來說，譬如你鞭打一個囚犯，把他打得皮開肉裂，昏了過去，又用水潑醒他，繼續鞭打，最後他只會苦痛過度，倒死在地上。就自然的苦痛來說，人到老自然有病，病勢日漸增加，苦痛也隨著變得濃烈。人受苦痛折磨到最後，便是氣斷而死。故死亡可以說是最濃烈的苦痛。久松眞一以罪與死為人進入宗教的契機，把苦忽略開來，好像放在死中說，這並不恰當。

　　在我們的日常生活中，對於死亡，可以有多種印象，或多種層次的看法、想法。首先，當我們在報紙上看到或在收音機旁聽到有人自殺或因某種事故（如交通意外）而身亡的消息，我們是知道一個人死了，或聯想到生死是自然規律，人是自然地要死的。在這種情況，死亡對於我們來說，只是一個名相、一個概念，或充其量是一種人生的不幸的現象，它的性格是抽象的，我們並未見到這種現象的發生。

在另一種情況，當我們親眼看到某人游泳時溺死，或被大石壓死，死亡對我們來說，變成一種具體的現象。我們可能感到驚愕和惋惜。但這是他人的死，我們把死亡當作一種外物來看，視為一種對象，與自己沒有關係，我們並不認識那個死者。他的死，對我們實際生活並沒有影響，我們只是增加了有關周圍的事情的知識而已。不過，這亦有例外，當年釋迦牟尼以王子的身份，或以富家子弟的身份，四門出遊，看見人們擡著一個死人前行，家屬跟在後面，不斷地哀哭。王子有同情共感之心，為那個死者而哀傷，又覺得自己也不免會死，死亡是人生一個挺重要的問題，需要作一種徹底的解決。他因而矢志求道，出家苦修，探尋從死亡解放開來的方法。

對別人的死，即使是不相識的人，自己由於在生命情調或才性上與他相應，因而有悲戚之感。這種死亡，對自己來說，是一種原始的性情上的共鳴與震盪。晉代文人阮籍見鄰家少女有才色，未嫁而死，雖不認識她，卻誠心去弔唁，盡哀而還。這是天地靈秀之氣的邂逅和摩盪。少女之死對阮籍來說，是一種原始的性情上的共鳴與震盪。換轉是不同的人，沒有生命情調與才性上的契合，這種事是不會發生的。

一個學問家、哲學家或道德家的死，可以說是一個階段的學統的結束，或道德典範的結束，這都有客觀意義。記得1995年4月、5月間，牟宗三先生去世，我到臺北參加他的喪禮，在瞻仰牟先生的遺容時，感觸良多，哭了起來。我覺得具有原創性的哲學才具的牟先生的死，是當代新儒學一個階段的結束，也可說是後牟宗三時代的當代新儒學的開始。1997年秋德蘭修女的逝去，感動了千千萬萬有良知的人，其中有耶教徒，也有非耶教徒。她的死，對哀悼她的

人來說,是一個偉大的道德典範的結束。

　　一個人爲了愛他人或其他道德的、宗教的理想而死,是無私的死亡。在羅曼羅蘭的《約翰·克里斯朶夫》筆下,安多納德因爲愛弟弟奧里維,讓他能專心讀書,而自己努力不懈工作,犧牲了自己的青春、愛情以至健康,最後不堪病苦折磨而逝去。她的死有其高潔性與莊嚴性,但畢竟只是爲了一個人,一個親人,故是有限的。耶穌則爲世人贖罪而受苦受難,被釘死在十字架上,以寶血來洗淨世人的罪垢。他的死是爲一切人,完全是無私的,是無限的。文天祥慷慨不屈,從容就義於燕市,劉蕺山不願屈從異族,而絕食殉國。這都是爲一個道德理想而死。

　　以上所說的死亡,從經驗的角度來說,都和自己沒有直接關連。自己至親的人的死去,如父母妻子兒女的死,則不同,那表示自己與至親的人的現實關係的斷絕。至親的人是不能替代的。母親死去便是失去母親,你不能找別個人來替代她。這種死亡,不能說與自己完全無關係。在這種死亡中,自己其實已以某種形式具體地參與進去了。母親的死,讓你生活在悲傷的氣氛中,你損失了一個在日常生活中最關心你的人,她不能再爲你做事,不能再照顧你的起居,這些事情你都要自己去做,這不是很具體的影響,讓你參與入她的死亡中麼?聽人說,一個朋友的兒子患了血癌,屢醫無效,他焦慮得發狂,最後只有在電腦的網絡中求助,希望世界的血癌專家能提供有效的治療方法。結果失敗了,兒子死了,才十五歲,這本來是多麼讓人鼓舞的璀璨的歲月!這個朋友積極地參與兒子的死亡,是可以想像的。

　　只有自己自身的死亡,才是全面的參與。你必須全心全意地去

面對它、承受它。這是真正的存在的與主體性的經驗（existential and subjective experience），別人完全不能替代。這和承受苦痛煩惱一樣，是各人生死各人了。畢竟死亡是苦痛煩惱的極限現象。古代帝王死了，要找人陪葬，以為自己可以不必那樣淒涼寂寞。這只有些微的心理作用而已，在現實上是毫無實際效果的。這其實是賤視生命的尊嚴，是殺生。在佛教來說，這會嚴重增添自己的惡業，反而會帶來更悲慘惡劣的結果，在業報輪廻中，會受到極其嚴酷的報應。

2.死的恐懼

死亡到底是甚麼東西，沒有人能說得清楚。當人還在生時，他不會有死亡的經驗。當他死後，可說是經歷了死亡，但他已死了，不能說話，不能告訴你死亡是甚麼東西。當他正在死（dying）時，他已迷迷糊糊，神志不清醒，亦不能清晰地跟你溝通。這個意思，古希臘的快樂主義哲學家伊壁鳩魯（Epicurus）已說得很清楚。但人對死亡的畏懼，則是一個普遍的事實。許多人口上堅說不怕死，但是卻害怕死亡的痛苦過程，這還是怕死。疾病、疼痛與死的恐懼三位一體，相互間構成一個漩渦，越轉越深，越嚴重。即是，疾病可導致肉體的疼痛，肉體的疼痛加強了對死的恐懼，而對死的恐懼又引發心理的苦痛，這又會促使疾病的加劇。

傅偉勳在他的一本書中（《生命的學問》）表示曾問一個朋友怕不怕死，他自己則很怕死。那個朋友說：「死有甚麼可怕的，我從不怕死。氣聚而生，氣散而死，如此而已，沒有甚麼好談。」能夠

十七、死亡現象學

如此面對死亡，確是難得。但這也可能把死亡看得太單純，年少氣盛，有豪情壯志，未有瀕死經驗，說來可以很輕鬆。莊子以氣聚氣散來說生死，只是對生死作一客觀的現象論的描述，說得輕描淡寫，道行不足的人，未必能夠這樣看得開，看得透，看得化。

此中有一點需要注意，死不是一個具體的對象，它指生命存在或更確切地說生命軀體的消失狀態。故說死的恐懼，並不表示有一個可怕的具體的東西在令你感到恐慌，像眼前有一隻老虎那樣。對死亡的畏懼，無寧應說為是一種對存在的消失而感到震慄、不安。它好像有一個歷程，由畏懼生命軀體的消失膨脹起來，以至畏懼自我的消失，以至世間一切事物的消失，畏懼墮入虛無的深淵（Abgrund），為黑暗所吞噬。而黑暗的處境是不可臆測的，我們只能說它是可怕的。故死的畏懼可以說是對虛無（Nichts）的畏懼。要克服對死的畏懼，應從虛無問題著手。❶

莊子與海德格都以為，每一生命存在由形成的那一刻開始，已是不斷步向死亡，所謂「方生方死」、「向死的存在」。克里希那穆提也說人活著的時候，隨時都在死亡。海德格更強調死不是一特定的對象，這與我們的看法相同。他認為死展示出人在現實層面的

---

❶ 西藏高僧索甲仁波切對我們怕死的理由有另外的看法。他在其《西藏生死書》中表示我們對自己的了解，只是透過一些外在的因素串聯起來而已，例如我們的姓名、「傳記」、夥伴、家人、房子、工作、朋友、信用卡等等。這些都是脆弱而短暫的東西。當這些東西一件件被拿去，我們便不知自己是甚麼了。按這是說我們的生命只掛搭在一些外在的對象上，其實是四無掛搭。這些東西沒有了，我們也就沒有了。我們怕死，便是由於知道這些東西隨時會被拿掉。

「無家可歸性」（Heimatlosigkeit）。他以為，我們對死不是恐懼，因它不是一對象，卻是對死有一種存在上的、實存上的不安（Angst）。這無家可歸性或不安，便近於我所說的存有的虛無狀態。

關於對死亡的畏懼，就我自己來說，與別人有些不同。上面提到，我留意無我問題已有多年，自接觸佛教教義開始已希望能實踐無我，破除我執。如我執能破，死亡便不成問題。因死亡主要表示自我存在的消失，如不執取自我，則自我存在即不成問題，因此便可以不怕死了。這個想法存在心中已近三十年，一直都不能實現。直至去年電療，由於極度苦痛之故，被逼放棄自我，破除我執，從存有論的層面徹底否決自我的存在性。既然沒有了自我存在的意識，則亦不會對自我的消失起疑慮，因而對於意指自我的消失的死亡，便不存有濃烈的畏懼心了。進一步說，我的健康狀況那麼差，腰病已有十五年，去年又開始發現癌病，高血壓和偏頭痛也有十多年的歷史，還有糖尿病。這些手尾長的頑疾，折磨得我很苦。有朝一日自己死掉，這些頑疾也會隨風而逝，不再困擾自己，我便可以永遠從它們的困擾中解放開來了。就這個意義來說，我反而有歡迎死亡來臨的理由，這更加強我不畏懼死亡、不怕死的心理。當然這種情況是不正常的，我不希望別人像我那樣。❷

---

❷ 不過，「問世間，情是何物，直教生死相許？」這樣的情，我是沒有的。我以為自己一直能做到「問世間，學問是何物，直教生死相許？」為了成就學問的理想，而超越生死。怎料去年去接受切除腮腺癌腫瘤手術前，對死亡仍有疑慮，覺得還是到不了這個境界。手術後又覺得，我之對死亡有疑慮，是憂慮死了便不能再搞學問了，不能搞哲學了。故自己還是把學問放在最高位，放在生死之上，還算是超越生死。這裏面是不是有些弔詭呢？

3.死的超越

要解決死亡問題,或超越死亡,必須先對死亡有深入的、本質的洞見(Einsicht),而又連著生來說,故解決死亡問題,亦即是解決生死問題。這便先得了解生死的根本性格。在這一點上,很多哲學家或哲學學派都有相同的看法,便是把生與死看成是同一事體的不同面相,兩者不能截然分開。中國古代的莊子已以氣來說生死,如上面提到,他以氣聚為生,氣散為死,而以生死為「一條」,這是存有論地把生死等同起來,使之成為一個背反(Antinomie)。所謂背反,上面好像已解釋過,是指兩個性質相反的東西總是擁抱在一起,不能分開之意。人生有很多背反,就我自己的體驗來說,生死自然是一個背反,病痛與學問是一個背反,天理與人欲是一個背反,理性與激情是一個背反,自由與屈辱是一個背反。不過,自然以生死的背反影響最為深遠。莊子如何克服生死這一存有論的背反呢?他提出要克服人的識知心,回復向本來的靈臺明覺。這又類似佛教生死一如的說法了,後者要人捨棄分別我執,回歸於本心、清淨心。

在以生死是一個背反和有關它的超越或克服一問題上,發揮得最詳盡、闡述得最深刻的,要數日本的京都學派,特別是其中的久松真一與阿部正雄,在這方面很花了些工夫。他們基本上認同佛教的生死一如的說法。對於死的超越,他們不取道教以至一般人的企求,把生死斬為兩截,而要捨棄死的一截,只要生的一截,以為這

樣便可長生不死,做起神仙來。這種做法的思理背景是生在存有論上比死有跨越性(priority)或先在性,故我們可以生來超越、克服死。京都學派的學者則以為,生並不在存有論上對死有先在性,如同有不在存有論上對無有先在性一樣。因此,以生來克服死,以有來克服無,是不可能的。他們認為解決生死、有無的問題,是要同時超越生死、有無的二元性,而達於絕對生、絕對無的境界。這是承接自禪所說的大死(同時超越生死)而有大生的說法而來。❸我基本上認同生死是存有論上的一個背反的看法。對於生死的問題、死的克服,我在二十多年前在日本留學時已留意京都學派的看法,也和他們如西谷啓治、阿部正雄二先生討論過這個問題。我在學理上、觀念上很能明白他們所說的意思,也認同它,但一直都未能從實際生活上體驗這個道理,未能有真切的生命感受,即是,未能實存地、主體性地突破生死的背反,解決生死的問題,因而變得不怕死。直至去年接受切除癌瘤手術後,在醫院反覆思索和體會,才確認要徹底超克死亡,必須先能在存有論上克服對自我、個體生命以至十二因緣中的「有」本身的存在性,即是要克服對自我或「有」的執著。在另一方面,又不墮於作為自我或「有」的消失這一對反面的無或虛無。這樣對自我為實有與自我為虛無作雙邊超克,才能徹底超越死亡,解決死亡的問題。

關於死的超越一問題,我想提一下印度哲人克里希那穆提(J. Krishnamurti)的相似看法。在他的《生與死》(*On Living and Dying*)一書中,他重重複複地述說生與死是同一回事。人之所以對死亡有

---

❸ 關於禪的大死及相關問題,下面會有詳細討論。

恐懼之心，是因為死會讓人處於極度孤獨的境況，使自己一向擁有的東西不能延續下來。這些東西包括知識、記憶、快樂、家庭、房屋地產、工作、信仰、權力和好的名聲。因此，思想家便搞出種種說法，種種令自己得以安心的學說，在東方說是「輪迴」，在西方則是「復活」。克里希那穆提這種提法很能回應京都學派的哲學家的見解，但他未能進一步闡釋生與死的同一性，及對這同一性的認悟如何使人克服對死亡的畏懼。在這方面他不及京都哲學家般周延與嚴謹。不過，他提到一般人傾向於把人生劃分為活的和死的兩個領域，這樣，死便成為人生不可避免的苦事，而且是最終的痛苦。他教人要抓緊生活即是死亡這一辯證的真理，而要人在當下的生活中大死一番，在其中活現生機。因此，人每天都在死亡，然而又得再生。這便是我們跟著要討論的大死問題。

4.大死與我的生死三重破

「大死」是禪門常用的字眼，用以指述眾生從迷執到覺悟的一個必經歷程，特別就對作為最高主體的自我的呈露而言。基本上，禪假定我們的生命存在有兩重主體：經驗主體與超越主體。經驗主體是迷執的主體，它是一種在二元性格局中與事物或對象相對峙的相對的主體，是生死煩惱的根源。要能從生死煩惱中解放開來，臻於自由自在的絕對境界，必須徹底否定這個經驗主體，徹底把它弄掉，把它埋葬，讓它真正「死」掉，這稱為「大死」。只有這樣，超越的最高主體或真我才能透顯，我們才能有真正的、永恆的生命，

所謂「大死一番,殁後復甦」也。

我在自己著作的多處都提到大死問題。這種大死思想,不單流行於禪門,在其他哲學學派與宗教中也有相類似的說法。海德格在晚年所作的一次演講中,曾引述一個天主教教士的話如下:

> 一個在死亡前死亡過的人,在死亡時將不會死亡。

海氏引述他人這樣說,他自己也應是首肯的。這實表現一種要克服死亡、超越死亡而臻向永生境界的人生智慧。第一個死亡是經驗的事象;第二個死亡是克服對死亡的恐懼,超越生與死的二元對反,這是很高的精神境界;第三個死亡仍是經驗的現象;第四個死亡連著「不會」來說,「不會死亡」表示解脫,精神不死。這即是超越的最高主體的顯露。其中,第二個死亡所表示的克服對死亡的恐懼,超越生與死的二元對反,便是大死。

在基督教,耶穌曾經說過,凡救自己生命的必喪失生命,凡為他(耶穌)而失去生命的必得著生命。此中,為耶穌而失去生命,相當於大死。最後得著生命,則是死而不死,是復甦、再生。這也可視為生命的弔詭。

保羅的說法亦隱含大死的思想。他在《羅馬書》中已說信者在受洗時已承受永生,而背負著罪惡的舊我則在受洗中死掉,接受恩典的新我便呈現。這樣,罪惡的舊我死掉即是大死。新我的呈現,即是死而復甦。他又宣稱若我的內心中有基督,則身體雖因有罪而死,心靈卻由義而得活。我們若順著肉體的腳跟轉,便會死亡;若朝向聖靈,惡行便會死滅,我們便得新生。這樣,以對基督的信仰和對聖靈的嚮往而使身體和罪惡一齊消失,便是大死之意。這是可

以和禪相比較的。不過,保羅的傾向是視肉體與聖靈為二元對立,要人棄絕肉體,歸向聖靈,以求永生。禪則要人從生死的二元對立中超越上來,以達無生無死、無相無念的絕對境地,徹底解決死的問題。從佛教的立場來說,保羅以聖靈來克服肉體是否可能,要視乎聖靈是否在存有論上較肉體有先在性。倘若這先在性不能成立,則聖靈便沒有克服肉體的理據與力量。但若同時能超越在相對關係網絡中的生死,則必能上提至絕對之域,生與死之間哪一方有先在性,便不成問題了。

　　大死表示徹底斷除對自我的愛戀、執著,在存有論上徹底否定自我的存在性。這是順著佛教的緣起性空的義理而來的。由自我推廣開去,不單是要斷除對自我的執著,同時要斷除與自我相連的一切東西的執著。在這點上,佛教有斷愛離欲的說法:斷除自己所最愛的、所願欲的,那怕他是最親愛的人。對於這點,現代的索甲仁波切與克里希那穆提都是同調的。前者認為,一個人去世時最理想的方式是放下內外的一切,不存任何欲望、攀緣、執著、牽掛。後者則認為真正的死亡,是要斷除一切回憶,特別是曾經照顧過他人的那種回憶。因為回憶會帶來痛苦。

　　這使我想起一件多年前的舊事。一個長者輩的朋友的兒子在美國讀書,忽然自殺了。這個朋友悲痛莫名,總是要找尋悲痛的原因,看盡很多宗教方面的書,都找不到答案。最後另一個長者輩的朋友告訴他,你之所以這樣悲痛,因為你愛他啊。因此他說人不但要斷我執,還要斷愛執。但人愛子女,是天經地義的事,怎會是不好呢?為甚麼要斷除愛呢?原來裏面還有更深沉的生活智慧。生命是有弔詭的。

我自己對生死問題的解決，是經歷了三個階段，所謂「生死三重破」，歷時超過二十五年。我把這三個階段依序稱為生死背反、電療斷執、從寂出假與從假歸寂。關於第一階段的生死背反，是在義理上體會生與死不是兩個物事或兩個相隔開的現象，而是同一事體的不同面相。兩者性質相反，但卻恆常地連繫、擁抱在一起，不能分開，故是一個背反。你不能把它們從中截開，只要生的一段，而揚棄死的一段。這種羨生厭死、留生棄死的做法是不成的。有關這種看法，我頗受到京都學派的影響。1974年我初到日本，便留意阿部正雄與久松眞一論生死的問題，他們便持這種看法。後來我又知道，很多其他哲學和宗教也持相同的看法，不過沒有他們說得那樣清晰而詳盡吧了。

　　生死既是一個背反，則解決生死的問題，便只有從它們所在的相對領域超越上來，同時超越生與死、克服生與死，不再在生死所成的二元性關係中兜兜轉轉。而這個背反的主軸，則正是我們通常都執取著的個體生命，或自我，這便構成我執。生是我的生，死是我的死。要超越生死，便要推翻或摧毀這個自我主軸，讓生無能生，死無能死，這便是所謂破我執，即是佛教的無我的實踐。這是一種存在的、實存的、主體性的體驗，在禪門稱為「大死」。我一直留意破我執的問題，時常在知解上理會我的迷妄性、虛幻性、無自性性，要把它看破，斷除對它的執著。但都不成功。長時期以來都想向著這個目標走，但都不成功。最後，如上面所說的，我在接受腮腺腫瘤切除手術後，在醫院中獨個兒反思，在存有論的層次體會到我是缺乏存在基礎的，需要被否棄的，被斷除的。而真正的斷除自我，破我執，是發生於手術後的電療當中。那是由於我忍受不了痛

・十七、死亡現象學・

苦而逼著放棄對自我的執取的。關於這點，上面已經說得很清楚了。

關於斷我執或無我的實踐，是解決生死問題、讓精神向絕對境界提升的關鍵歷程，通常都不易做到，這需要一些異常的契機，如瀕死經驗作為導火線，才能導致。禪門中的許多公案，都是環境這個問題而開展的。京都哲學家久松真一是從坐禪中突然體會到自己變成一個大疑團，對於生命的真相的大疑團，他作為疑惑者與被疑惑的東西合而為一，霎時間，大疑團頓然崩解，他的我執去除了，代之而起的，是他覺悟到自己的「無相的、自由的真我」，而感到前所未有的喜悅。❹我的契機是電療的苦痛，再加上在醫院中對我的虛幻性的存有論的反思。有大智慧的人，如慧能，則不需甚麼契機，他一下子便能頓悟自我的無常性，不容執取，直下便破除我執，而證得無我的真理。其他人則可藉著相應的契機來斷除我執。

破除我執之後，如久松的說法，顯現無相的自我或真我。這兩個我（我執的我和真我）是否是同體呢？或應該各自有其體性呢？照我的看法，兩個我應該是同體的。當被執的我流行，真我一面是不顯的。一旦被執的我斷除，真我一面便顯露出來，亦即是覺悟到真我了。我們並不是有兩個我。只是一個我，它顯露的層面不同而已。此隱彼顯，彼隱此顯，兩者是一體的。

破除我執之後，生死的問題基本解決。但生死的整個現象或圖像，還需進一步描劃出來，才能讓人徹底地、深刻地、全面地理解生死到底是甚麼一回事。在這點來說，我以三個階段來說一期生死

---

❹ 關於久松的這種覺悟、破我的經驗，參閱拙著《京都學派哲學：久松真一》中的〈久松真一與禪〉一章。

或一期生命的圖象:始是從寂出假,這是生;終是從假歸寂,這是死;中間是歷劫罪苦,這是整期生命活動的概括。所謂從寂出假,即是從本體世界(寂)或純粹力動受取人的生命軀體,來到時間、歷史的世界,接受現實的種種考驗。這種種考驗可以罪和苦來作表,罪是基督教所說的人生的負面,苦則是佛教所說的人生的負面。如上面提到,苦是較罪更為根本的。在這裏,我並不嚴格地把兩者作第一序與第二序的區分,如苦是第一序,罪是第二序。我只以這兩個負面相來概括基督與佛教;他們一東一西,可以象徵地囊括一切宗教所面對的、處理的問題。在承受現實的罪苦之中,我們會遇到種種挫折與失敗而倒下。但我們不氣餒,倒下了,便掙扎站起來,繼續走人生之路。到最後終能克服種種困難,有所成就,而騰飛起來。而且以所積集得的學問、知識、功德用於世間,善巧地運用種種方法來化導眾生,手法熟練,仿如小孩,故能遊戲三昧。❺任務完畢,生命也漸走到盡頭,便回歸至本體世界或純粹力動,這便是死。生死問題便是這樣了斷了。故在我的純粹力動現象學中,不只沒有體、用的字眼,也沒有生、死的字眼。一切都化為純粹力動的自我呈現。❻這樣看死亡,是有轉化的現象學意味的。

基督教也有近似的說法,這便是道成肉身。上帝作為真理、道

---

❺ 「遊戲三昧」是我用來概括禪修與普度眾生的整個生命表現。拙著《遊戲三昧:禪的實踐與終極關懷》整本書都在發揮這種禪的全幅表現。

❻ 我的這種說法,可以說是受到《法華經》的影響。它有「從本垂迹」的說法,說釋迦在遠古早已成佛,早已證得本體、真理,他在歷史上出現,化度眾生,是從本(本體)下垂,落入迹(現實)的世界來履行宗教教化的任務,任務完成,便涅槃,回歸至他所自來的本體世界。

本身,以耶穌身份示現於世界,挽救有罪的一切眾生,最後上十字架,為一切眾生洗罪,然後復活升天,回歸至上帝身邊,正是這個意思。所不同的是,上帝只在耶穌身上道成肉身,不在其他人身上道成肉身,故耶穌只有一個,一般人只能效法耶穌,或把耶穌作為一個典範(Urbild)看,由他的行業以理解上帝。而在我的純粹力動現象學中,或東方其他的宗教中,人人都可以是道成肉身,人人最後都能達致那個最高的終極境界,不獨耶穌為然。

我最近(五十四歲生辰前後)反思自己的生命歷程,覺得自己已走到第四階段的開端,要建立自己的思想體系了。❼ 這個工作完成,我便可安心離世而去。說得好聽或自傲一點,我覺得自己在這世間走這麼一段日子,弄這麼多學問,有這麼多曲曲折折的體驗,頗有《法華經》的「垂迹」之意,我是從「本」而「垂迹」的,「本」便是那個本體世界。我由本體世界下來,在經驗世界兜了一圈,然後復歸於本體世界～我生命所自來的地方,也是純粹力動的處所,是很自然的事,並不必傷痛。我不大喜歡用「生死」的字眼,若一定要用,則「生」是由本到迹,「死」是由迹歸本,如此而已。是不是人人都能從本而垂迹,而又歸向於本呢?我想這需要對人生的問題,如生與死、生命的成長、對苦痛的承受與化解、對學問的追求、對人生意義的探討、對真理的洞見,等等,總要有些反思與體會才能說。一般人渾渾噩噩,今晚睡覺

---

❼ 第一階段是21歲以前,是生命成長與學習一般知識。第二階段是由22歲到40歲,是學習哲學與佛學,也包括多種語文。第三階段是40至53歲,是客觀地作學術研究。

明天起床,晚上又睡覺,不自覺生死的意義,只曉得趨生避死,樂生惡死,是不能說「垂迹」的。

多年前看一幕電影,安東尼昆飾演一個希臘農民,帶同兒子到都市生活,因為不適應現代文明,苦惱多多。安最後對兒子說,我將帶你回去,回到我們生命所自來的地方。他是指農村。在我來說,生命所自來的地方,是本體世界,是純粹力動。

當年唐君毅先生去世,牟宗三先生的輓聯中有「通體達用,性情事業留人間」。正表示唐先生是由體或本體世界而達於用或時間、歷史之中。我總覺得唐先生未死,牟先生說他性情事業留人間,正表示他並未完全失滅,他只是回歸於本體世界而已。天人並不相隔,本體世界不離時間與歷史。這輓句正可作為我對生死問題看法的注釋。

5.死亡之樂與尊嚴

在一般人眼中,死亡當然是很悲慘的事。不過,若從另外一些角度看,如我在上面提到的從時間、歷史回歸到本體的角度來看,則死亡只是我們應世、應迹的事務完成,回到生命所自來的地方而已。就自己來說,生存可以是繽紛璀璨,死亡則是復歸於沉寂而已,並不一定是悲傷的現象。很多有修行的人的死亡,如高僧的坐化,都是安然寂靜,好像甚麼事情都未有發生那樣。還會有很多舍利子留下來,供徒眾供養。在西藏佛學來說,一個覺悟者的死亡,被視為一種地光明現象。具體地說,在死亡的時候,身心會離散。身體

十七、死亡現象學

上的元素與感官都會分解,跟著是貪、瞋、癡等煩惱與凡夫的虛妄心會隨風消逝。一切障蔽覺悟心與眞性的東西都自動瓦解。餘下的,是顯露出來的本初地,它是眞心眞性,明淨如浮雲盡去的亮麗的天空。這眞心眞性,即是眞理的所在,亦即是自己的眞我。故可以說,死亡是眞理呈露的時機,或面對面接觸自己的眞正主體的時機。從儒家的角度來看,人的眞相,往往是在臨死時徹底披露的,所謂:「鳥之將死,其鳴也哀;人之將死,其言也善。」由這點可以看到人的善性的內在性。死亡是眞實生命的呈露、開展。倘若能眞正地這樣看死亡,則死亡有甚麼可哀呢?

日本的禪僧天倫患了末期肝癌,他很能修得面對死亡之道,以平常心活在當下任何一個瞬間;對於他來說,每一瞬間他都感到生命的意義,感到充實飽滿。他達到這種境界,也沒有甚麼秘訣,他只是說,如果一個人白天能精力充沛地做好事,生活愉快,晚上睡覺必定能睡得安穩,完全不用擔心明天的事。對於死亡也是一樣,他不是不在乎死亡,特別是死亡會帶來肉體上的重大痛苦。問題是如果一個人活得充實而有意義,那便很足夠了,對於死亡,便可以像對於晚上睡覺一樣,沒有甚麼好擔心的。這眞具有雲門禪師所說的「日日是好日」的生活態度與智慧。

就我自己來說,如果我能在生存的日子裏完成自己所要做的事,視生存是一種使命,事情做妥了,使命完成了,便可以安然離去。死後的事,想不得那麼多了。因此,我對輪迴的問題並不關心,我只視之爲解釋生命的延續問題的一種學說而已。我所念之繫之的,是在還在生存的日子裏,我能否把生命活現出來,能否「盡其在我」。倘若能夠這樣做,我相信死後必有好的歸宿。孔子說「未

知生,焉知死?」目的不外要人好好抓緊生存。死後的事,是不可知的,也不必知。進一步言,如上所說,我是背負著幾種重病在身而生活的,死亡對我來說,無疑是對這些重病的解脫。人一死亡,這些纏繞人的惡病都灰飛煙滅。

關於死,一般人總是死得很悽慘的,在受盡病苦折磨之後又要在接受繁複、令人極度困擾而又耗費大量金錢的現代醫療的情況下離開世界。即是說,他死得沒有尊嚴;他不是如自己所願望的安然地離開世界。美國一個鼓吹安樂死(euthanasia)的人韓福瑞(D. Humphrey)便寫了一本書《死亡的尊嚴:理解安樂死》(*Dying with Dignity : Understanding Euthanasia*),正式提出「死亡的尊嚴」,並宣揚這種死的素質。

對於臨終病人應否盡力去搶救,確是一件煞費思量的事,很不容易決定。我們自然應該盡力去挽救病者,不讓他死亡,在道德上起碼要這樣想。但實際上,由於病者情況嚴重,即使搶救成功,也只能拖延有限的時日而已。病者的命運差不多已成定向。最要考慮的是,搶救病人往往要用很多特別的儀器,進行特別的操作,這會使病人痛苦不堪,最後他還是會悽慘地死去,而且死得很辛苦。另外,這種做法要耗費龐大的醫療費用。因此,有人認為,與其如此,倒不如讓病人安靜地躺在床上,在親人的看護下,在親切的關懷下,而不是在陌生的醫生護士的眼光下,平和地離去,死得有點尊嚴。我父親的死,便是一個例子。他最後的幾天,躺在醫院裏,鼻孔與口部都插滿管子,醫生說他有後腦中風、肺積水、心肌梗塞和腎衰竭問題。即使進行搶救,他餘下的有限日子都是要躺在床上,二十四小時需要人侍候,而且每星期需要為他洗腎兩三次。其中的苦痛,

根本不是一個心身交困的老人所能承受的。最後,他勸我們看開一些,不要做太勉強的、不自然的事,讓父親繼續昏睡著,安靜地離去。不出三兩天,父親便靜悄悄地去了,真是無聲無臭。

有一點很重要的是,臨終病人或安寧病人也是人,我們要以人的身份來對待他們,給他們人格尊嚴,縱使是死的尊嚴。我們不應認為他們是身心破碎了或殘缺不全了,便依我們主觀的意願來對付他們。我們應確認被視為完整的生命個體和享有種種尊嚴,包括死的尊嚴,是他們的權益,不可剝奪的。因此,我們應該尊重臨終病人所意願的終了或離世方式,倘若他們要順其自然地離去,我們要依從,給他們方便,不應逆天而行,勉強進行無效用的搶救,以為這是慈悲。不順其自然,逆天而行,是一種罪過。猶記十多年前我因腰病而要接受脊骨融合手術,邱醫生把脊骨其中一節軟骨挖去,塞進一塊太空金屬。手術後我還是覺得很痛,覺得總是跟常人不同。邱醫生便提醒我說,不要把自己看成是與人不同的另外一種人,要視己如人,過正常生活。在身體內安裝機件來幫助某些器官運作的人多著哩。後來我想,醫生說得對,若一開始便認自己不是一個正常的人,在心理上便輸了,往後的日子能安然地過麼?

我們也應注意到,醫院和安寧或安養機構是不同的。醫院是給人治療疾病的,是努力救人的戰場,它的戰鬥意味是很濃厚的。安寧機構則是要讓病者能安然地、安心地離去,為病者尋求死亡的尊嚴。它裏面有醫生,負責舒緩病者的肉身上的痛楚;也有心理專家或精神科專家,負責精神治療,減低病人所容易患上的畏懼死亡心理、憂鬱情緒。另外又有宗教人士、護士、社工人員負責照顧和安慰病人和他們的家屬。

有一種能提高臨終病人的死亡尊嚴的方式,是幫助他回憶或提醒他大半生中所做過的有意義的事,讓他覺得自己是對社會、別人有貢獻、有幫助的人,而不是白活一輩子。例如,我們可以對他說:「沒有了你,我的日子會比較難過;你曾給我指引、安全感。」他會說:「不要有太多的顧慮,你會變得堅強起來的。我去了,也會為你祝福。」這樣,可以重提起他的積極意志,覺得自己有重要性,有尊嚴,即使是離去,也會有安樂的感覺。

十八、音樂實體中的愛與盼望

1.音樂實體

　　我的思想背景,主要是東方的精神性(oriental spirituality)。不過,對於西方哲學與宗教思想,也下過一些工夫,包括基督教在內。基督教是西方文化的精神支柱。我對它的了解,除了看《聖經》和西方宗教哲學家的論著外,也參考京都學派方面對它的闡述與評論,但真正契入基督教的精神,感染它的力量,主要還是通過聆聽西方古典音樂,特別是巴洛克時期和古典時期的作品,其中又對巴哈的音樂,最為神往。巴哈的音樂,不管是哪一種形式,即使是他的無伴奏大提琴組曲,對我都有深沉的感染力,令我有莫大的歡愉與鼓舞。舉一些例子:Wohr dir, daβ ich Jesum habe;Cantata:Herz und Mund und Tat und Leben;Jesus, the joy of man's desiring,都是明顯的例證。在這些具有濃厚的宗教氣氛的音樂中,我深深地感到愛與盼望的訊息。感到它們是發自一種精神實體,我把它稱為「音樂實體」(musical substance),它的背後基礎,便是上帝。不過,我並不以為只有上帝的音樂實體才能發出這種強烈的愛與盼望的力量,人的心靈如能加以淨化,亦可同樣發出這種力量。「唯有心靈使人高貴。」當然,人的心靈並不與上帝或上天隔絕,而且相通的。

記得我第一次聽貝多芬的第九交響曲「歡樂頌」（Choral）第三節慢板（Adagio molto e cantabile）時，我不期然地感悟到窗外有一縷縷的神聖光明，悠悠下降。我感到內心有莫大的平安。後來我想，這神聖光明亦應可由我的內心發出，而與由天上下來的光明相邂逅，才是最圓足的境界。

基督教有兩大內涵，這正是愛與盼望。耶穌的志業，當然展示了這種內涵，但他的遭遇太悽烈，太富震撼性，使人的精神受到劇烈的搖動。上十字架的事，便是一個明顯的例子。我反而喜歡聽上面提及的巴哈的Jesus, the joy of man's desiring（耶穌是人間願望的歡樂），這雖然是短篇，幾分鐘而已，但聽來有無比的感染與鼓舞。你不感到耶穌正在背起十字架來，以寶血潤澤、撫慰因苦難而受創傷的靈魂麼？這裏面充滿無限的寬恕與愛意。你不感到上帝正蒞臨在你的面前，慈愛地向你伸出援手麼？我能全程投入到西方古典音樂中去，讓它盡情洗滌自己內心的煩惱與憂傷，讓自己重新振發起向上的意志，敞開自己的襟懷，去迎接新一輪的命運的挑戰。我自覺在欣賞西方古典音樂方面，境界很高，很有福氣。這帶給我無比的盼望、鼓舞與歡樂。我能由優美感人的音樂旋律深入契會音樂實體，感受這音樂實體所發出的巨大的精神力量。

關於音樂實體，我想多說幾句。叔本華是一個對音樂具有深沉感悟力的哲學家，他認為我們可以經由音樂由低層的、有限的境界提升上來，而趨近實體的真正本質。他顯然有很濃厚的音樂實體的意識。他認為音樂超過其他藝術形式的地方，是音樂是「意志的翻版」，而意志在他來說，是一種精神實體，它可化身為世界、山河大地，也包括人在內。說音樂是「意志的翻版」，有提供這樣的訊

息的可能:意志是實體,音樂可反映實體,由音樂可體現實體的本質。這樣便可建立音樂實體的觀念,這音樂實體的根源,正是上帝。

故音樂的宗教涵義是很濃烈的。不少哲學家和音樂家都把音樂關連到宗教方面去,以提高音樂的精神素質。例如尼采便認為音樂廳和藝廊對很多人來說,取代了教堂而成為人們接觸「神性」的地方。這是由於音樂廳和藝廊所展示的東西,特別是音樂家演奏出來的音樂,具體而親切,能直接傳達音樂實體或上帝的訊息;而教堂給人的印象,往往是機械化的、光板的,牧師的說教,常是千篇一律的,缺乏生命氣息。史特拉汶斯基(I. Stravinsky)則認為音樂能指涉永恆性,能讓人生起宗教情感,而與上帝有深一層的心靈上的、精神上的交往。他的這種音樂觀點,有使他忽視或不能公平看待重視個人的情感和主觀感受的作曲家,致有過分強調音樂的宗教性的傾向。法國的梅湘(O. Messiaen)更進一步重視音樂的宗教性,認為作曲完全在於展示神聖的次序,把愛與盼望在一種宗教的氣氛中鋪陳開來,讓人人都能體會到。

倘若高級的音樂必須在某一程度上與宗教相連,或需展示宗教的情操的話,則我們欣賞這些音樂,也應具有宗教的觸覺。即是說,欣賞者自身需有一種宗教精神,或嚮往超越者的那種心境,才能深入理解這種音樂,體會到它所傳達的愛與盼望的訊息。就巴哈的例子來說,他的音樂主要是表現愛與企盼,我們在精神上、心靈上亦需具有這種德性或靈性,才能與他的音樂內涵相應,而融入其中,達到忘我的境界。較通俗一點的說法是,我們要把自己的心性加以培養,讓自己變得沉著而富有靈性,才能把潛藏在巴哈音樂中的深刻而高貴情操活現出來。沒有心性上的宗教涵養,便不能理解和欣

賞巴哈的音樂。

在一次旅程中,我和一個朋友面對大海,談到上帝的事。他很強調上帝的慈愛。過了一段日子,我覺得有些洞見(vision),在聆聽夏邦泰(M.-A. Charpentier)的早禱曲(Te Deum)第五節Te per orbem terrarum中,雖然只播了短短幾分鐘,我突然驚覺起來,內心感受到巨大無倫的震撼,一時間淚流披面,不能自己,呼吸也感困難。我覺得觸到上帝的慈愛,感到祂的存在。那是我對上帝的音樂實體的一次最刻骨銘心的經驗。當時我感到腰部痛楚也暫時消失,有陣陣舒暢。德國神學家巴特(K. Barth)的《教會教義學》(Die Kirchliche Dogmatik)用了十多本書來寫上帝的盼望、愛與自由,以表現最高善,在我看來,竟不及夏邦泰的這段短短的早禱曲那樣具有感染力,可見音樂力量的偉大。不過,我並不對上帝感激,反而對祂質疑,心中向祂提出兩個問題:一、為甚麼會讓像桑蘭那樣一個天真無邪、充滿璀璨華采的運動員會在跳馬的體操練習中遭受那樣嚴重的創傷,致終身殘障呢?二、為甚麼像我這樣善良、矢志不懈地追求學問、真理、以此生死相許的人要受這麼多的病苦?難道真要我像耶穌那樣背十字架麼?說「上帝慈愛」是甚麼意思呢?我提桑蘭,並沒有特別的原因,只是我剛在電視上看到她的受傷片斷,覺得非常難過而已。我得不到上帝的回應。或許祂有更深的理由,不能即時回應我的問題。

在哲學的認識論上,我們通常說人的認識機能有兩種:感性與知性;兩者合作,在時間、空間與概念下作用,便能產生知識。感性的感覺能力,發自感官,而成感性直覺。知性則提供概念,進行思維。故我們所認識的事物,是經驗(感覺經驗)的事物或現象。照

十八、音樂實體中的愛與盼望

康德的說法,我們人只有這種認識方式,認識事物的現象。至於要認識事物自己,或物自身(Ding-an-sich),則要賴睿智的直覺(intellektuelle Anschauung),那是超時空的認識方式,只有上帝才具有,人是沒有的。東方哲學,不管是儒家、道家或佛教,則認為人亦可以具有這種認識方式,只要通過修行、工夫實踐便可。

就對西方古典音樂的感悟來說,這對於人具有睿智的直覺一點,提供一強有力的例證。在中央研究院中國文哲研究所舉辦的一次學術會議中,我提到巴哈的音樂不光是要以耳朵來聽,而且要以心靈來聽。以心靈來聽,才能感到愛與盼望,這是由音樂實體發出的。這種對於愛與盼望的感悟,其實是一種覺。這覺不能是感性的。❶它應該是睿智的。它超越時空、名言概念,表示對天地宇宙的一種眷戀的情懷。這情懷是越過天地宇宙的自然物理層面而直透入它的本質的內裏,透入它的「在其自己」的。從這裏便可說睿智的直覺。感性直覺不可能具有這種功能。

就我的經驗或體會來說,對於睿智的直覺的體證,最好通過聽古典音樂,如巴哈、韓德爾、維瓦第、海頓、莫札特、貝多芬的作品來成就。宗教音樂如經文歌、彌撒曲、榮耀頌、聖母頌、聖母悼歌、安魂曲、早禱曲,甚至清唱曲和神劇,都會有同樣的效應。它們都能營構一種真、美、善以至神聖境界,可以洗滌心靈上的染污與憂傷,讓人感到愛與盼望瀰漫於天地宇宙之中。這境界超越時空,沒有物質成份,故不能以感性直覺來接觸。它也沒有概念、邏輯思維,知性在這裏也用不著。它的基礎是音樂實體,你需用心去感悟,

---

❶ 對流行音樂、搖滾音樂說覺,這覺顯然是感性的,它是基於感官的作用。

這只有睿智的直覺能做到。❷

　　我在課堂上演講或與朋友、家人交談，表達自己對真理的印象，是很笨拙的，往往詞不達意。寫論文或寫書時則表達得比較細密。這又不如在散步或獨坐沉思時具有靈感與深度。在體會終極境界方面，在對愛與希望的企盼方面，則最好是聆聽音樂了。那是音樂實體所直接散發出來的。

　　在我的生命歷程中，音樂的確佔有很重要的位置。我甚至很難想像，倘若沒有了音樂，我的生活會變成甚麼樣子，我的人生觀會趨於消極到甚麼程度。在我的生涯中，所經歷到的苦痛是多樣化的，有精神上的苦痛，如做錯了事，受良心責備而來的苦痛；如感情上的失落，有心理上的苦痛；如病痛來了，有生理上的、身體上的苦痛。特別是後者，我真是受夠了，但以後還會不斷再來。對於這如許的苦痛，音樂給我很好的療效。你會覺得天地間還有愛，有人給你關心，與你同情共感；人間還有希望，幽暗的今天，有著翌日的光明。

2.愛與盼望

　　上面說，愛與盼望是由音樂實體發出來的，而音樂實體可說是上帝與音樂連繫起來的一個面相。在這兩者之中，愛無疑是我們生

---

❷ 牟宗三先生雖說人可有睿智的直覺，但未聞他說喜歡聆聽西方的古典音樂，如巴哈的音樂。未聞他對音樂實體有若何感應。唐君毅先生或有之。

活中的一個挺重要的內涵。倘若沒有了愛,世界會變成甚麼樣子呢?它會是一個悲恨與仇殺的世界。愛固然是一種德性,以至是一種事實,也是一種信仰。史懷哲在他的自傳中曾表示,耶穌所關心的,並不是宗教應如何思考和看事物,而是愛在信仰中的力量。只有愛,人才能歸屬於上帝,才能進入天國。愛、耶穌與上帝可以說是三位一體,表現同一的真實。只就藝術而言,西方流行這樣一種藝術觀:最偉大的藝術作品,是要反映神性的。偉大的藝術家通常都有這種想法,他的重要作品表露了永恆的、具有超俗的靈氣的真理,這真理便是愛。

基督教是如此,佛教又何嘗不一樣呢?當年釋迦還是做王子或貴家子弟時,看到蛆蟲的屍體為螻蟻所侵蝕,感到刻骨銘心的痛楚,好像自己的至親甚至自己受到侵蝕一樣,因而生起同體大悲之心,誓願要出家遠離,修得覺悟,普渡眾生,使一切眾生得以解除苦難。這正是上面時常提到的同情共感,亦即是愛的一種表現。不過,佛教通常不說愛,而說慈悲。❸

在表現上來說,愛是要表現為謙卑的。即是說,你對人施愛,要本之以謙卑之心,不要傲慢,以為自己在施捨,在憐憫,自己高人一等,才有能力這樣做。克里希那穆提便提過,我們施愛時,不要有自我感,不要有我執,不要存一種自我意識。表現真正的愛,是要停止整個意識活動的,包括嫉妒、野心和要成為大人物和擁有權威的欲望。因此,史懷哲認為他能到非洲行醫五十年,替苦難落

---

❸ 佛教說「愛」(tṛṣṇā),反而是相反的意思,指濃烈的執著之心、渴愛的欲望。

後的黑人治病,是上天的恩賜,而心懷感激。他是多麼謙卑的人!他對非洲土人的愛是本之以謙卑之心的。這才是眞愛,不是以愛的行為作為手段,達到自己成為偉大人物的目的。我很為他的這種心情所感動,覺得自己也應這樣想,大半生有很多好的機緣向別人學習,到五十三歲那年發現有癌病,治療後能繼續走生命之路,思想比前更深沉敏銳,這應該也是上天的恩賜。我實應懷有感激之情,不應因多病而感到沮喪與失望。

另外一點是盼望,讓我們把它關連著苦痛說起。在我的經驗與體會中,克服苦痛的一種方法,是要有盼望,或希望。一切要想得開,要往好的方面去想,不要老是集中在苦痛本身,在它裏面鑽牛角尖,這樣會痛上加痛。我們要明白苦痛是一種生命現象,是人所不能免的,要接受它。苦痛會形成,也會消失,或消減。它是會變化的,沒有常住不變的自體,這是佛教的緣起性空的義理,是我們盼望能解決苦痛問題的基礎。至於往好的方面想,就我自己來說,面對這樣的有毒腫瘤的頑疾,固然很煩惱,但也可以想一想,世間上有頑疾的人很多,不單是我自己一個。而且,幸好我的頑疾被發現得早,有毒細胞未有擴散,又找到最好的醫生來做手術,把它切除,這還是值得慶幸的。另外,在進行電療之前,要清理口腔,把所有壞牙剝去。剝牙固然是苦痛的事,況且又不是只剝去一兩隻那麼簡單。但我仍可這樣想:趁著這個機會把有問題的牙齒作一次徹底的清理,以壯士斷臂的氣慨,把它們剝個清光,以免除後患,這也未嘗不是一件好事。我又可以這樣想,這次大病,是讓我經驗極度的苦痛與瀕臨死亡的好機會,我不是在電療中體會到無我的境界麼?這件事情在心上念之繫之三十年,現在有了些成果了。另外,

・十八、音樂實體中的愛與盼望・

在治病時期,我與音樂實體有面對面的接觸,它的支柱是上帝。我雖不是耶教徒,但我確是感受到音樂特別是宗教音樂所帶出的精神上的愛的鼓舞,我相信上帝對我的眷顧,是平等的,和其他耶教徒無異。祂在冥冥中會以智慧的光輝,照著我的孤獨行程,不讓我迷路。即使我不幸倒下,祂的慈愛也會使我站立起來,繼續走未完的人生之路。這些盼望增加了我做人的信心與勇氣,使我能像達摩禪所說的「體怨進道」。

對於由音樂實體散發出來的盼望與希望,我聆聽巴哈的聖誕神劇(Weihnachts Oratorium)的第五部份中的合唱部份Ehre sei dir, Gott, gesungen最好,歷時六分鐘。你會感受到上帝創造人類,又賦予人類以自由,他可以有很大的發展空間,在上帝的靈光的照耀下,他可以開出遠大的前程,指向崇高的美、善與神聖境界。我也曾為此感動得流淚。當然這種音樂不能光是以耳朵來聽的,雖然它有極優美的旋律。你必須用心靈去感悟。說盼望、希望,也是心靈的盼望、希望。感官只接觸實在物,不能與於盼望、希望這樣的精神性的、靈性的內涵。

說得遠一些,遠至生命領域中的才、情、氣。這三者都能散發出璀璨的華采,表現無窮的魅力。但三者都是儲量有限,故有時而窮。華采散發盡了,生命便成為一凋謝的軀殼,隨風消逝。故富有才、情、氣而又能充量散發其華采的人,多數都是短命而死,所謂「氣盡而亡」。這是人生的無奈與悲哀,恆常使人抱憾。這樣的生命,在音樂、藝術、文學領域,比比皆是。莫札特、舒伯特、王勃等都是。能長久而不衰的,唯有人的道德上的良知、宗教上的誠懇企盼、對終極真理的追求意願、對至親長輩的孺慕;這是超越而無

限的。這些東西,都可以在音樂中盼望得到。羅曼羅蘭的《約翰‧克里斯朵夫》的末尾,引主角克里斯朵夫背著的孩子的話說:「我是即將到來的日子。」這便是盼望。

有一點要注意的是,盼望與渴望不同。渴望傾向於情欲性的,有一個具體的對象或目標要追求,而這對象或目標不是精神性的,而是物質性的,或與欲望關連的。我們通常說盼望一個道德的或宗教的理想能實現,渴望有一天能發財,能擁有房屋和私家車。因此,盼望是理想主義的,渴望則是情執的。盼望會使人得到精神的提升,渴望則易使人墮落。

(本章附有我早年寫的〈巴哈與貝多芬〉一文)

附錄：巴哈與貝多芬

　　西方音樂是我的第一精神食糧。我自覺地知道自己喜愛西方音樂，也不知確實是何時開始，大概是念初中的時期吧。那時最多聽的是小約翰史特勞斯(Johann Strauss Junior)的作品，如「維也納的森林」、「藍色的多惱河」之類。小約翰史特勞斯的作品，音調優美，節奏流暢，使人聽來，有一種漫步於春天的草原的輕鬆愉快的感覺，這大概是華爾滋的情調吧。但其優點，恐怕亦只限於感覺上的輕鬆愉快方面；在生命的領域中，它的層面恐怕還是感性上的，它似乎缺乏一種精神深度，不能觸及人們的心靈深處。這自然與作曲家的生命形態有不可分離的關係。小約翰史特勞斯這個奧地利的浪漫才子，他的生命情調顯然是純美學的；他的心理恐怕也很單純，充其量只是為了一個浪漫的目標而奮鬥而已。在道德與宗教方面，他顯然沒有很高的情操；他也沒有深刻的形而上意識。故他的作品缺乏力量，不足以打動人心。

　　我漸漸也覺得小約翰史特勞斯的音樂缺乏一種深度，到後來聽巴哈（J. S. Bach）與貝多芬（L. von Beethoven）的音樂，比較之下，這種感覺便更為明顯了。巴哈與貝多芬當然不是沒有美感意識，凡是音樂家都不可能沒有美感意識，否則他們的作品便沒有藝術可言。他們卻是越過美感，而在道德、宗教，以至形而上方面，有很深沉的體會。他們的生命的力量，主要不是來自對世界有一種欣然自得

的美感，而是來自心靈上對世間的苦難的體認與承擔、對人類的熱愛，與對真、美、善、神聖的無限嚮往。他們的心靈世界，不單有美學的內容，恐怕還充滿着道德的、宗教的與形而上的內蘊。這樣的生命，表現在音樂上，不單是樂音的優美悅耳而已（這些自然是基本的條件了），更無寧是一種對人類、對天地宇宙的愛的情懷。這愛的情懷能發出力量，發出光和熱，使人們從失意、痛苦、憂傷、畏怖中振發挺拔起來，感到世間的希望，鼓起勇氣奮鬥下去。我把這種力量稱為音樂實體。不獨巴哈與貝多芬是如此，偉大的音樂家，如維瓦第（A. Vivaldi）、鮑海里尼（L. Boccherini）、韓德爾（G. F. Händel）、海頓（J. Haydn）、莫札特（W. A. Mozart）、李察史特勞斯（Richard Strauss）和馬勒（G. Mahler）一類，莫不如是。不過，在我看來，似乎巴哈與貝多芬的作品較有突出的性格。巴哈的音樂，莊嚴而高貴，這正是神的德性；它的聲音來自天上。故巴哈的音樂，最具有宗教情調，使人心靈潔淨嚴肅。我聽巴哈的音樂，曾經有一次最難忘的經驗。那是在西班牙的E1 Escorial寺院聽的。這寺院在瑪德里的近郊，與埃及的金字塔齊名，是世界的八大建築奇跡之一。我在這寺院的大教堂聽的，是巴哈的彌撒曲（Messe in h moll）。一齊聽音樂的人雖然不少，但置身於偌大的教堂中，便顯得渺小了。舒緩而沉雄的樂音，徐徐播送出來，宛如天外溢出。仰望著高高掛在上面的耶穌的十字架，我覺得真正體會到莊嚴與慈愛。

我對西方宗教並無信仰。在教義方面，曾作過一些了解，但並無特別感覺。我也聽過不少人講耶穌，講證道的靈驗。這些都缺乏說服力量。不過，我對基督教卻始終保持著一種尊敬的心情。這心情主要是從欣賞巴哈的音樂中培養出來的。基督徒、天主徒用千言

萬語,來傳播上帝的福音,在我看來,都不及巴哈的一首宗教音樂富有力量。在這種音樂中,我覺得自己能了解到耶穌上十字架的意義,或者說,他做上帝的羔羊,背負世人的罪業的懷抱。我也自信能體會到上帝的愛。但我所體會到的,卻不單是上帝的愛,而且也是人間的愛、宇宙的愛。

巴哈的音樂,富有莊嚴的宗教氣氛;但也並不缺乏優美的旋律。例如他的「布蘭頓堡協奏曲」（Brandenburgisches Konzert）、大提琴與古鍵琴組曲,以至無伴奏大提琴組曲,還有那三鋼琴協奏曲第二號,即極其明朗與輕快,而又有深度。在這方面,他比較韓德爾或莫札特,都不遜色。

貝多芬更是一個才華橫溢而生命力充沛的作家。他的音樂內蘊,似乎比巴哈或其他的作家更具有多樣性,更為充實飽滿。他的鋼琴奏鳴曲、絃樂四重奏、鋼琴協奏曲、莊嚴彌撒曲,以至其唯一的小提琴協奏曲,和一些較少人留意的,如大公三重奏（Archduke Trio）、三重協奏曲（Tripple concerto）,都能從不同的面相,來表現出作家的生命風格與內心世界,而又不失其一貫性。他的九大交響樂曲,更能比較全面地披露出生命的典型的發展歷程,一如黑格爾的精神哲學。第一、二交響樂氣氛輕鬆,情節流暢,那顯然是美學的階段,是早晨的陽光,是人生的初階。第三交響樂由對拿破崙的崇拜,轉而為對一個偉大人物的企羨,這是一種正義感、一種道德理性的表現;在情感上,把個人崇拜提昇為對普遍原則的尊重。第五交響樂則極度描劃人生負面的生命的艱難、生命限制的不移命運,但並不流于虛無主義,其收束無寧表現一種無奈卻帶有理想主義的樂觀的矛盾心情、一種等待著幸福的來臨的心情。第六交響樂

則從人間轉向,而描繪客觀的自然世界,一歸于人間與自然間的田園式的和諧。第九交響樂純是精神的世界。人漸由美學的、道德的、科學的階段,在精神上步步昇進,而最後沒入于宗教。上帝的靈光與雨露,照耀和潤澤了大地。在宗教的薰浴下,人間變得潔淨無疵,通體透明,而莊嚴神聖。

　　我對貝多芬的生平,所知不多。只知道他後來染有頑疾,在面臨著既聾且盲的極度艱難困頓的絕境中,仍然堅挺著,奮發完成其命運的交響樂章。只是這些小片段而已。而他的疾病,對于他的事業來說正是致命的創傷。對於其他音樂大家的生平,除了莫札特早年神童,和與舒伯特皆是天才早夭一類外,我亦一無所知。要對作家及其作品有較全面的理解,歷史是必要的;但從另一點言,要從性情以至性靈方面與音樂家的原始生命相契會,歷史會變得不必要,或竟反成負累。僅透過音樂自身,恐怕更能純淨地與作家的原始面目相照面。我相信,若在生命上眞能相契,你甚至能直接透過音樂自身,一把抓住大氣磅礴的貝多芬的靈魂哩。

　　貝多芬是日耳曼血統,但他的懷抱廣大,他的愛的熱力,溫暖著人類世界。他的音樂,是精神世界的大寶藏。這個寶藏可以使人超升,越過個別的憂患與煩惱,以至整個人世間的悲傷,而在那瀰漫在悠悠廣宇的愛的力量中,貞定住自己。人有時不免感到,這力量實在也是自己生命的寶藏,在莊嚴優美的旋律中,它表現得洋溢,而充滿生氣。

　　貝多芬不止是日耳曼的英雄,也是世界的英雄。

(《鵝湖》,1992.)

十九、終極圓滿的諧和

1.音樂中的諧和

　　這本書主要是要說明苦痛的哲學，或苦痛現象學。在這裏我一直表示一個基調，便是以協調的態度來面對苦痛，來處理苦痛的問題，而不要與它對峙，把它看成敵人，存心要消滅它。這種基調有它的形而上的依據，那便是諧和（harmony），而且是終極諧和（ultimate harmony）。所謂終極諧和，是指一種終極的諧和境界，這是指與終極的真理諧和、合一，而且要在現實的生活中，在此時此地表現出來，才是真實的諧和，因而是圓滿的諧和。倘若只講與終極真理諧和、合一，而不在現實生活中追尋諧和、合一，讓現實的一切事物或現象呈現對立、分裂以至破裂狀態，這只是抽象的諧和，是非存在的、不真實的。這不是圓滿的境界。❶

---

❶ 所謂終極圓滿的諧和，是精神性的，應該具有絕對的、超越的意味。但它又在人間中表現，因而也是內在的。我們在這裏可建立一種超越而內在的諧和觀念。羅曼羅蘭在其《約翰‧克里斯朵夫》一書中，說和諧是愛與恨結合起來的莊嚴的配偶，那只是文學家的說法。愛與恨如何結合而成配偶呢？它們是矛盾的，是一個背反（Antinomie）。必須同時超越愛與恨，消解這個背反，才能說終極的、絕對的諧和。

與終極真理的諧和、合一，相當於莊子的「天和」。「天」指自然，亦指道。後者有很濃厚的真理義。現實生活中的諧和、合一，則相當於莊子所說的「人和」，那是人間的諧和，表現在日常生活中的。關於這些問題，我在後面還會談到；這裏先說在音樂中所展現的諧和。我們是承著上一章討論音樂實體說下來的。

　　史特拉汶斯基認為音樂的深刻意義和根本目的，在於它能促發一種交融，讓人與上帝和人與他人之間有一種合一的關係。這種理解，與終極諧和的說法不謀而合；人與上帝的合一是天和，人與他人之間的合一則是人和。此中的終極意味，自與上面說的音樂實體分不開；音樂實體來自上帝，上帝正是宇宙的終極的創造者。

　　這裏所說的諧和的「和」，特別是就音樂這種美學、藝術形式來說，其深意在於次序（order），或「序」。這種序，不是表面的物事上的規律性、劃一性，而是指心靈上的規則性甚至規範性。史特拉汶斯基即表示，音樂有一種神妙的作用，能促使我們積極地參予一種在混亂中謀求秩序，讓生命生發創造的活動。這種亂中求序，是在心靈裏發生的，是音樂在心靈中的一種作用。這序或秩序能導致心靈的安祥狀態，令人感到積極與歡愉。

　　進一步說，這種序有一種在心靈的感受上的重整作用。例如，我們在日常生活中參與一次音樂演奏，或聆聽一場音樂演奏會，倘若我們能全神貫注，而演奏本身又能引人入勝，則我們會不理會甚至忘卻一切來自外面的刺激或障礙，而進入一個深隱的、內涵豐富的心靈世界，這內涵即是次序本身，這即是和。所有不諧和都會自動消失，或被排除開來。這能讓人在精神上有所升華，挺拔起來，使我們的心靈進行一種內部的重整作用，重新調整我們的關注與態

· 十九、終極圓滿的諧和 ·

度,變得更積極,更有盼望。我們聽海頓的〈創世記〉(Die Schöpfung),倘若演奏與演唱得好,那雄渾而優美的旋律,不是反映出上帝的祥和與所創造的一切事物的秩序性麼?你不會重整一下心靈上的混亂的思緒,使心靈踏上次序的步伐,重新適應周圍的環境與事物麼?這種心靈上的重整,決不是逃避,而是積極的進取。

這裏所說的諧和,自然是心靈意義的,在音樂方面表現得很好。這音樂類似人的內在生命,是流動不息的力量,如同流動不息的川流。黑格爾也有這個意思。他更認為,好的音樂作品有高度的統一性,但要領會它,並不容易,比領會雕塑作品或繪畫作品的統一性更難,更消耗心力。因為雕塑與繪畫都能擺放在一個地方,你可以慢慢地、細心地觀察與欣賞,也可以重複這種經驗,將前後的經驗加以比較。聽音樂則不同,樂音不能擺放在某一個處所,讓你安定地、穩固地欣賞,它卻是不斷流動的,欣賞者需要記緊流逝的樂音,又要能把逝去的樂音與現前聽到的樂音結合,加以比較,在裏面建立一種連續性,從這連續性中體會作曲家內心的秩序性與諧和性。巴哈的音樂便很能讓人有諧和感,但它的節奏緊湊,音調的連續性很強,你需要很快能捕捉到它的秩序性與諧和性。這秩序性與諧和性便是巴哈在他的音樂中要傳達和讓人分享的心靈上的平安感。這是一種心靈的體驗,從塵世的不安轉化為精神上的平安。這種心靈感受上的轉化,從不安轉為平安,也是柏拉圖所強調的上天賦予的助力,使我們內心的不和諧變為或轉化為有次序的和諧。他更強調音樂的節奏與和聲,能滲透到人的靈魂深處,洗滌靈魂裏的種種污垢。而和聲背後的精神基礎,正是諧和。

關於以上所說的音樂中的諧和,作曲家提沛特(Michael

· 383 ·

Tippett）在他的〈藝術、判斷與信念：論音樂的制約〉（"Art, Judgment and Belief: Towards the Condition of Music"）一文中，說過一段話，可以說是總括了我們上面的意思：

> 大師經手的交響音樂真實且充實的體現了原本未被感知、未被體驗的內在生命之流。儘管日常生活裏有不穩定、不和諧、不完滿與相對性，聆聽這種音樂卻使我們彷彿重新整合。會出現這個奇蹟是因為我們順服於音樂那股井然有序之流的力量，這種順服會給我們特殊的歡愉，最後並使我們更充實。……此流不僅是音樂本身之流，也是內在生命之流的化身。……如果完美的演出和場合使我們當下就領會音樂「後面」的這股內在之流，技巧會一時之間無足輕重。❷

優秀的交響樂曲能使人體現生命之流，這生命之流應該便是上面說的內在生命，指人的心靈、精神，更可指涵義寬廣的黑格爾義的精神（Geist）。這所謂大師，自然是指海頓、莫札特、貝多芬、布拉姆斯（J. Brahms）、馬勒、李察史特勞斯等巨匠。這些音樂具有促發人重新整合日常生活的不協調、不諧和的元素，以達於有倫有序的諧和性。這種諧和性本身能發出一種提升的力量，讓我們純化、順服起來，對精神有無比的讚嘆，而內心感到充實與歡愉。提沛特認為，音樂最重要是能表現那種內在生命之流或精神素質，這是音

---

❷ 轉引自史托爾（A. Storr）著、張嚶嚶譯《音樂與心靈》（*Music and the Mind*），臺北：知英文化事業有限公司，1999, pp.221-222。

樂的本質。必須要能有這種素質,才是好的音樂。誰演奏這音樂,技巧如何,反而變得不重要了。我很同意這種看法,貝多芬的第九交響曲便是第九交響曲,它的背後有音樂實體作爲支柱,這支柱也是上帝本身。它能使人精神振拔、感受歡愉,更有上帝臨在,祂的慈愛與盼望充塞著悠悠廣宇的感覺。至於是由卡拉揚(Herbert von Karajan)領導柏林管絃樂團來演奏,或是由布恩(Karl Böhm)領導維也納交響樂團來演奏,是不大重要的。當然,演奏技巧不能太差。我又覺得,這樣理解音樂,聆聽音樂,不過是一種自我向內在的生命認同而已。因這種內在生命之流,是不離人的心靈的。這是人藉著音樂向自己的心靈生命之流行作面對面(face to face)的感應。

音樂與語言都可以說是傳播訊息的媒介。不過,兩者的取向是不同的。語言是報導事物,分析事物,它的作用傾向於分裂方面。音樂則是要融合事物,把矛盾的、不規則的、缺乏次序性的東西拉在一起,使它們能接合起來。它的取向是諧和。對於生命來說,語言把生命分開爲多個部份,加以解釋、描述,它甚至要拆解整個生命體。音樂則是使被拆解成部份的生命體重新聚合,回復原來的狀態。佛教中最高的教法是圓教;音樂中最美的旋律是圓音,它所給予人的快樂,是圓樂。

2.諧和的理想性、苦痛和、甘地的啟示

一般人說起莊子的終極關心,總喜歡說是逍遙境界。而《莊子》

書內七篇,即以〈逍遙遊〉作為首篇,描述有修行的人的自由無礙、直奔赴蒼茫宇宙的風采;這種風采確是很令人神往的。不過,我近年研究《莊子》,對於莊子的終極關心,有另外的理解。逍遙境界是美學的、是超離的。但高處不勝寒,使人不免有孤獨的感覺。這不是莊子終極關心所在。他的終極關心,便是上面提到的「和」,或諧和。《莊子》〈天道篇〉即提出和的觀念,並謂和有兩種:天和與人和。天和是與自然、道的諧和,人和是人間的諧和。和的境界有莫大的樂趣:由天和得天樂,由人和得人樂。天樂是與自然、道合一而得的快樂,人和則是與他人合一而得的快樂。這都是關連著世界、現實世間而成就的,起碼人和是如此。故《莊子》書中〈天下篇〉說到莊子與天地精神相往來,不敖倪萬物,與世俗處。後者表示莊子還是繫念著人間的。與天地精神相往來是天和,不敖倪萬物,與世俗處,是人和。這種價值取向,比逍遙境界更為積極,它有宗教的意涵,可以涵有點化眾生,教化眾生的意味。這當然是一種理想主義。諧和是一種人生理想。❸

我現在正在構思、建立自己的苦痛哲學,或苦痛現象學,這哲學或現象學的核心觀念即是「和」。我不但要講天和、人和,而且要講苦痛和,或病苦和。而且我要特別強調苦痛和。我們需要與不停折磨自己的苦痛建立一種諧和的關係,和它交個朋友,要點化它、轉化它,把它視為一個諍友,讓自己不斷培養忍耐性與承受性,擴展內心的寬宏性,以提高自己的心性涵養。關於這點,我們在上面

---

❸ 關於莊子的和的說法,參看拙著《老莊哲學的現代析論》第四章〈莊子的靈臺心與自然諧和論〉第九節。

・十九、終極圓滿的諧和・

已說了很多。總的來說,我們要能把承受苦痛看作是生活的一部份,在苦痛中作樂,「體怨進道。」❹

苦痛和是體驗煩惱即菩提、生死即涅槃的絕好的機緣。這種體驗與生命境界,古今其實有很多事例。耶穌背起十字架固然是這樣,文天祥的「鼎鑊甘如飴,求之不可得」也是這樣。這是視苦痛為實現理想的煉獄,而且出之淡然,甘心承受,沒有橫逆,也沒有激情,也不必言豪情壯志、大丈夫氣概。前者是聖賢境界,後者是豪傑境界。聖賢以理勝,豪傑以氣勝,兩者終是不同。聖賢的這種表現,與程明道說的和樂氣象相通,它在道德實踐以至宗教體證上都是不費力的,不是勉強為之的。這便是真正的「和」。

一個印度教徒的兒子為回教徒所殺。父親既哀傷又憤怒,更滿懷仇恨,身心終日為這仇恨所燃燒,不得安寧。於是他去找甘地,請教他自己應該怎樣做,才能如理,才能找到安寧。甘地的回應很平靜,他建議這個作為印度教徒的父親去領養一個回教徒的孤兒,將他當作自己親生的兒子來愛,來撫養。甘地這裏是提出寬恕、徹底的寬恕,以寬恕來化解仇恨。倘若印度教徒父親不這樣做,卻去殺死殺他兒子的回教徒,則回教徒的朋友會來殺他。這樣仇殺便會延續下去,兩邊將無安寧可言。只有寬恕,才能徹底解決問題。這寬恕背後的觀念依據,便是和。我們對於苦痛的態度,亦應如此。不要仇恨它,而是與它成和。

我每想起甘地這句具震撼性的話,便覺羞顏無地,幾次都感極而泣。而甘地的巨人的形象,也在我的眼前冉冉地升撐起來,他果

---

❹ 「體怨進道」是達摩禪的說法,見他的〈二入四行論〉。

・387・

然是聖雄（Mahātma）。我有時為自己的嫉惡如仇的氣慨（我竟以為是一種氣慨）而自豪，其實這可能是發自生命上的橫逆。對於甘地的偉大的寬容懷抱來說，自己真是何其渺小！寬容或寬恕並不代表接受錯誤行為，它表示將自己從憎恨和傷害的牢籠中釋放出來，也提供一個空間，讓對方有活轉餘地，讓他有適切的改正機會。不過，這種無限量的寬恕，必須設定人的本性是善的，人有向善的本質，相信人可受感化而捨惡為善。否則，盲目的寬恕只會助長和縱容惡行。甘地自己是印度教徒，自然具有人是善的和愛和平的信念。

　　追求諧和，或終極圓滿的諧和，不止是一種理想，而且可以視為一種人生的義務，人是應該這樣做的。這會促進人間的關係，讓人變得更積極，得到更多的歡愉。另外，也顯出追求這種理想的逼切性。人生短促，時間過了，便不會再來。與時間競賽，人永遠是失敗者。但人可以抓緊時間，珍惜它，做出有價值的事。這不單是我自己的意思，史懷哲也是這樣想，他說：

> 我以平靜的心情以及謙虛的態度展望未來，如此，則當有一天我必須捨棄一切的時候，才能泰然處之。無論我們是工作者或受難者，都必須養精蓄銳去獲得超乎理解之外的祥和，這是我們每一個人應盡的義務。❺

---

❺ 史懷哲著、梁祥美譯《我的生活和思想》（*Out of My Life and Thought*），臺北：志文出版社，1998, p.270.

3.日常生活中的諧和

　　上面說和有天和與人和。天和有形而上意味，是很高的境界，要能與終極眞理、道或天地精神合一。人和則比較切近而平實，表現在人與人之間的交往中，或日常生活中，故有很濃厚的現實意味。上面我一直強調要與苦痛協調，不要敵視它，也可以放在人和中說。即人和中有苦痛和。這苦痛和自然是一種很深刻的生活智慧，它包含生命中的很多弔詭，「煩惱即菩提」即是其中之一。必須能化解這些弔詭，生活才能趨於美善圓滿。

　　在生活中理解和，是很富彈性的。舉一個例子，世間很多事情，是吉是凶，很多時是相對的，要看你從何種角度來看而定。你去作身體檢查，如結果一切正常，那自然很好。如結果顯示你患有惡性腫瘤，你的即時感覺可能是震驚，化驗報告對你來說，有如晴天霹靂。但如你能轉換一個角度這樣想：幸好能及早檢查，發現這樣的惡疾，還能趁早醫治。若不作身體檢查，讓這惡疾繼續發展下去，以至於末期，那便沒得救治了。你若能持這樣的心態，則身體檢查結果無論是好是壞，是陽性反應抑是陰性反應，都是雙贏局面。這是和的境界，和於陽性反應，亦和於陰性反應。

　　俗語說：「仁者無敵。」我想應改爲「和者無敵」，更爲合適。以對抗、消滅的態度去處事，便會處處樹敵，處處都是險境。若以和處事，不與人爭鬥，便沒有敵人。「仁」是偏於境界方面的，「和」則不單是境界，而且是生活的策略與智慧。和中有仁，則最爲理想，

但卻不易做到。

「和」含有一個重要的涵義,這便是平衡(balance)。就我自己的生活上來說,要在研究、教學、飲食、運動、休息、交友和家庭各方面取得平衡,才有效果,也才能持久。這亦是中庸的意思,即是不偏不倚,不忽略任何一方面。佛教言中道,強調非空非有,不傾向於虛無主義,也不事事起執著,而成實在論,要超越這兩個極端。這則是絕對的境界,形而上的意味重。「和」則強調中庸,取得平衡,貼近生活,實踐意味濃厚。

人生的大事,莫過於死。我們不是要逃避死,不要想著長生,成為神仙。這是道教的理想,是不可能的。我們重視的,是要死得安祥。這安祥即是和,所謂「祥和」。達賴喇嘛曾說過,如果我們的生活充滿暴力,如果我們的心總是被憤怒、執著或恐懼等情緒所控制,我們顯然不能奢望會死得安祥。如果我們希望死得安祥,就必須在心中和日常生活中培養出安祥。達賴用「安祥」的字眼,我則用「和」的字眼,意思是相通的。高僧坐化,無疾而終,便是和的死亡。在西藏佛學的禪坐中,雙腿交叉表示一切對立的二元性被統一起來:生與死、善與惡、方便與智慧、陰與陽、輪迴與涅槃,都統一起來。這統一便是和。高僧的坐化,應該是這樣進入和的境界的。

我近年的處事態度,可概括為三句九字:盡人事、平常心、順自然。「盡人事」是儒家的態度,所謂「盡其在我」、「盡心」、「知其不可而為之」,盡了自己的力量去做便算了,不想得太多。「平常心」是佛教的態度,所謂「平常心是道」、「平常無事人」,內心要保持平和,好像沒有特別的事情發生,不要讓心處於極端的

・十九、終極圓滿的諧和・

狀態,對一切得失、毀譽要看得開,看得淡。「順自然」則是道家的,所謂「無為而自然」。不要勉人己的所難,不要逆天而行,對人不要逼得太盡,要預留空間讓他活轉。儒家的態度是較積極的,佛教與道家的態度則是較保留的、保守的。三者配合得好,便是和。

關於為學,我強烈感到,現在的為學,不是年輕時儘量學習,吸收新知識那種姿態,而是會通,將所學到的融合貫通起來,使之綜合在一個共同的原理之下。這可通過比較的方式來進行。❻這樣可開拓更深更廣的思想天地。這背後的基調,仍是「和」。

以上本書所述,便是我到目前為止的生命歷程,也是我的苦痛現象學的構思。在學歷上,我直屬當代新儒學的系譜。在真正的學思上,我花了最多時間在佛學研究上。在生活上,我從音樂中體會音樂實體與基督教的上帝的慈愛與盼望。在人生歸宿上,我則歸宗於道家特別是莊子的終極圓滿的諧和:天和與人和。又加上苦痛和。當然這種諧和,與儒家的仁、佛教的慈悲、基督教的愛都是相通的。基調是相通的,表達方式和著重之點則不同。因此便有宗教的遇合(Begegnung)的需要。對於儒、耶、道、釋,我是四學俱融的。

---

❻ 在中國哲學史中,最善言會通的,是佛教華嚴宗與禪宗合起來的祖師宗密。他要會通儒、道、佛三教,以佛教為實,儒、道為權。

附　錄

Dr. Ng,

　　我是陳德偉，九八年浸會畢業生（宗哲系），不知「大師」你有沒有印象。剛讀畢你的近作《苦痛現象學》，好像有點得著什麼似的，或許是一個「欠」字，不吐不快。九八年畢業後從黃大德口中得悉大師你「不幸」罹患癌症，及後當即泛起寫慰問卡及探望之心，但如大師所直斥的「俗流」一樣，因閒懶的惰性，打消了念頭。其實。一眾同學都為「大師」的健康擔心，只是沒有人主動前往探望。現謹在此遙祝大師身心康泰，在休養與研究間取得平衡，開創出純粹力動現象學，建構一圓融的自家體系，作個不折不扣的哲學家。這是我衷心的祝願。

　　說來也巧，《苦痛現象學》一書我是在病榻中細細品味的。上周日（六月二日）清晨六時許，噁口腹痛，入急症室診治後判定是急性盲腸炎，是晚做手術切除病腸，手術前後吊鹽水抽血在所難免，最要命是手術後因無法排尿需插尿喉放尿，整日整夜無法如常動彈，周身肌肉痠痛，不為外人道。此前，我未曾嘗過何為痛苦，這次餛飩小手術給我一個丁點痛苦的切身體驗，亦加強了閱讀該書時的些微體會。這是萬萬意想不到的。

　　書中夫子自道是挺中肯的。大師在學生的心目中是既敬且畏。在眾講師教授中，我們都分外敬重大師，除了學養，你對學問竭誠

的追求贏得我們的景仰。起碼在我們一小撮人的心中，你總是脫俗的；當然脫俗得離群，師生關係亦親不到哪裏去。

記得 year 1（1996 年？）那年過春節到大師府上拜年，那時還住在窩打老道舊居，當時還帶點拜師耍玩的既嚴肅又喜孜孜的心情到訪，但雙方都好似帶點拘謹，未能暢所欲言地論道，當然我們水準不逮是主要原因。

又記得幫大師搬屋，到新居重新整理數十箱藏書時，更覺得大師學問的淵博。只是日文的佛學書籍分類排列時，依稀憑那一兩個天台、華嚴、佛性等漢字，才湊得上書架。當日一整天大師你不是閑企一旁便坐在露台安樂椅中休息，一切瑣事交師母打理，忙得眾人團團轉。幫手的同學（葉浩然、李天鈞、李家駿）都暗地裏猜測大師的腰患定必十分嚴重，否則⋯⋯。這一點從這本自傳性質的書中得到證實，並且比我們的猜測來得嚴重。

讀書時已側聞 Prof. Becker 嘗戲稱大師教書是 "Sleeping Buddha in teaching"，這些一一都在書中找到落腳處。

緬懷了一番，總得講講一點讀後感。先談談大師你待人（家人、同事、學生）處事（學問的追尋）的觀感。沒想到大師與天任先生關係如此惡劣，起先還以為大師如錢基博、鍾書父子般，私授國學於稚年，打穩古文基礎，為日後埋首古奧的佛經典籍研究鋪路。豈知命途多舛，絕非坦順安然。得罪講句，其實大師的性格是十分乖辟的，這純是讀後觀感，無一手經驗佐證，因師生關係總是君子之交淡如水，難以交心。

為何說乖辟？就以對婚姻一事而言，足以說明一切。你提到赴日留學，「趁中間有假期，便回港和她結婚了。」好一個「趁」字

是多麼缺乏誠意。其後又提到女家擺酒設宴而唯獨新娘出現,「有時想來沾沾自喜,覺得自己果然與人不同。」如果這是年少的感覺還可接受,但歷煉如大師人到中年,亦抱此想法,眞是令人難以接受。我十分尊敬你對學問赤誠追求與生死相許的犧牲精神,但卻不讓人羨慕,尤其待人接物方面眞差勁。直話直說,得罪得罪!

讀此書另一深刻印象是讓人讀來「暢快淋漓」,因為書中涉及到的人事關係,清心直說,沒有為名者隱惡,非一般傳記所能見。當中直論唐牟勞三家學旨,是其是,非其非,不囿於學派之爭,純以學問的圓融為準繩,臧否人物,使人心馳神往。月旦京都學派諸家,反對浸會、能仁同事不以原文研究巴特、康德、唯識學說深深不以為然,當中會得罪別人也在所不計,這種精神或膽量,不容易做到。然而,最使人欣賞的是坦誠訴說與父親及二嬸的不和,與妻子相敬如賓那種敬多於愛的情感,以及直言與子女間的隔閡,這在在顯出此書的眞誠處。我暗忖,是否因太過孤單寂寞,無人傾訴,藉著書立說來間接的對話,發洩一下積累在心中多年的鳥氣?純粹猜測,自信雖不中亦不遠矣!一笑。

喜聞大師開創一套自家的純粹力動現象學體系。在我們心目中,大師學貫中西,但終是學者型,著作以註釋儒釋道經典學說為主;如今歷盡苦痛,從電療中悟出破除體用對立二分,又是既體既用的純粹力動的實體,確立了沒有道德內涵又恆常動轉的實體觀念,確實令人可喜。我等著這種帶有轉化義屬勝義諦層面的學說面世。老實說,我只朦朧地抓點梗概,了解點皮毛。對書中第一章的現象學理論更一頭霧水,不知所云。遂死死氣地拿起李天命那本《存在主義概論》再速覽其附錄〈存在主義的方法基礎:胡塞爾的

現象學概述〉，才隱約找到點理解現象學的邊皮知識。大師的著作我大都及時買齊，手中雖有《胡塞爾現象學解析》，但未能正襟危坐細讀，往往因學力未逮，常被不少生澀的概念和詞語打住，無法前行，唯有束之高閣。

其實，我對文史哲經濟，甚至政治都有濃厚興趣，讀書很雜，但英文差，少讀原著，多靠翻譯。做事又欠恆心，缺乏毅力專心至致，雖喜思考，但哲學知識僅知皮毛。畢業做事後更難兼顧做學問的心思。畢業後做了一年半地盤工，主要是做雲石工程，又要監工又要做粗活，壓力極大，但學到不少東西。公司倒閉後，轉行做《快周刊》財經編輯，一年後過檔《星島》做編輯至今。期間《東方》、《信報》都有 offer，加薪留職，留守原位。工作尚算得意。

目前在中大修讀新聞學碩士課程，還有一年就畢業。從課堂學的多是紙上談兵，無用之極。幸好中大有好的圖書館，我常常浸淫其間借書讀報，不亦樂乎！這就是我的近況。

有個無關宏旨的問題想問問，就是你讀羅曼羅蘭的《約翰・克里斯朵夫》是否傅雷的譯本？我目前正讀那部傅雷三譯巴爾札克的《高老頭》。雖然我外文差，但對譯本的要求卻是不低的，免得劣譯害人（思果、余光中語）。希望有機會跟大師你談談文學。

書中第十八章述及音樂實體中的愛與盼望，立刻使我想起早年讀過巴特那本《莫札特：音樂的神聖與超驗的蹤跡》。你談巴哈，巴特講莫札特，「異曲同工」，雖然我沒有如此經驗，但從文字上的對比也甚感有趣，彷彿可從文字的形容中觸到實存的上帝。我唯一的古典音樂唱片就是吉他手 John Williams 以吉他代鋼琴演奏的巴哈 Violin Concerto No. 2 及 Aria Andante from Solo Violin Sonata

兩曲。希望日後我能進入古典音樂的殿堂，感受你提及的那「音樂實體」。

拉雜談了一些讀後感。或許是做編輯的職業病，發現書中有不少白字、別字及台灣的慣用字，以下作了個校勘表，以供參考：

〔中間不錄〕

讀勞思光先生的《中國哲學史》卷三下校後記，深深體驗到古人所謂：「校書如掃落葉」的感歎。以上校勘只是隨看隨圈，沒有系統，掛一必有漏萬。在樂文發現了這本書後興沖沖通知大德，著他快點買來飽嘗一餐。及後他對我說，此書據樂文買手表示，三四十本來貨，不日沽清，想再版之期不遠矣，希望以上落葉能在再版中一一掃除，讓文意更清通悅目。

〔中間不錄〕

PS：「大師」是同學間給 Dr. Ng 的暱稱，不要見怪！

學生陳德偉敬上
13.6.2002 凌晨

生命的真情告白

書名：苦痛現象學
作者：吳汝鈞
出版：臺灣學生書局
頁數：391 頁
定價：400 元（平裝）
　　　470 元（精裝）
類別：自傳

《苦痛現象學》是一部很特別的作品，作者吳汝鈞是著名的佛教學者，以《佛教的概念與方法》、《中國佛學的現代詮釋》等二十餘本佛學與哲學專著而廣爲讀者所知。有別於先前這些立論嚴謹、分析及論證周延的學術作品，本書以另一種蘸滿生命色彩的筆調，作者以寫自傳的方式，把他生命歷程中的成長、學習、研究，以及情感、戀愛與健康各方面所遭遇的挫折與苦痛敘述出來，同時怎樣去面對，克服和超化。

有關生病、死亡、苦痛是本書的一大主旋律。作者多年來深爲腰痛所苦，脊椎裝上太空金屬塊，他從心理排斥，到與太空金屬塊化敵爲友，以及藉由癌症電療的極度痛苦到突破身心執著的體悟；

至此,作者領會到一種與苦痛和諧共處的哲學。

此外,在書中,吳汝鈞並不遮掩自己性格的缺失,坦承年少即發奮求取優秀學業成績,是因為好強、好名,直到大學遇到恩師唐君毅、牟宗三等大哲,人生觀才丕然一變。

而不喜交際、孤高好強加上過於專注學問使得親情疏離,皆讓他備感孤獨,「為學五方遍,寂寞在浸會」是他自題的心境寫照;為攀探學術的峰美,作者付出健康代價,然仍有「為伊斯得人憔悴,衣帶漸寬人不悔」的況味,在癌症的侵擾中,更見其學思敏銳,研究佳作迭出。

自法國盧騷的自傳體式《懺悔錄》一出,坦露其自身人性的脆弱和個性的不足,改變了人們對成功者或偉人的探照角度,本書也有異曲同工之妙。藉由本書,我們看到一個人的不完美處,但卻是更活生生的生命氣息,這也是本書文辭雖無多加琢磨,然一氣呵成,文白情真,引人入勝之處。

國家圖書館出版品預行編目資料

苦痛現象學：我在苦痛中成學

吳汝鈞著. - 初版. - 臺北市：臺灣學生，2002
面；公分

ISBN 978-957-15-1120-7(精裝)
ISBN 978-957-15-1121-4(平裝)

1. 吳汝鈞 - 傳記

782.886　　　　　　　　　　　　　　91004364

苦痛現象學：我在苦痛中成學

著　作　者	吳汝鈞
出　版　者	臺灣學生書局有限公司
發　行　人	楊雲龍
發　行　所	臺灣學生書局有限公司
地　　　址	臺北市和平東路一段75巷11號
劃撥帳號	00024668
電　　　話	(02)23928185
傳　　　真	(02)23928105
E - m a i l	student.book@msa.hinet.net
網　　　址	www.studentbook.com.tw
登記證字號	行政院新聞局局版北市業字第玖捌壹號
定　　　價	精裝新臺幣八〇〇元 平裝新臺幣五〇〇元

二〇〇二年三月初版
二〇二五年六月初版二刷

78282　　　有著作權・侵害必究